가상국가 시스템

세상이 빠르게 바뀐다!
머지않아 가상국가 시대가 도래한다!
변화하는 세상에서 리더가 되려면
가상국가에 도전하라!

엘라이 지음

가상국가 시스템

도서출판 물결

머리말

대한민국에 무언가를 기여하고 싶은 마음이, 언제부터인지 모르나 내 마음 속에 자리잡고 있었다. 그러나 마음만 있었지, 행동을 하지는 못했다.

대한민국이 무너지고 있는 모습을 보고 있다. 가장 심각한 것은 출산율이 0.6대라는 것이다. 아이가 태어나지 않는 것은 그 사회가 인간이 살기 힘든 사회라는 것을 명확하게 이야기한다.

부의 양극화, 자동화로 인한 직업 감소, 평생직장 붕괴, 고임금, 치솟는 주택 가격 등 이 모든 것들이 복잡하게 얽혀 아이조차 마음 놓고 낳을 수 없는 환경을 만들었다. 그리고 우리는 자살률 세계 1위, 세계에서 국민이 가장 불행한 국가라는 명함을 받았다.

이것은 정치인의 잘못도 아니요, 국민의 잘못도 아니다. 자본주의와 급격한 세계 경제 발전에 의해 발생한 현상이고 대한민국이 그 희생양이 된 것이다. 지금 이 상태에서 무너지는 대한민국을 살릴 방법은 없다 생각했다.

대한민국의 총체적 개혁이 있다면 모를까? 현 시스템에서는 아무것도 할 수가 없을 것이라고 생각했고, 그 때문에 오랜 시간 마음에 커다란 바위를 안은 듯 했다.

제 4세대 산업 혁명!

이것은 가상 세계의 혁명이다. IT와 인공지능 로봇의 시대가 만드는 새로운 세상인 것이다. 필자는 여기에 대한민국을 살릴 방법이 있다고 생각했다.

"가상국가의 건설" 이것이 필자가 생각한 해법이다. 그리고 마음에 있는 큰 돌을 내려놓기 위해 그 길에 올라섰다. 내가 가진 모든 것을 버리고 그 길을 가고자 다짐했다. 쉽지 않을 것이다 생각했고, 잘못하면 모든 것을 잃는 것을 넘어 목숨까지 위험할 것이다 생각했다. 그리고 이 길을 가면서 죽을 고비도 3번이나 넘겼고 많은 고난과 모욕과 수모를 당했다.

그러나 지치지 않고 돌진하였다. 모두함께 국민운동 본부를 만들고 20만 명의 대표장을 선임하고 조직을 구축했고, 국내 상위의 큰 조합 5개와 공장 1개, 그리고 8개의 기업을 만들었다.

그것을 이끌 때 모토는 "IT 권력을 국민이 가지자!"였다.

가상국가에 대해 이야기하면 국민이 이해하지 못할 것 같았다. 몇 명의 지인에게 이 이야기를 해도 이해하지 못했다. 그래서 국민운동을 성공시키고 그 힘으로 가상국가를 건설하고자 했다.

국민운동 본부의 많은 사업과 시스템 개발을 내가 혼자하거나 리더했기에, 필자가 구속되었을 때 모두함께 국민운동 본부에서는 엄청난 혼란을 맞이하게 되었다.

거듭 말하지만 필자의 구속은 중요한 게 아니다. 모두함께 국민운동이 살고 가상국가 건설에 도달할 때 대한민국의 미래가 바뀔 수 있다고 생각한다.

그래서 필자가 했던 모든 일과 앞으로 해야할 일을 책으로 만들어 내가 없더라도 모두함께 국민운동이 성공하고 가상국가까지 나아가기를 소망한다.

구치소 안이기에 있는 것은 노트와 펜 뿐이다. 참고 문헌도 없이 오로지 내 머리 속에 있는 내용을 그대로 책으로 만들어야 했다. 그리고 내가 할 수 있는 최선을 다했고 지금 이 글을 쓴다.

짧은 시간에 구치소에서 책을 쓰기에 많은 어려움이 있었으나, 같은 방에 수감된 한가람, 유태웅, 임주형, 김건열, 김민준, 그리고 최호성 사장님의 도움으로 무사히 책을 쓸 수 있었기에 이에 감사를 표한다.

또한 동부구치소 81동의 관계자 여러분의 성실함에 의해 안전하게 집필할 수 있게 되어 이에 감사를 표한다.

그리고 부족하나마 이 책을 통해 하나님이 영광을 받으시기를 소망한다.

항시 내 옆에서 나에게 격려와 배려를 아끼지 않은 내 아내에게 많이 미안하고 사랑한다고 말하고 싶다. 그리고 내 아이들에게 지금까지도 아빠로서 부끄럽게 살지 않았고, 앞으로도 그럴 것이라고 이야기하고 싶다.

이 책을 통해서 대한민국의 많은 국민들이 가상국가에 대해 인식하고 힘을 모아 행복한 대한민국의 세상을 만들기를 간절히 소망한다.

2024년 3월
엘라이

"모두함께 국민운동 대표장님들에게
이 책을 바칩니다."

   지역회장, 지역 대표장, 중지역 대표장, 소지역 대표장 그리고 10년을 같이 한 대의원 여러분! 진심으로 여러분의 노고에 감사드리며 이 책을 통해 여러분의 공로에 감사하고자 합니다. 이 책은 여러분이 존재하였기에 만들어질 수 있었습니다. 이 책의 주역들이 바로 모두함께 20만의 대표장 여러분입니다.

   여러분이 없었다면 모두함께 국민운동 본부는 결코 세워질 수 없었습니다. 지금 저는 당분간 여러분과 함께 할 수 없는 상황에 놓였습니다. 그 시간 동안 무너짐 없이 새로운 지도부를 결성하고 더욱 단합하여 앞으로 나아가기를 바라면서 이 책을 저술하였습니다.

"개미가 뭉치면 사자를 이긴다."
"우리는 자랑스러운 대한국인입니다."
여러분에게 수없이 외치던 말입니다.

20만 대군이 뭉쳐지는 것은 쉬운 일이 아닙니다. 그러나 우리는 그 일을 해냈고, 그것은 천운이 함께 한다는 것입니다. 그렇기에 우리는 또 전진해야 하며, 우리의 꿈을 이루기 위해 단합해야 합니다! 제가 없더라도 무너지지 않는 모두 함께를 만들어야 합니다. 이 모두함께의 리더자는 바로 여러분이기 때문입니다.

  "하나님을 왕으로 모시고 대한민국 국민을 사랑하라."라는 우리의 대의와 "IT 권력을 국민에게 주자!"라는 실천 사항을 잊지 말고, 포기하지 말고 끝까지 나아가기를 소망합니다. 이제 새로운 지도부와 리더자와 힘을 합치기를 간절히 소망하고, 제가 돌아가면 백의종군하여 끝까지 함께 하겠습니다.

  "포기하지 잃으면 분명히 성공합니다." 어떤 고난이 와도 포기하지 않고 도전하면 길이 보입니다. 또한 우리는 지금까지 많은 것을 해냈고 기반을 만들어냈습니다.

  위기의 대한민국을 세계에서 가장 행복한 나라로 만들어 우리 후세에게 유산으로 물려줍시다! 그것이 자랑스런 대한국인의 자긍이며 책임입니다.

2024년 3월
엘라이

차례 contents

머리말   4
서론   14

{ PART1 } 가상국가 시대가 온다

- 이제 세계에 가상국가가 출현한다   45
- 가상국가 시스템의 필수 요소   71
- 가상국가에 필요한 필수 사업 요소   81
- 국민과 합의된 대의와 철학이 있어야 한다   88

{ PART2 } 가상국가 시스템 기본 요소

- 시장을 만들다 - 자동화 개발 환경 구축   95
- 1단계 : 기본플랫폼 - OPEN MARKET   105
- 2단계 : 앱 간의 커뮤니티 AI 구축 – 가상국가의 생태계 구축   112
- 3단계 : 가상국가에 화폐가 존재해야 한다   116
- 4단계 : 지능형 가상국가의 시작   124

{ PART3 } 모두함께 국민운동

- 실패한 자의 보고서는 성공의 열쇠이다   136
- 메신저 엔진이 필요하다   143
- 암호화 화폐 모두코인 내장 – 클라우드 블록체인으로 전환   154
- 내가 물건을 사면 나의 마이샵이 생긴다 – 기본 유통망에 희망을 걸다   158
- 어둠 속에 있었던 2019년 말 ~ 2020년 2월   166
- 인공지능 AI 디나 – 가상국가의 지능형 행정망   168
- 모두함께 국민운동 시작 – 2020년 3월 5일   172
- 대의를 세워야 한다   178
- 우리는 자랑스런 대한국인이다   185
- 우리에게 '약하다!'는 프레임을 강요하며 짓밟으려 하는 것들   192
- 디지털 화폐 시대 – 안정된 경제 시스템이 완결된다   205
- 10만 대군을 모으자 – 3개월 만에 10만 명이 모이다   217
- 모두함께 국민운동 본부의 주인은 대한민국 국민이다   228
- 사업기반1 – 함께라이더, 함께모터스   235
- 국민 참여, 국민 수익   252
- 10만 대군 조직을 만들다   261
- 모두함께의 기둥, 지역 대표장 조직 구축   266
- 물결을 일으키는 사람들, 중지역 대표장   273
- 10만 명을 모은 모두함께 한마당 – 10만 대군   284
- 국민이 정치에 참여해야 한다 – 정당 설립   293

- 국민의 안정된 생활 보호 – 모두함께 라이프　　　　307
- 국민운동 성장 동력 사업 – 드라마/영화 콘텐츠 사업　　317
- 첨단 콘텐츠 제작 시스템　　　　347
- 국민이 뭉쳐서 가상국가의 꿈을 이룩하기를　　　　354
- 청년 창업 – 앱 자동화 시스템, CG 편집 시스템　　　　360
- 청년실업, 저출산, 부동산 문제를 해결한다 – 정당 공약　　368
- 충청, 강원을 지역 기반으로 2024년 4월 총선에서 승리하자!　　394

{ PART4 } 가상국가로의 전환

- 가상국가로 넘어가기 전에 준비되어야 할 것들　　　　409
- 가상국가의 기본틀을 완성한다　　　　439
- 1단계 : 가상국가의 비즈니스 시작 – 세계로 나아가다　　453
- 2단계 : 세계적인 가상교육 기관 건설　　　　500
- 3단계 : 가상국가의 SAFE ZONE　　　　528
- 세계 여러 나라와 동맹을 맺다　　　　549
- 세계의 평화에 기여하는 모두함께 가상공화국　　　　570
- 결어　　　　583

{ PART5 } 기술편

- 가상국가 서버 시스템　　　　587
- 모두코인 시스템　　　　623
- AI 시스템　　　　634

- 콘텐츠 관리 시스템 658
- 앱 자동화 시스템 676
- 로봇 셋탑 박스 694

맺음말 701
부록1 : 엘라이의 주저리 주저리 719
부록2 : 가상국가 시스템을 널리 알리자! 732

서론

    한 대학생이 있었다. 그 청년은 학교 생활에 충실하고 교우들과의 관계도 원활했다. 4년동안 학과의 과대표를 맡았고 교수님에게도 총애를 받았다.
    누가 보아도 그 청년은 성실했고 사회에서도 유능함을 인정받으며 잘 살 것이라 생각했다. 그러나 대학을 졸업한 후 1년 동안 그 청년은 취직을 하지 못했다. 졸업한 지 1년이 지난 어느 날... 그 청년은 자살을 했다. 그 청년이 죽자 아버지는 오열을 한다. 그리고 "내가 내 아들을 죽였다!"고 소리치며 통곡한다. 1년 동안 취직을 못하는 아들에게 아버지가 핀잔을 많이 주었기 때문이다. "너는 왜 취직도 못하냐!"라고 꾸지람을 했고, 그 때문에 자기 아들이 자살했다고 생각하고 오열하며 통곡했다. 그리고 그 청년이 자살한 지 3개월쯤 되었을 때, 청년의 아버지 또한 자살했다.
    "이 내용이 사실일까요? 소설일까요?"

필자가 수천 명이 모인 강연장에서 청중에게 물었다.
"사실입니다!"
수많은 청중이 사실이라고 대답했다.
"말도 안돼요! 소설입니다. 이 대한민국에서 그런 일이 어떻게 일어납니까?"
이렇게 말하는 사람은 단 한 명도 없었다. 이것이 대한민국의 현실이다.

2000년 이전에는 대학만 나오면 평생이 보장되는 시대가 있었다. 한 번 들어간 직장은 곧 평생직장이며 3년 후면 대리로 승진하고 5년 후면 뭐가 되고, 10년 후에는 집을 사는 등 인생을 계획할 수 있었던 시대가 있었다. 5인 가족의 아버지가 열심히 일해서 자식 공부시키고 집도 살 수 있었던 시대가 있었다.

이제 그 시대는 과거로 사라졌다.

평생직장의 개념은 무너졌고 5인 가족은 커녕 두 부부가 맞벌이해도 숨만 쉬며 30년을 버텨야 집을 살 수 있다. 그것도 반은 은행 대출을 받아서...

아이를 가지는 것은 행복이 아니라 고통이 되었다. 50세에 직장을 잃어야 하고 그래도 돈을 벌기 위해 물결에 떠밀려 대박을 찾아 고통 속에서 서로 싸우고 경쟁하고 불신하면서 남은 생을 고난 속에서 살고 있다.

세계에서 자살률이 가장 높은 국가 대한민국!

선진국 반열에 올랐으나 스스로 목숨을 끊는 국민이 가장 많은 국가. 국민들이 불행한 국가 대한민국! 이게 지금 우리의 현주소이다.

그 누구도 해결책을 내놓지 못하고 있다. 이 문제는 어쩌면 해결 방법이 없을 수도 있다. 정치인들의 잘못이라 몰아붙이기에는 너무나 많은 요소가 결합되어 있다.

누구를 탓하고 원망할 것이 아니다. 세계의 흐름에 대한민국이 희생양이 된 것이다. 우리가 지금 고통받는 것은 정치인의 잘못도 아니며 우리의 잘못도 아니다.

가장 큰 문제는 부의 양극화이다

자본주의로 세계의 산업이 발전되었고 경제가 발전되었다. 자본주의가 인류의 생활에 물질적 풍요를 준 것은 분명 사실이고 큰 성과이다.

그러나 자본주의로 인해 가진 자는 더 많이 가지게 되었고 못 가진 자는 더 못 가지게 되었다. 2022년의 세계 불평등 보고서에 따르면 세계 자산의 76%를 10%의 사람들이 점유하고 있고, 90%의 사람들은 나머지 24%의 자산을 나누어 가지고 있다. 그리고 이 불평등은 날이 갈수록 심화되고 있다.

이것도 기득권자가 원해서 이렇게 된 것이 아니다. 제도와 시스템이 빈익빈 부익부를 만든 것이다.

첨단 IT 산업과 자동화가 서민을 더 가난하게 하고 있다

최근 20년간 IT는 급성장하였다. 많은 산업과 비즈니스, 유통, 교육이 모두 IT에 연결되었다. 이로 인해 우리는 시간, 공간의 제약에서 벗어날 수 있었다. 그러나 그로 인해 우리가 잃은 것이 있었다. 많은 부분들이 자동화되어 필요한 인력이 크게 줄었다. 지금은 AI까지 결합되어 어떤 미래 학자는 현재 인간이 하는 노동력의 75%가 자동화 시스템과 로봇이 담당하게 될 것이라고 이야기한다.

IT의 급성장으로 우리는 정보의 홍수 속에서 살고 있고, 시간과 공간을 벗어나는 혜택을 누린다. 그러나 우리는 더 많은 통신 요금을 내야 하고 음식을 배달시킬 때도 IT 서비스 사용 수수료를 내야 한다. IT의 발전으로 서민의 호주머니 속 돈은 더 많이 빼앗겨 대기업에게 돌아가고, 매월 생계비는 늘어나며 일자리는 줄어들었다.

국민이 IT 권력을 가지면 해결할 수 있을 것 같은데...

2014년 어느 날 필자는 위와 같이 생각했다. IT 기술은 장치 산업이 아니기에 국민이 IT권력을 가지면 어느 정도 문제가 해결될 것으로 보았다.

　국민이 만든 쇼핑몰에서 물건을 사고, 국민이 만든 결제 시스템을 이용하여 결제하는 등, 수많은 IT 플랫폼의 주인이 서민이라면 이 문제를 해결할 수 있다고 생각했다. 그러나 그것은 생각 뿐이었고 이때까지는 무엇을 하겠다는 행동은 하지 않았다.

　"2014년 10월 천 명의 서민이 모였다."

　지금 모두함께 국민운동은 20만 명의 대표장이 있는 조직이 되었다. 그러나 내 가슴이 처음 뛴 것은 2014년에 천 명의 서민이 실내 체육관에 모인 것을 보았을 때였다.

　내 인생에서 이렇게 많은 서민을 만난 것은 처음이기 때문이다. 이때 각오를 했다. 국민에게 IT 권력을 주고 서민이 주인이 되는 부자 기업을 만들자! 천명이 함께 하니 무엇이 두려우랴! 난 1000명의 국민에게 큰절을 하고 그날 그 서민들에게 회사의 주식을 나누어 주었다.

　그 어떤 어려움이 있어도 이 일을 성공시키고 싶었다. 언제나 가슴을 꽉 막고 있는 듯한 답답함을 해결할 수 있을 것 같았다. 쉽지 않을 것은 알았다. 어쩌면 그동안 쌓아올린 나의 경력이 모두 박살나고 나의 미래가 어두워질 수 있다는 생각도 했다. 그러나 꼭 하고 싶었다. 우선 국민에게 결제 시스템을 주고, 그 일이 성공하면 점차 확대하려고 했다.

수없이 실패하고 원망받고 고소당하다!

처음에는 쉽게 생각하였다. 다만 내가 먼저 나의 기득권을 버리는 게 우선이라고 생각했다. 그래서 대학 교수직을 사직하고 서민들과 함께 하여 꼭 성공시키겠다 다짐하였다. 교수 생활만 17년 한 사람이 세상에서 사업을 한다는 것은 분명 무모한 일이었다. 처음 사업은 스마트폰으로 결제하는 시스템이었는데, 국내에서는 당시에 스마트폰으로 물건 값을 결제하는 경우가 한번도 없었기에, 정부도 소상인도 심지어 지사로 참여한 사람들까지 이해도가 떨어졌다. 여러 번 강의실에서 시스템을 설명했으나 그냥 핸드폰 다단계라고 착각하는 사람도 있었고, 지사권만 사면 나중에 큰 돈을 벌 수 있다고 생각하는 사람도 많았다. 지사, 총판이 1500명 이상이있는데 우리의 결제 시스템을 사용하는 가맹점은 아주 적었다.

소득 주도 성장이 실패했다

결국 지사, 총판을 늘리지 않고 온라인 쇼핑몰에 중소기업 제품을 판매하는 방법을 동원하여 모인 사람들의 먹거리를 해결하려 하였다. 1개 중소기업의 제품을 온라인으로 영업하고 판매해주는 조건으로 매달 일정한 급여를 우선 지급하여 지사와 총판에게 소득을 만들어주었고, 그들이 열심히 물건을 판매하리라고 기대했다. 물론 회사가 의도한 대로 열심히 일한 사람들도 많았으나, 많은 사람들이 가짜 기업을 만들어 입점시키고 돈만 받아갔다. 이렇게 중소기업 육성 쇼핑몰이 무너졌다. 이 사업과 동시에 오프라인 가맹점을 유치하고자 숙취해소제 가맹점 만들기 사업을 하였는데, 영업에 익숙하지 않았던 사람들은 비싼 숙취해소제를 음식점 5만여 군데에 무상으로 가져다주기만 하고 바로 돌아 나왔다. 이렇게 이 사업도 무너졌다.

딱 1년 동안 도전했던 거의 모든 일들이 다 실패하였다. 모두 망하고 더 이상 희망이 없자 회사의 행정총괄본부장이 자기 산하 100명에게 거짓을 이야기하고 경찰에 나를 고소했다. 행정총괄본부장은 회사의 모든 것을 사기 혐의로 고소하였다. 그 자는 그 기간 동안 억대의 이익을 챙겼고, 재판 과정에서 그 내용이 밝혀졌다. 그리고 그 자는 "나에게 10억을 내놓으면 고소를 취하하겠다."며 협박까지 하였다. 하부의 100명을 이용하여 큰 돈을 뜯어내려 한 것이다.

나는 행정총괄본부장의 협박에 결코 타협하지 않았다. 이 고소 건에 대한 수사와 재판 판결이 나기까지는 8년이란 시간이 걸렸고, 2심에서 나는 대부분의 혐의에 대하여 무죄 판결을 받다. 그러나 숙취해소제 사업을 진행한 일이 유죄로 판결되어 2023년 11월 22일에 법정구속되었다.

정말 악한 자는 존재한다

필자는 사람을 좋아한다. 그리고 사람이라면 기본적으로 인간적 도리를 가질 것이라고 생각했다. 필자가 사회에 나온 1년 만에 세상에는 정말 악하고 돈만 찾는 사람들이 있다는 것을 보았다. 행정총괄본부장은 외모로 보면 정말 착한 사람처럼 보인다. 입만 열면 "나는 하나님을 믿는 사람으로 거짓말도 못하고 선한 일만 하려 한다. 이 일도 보람되게 일하려 하는 것이지, 돈 때문에 하는 게 아니다. 난 이미 매달 1억씩 수입이 들어온다."라고 이야기하였다. 철저하게 위선으로 사람들을 현혹시키고 거기서 돈을 뜯어내고 뒤에서 협박하여 큰 돈을 갈취하려 하였다.

그 후부터 필자는 스스로를 선하다고 하는 사람을 제일 먼저 의심한다. 내가 잘못한 것이 없기에 그 악한 자와 합의할 생각이 없었다. 지금도 필자는 그 악한 자에게 돈을 주지 않고 합의하지 않은 것을 잘했다고 생각한다.

그렇게 위선적인 사람은 결코 성공하지 못한다. 필자의 재판에 끝까지 나타난 그의 모습은 초췌하기가 이루 말할 수 없었다.

90%의 사람들이 떠나지 않았다

필자는 경찰 조사에서 회사의 모든 서류와 재무 서류를

전부 진실되게 공개하였다. 필자가 기망한 것이 없기에 떳떳하게 생각하였다. 그것도 사회 경험이 없는 자의 무모함이었다. 대한민국에서는 큰 회사가 아닌 듣보잡(듣도 보도 못한 잡것)이 사람을 천 명 이상 모집하고 그 운영비가 수십억 이상이면 사기로 취급하는 것이 대부분이다.

  필자의 기술, 시스템 이런 것은 관계없이 많은 국민이 모여있기에 기소되었고 재판을 받게 되었다.

  그런데… 필자와 함께 했던 피해자(재판부는 나와 함께 한 1000명을 피해자라고 칭했다)가 내 곁을 떠나지 않았다. 그리고 그들이 뭉치기 시작하였다.

  정말 아이러니한 것이 그 천 명이 지금도 나와 함께 하고 있고, 그분들은 이야기한다.

  "우리는 피해자가 아니라 이 일을 하는 주최자이다."

  남은 천 명이 십시일반 돈을 모았다. 5억을 만들었고, 이것을 씨드로 다시 시작하자고 하였다. 사실 필자는 도망가고 싶었다. 여기서 정리하고 그냥 기술자로 나의 길을 가고 싶었다.

국민의 성실성은 이미 무너졌다

  1년간 국민과 함께 하면서 느꼈다. 대한민국 국민의 성실성은 다 무너졌다. 정말 안타까운 일이나 사실이다. 성실하게 일하던 2000년도 이전의 문화가 다 사라진 것이다. 그런 환경이 만들어졌고 그런 흐름 속에서 국민들이 살아남기 위해 성실성을 버린 것이다.

IMF 이후 평생직장이 사라지면서 국민들이 성실을 버린 것이다. 성실하게 일해서 가족을 부양하고 집을 살 수 있다면 성실하게 일할 것이다. 헌데 성실하게 일해도 매달 생활비를 감당하지 못하니 편법만 생각하는 것이다.

필자가 도전한 사업은 지사, 총판, 대리점의 성실성을 기대하였다. 필자가 교수 되기 이전 사회는 성실이 있었기에, 사업에 도전했을 때도 성실함이 존재할 것으로 보았다. 허나 성실의 미덕이 사라졌다. 이것 또한 국민의 잘못이 아니다. 환경이 그렇게 만든 것이다. 성실이 사라지고 난 사회는 몰락하게 되어 있다. 지금 대한민국이 그 길을 가고 있나. 저출산, 고임금, 분노한 국민, 정치 양극화, 마녀사냥으로 한 사람에게 분풀이하기, 힘든 일 미루기, 정치인은 국민 이용하기 등등 대한민국은 망해가는 모습을 보여주고 있다.

이것을 해결하지 않는 한 대한민국은 지옥이 될 것 같다는 생각이 들었다. 당시가 2015년이었고, 9년이 지난 지금 2024년의 대한민국은 서서히 단계적으로 무너지고 있다. TV에서는 "세계에서 국민이 가장 불행하다고 느끼는 국가 대한민국"이라는 이야기가 나오고 있다.

중국 진출과 상장 기업 인수 도전, 그러나 또 실패하다

　모인 사람들의 성실성을 기대할 수 없었다. 사람들의 자발적 성실이 불가능할 때는 자본을 끌어와서 직원을 두고 움직이는 방법을 사용해야 한다. 자본을 운영하기 위해 상장기업을 인수하는 방법을 생각했다. 그래서 핵심 인물 30명의 모임을 만들고, 그들을 리더자로 자금을 모아 상장기업을 인수하려 하였다. 그리고 2016년 제이웨이 주식 5% 이상을 매입하고, 공동대표이사와 이사를 우리 사람으로 진출시키면서 상장기업 인수 작업에 돌입했다. 한편으로 스마트폰 결제시스템과 중국 백화점 진출을 새로운 성장 엔진으로 만들었다. 그러나 내외부의 문제로 완전히 실패했다.

　우리가 인수하려 했던 제이웨이는 전 대표이사가 이미 50억 원을 횡령하고 어음을 남발하여 문제가 있던 회사였다. 우리가 산 주식을 이용하여 악한 자들은 자신들이 횡령한 50억 원의 어음을 막으려 하였다. 여기서 인간이라고 하기에는 너무나 악한 자를 또 만나게 됐다. 그 자는 자신의 잘못을 막으려고 수많은 사람들에게 사기를 일삼으며 돈을 뜯어냈지만, 자기의 잘못을 뉘우치지 못한다. 아니, 자신이 잘못했다는 생각조차 하지 않는다. 이 자는 청담동에 위치한 100평 호화 연립에 살고 수억 원짜리 외제차를 몰면서 수많은 사람들의 돈을 뜯어냈다.

왜 그런 악한 자들을 그냥 두는가?

제이웨이 전 대표이사였던 백모씨는 정말 최악의 범죄자이다. 사람들이 이야기한다. 왜 그런 사람을 그냥 두는가? 고소하여 처벌을 받게 하여야 하지 않는가? 솔직히 말하면, 그 자를 처벌할 시간이 없었다. 10년의 기간 동안 너무 바빠서 복수할 시간이 없었다. 내가 책임지고 완수할 일이 너무 많았기 때문이다. 그리고 그 자는 지금도 지옥에서 살 것이다. 결코 행복하지 못할 것이다. 수많은 피해자들이 그를 그냥 두지 않기에, 안전한 교도소보다 밖에 있는 게 그에게 처벌을 내리는 방법이라고 생각한다. 국민운동을 하면서 많은 것을 보았다. 악한 자는 이미 지옥에서 살고 있다. 악을 행하는 것이 지옥에서 사는 것이기 때문이다.

더 이상 상장 기업 인수를 진행할 수 없었다. 악인들의 악한 행동에 같이 할 수가 없었다. 결국 상장 기업 인수 계획이 무너지면서 중국 백화점 사업도 타격을 입었다. 설상가상으로 태풍이 백화점을 강타하고, 사드로 인해 중국와 한국 교역에 문제가 발생하면서 중국 백화점 사업마저 실패로 돌아갔다.

중국에서 발전하는 세계를 보았다

중국 백화점 사업을 진행하면서 중국에 2년 정도 있었다.

과거 중국의 IT는 한국에 크게 뒤져 있었는데, 2016년 당시 중국의 IT는 이미 대한민국을 앞서 있었다.

놀라운 점은 2016년에 이미 중국 전체에 스마트폰으로 결제하는 시스템이 상용화되어 있었다. 심지어 길거리 노점상에서도 위챗이나 알리페이로 대금을 결제할 수 있었다. 이 외에도 정말 많은 부분이 IT로 전환되어, 거의 IT 대국이라는 느낌을 받았다.

중국에서는 구글과 넷플릭스 등의 사용이 금지되었다

중국에서는 구글의 모든 사이트의 연결을 끊었다. 넷플릭스도 볼 수 없고, 심지어 아이폰마저 중국에 들어오지 못하게 하고 있다. 우리는 이 부분을 유의하여 보아야 한다.

중국은 가상 공간도 국가의 영역이라고 생각하고 있다. 그래서 가상 공간을 국가가 통제해야 한다고 생각하고, 통제할 수 없는 외국의 거대 IT 기업은 강하게 거부한다.

혹자는 중국에 서양 물결이 들어가면 공산당이 무너질까 봐 유튜브, 넷플릭스, 구글 등등의 사이트 접근을 막았다고 한다. 중국을 잘 몰라서 하는 착각이다.

이미 중국에는 서양의 물결이 다 퍼져 있고, 그들은 이미 한국 드라마/영화는 물론, 세계의 드라마와 영화를 즐기고 있다.

중국이 방어하고자 하는 것은 가상 세계의 권력이다

유튜브와 넷플릭스를 막는다고 중국 국민이 세계의 문화를 받아들이지 못하는가? 절대 아니다. 구글을 막았다고, 아이폰 판매를 막았다고 문화가 못 들어가는 게 아니다. 중국은 가상 세계의 권력이 중국에 들어오는 것을 막고자 한 것이다. 내가 중국에서 공산당의 높은 간부를 만난 적이 있다. 그 분이 이야기하기를 중국의 가상 세계를 컨트롤하는 디지털 정부가 현 중국의 중요 과제라고 하였다. 그 디지털 정부는 세계 도처에 퍼져 있는 화교와 중국민도 모두 연결할 것이라고 이야기하였다.

전 세계가 IT권력을 지키려 한다 – 그런데 대한민국은?

중국은 국가가 주도하여 IT권력을 지키려 하고 있다. 미국과 유럽은 기업들이 IT권력을 가지려 한다. 지금 전 세계는 IT권력을 갖고자 치열한 전쟁을 하고 있다.

왜 IT권력이라 하는가?

세계의 많은 것들이 가상 세계에서 결정하고 그 결과가 현실 세계에서 움직이기 때문이다. 물건을 구매하겠다는 결정은 가상 세계에서 이루어지고 배송은 이후 현실에서 이루어진다. 가상 화폐는 또다른 큰 물결을 보여준다. 가상 세계에 화폐까지 만들어진 것이다. 이것은 가상 세계의 힘이 현실 세계를 덮는다는 신호이다.

거대 IT기업들이 공격하고 있는 것이 바로 이부분이다. 문화, 유통, 금융의 맥이 자신의 플랫폼에서 이루어지는 것을 목표로 삼고 있다. 중국은 이런 기업들이 자국에 들어오지 못하게 하면서 자국의 가상 공간의 권력을 자신의 정부 권력 안에 두고자 하는 것이다.

필자의 생각에 이 권력 싸움의 끝은 가상국가 건설이라고 본다.

국민이 있고 화폐가 있고 관리가 가능하면 가상 세계에 국가가 존재하는 것이 가능하다. 그리고 그 힘은 현실 국가보다도 더 클 것이라고 생각한다.

지금 대한민국은 어떤 상황인가?

대한민국의 청년들은 일자리를 찾지 못하고, 출산율은 떨어지고, 성실성은 사라졌다. 지금 대한민국은 서서히 무너지고 있다. 이것은 누구나 인지하고 있다. 여기에 IT가 외국기업에 의해 점령당하고 있다. 국내 IT기업들이 무너지고 가까스로 포털과 채팅만 지키고 있는 형국이다.

가상국가라고 칭하지 않을 수도 있다. 메트로폴리스탄이란 단어를 쓸 수도 있고 가상도시라는 단어를 쓸 수도 있다.

중요한 것은 그 모든 게 통제력이 있다는 것이다. 그것이 IT 권력이라는 것이다.

그 누구도 이 심각한 상황을 대처할 생각을 하지 않고 있다. 거대 중국은 세계의 욕을 먹으며 구글, 애플, 넷플릭스를 거부하고 있고, 유럽 또한 자체 가상 공간의 권한 체계를 만들려고 많은 노력을 하고 있는데, 대한민국은 IT 권력에 대한 개념도 없고 앞으로 발생할 많은 가상 세계의 변화에 전혀 대처하지 않고 있다.

대한민국은 지금 최악의 상황으로 가고 있다

대한민국의 성장 동력은 서서히 무너지고 있고, 빈익빈 부익부의 양극화로 수많은 국민이 고통 속에서 살고 있다. 높은 물가와 집 값에 많은 청년들은 미래를 포기하고 있는데, 여기에 가상 공간은 세계적인 기업들이 점유하고 있다.

더욱 더 큰 문제는 민족의 자긍심이 사라지고, 함께 하는 마음들이 사라졌다는 것이다. 과거 우리는 IMF때 전국민이 금모으기 운동에 참여하였다. 지금 이 글을 읽고 있는 독자에게 묻고 싶다. "지금의 대한민국 위기를 극복하기 위해 다시 한번 금모으기 운동 같은 것을 할 것인가?" 많은 사람들의 답이 '아니요' 일 것이다.

지금 대한민국은 사랑의 마음이 사라졌다. 분노와 투쟁이 대한민국을 덮었다. 인터넷에 마녀 사냥하며 악성 댓글을 달고 욕하고 소리치는 것은 무엇을 말하는 것 같은가? 살기 너무 힘들다는 비명인 것이다. 지금 대한민국은 최악의 위기 상황이다.

대한국인이 가상국가 시대를 리더하게 만들겠다

상강 기업 인수와 중국 백화점 사업까지 모든 게 무너졌다. 참으로 신기한 것은 바닥을 치니까 마음이 편해졌다는 것이다. 더 잃어버릴 게 없기에 그렇지 않았을까 생각한다. 헌데 더 큰 것을 보고 답답함은 계속 있었다. 누군가는 이것을 알고 대한민국의 IT권력을 지키고 수많은 국민들이 고통을 당하지 않게 해야 한다는 생각을 했다.

그리고 필자는 '내가 그 길을 가겠다! 대한민국의 가상국가를 만들게 하겠다.'라는 생각을 했다. 잃을 게 없다는 생각이 더 큰 그림을 보게 하였다. 내가 가지고 있는 모든 것을 동원하여 가상국가 시대를 대비하겠다고 생각하고 다짐했다. 그리고 2018년부터 다시 새롭게 시작하였다. 그것이 모두함께 국민운동 본부이다.

앱 이름은 <모두함께 가상공화국>

2018년부터 앱을 다시 만들기 시작했다. 2018년 5월에 앱의 기본틀이 만들어졌다. 앱의 이름은 '모두함께 가상공화국'이었다.

앱 이름에 '가상공화국'이라는 명칭이 들어가자 많은 사람들이 거부감을 나타냈다. 필자는 가상국가를 먼저 알리고자 했는데, 그 개념을 이해하지 못하는 사용자들은 이상한 이름이라고 생각한 것 같다. 필자는 중국에서 2018년 5월에 돌아왔다. 그리고 사람들에게 가상국가에 대해 이야기했다. 많은 사람들이 이해를 하지 못했다. 그때 생각했다. '가상국가 이야기는 나중에 해야겠다.'

먼저 시작한 것은 '모두함께 국민운동'이었다. "IT권력을 국민에게 주자."는 모토로 시작하였다. 그리고 '모두함께 가상공화국'이란 이름은 '모두함께'로 변경하였다.

국민운동으로 다시 시작하다

필자가 2014년부터 시작한 사업들이 모두 실패한 이유를 알았다. 교수 생활만 했었지 냉혹한 세상을 몰랐기 때문이다. 그 이후 국민을 알았고 세상이 얼마나 험한지도 알았다. 이후로 필자는 사람을 믿지 않는다. 다만 사랑하고 함께 하고자 한다.

나와 함께 하는 1000명만 살린다고 대한민국이 바뀌지 않는다. 또한 성실과 도전의 정신을 잃어버렸기에 성공을 기대하기도 힘들다. 그러나 무엇이라도 해야 했다. 그래서 모두함께의 개발을 우선으로 하였다.

마이샵 시스템, 배달 시스템, 라이더 시스템, 가상 자산 모두코인, 쇼핑몰 등등을 모두함께 안에 탑재하였다. 필자가 가지고 있는 것은 기술 뿐이었다. 그리고 함께하는 천 명의 사람들이 있었다. 그리고 그분들은 모두함께 국민운동 본부의 대의원이 되었다.

더 이상 잃어버릴 것도 없다는 것은 앞으로 얻을 것 그리고 나아갈 길이 많다는 것이다. 그래서 계속하여 전진하였다. 방송 시스템도 만들고 국민운동의 취지를 강연하였다. 국민의 힘을 모아 국민운동을 성공시키기 위해서였다.

모두함께 국민운동, 20만의 대표장을 만들다

2020년 3월 5일, 모두함께 국민운동을 선포하고 시작하였다. 그리고 2020년 말까지 15만 명의 회원을 모집하였다. 그러나 이것은 회원일 뿐, 국민운동에 참여하는 리더자는 아니었다.

2021년 3월부터 같은 해 12월까지 지역회를 구성하는 데 주력하였다. 그렇게 하여 100여 명의 지역회장을 뽑았고 그 지역회장들의 하부에 지역 대표장을 두고 회원들이 그 밑에 있게 하였다.

2022년 3월부터 12월까지는 지역회장-지역 대표장-중지역 대표장-소지역 대표장의 체계를 완결하였다. 그때 대표장들의 총 수가 20만 명이 되었다.

4개의 조합과 8개의 기업, 그리고 전국의 18개 지역에 20만 명의 대표장이 구축되는 엄청난 성장을 하였다.

2023년부터는 20만 명의 대표장들에게 교육을 하고 성장 동력 사업인 콘텐츠 사업의 기반을 만들기 위해 드라마를 제작하고 가상 스튜디오를 건설하였다. 그리고 전국 18개 지역에 지역당을 가지고 있는 정당을 창당하였다.

모든 준비가 끝났고 이제 2024년에 모두함께 국민운동본부는 20만 대군과 함께 국민에게 나아가려던 참이었다.

2015년 사건으로 2023년 11월에 구속되다

2023년 11월 22일, 2015년부터 8년이란 긴 시간 동안 진행된 재판의 2심 판결이 있었다.

필자를 포함하여 모두함께의 리더자 그 누구도 필자가 구속될 것이라고 예상하지 못하였다. 대부분의 혐의에 대하여 모두 무죄 판결을 받았으나, 숙취해소제 사업이 유죄로 판결되어 징역 3년 형을 받고 법정구속되었다. 그리고 필자는 현재 상고심에서 무죄를 주장하며 법원의 판결을 기다리고 있다.

중요한 것은 대한민국의 미래이다

필자가 구속된 것은 중요하지 않다. 모두함께 국민운동본부가 3년의 준비를 끝내고 날아오르려 했는데, 이것이 멈춰진 것이다. 모두 필자의 잘못이었다. 시스템도 기획도 모두 필자가 했다. 현재 돌아가고 있는 모두함께의 전체 시스템을 필자가 혼자 개발하여 인수인계도 미처 하지 못했다. 2024년도의 도약을 위해 준비한 모든 것이 멈춰져버리는 사태가 발생한 것이다.

필자가 할 수 있는 유일한 일은 이 곳 구치소에서 책과 기술서를 쓰는 일이었다. 가상국가 시스템이 무엇이며 앞으로 어떤 시대가 오는지 국민에게 알려주어야 했다. 그래서 2024년 1월부터 시작하여 3월 초순에 이 원고가 완결되었다.

필자가 말하는 내용을 논리적으로 그리고 이성적으로 판단해 보기를 소망한다. 과연 가상국가 시대가 올지 안 올지 판단해보라는 것이다.

만약 세계인이 가상국가 시대에 대해 관심이 없다면, 그것은 우리에게는 기회가 되는 것이다. 이 책에는 지금까지 이룩한 국민운동 본부와 가상국가로 올라서는 미래의 기획, 그리고 그 시스템을 개발할 수 있는 기술 가이드까지 모두 수록되었다.

이 책이 전부는 아니다. 그러나 이 책을 기반으로 대한민국이 변화되는 물결을 만들기를 진심으로 소망한다.

가상국가를 만들면 대한민국이 잘 살 수 있는가?

분명히 대한국인이 행복을 찾을 수 있다고 확신한다. 소수의 기득권이 아닌, 대한국인이 힘을 뭉쳐서 가상국가를 건설하면 세계의 많은 자원, 기술, 경제가 그 가상국가 밑으로 들어오기에 가상국가의 리더자인 대한국인이 풍요로울 것은 당연하다.

왜 그렇게 되는지에 대해 본책에서 자세히 설명하였다.

'가상 세계의 권력', 그것은 한 번 만들어지면 무너뜨릴 수가 없기 때문이다.

우리 대한국인이 그것을 해낼 수 있는가?

우리 대한국인은 분명 해낼 수 있다. 세계를 이끌 수 있는 자질과 능력을 가지고 있다. 영화/드라마 등 문화를 세계로 수출하고 있다. 세계인이 우리의 문화에 동요, 흡수되고 있다는 것은 그만큼 문화가 우수한 나라라는 것이다. 운동에서도 뒤지지 않는다. 세계 1, 2위를 다투는 종목이 대한민국에는 10개 이상 된다. 전쟁의 폐허 이후 단 30년 만에 세계 경제 대국으로 올라선 민족이다. 그것도! 5000만 명도 안되는 국민이 말이다.

 마음만 바꾸면 된다. 식민 사관을 반드시 버려야 한다. 미국을 강대국이라고 여기고 의존하는 마음을 버려야 한다. "우리는 자랑스런 대한국인이다"라는 자긍심을 가져야 한다. 그 힘으로 가상국가를 건설할 수 있다.

필자는 전통 보수주의이다

 필자의 철학은 전통 보수이다. 전통이란 우리 민족의 찬란했던 고조선의 전통을 계승하여 홍익인간의 사상과 천지를 창조한 한울님을 찬양한 자랑스러운 선조들의 얼을 살리겠다는 것이다. 그리고 그것을 기반으로 보수적인 철학을 가진다.

 그런데 극우 세력 중 일부가 나를 미워하고 방해하고 괴롭히며 고발한다. 필자가 미국을 의존하지 말라고 말하고, 일제 강점기의 수치를 이야기하는 것이 빨갱이의 사상이라는 것이다. 심지어 필자의 강연 도중, 청중 한 명이 간첩이 나타났다고 신고를 하여 경찰이 출동한 적도 있었다. 모두 함께 국민운동을 하면서 많은 반대 세력의 공격을 받았다. 그러나 이에 맞대응하지 않고 앞으로만 달렸다. 그들과 싸울 시간이 없었기 때문이다.

 미국에 충성하고 일본을 찬양하는 것은 보수가 아니다.

우리 민족의 정체성을 살리고 우리의 것을 지키고 발전시키는 것이 진정한 보수이다.

가상국가를 어떻게 만들어 가는 것인가?

새로운 것을 만들기에 정도가 없다. 누가 한 번 가보고 그 결과를 기록으로 남긴다면 뒤에 그 길을 가는 사람에게 도움이 된다. 인류는 과학과 기술을 개발하고 연구하고 그 결과를 기록하여 후세에 남김으로써 계속 발전시켜 나갔다.

필자는 가상국가를 건설하기 위한 기획을 하였고, 그것을 50% 이상 끌어올렸다. 그리고 남은 50%가 있다. 그 내용을 책으로 엮은 것이다. 필자가 무슨 일을 했고, 그 결과가 어떻게 되었으며, 앞으로 무슨 일을 할 것인지에 대해 모두를 기록하였다. 짧은 시간과 참고 문헌 없이 오로지 펜과 노트만으로 이 책을 썼다. 많은 오자와 오류가 있을 수 있으나, 이 책에서 말하는 전체 흐름은 알 수 있을 것으로 판단한다.

가상국가 시대가 오는가?

혹자는 가상국가의 시대는 오지 않는다고 이야기한다. 가상 공간은 현실 공간에서 사는 인간의 욕구를 다 대변하지 못한다고 주장한다. 또 다른 이는 가상국가 시대가 도래할 것이라고 이야기한다. 현실을 움직이는 많은 일들이 가상 공간에서 이루어지기 때문이다.

여기서 우리는 두 가지 선택의 길에서 능동적으로 준비하는 쪽을 택해야 한다. 아무런 대응과 준비를 하지 않았는데 만약 가상국가의 시대가 오면 어떻게 될까? 가상국가 시대를 준비하고 참여한 사람들에게 밀려 도태되는 것은 당연하다.

인생은 언제나 미래를 준비하고 대응하는 연속이다. 현재에 안주하며 현실에만 국한되어 산다면, 그 인생에서 밝은 미래를 기대할 수 없을 것이다.

인간의 욕망을 알아야 한다

가상국가 시대가 오는가, 오지 않는가? 그것을 알기 위해서는 먼저 인간의 욕망에 대하여 생각해야 한다.

인간의 가장 큰 욕망은 사랑받고자 하는 것이다. 이것은 매우 큰 명제일 것이다.

다시 말해, 다른 사람들에게 인정받고 싶어하고 자랑하고 싶으며 많은 사람들에게 부러움을 받고 싶고 존경받고 싶어한다. 이 모두를 큰 명제로 사랑받고 싶어한다고 표현했다.

결국 인간은 사회를 형성하고 단체에 속하여 인정받는 존재이길 원한다.

반대로 실패한 사회 접근에서는 빨리 이탈하고 싶어한다. 한 예로, 기업에 입사하였을 때 해당 기업에서 사랑받지 못하는 구성원은 이탈하고 싶어한다. 그러나 기업 조직에서 이탈하는 것은 쉬운 게 아니다. 생계가 연결되어 있기 때문이다.

여러 가지 이유로 현실 공간에서 가입된 사회 조직이나 단체에서 바로 이탈하는 것은 쉬운 일이 아니다.

그러나 가상 공간은 다르다. 쉽게 사회 조직 또는 단체에 가입할 수 있고, 또한 빠르게 단체에서 벗어나거나 무관심해질 수 있다.

그렇기에 사랑받고자 하는 인간이 자신이 사랑받을 수 있는 공간을 다양하게 많이 접근할 기회가 있는 곳이 바로 가상 공간이다.

즉 인간의 본질적 욕구를 충족시킬 수 있는 많은 기회를 제공하는 곳이 가상 공간이라는 것이다.

인간을 구속에서 자유롭게 한다

인간의 역사를 보면 점차 국가의 권력은 약해지고 인권을 보호하는 형태로 이동되고 있다. 인간은 강한 힘에 의해 구속되는 것을 싫어한다.

국가의 권력에 구속받는 것을 싫어한다. 그렇다 해도 국가 안에 있고자 하는 것은 국가가 본인의 재산과 생명을 보호해 주기 때문이다.

만약 가상국가가 현실의 국가보다 구속은 적게 하면서도 국민의 재산과 생명은 잘 보호해준다면, 많은 사람들이 가상국가의 국민이 되기를 소망할 것이다.

국가가 만들어지면 무너뜨릴 수가 없다

가상국가는 만들어지면 소멸되지 않는다. 소멸시킬 방법이 없기 때문이다. 현실의 국가는 군대를 이용하여 영토를 침공하고 국가를 무너뜨릴 수 있으며, 또한 위험하게 만들 수도 있다. 그러나 가상국가는 공격할 영토가 없다. 그러므로 무너뜨릴 수가 없다는 것이다. 가상국가의 국민은 지구 전지역에서 살며, 각기 다른 현실 국가의 국민이기에 국민을 소멸시킬 수도 없다.

그러나 가상국가가 만들어진다면 그 영향력은 현실 국가보다도 크다.

시간과 공간의 제약이 무너지면서 가상국가는 지구의 미래 국가가 될 것이다. 다만 현실 국가는 무너지지 않을 것이다. 현실의 국가와 가상국가가 서로의 이익에 의해 공존하게 된다.

새로운 시대가 오는 것은 인간이 그것을 원하기 때문이

다. 다만 그 결과가 어떤 일을 만들지는 모른다. 자유하면서 자신의 재산과 생명을 보호해주면서도 구속력이 약한 국가, 이것은 인간이 분명 원하는 국가이다.

인간의 기술 발전과 문명 발전의 결론이 유토피아인지 종말인지는 그 누구도 예측할 수 없다. 중요한 것은 인간의 욕망이 가상국가를 원한다는 것이다.

유통과 판매가 국가를 넘어서 세계화되고 있다

해외 직구가 일상화되고 있다. 지구 반대편의 공장에서 생산되는 운동화를 주문하면 1주일 안에 내 집 앞에 도착한다. 이것은 매우 중요한 변화이다.

물류 유통이 거의 한 국가 안에서만 이루어지던 시대가 이미 무너졌으며, 세계인을 대상으로 하는 소매화가 이루어진다. 즉 기업이 제품을 생산하고 해외 직구를 통해서 세계인에게 수출을 한다는 것이다. 즉 시장이 세계화된다는 것이 확인된 것이다. 이것이 유통 분야에서 국가의 경계가 무너진 것이다.

사람과 사람의 만남이 세계화되었다

페이스북, 트위터 등 전 세계 메신저에 의해서 우리는 세계인을 만나고 있다.

이제 점차로 세계인과 단체 및 사업을 공유한다. 이러한 물결이 점차 커지게 될 것이다.

사람들의 만남이 현실 국가 안에서만 주로 이루어지던 시대가 이제 세계인과 일상적으로 만나는 시대로 바뀐 것이다. 여기에 언어의 장벽이 무너졌다. 독일인이 말한 내용이 한국어로 번역되어 한국인이 알아듣는 시대가 된 것이다.

시간, 공간, 언어의 장벽이 무너지면서 세계인의 인종 장벽이 무너졌다. 이제 지구는 한 가족의 세상이 된 것이다.

현실 국가와 가상국가, 어느 쪽이 더 안전한가?

아프리카는 자국 내 내란이 있고, 중동은 이스라엘과 항시 긴장 관계에 있다. 또한 러시아와 우크라이나 전쟁으로 세계가 긴장하고 있으며 미국과 러시아, 그리고 중국과 대립되는 냉전 체제는 세계를 불안하게 한다. 대한민국 또한 휴전 중인 국가로 북한과 군사 대치와 경계를 하고 있다.

"국가를 지키기 위해 국민을 희생한다."

이것은 우리는 충(忠)이라 한다. 우리나라에서는 나라에 충성하라고 교육받는다. 왜 나라를 지켜야 하는가? 본인의 가족과 자식이 살아야 할 곳이고 이 영토를 떠나서는 가족이 갈 곳이 없기 때문이다. 이 충(忠)의 개념은 가상국가 시대에서는 새로운 형태로 변화될 것으로 기대한다.

가상국가의 시민이 되면 해당 국가가 제공하는 많은 SAFE CITY에서 살 수가 있다. 만약 대한민국에서 전쟁이 발발하면 모두함께 가상공화국의 시민은 다른 SAFE CITY로 즉각 이주가 가능하다는 것이다.

전쟁이 발발했을 때 가족의 안전을 보장받을 가능성이 현실 국가보다 가상국가가 더 높다. 여기서 많은 문화의 충돌이 발생한다. 국가를 지키는 국민의 책임을 도덕으로 강조하였는데 이 사상이 무너진다 생각할 것이다. 그렇지 않다. 그 사상의 근원이 무엇인가? 바로 국민에게 있는 것이다. 충(忠)은 나라 영토와 군주를 향하는 것이 아니라 국민의 안위와 행복에 있기 때문이다. 그렇기에 충과 효의 근원이 사라지는 게 아니라 오히려 그 근본에 충실하는 것이다.

가상국가가 수많은 나라의 SAFE CITY를 구성하기 위해서는 많은 돈이 필요하다. 이 돈이 어디서 나오는가?

그 돈을 가상 공간에서 지원한다.

유통의 수수료, 메신저의 수수료, 그리고 광고 수수료 등이 받쳐준다면 필요한 자본을 만들어 낼 수 있다. 또한 자신의 주거를 보장하는 조건으로 요금을 지불하는 케이스를 만든다면 가상국가는 매우 빠르게 발전될 것으로 기대한다.

{ PART 1 }
가상국가 시대가 온다

세계가 빠르게 바뀌고 있다. 제 4세대 산업 혁명 이후 인간의 생활은 급격하게 변화되고 있다. 본편에서는 가상국가 시대가 왜 오고 있는지를 이야기하고, 그 시대에 무엇이 변화되는지를 설명한다. 가상국가 시대는 다가오고 있으며, 우리는 빨리 새로운 시대를 맞을 준비를 해야 한다.

이제 세계에 가상국가가 출현한다

　인간의 과학과 기술이 발전하면서 사회 구조가 바뀌어간다. 이제 머지않아 세상에 가상국가가 출현할 것이다.
　"무슨 말도 안되는 소리인가? 가상국가가 만들어진다니, 그런 허무맹랑한 일이 일어날 리가 있겠는가?"
　이렇게 묻는 독자들도 많을 것이다. 그러나 생각해보자. 30년 전만 해도 오늘날과 같은 사회가 만들어진다는 생각을 할 수 있었을까? PC와 전화가 결합된 디바이스, 그것도 이동하면서 사용할 수 있는 지금의 스마트폰을 대부분의 사람들이 생각이나 할 수 있었겠는가? 스마트폰 하나만 있으면 세계 모든 나라의 언어를 번역할 수 있는 시대를 생각할 수 있었는가? 그런데 지금 우리는 그런 시대를 살고 있다. 가상국가 시대는 분명히 온다. 그것도 아주 빠른 시간 안에 우리에게 온다. 본 항목은 왜 가상국가 시대가 온다는 것인지에 대해 설명하고자 한다.

§ 공간을 뛰어넘는 국가가 더 풍요롭다

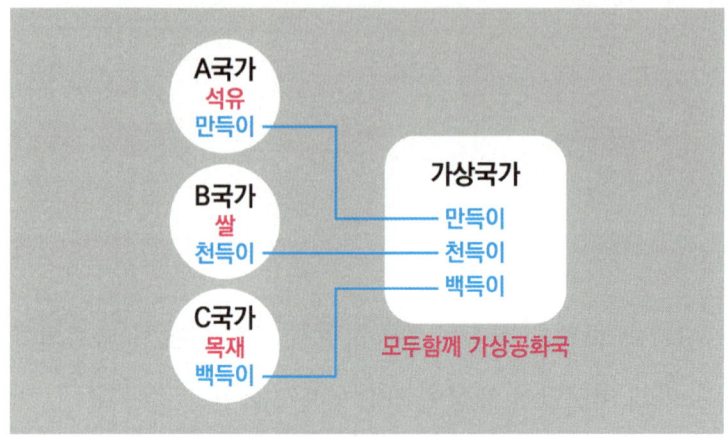

〈그림1〉 다국가 시민이 결합된 가상국가

전 세계 사람들의 삶에 반드시 필요한 것이 쌀, 석유, 목재뿐이라고 가정하자. 즉, 인간이 사야 하는 필수품이 딱 3가지, 쌀과 석유, 목재라고 가정하자는 뜻이다. <그림1>은 쌀과 석유, 목재를 생산하는 나라에 사는 3명의 국민이 하나의 가상국가에 속해 있는 모습을 보여준다.

각 나라의 만득이, 천득이, 백득이는 석유, 쌀, 목재를 생산하는 기업의 오너들이다. 이 오너들은 모두함께 가상공화국의 시민이다. 3개의 현실 국가는 필수 품목 1가지씩만 생산한다. 그래서 A국가, B국가, C국가는 무역을 통해서 물건을 들여와야 자국의 국민들이 해당 물건을 살 수 있다. 헌데 모두함께 가상공화국은 어떨까? 이 가상공화국은 쌀, 석유, 목재를 모두 생산하는 국가가 된다. 따라서 가상국가가 만들어지면 현실 국가보다 더 많은 자원을 확보할 수 있다. 이것이 가능한 이유는 이제 인간은 공간의 제약을 받지 않고 실시간으로 세계인과 통신할 수 있기 때문이다. 제 4세대 산업 혁명이 가상국가의 건설을 가능하게 한 것이다.

국가는 개인을 통제할 수 있어야 한다. 가상 세계에서 그것이 가능한가?

현실에서는 범죄를 저지른 자를 구속할 수 있으며 위험한 행동을 하지 못하게 제압할 수 있다. 그래서 국민은 국가 권력 앞에 순종할 수밖에 없다. 가상국가는 이런 제약을 할 수 없기에 국민을 관리할 수 없다고 주장하는 사람도 있을 것이다. 현 시대는 카카오톡, 페이스북 등의 메신저를 사용하지 못하면 사회에서 고립되는 시대이다. 메신저를 사용하지 못하게 막는 것도 충분히 국민을 제재할 수 있는 방법이다. 인간의 상호 통신이 모두 가상 세계에 연결되어 있다. 그 세계에서 고립되는 것은 삶을 살 수 없게 하는 것과 같다. 폭력, 살인 등의 강력범은 현실 국가에서 제재할 것이다. 그러나 그 외의 범죄들은 가상국가의 힘으로도 충분히 관리할 수 있는 시대가 되었다. 가상국가가 탄생한다고 현실 국가가 사라지는 것이 아니다. 다만 그 기능이 축소되고 변화될 뿐이다. 가상국가와 현실 국가의 조화가 이루어질 것이다.

§ 이제 쇼핑은 전 세계를 대상으로 한다

인간이 사회를 구축하는 여러 이유 중 하나는 물질의 교환을 위해서이다. 사람은 혼자서 자기에게 필요한 모든 물품을 자급자족하지 못한다. 과거의 물물교환은 돈을 주고 물건을 구매하는 시스템으로 바뀌었고, 지금은 전 세계를 무대로 하는 온라인 쇼핑으로 전환되었다. 국가 간 경계가 없는 온라인의 특성으로 해외 직구가 일상화되었고, 이제 국내 시장뿐 아니라 전 세계가 하나의 시장이 되었다. 각국마다 자유 무역 협정(FTA)을 체결하여, 개인은 개인통관부호만 발급받으면 자신이 필요한 상품을 세계 여러 나라에서 구매할 수 있다. 한 국가 안에서만 물건을 구매하던 시대는 끝났다. 이것은 물건의 교환과 교역의 범위가 국가 경계선에 의해 구획화되지 않는다는 것이다. 10년 전까지만 해도 외국의 제품을 구매하기가 매우 힘들었다. 지금은 미국의 제품을 구매하면 빠르면 3일 안에도 내 집 앞에 도착한다.

상업은 국가를 지탱해주는 기반 요소 중 하나이다. 과거에는 국가 안에서 시장 기능이 원활하면 경제가 활성화되어 있다고 이야기했다. 그러나 이제 소비와 생산의 흐름이 국가에 의해 경계지어지지 않는다. 이것은 시장의 기능을 제공하는 국가의 기능이 사라진다는 것이다. 그렇다면 시장의 기능이 사라진 것인가? 그렇지 않다. 그 기능이 가상 세계로 넘어간 것이다.

해외 직구에 대한 애프터서비스는?

해외에서 제품을 구매하였는데 만일 물건에 하자가 있다면, 반품과 환불이 원활할까?

현재는 원활하지 않다. 해외 직구를 하다가 불량품을 받고 돈만 날리는 경우도 발생한다. 명품 구매 시에는 잘못하면 가품을 받을 수도 있다. 해외 구매에 신뢰성이 요구되는 시대가 되었다. 만일 모두함께 가상공화국 시민 김철수가 같은 모두함께 가상공화국 시민인 중국의 장라어핑이 운영하는 쇼핑몰에서 구매를 하면, 모두함께 가상공화국에서 소비자를 보호할 수 있다. 한 사람은 한국인이고 한 사람은 중국인이지만, 이들은 한 가상국가의 시민이기 때문이다.

§ 업무가 오프라인에서 온라인으로 전환된다

코로나 펜데믹으로 인해 대면 접촉보다 온라인 미팅이 활성화되었다. 펜데믹 기간 동안 사람들은 화상회의가 오프라인 미팅 못지않게 효율적이라는 것을 확인했다. 회의 도중 다른 자료를 함께 검색하고 즉석에서 인터넷 정보를 공유하는 등, 오프라인 장소에서 제공하지 못하는 많은 이점도 제시되었다. 또 한가지 이점은 시간을 절약할 수 있다는 것이다. 미팅을 하기 위해 장소를 이동하며 시간을 쓸 필요가 없어졌다. 교육 또한 인터넷을 활용하면 더 효율적이다. 경제가 활성화되기 위해서는 사업 비즈니스가 활기차게 움직여야 하는데, 오프라인 미팅보다 온라인 미팅이 비즈니스를 더욱 활성화 시킨다. 이것은 바로 비즈니스 자체가 현실에서 가상 세계로 이동되었다는 뜻이다.

> **오프라인 비즈니스를 버리면
> 광대한 온라인 비즈니스 세계가 펼쳐진다**
>
> 세계는 넓고 구매자는 많다! 오프라인 비즈니스는 국가가 같은 국민 간의 교류이다. 때로 외국과의 교역도 오프라인에서 이루어지나, 여기에는 시간 소모와 거리 이동 등 많은 추가 비용이 든다.

> 5000만 한국인을 대상으로 물건을 파는 것보다, 수십 억의 세계인에게 파는 게 더 유리한 것은 모두가 알고 있다. 소량 판매 제품도 세계로 확장하면 그 수익은 매우 커진다. 5000만을 대상으로 1억을 벌었다면 5억을 대상으로 하면 10억을 벌 수 있다. 온라인 비즈니스가 더 강력한 비즈니스의 장이 되어가고 있다. 이제 국민들은 국내 시장만 보지 않는다. 세계 시장을 보고 있다. 세계 시장에서 쇼핑몰을 운영하는 아마존이 각광을 받는 이유가 여기에 있다.

점차 더 많은 비즈니스가 온라인으로 이루어질 것이다. 시장이 광대하고 기회가 많기 때문이다. 그래서 더 많은 돈을 벌기 위해 비즈니스 영역을 확대하고자 가상 세계로 사람들이 몰려든다. 이제 비즈니스도 국가의 영역을 뛰어넘고 있다.

가상 세계의 비즈니스에는 위험성도 있다. 비즈니스에서는 계약 관계가 발생한다. 계약 위반이 발생할 경우 국가 영역을 넘어섰기 때문에 국가가 보호해줄 수가 없다. 최근 보이스피싱을 뛰어넘어 가상 세계의 계약 사기들이 발생한다. 이 계약 사기에 의해 피해를 보아도 피해자가 제소를 할 곳이 없다는 것이다. 현실 국가에 신고를 해도 수사가 쉽지 않아 재판에 넘길 수도 없다. 점차로 현실 국가가 통제할 수 있는 영역이 줄어든다. 그러면 사람들은 가상 세계에서 본인이 피해를 당하지 않도록 보호하고 통제하는 어떤 기구가 있기를 바라게 된다.

지금의 흐름대로 진행된다면 빠른 시간 안에 국민들은 가상 공간에 통제 기관이 존재하기를 소망하게 될 것이다. 그 통제기관은 어떻게 만들어질까? 세상은 인간이 생각하는 대로 변화된다. 가상국가는 인간이 요구하기에 나타나게 된다. 그 조건을 갖춘 자가 국가를 만들면 사람들은 그쪽으로 움직이게 되어있다.

§ 교육 기관이 가상 세계로 들어간다

온라인 교육은 수강인원의 제한이 없다. 교육 관리를 인공지능(AI)로 하면 수강인들이 천만 명 이상이 되어도 관리가 가능하다. 최상의 교육은 최고의 전문가가 교육하는 것이다. 세계적인 물리학자로부터 교육을 받는 게 국내 대학의 물리학 교수에게 교육을 받는 것보다 효과적이다. 온라인 교육은 최고의 교육자 밑에서 교육을 받을 수 있는 기회를 제공한다. 현재 교육시스템(LMS)는 AI와 결합하여 빠르게 발전하고 있다. 미국의 하버드, 스탠포드 등의 유명 대학들은 본격적으로 온라인 사이버 대학으로 확장을 하고 있다. 교육의 대변화가 일어나고 있다. 지금도 대한민국의 지방 대학이 무너지고 있으나, 온라인 교육의 혁명이 발생하면 대한민국의 많은 대학들은 문을 닫거나 필수 전문 분야의 연구기관으로 남을 것이다.

AI와 결합되는 교육혁명이란...

현 시대는 어느 대학교를 나왔느냐가 중요하지 않다. 얼마나 많이 알고 무엇을 할 수 있느냐가 중요하다. 서울대를 나와서도 할 수 있는 게 없다면 취직이 안되는 세상이다. 교육을 받은 사람이 어느 정도를 이수했느냐를 정확하게 평가해준다면, 사람을 구인하는 쪽에서는 매우 긍정적인 자료가 된다. 최고의 강사가 교육하고 AI를 통해서 정확한 교육 평가를 하는 시스템이 온리인에시 민들어지는 것이 교육 혁명이다. 현재 미국과 유럽의 유명 대학이 이 서비스를 시작하고 있다. 여기에 각국의 언어로 전환되는 AI 번역기가 붙는다. 국내의 유명 대학 졸업자와 하버드 대학의 사이버 대학에서 최고의 강사에게 강의를 받고 최상의 평가를 받은 자 중 기업은 어느 인재를 등용할까? 이제 세계의 유명 대학들이 가상 공간에 들어오고 있다. 누구나 수강신청을 할 수 있으나 학위를 따려면 AI 평가에 의해 높은 학점을 받아야 한다. 입학은 누구나 할 수 있으나 학위는

> 정확한 평가에 의해 얻을 수 있다. 그리고 학위를 받는 데 인원 제한이 없고 입학 인원 제한도 없다. 온라인으로 토론도, 실습도 가능하게 시스템이 만들어지고 있다. 몇 년 안에 세계의 유명 대학이 전 세계의 교육을 담당하는 거대한 교육 혁명이 발생할 것이다.

 교육이 오프라인을 떠난다. 많은 교육 부문이 가상 세계로 이동되고 있으며 머지않아 90%의 교육이 가상 공간에서 이루어질 것이다. 유통이 가상 세계로, 비즈니스가 가상 세계로, 그리고 교육이 가상 세계로 들어가고 있다. 교육이 가상 세계로 들어갈 수 있는 문턱을 낮춘 것이 바로 번역 시스템이다. 미국과 유럽의 유명 대학의 석학이 하는 강의가 각 나라의 언어로 번역되고, 교재가 각 나라의 언어로 번역되면, 수업을 받고자 하는 사람들에게 언어의 장벽이 없어지게 된다. 인간의 삶에서 점점 더 많은 것들이 가상 세계로 간다.

§ 암호화 화폐 - 가상국가의 화폐를 예고한다

 비트코인으로부터 시작된 암호화 화폐는 이제 세계가 가

상 자산으로 인정하고 있다. 암호화 화폐의 등장으로 인해 가상국가의 출연은 얼마 남지 않았다고 생각한다. 국가가 세워지면 그 국가의 화폐가 만들어지고, 이 화폐는 국제적으로 가치를 인정받고 기축 통화와 교환이 가능하게 된다. 국가 화폐의 가치가 인정되면서 국가의 힘이 나타난다. 즉, 국가는 화폐를 운영하면서 권력의 힘이 생긴다. 국가의 탄생은 그 국가가 운영하는 돈의 탄생과 연결된다.

가상국가가 만들어지기 위해서는 가상국가에서 운영하는 화폐가 존재하여야 한다. 현실 국가의 화폐는 빚을 담보로 한다. 발행한 돈만큼의 빚을 갚겠다는 채무를 담보로 화폐가 발행된다. 비트코인 같은 암호화 화폐는 신용, 환전을 담보로 한다. 그리고 범용화되지 않은 가상 화폐는 투기를 담보로 한다. 가상국가의 화폐는 무엇을 담보로 해야 하는가? 가상국가의 화폐는 그 가상국가의 서비스를 담보로 해야 한다. 어떻게 가상국가의 화폐가 서비스를 담보로 하는지에 대한 내용은 본서 뒤에서 자세히 설명한다.

가상 화폐가 탄생하고 세계인이 가상 화폐에 관심을 가지고 있는 작금의 흐름이 바로 가상국가를 예고하는 것이다. 만약 가상 화폐가 탄생되지 않았다면, 아니, 탄생했어도 그 파급이 크지 않았다면 가상국가는 많은 시간이 지난 후에나 도래할 것이다. 돈이 탄생하고 그 돈을 통용할 수 있는 사회가 만들어지고 커지면, 국민은 그 사회가 규범을 가지고 통제되기를 원한다. 그렇게 국민이 원하는 마음으로 인해 국가가 탄생한다.

그럴 일은 없다. 가상국가는 만들어지지 않는다고 강하게 주장을 해도…

구름이 모이면 어쩔 수 없이 비가 내린다. 물결이 일어났는데 아니라고 주장한다고 물결이 사라지는 게 아니다. 시대의 모든 사회적 움직임이 가상 세계로 가고 있다. 그렇게 되면 가상 공간에 대한 통제가 필요하다. 가상 공간에서 돈이 탄생했다. 그것은 가상국가가 분명히 온다는 예고이다.

§ 산업구조의 변화, 에너지사업의 변화, 환경의 변화가 가상국가를 예고한다

산업과 기업 구조의 변화가 매우 빠르게 진행되고 있다. 공장이 소형화되고 에너지원이 변화한다. 수많은 사람들은 이동에 대한 두려움이 없어졌다. 즉, 원래 살던 나라와 지역에 불안한 여건이 있다면 세계의 다른 나라로 이주하는 데 주저함이 없어졌다는 것이다. 땅을 지키는 마음, 국가를 지키려는 마음이 점차 사라지고 세계가 매우 가깝게 연결되었다. 이런 모든 조건들이 모여 가상국가 탄생의 기반이 된다.

- 공장이 소형화된다

자동차가 전기 자동차로 바뀌면서 자동차 부품이 매우 간소화되었다. 엔진 자동차는 매우 많은 부품들이 필요하여 자동차 산업이 만들어지면 부품을 공급하는 수많은 중소기업이 함께 발전하게 되어 있다. 그러나 전기 자동차는 모터, 배터리, 주행 장치와 컴퓨터가 연결되는 장치가 전부이다. 엔진 자동차에 비해 부품이 매우 적게 필요하고 또한 쉽게 조립할 수 있다. 전기 자동차는 이미 만들어진 부품과 배터리만 결합하면 되기 때문에 일반적인 상점 크기의 공장에서도 자동차를 제작할 수 있다. 빠른 시간 안에 주문 생산도 가능하다. 자동차 모델을 선택하고 주문을 하면 카인테리어 같은 곳에서 자동 조립되어 완제품의 자동차가 만들어지게 된다.

반도체를 제작하는 소형 기계가 만들어진다!

이 부분은 우리 대한민국에서 믿고 싶지 않을 것이다. 반도체로 많은 수익을 내고 있는 우리로서는 믿고 싶지 않은 내용이다. 그러나 지금 이런 기술이 개발되고 있다. 원자재를 넣으면 자동으로 반도체를 생산한다.

수많은 대형 공장들이 소형 공장으로 전환되고 자동화 시스템으로 전환된다. 이 말은 큰 공장을 기반으로 인간이 모여있을 필요가 없다는 것이다.

- 에너지 공급원이 소형화, 다양화된다

　현대의 많은 분야가 다양한 에너지 중 전기에너지를 사용하는 형태로 전환되고 있다. 전기에너지는 사용하기가 편하고 잔재가 없기에 깔끔하며, 많은 제품들이 전기를 이용하여 구동되게 만들어지기 때문이다. 전기에너지를 얻는 방법은 매우 다양하다. 원자력, 화력, 수력, 태양열, 풍력, 조력 등으로 전기에너지를 생산하고 있다. 이 전기에너지를 생산하는 장치도 점차 소형화하고 있다. 세계적인 추세는 현재 개발되고 있는 원자력 장치를 소형화하는 데 주력하고 있다. 많은 전기를 생산하는 기계들이 대형에서 소형으로 전환되고 있다. 또한 다양한 자연 에너지를 전기에너지로 전환하는 상품들이 개발되고 있으며 이 또한 소형을 지향하고 있다.

　왜 이렇게 에너지를 생산하는 기계들이 소형화할까? 작은 지역에 최적화한 에너지를 얻기 위해서이다. 바람이 항상 부는 지역에서는 풍력에너지를 이용하여 전기를 생산할 수 있다. 그런데 그 양이 크지 않을 때 그 에너지는 작은 지역에서 활용이 가능하다. 과거 거대 발전소를 운영하던 시대에서 지역에 특화된 전기에너지를 얻기 위해서 소형 발전 시스템을 생산하는 시대로 접어들었다.

- 작은 도시들은 소형 발전시스템으로 에너지 자급자족이 가능하다

 네덜란드의 한 마을은 풍력과 태양열 에너지를 이용하여 전기를 생산한다. 그 마을은 마을 전체가 자체적으로 생산되는 전기를 사용한다. 남은 전기는 축전시설을 통해 전기가 발생되지 않을 때 보조전력으로 사용한다. 작은 영역으로 나뉘면 해당 지역은 다양한 에너지원을 통해서 전기에너지를 만들어 지역에 필요한 에너지 생산이 가능하다. 우리나라의 제주도도 풍력과 태양열을 이용한 전기에너지가 남는 상황이다. 거대 도시와 공업 단지 등으로 연결된 산업 도시에는 거대 발전소를 통한 전기에너지 공급이 필요하다. 그러나 밀집되지 않은 도시들은 도시 주변의 상황에 따라 소형 에너지 생산 시스템을 구축하면 충분히 자급자족이 가능하다.

 공장이 소형화되고 에너지 생산 설비가 소형화된다는 것은 무엇을 말하는 것일까? 시간과 공간을 뛰어넘는 통신과 미팅 비즈니스는 또 무엇을 말하는 것일까! 사람들이 밀집하여 모여 살 필요가 없다는 것을 말한다. 그리고 사람들이 분산되어 살면 에너지 생산과 공급이 효율적이라는 것을 말해준다.

§ 국가 안에 존재하는 가상국가의 보호지역

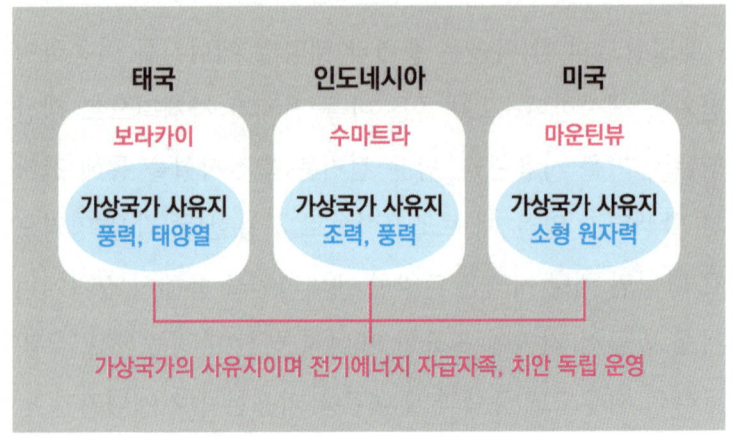

〈그림2〉 세계에 퍼지는 가상국가

<그림2>는 여러 나라에서 가상국가가 사유지를 매입하고 그 사유지에 필요한 에너지를 공급하고 치안을 자체적으로 하는 예를 보여준다. 이 예를 보여주는 이유는 가상국가가 만들어질 가능성이 어떤지를 독자가 직접 판단해보라는 것이다. 공장도 소형화, 에너지 생산 장치도 소형화 시대에 돌입하였다. 이것은 큰 도시에 밀집해서 살 필요성이 크지 않다는 것이다. 자연을 즐기면서 경치 좋은 장소에서 행복하게 살 수 있고, 그러면서 생산 활동을 하고 돈을 벌 수 있다면 인간은 그런 선택을 받아들을 것이다. 아니, 그런 곳이 있다면 전 재산을 투자해서라도 그곳으로 이주하고자 할 것

이다.

  가상국가 사유지 안에는 소형화된 자동차 공장이 존재할 것이고 반도체 공장도 존재할 것이다. 공장에서 생산된 자동차와 반도체는 세계에 수출될 것이다. 가상국가가 제공하는 거대 쇼핑몰을 통해서 이것을 가능하게 한다. 기업과 연계하는 대형 거대 유통 플랫폼을 제공한다면 그 안에서 판매, 비즈니스 투자 등 모든 것이 이루어질 수 있으며, 현실 국가가 이 가상국가를 제약하지 못한다. 경제 발전이 간절한 동남 아시아 국가들은 오히려 가상국가와 협력하고자 할 것이다. 협력을 위해 가상국가 시민의 무비자 1년 거주 등 다양한 제안이 있을 수도 있다. 인도네시아의 수마트라 섬에 있는 가상국가 영역에서 생산된 반도체가 판매되면 인도네시아는 세금을 걷을 수 있으며 국가 성장에 도움이 된다. 현실 국가들이 처음에는 경계할 수 있으나 가상국가의 영역이 커지면서 수많은 나라가 가상국가에 사유지를 제공하려 할 것이다. 국민이 늘어나고 산업이 활성화되고 세수가 늘어난다. 과연 이같은 이익을 마다할 현실 국가가 있을까? 미국, 중국 등 거대한 강대국은 거부할 수도 있다. 그러나 미국, 중국을 빼도 지구의 땅은 넓고 나라는 많다. 가상국가 지역의 치안은 가상국가가 직접 담당한다. 가상국가 시민의 생명과 재산을 보호하기 위한 사설 경호가 지원된다.

§ 기득권인 중상위층들이 가상국가를 선택할 것이다

만약 가상국가에 거액을 내면 가상국가가 보유하고 있는 개인 사유지의 주택에서 살 수 있고 전기에너지는 무상으로 공급하며, 가상국가의 유통시스템을 사용하여 사업을 할 수 있게 해준다고 약속한다면, 가상국가 시민으로 참여할 사람이 있을까? 가상국가의 크기가 선택의 요건이 될 것이다. 가상국가의 유통시스템에 세계인 10억 명이 연결되어 있고, 경치가 좋은 세계 20개국의 살기 좋은 장소에 위치한 저택을 제공한다고 하면, 정말 많은 중산층들이 지원을 할 것이다. 뒤에서 다시 설명하겠지만 기업이 가상국가를 만들어내면, 가상국가의 시민으로는 돈 많은 사람들이 선택될 것이다. 일반 서민은 돈이 없어 신청할 수 없고, 결국 가상국가는 선택받은 자의 천국이 될 것이다. 가상국가 시대는 분명 온다. 문제는 그 국가의 시민은 선택받은 자요, 결국 부익부 빈익빈의 경제 양극화 상황에서 가상국가는 가진 자들이 특권을 누리는 공간으로 올 것이라고 생각했다.

필자는 그것을 막고 싶었다. 대한민국의 평범한 서민이 가상국가의 선택된 시민이 되기를 간절히 소망한다. 대한국인은 나의 형제요 자매이며, 내가 사랑하는 사람들이기 때문이다.

§ 가상국가는 무너뜨릴 수 없다

〈그림3〉 64만 명의 가상국가 국민 거주지역

　<그림3>처럼 64만 명의 국민을 가진 가상국가가 있고, 그 가상국가의 국민이 8개 나라에 거주하고 있다고 가정하자. 이 가상국가와 강대국 간에 분쟁이 생긴 경우, 강대국은 가상국가를 무너뜨리기 위해 어디를 공격할 수 있을까?

　가상국가는 현실에 존재하지 않는다. 가상국가의 국민은 베트남 국민이기도 하고, 인도 국민이기도 하며, 대한민국 국민이기도 하다. 가상국가를 무너뜨리기 위해 <그림3>의 8개 국가를 모두 공격할 수는 없다는 뜻이다.

세계의 기득권자들은 가상국가를 가지고 싶어할 것이다

가상국가는 국가이기보다 기업에 가깝게 출발할 것이다. 국가는 국민에게 주권을 줄 수 있으나 기업은 운영자가 소유자이다. 기업형에서 출발하여 가상국가가 만들어지면 오너가 있는 국가가 된다. 즉 주인이 소수 또는 한 명일 수 있는 국가가 되는 것이다.

새로운 형태의 왕국이 될 수도 있다. 그 왕국이 국민을 힘들게 하고 독재를 하여도 무너뜨릴 수가 없다. 이것이 가상국가가 가지는 위험성이다. 엄청난 자본을 소유한 사람들이 가상국가의 개념을 이해한다면, 거대 자본을 이용하여 가상국가를 건설하고 세상을 지배하려 할 수 있다.

국민의 모임으로 가상국가를 건설할 것인가? 아니면 기득권자의 자본으로 가상국가를 건설할 것인가? 세계인을 위한다면 국민의 모임으로 가상국가를 건설해야 한다. 필자가 모두함께 국민운동으로 20만 명을 모은 이유가 여기에 있다.

현실 국가의 힘은 약화된다

가상국가 시대가 되면 현실 국가의 힘은 약해질 수밖에 없다. 또한 가상국가가 독재와 불의한 행동을 하면 현실 국가의 행정이 위협받는다.

예를 들어 대한민국의 A씨가 범죄자라고 가정하자. 그리고 A씨는 인도네시아에 살고 있고 가상국가의 시민이다. 대한민국에서 A씨를 구속하기 위해서는 가상국가의 협조를 받아야 한다. 가상국가가 허가하지 않으면 A씨는 대한민국에 돌아가기 전까지 절대 구속되지 않는다. 가상국가가 국민의 모임으로 만들어졌다면 A씨가 구속되는데 가상국가는 당연히 협조할 것이다. 만약 가상국가가 오너 1인의 국가이고 그 오너가 A씨를 구속시키는 것을 반대하면 A씨는 구속되지 않는다.

현실 국가의 행정은 국가 영토에 한하고 있다. 민주주의 국가에서는 개인의 사유재산을 보호하기에 개인 사유 영역에 함부로 침범할 수도 없다. 그렇기에 가상국가의 시민인 자국의 국민을 완벽하게 컨트롤하기 힘들다. 이 부분이 돈 많은 중산층 사람들이 가상국가를 선호하는 이유가 된다.

§ 가상국가가 만들어지면 수많은 사람들이 모여들 것이다

지금까지 앞으로 만들어질 가상국가에 대해 설명했다. 가상국가가 현실 국가보다 장점이 많다. 또한 먹고 살 수 있는 직업의 기회도 가상국가에 더 많다.

가상국가에 큰 돈을 내면 프리미엄 서비스로 세계 여러 나라의 원하는 곳에서 평생을 살게 해주고, 원할 때면 이동도 얼마든지 가능하며, 투자된 금액에 대한 수당까지 지급한다면 돈이 있는 노령자에게는 매우 좋은 선택이 된다.

가상국가가 만들어지기 전에는 사람들이 몰려들지 않는다. 그러나 만들어져서 실체가 존재하는 순간 수많은 사람들이 가상국가의 시민으로 신청을 할 것이다.

가상국가의 실체를 만들고자 한다면 정말 큰 자본과 수많은 사람들이 필요하다. 만약 가상국가를 만들겠다는 기업이 전 세계가 인정하는 거대 기업일 경우, 세계의 수많은 사람들은 자신의 돈을 투자하고 가상국가의 시민이 될 것이다.

가상국가를 건설하고자 할 때 필요한 모든 기술은 현재 이미 존재한다. 또한 빠른 시간 안에 플랫폼을 개발하는 것도 가능하다. 매우 큰 돈이 필요하나 천문학적인 돈이 필요한 것은 아니다. 따라서 거대 기업이 가상국가를 만드는 것은 쉽다. 그들이 감당할 수 있는 자본으로 충분히 건설 가능하기 때문이다. 건설되면 수많은 서민은 자신의 돈을 투자하고 가상국가 시민이 되고자 할 것이다.

필자는 독자에게 묻고 싶다. 거대 기업이 가상국가를 건설하는 것을 원하는가?

거대 기업이 자본을 이용하여 만든 가상국가는 국민의 것이 아니다. 1인 개인 또는 소수의 소유인 가상국가이다. 그 가상국가가 정말 국민의 행복을 추구하게 도와줄 수 있을까? 물론 거대 기업이 만든 가상국가라도 국민을 행복을 위해 노력할 수도 있다. 문제는 그렇게 하지 않을 때 모든 권한이 거대 기업에 있다는 것이다.

필자의 소망은 앞으로 도래할 가상국가를 세계인이 단합해서 건설하는 것이다.

§ 국민이 힘을 모아 가상국가를 만들기를 소망한다

필자는 특히 대한국인이 단합하여 가상국가를 건설하기를 진심으로 소망한다. 정말 간절하게 원한다. 그래서 일찍이 기성국가 이야기를 할 수가 없었다. 이 이야기를 하면 사기꾼이라고 할 것이기 때문이다. 이해는 한다. 아마도 일반인에게는 너무 황당한 이야기일 것이다. 또한 내가 가상국가에 대하여 자세히 이야기해서, 거대 자본을 움직일 수 있는 사람이나 단체가 그 내용을 이해하고 실행한다면 결국 소수의 사람이 가상국가를 만드는데 내가 기여한 꼴이 된다. 2015년~2017년까지 서민이 부자되는 기업을 만들자 하여 가상국가를 목표를 두고 시작했으나 처절하게 무너졌고 실패하였다. 그리고 2018년부터 2023년까지 국민운동으로 다시 시작했고, 20만 명의 대표장과 여러 사업부를 건설했다.

허나 필자는 2015년 악한 자에게 고소당했고 10억을 주면 고소를 취하하겠다는 제안에 타협하지 않고 싸웠다. 너무나 악한 자라 타협할 수 없었다. 많은 부분에서 무죄 판결을 받았으나 일부 혐의가 유죄로 인정되어 11월 22일 구속되었다. 지금 필자는 옥중에서 무죄를 주장하면서 이 글을 쓰고 있다. 국민운동을 하면서 단 한 번도 가상국가 이야기를 하지 않았다. 국민운동이 성공하면 그 다음 과제로 가상국가 이야기를 하려 했다. 그때 오픈하면 우리가 제일 먼저 가상국가를 건설할 수 있다고 생각했기 때문이다. 어쩌면 아직 가상국가 시스템에 대한 개념을 세상이 모르고 있을 수도 있다고 생각했다. 그래서 모든 것을 다 갖춘 후에 가상국가에 대해서 이야기하려고 했다. 그런데 왜 지금 필자는 책을 쓰고 가상국가 시스템을 건설하는 기획과 기술, 그리고 그것을 이룩하려 도전했던 일 모두를 공개하는가?

지금 필자는 법정 투쟁을 하면서 무죄를 주장하고 있지만, 법정에서 언제나 필자의 의견을 받아주는 것은 아니다. 복역하고 나면 필자는 '사기 전과자'라는 주홍글씨를 달게 된다. 결국 필자는 이제 리더자가 되어 모두함께 국민운동을 이끌 수 없게 되었다. 그래서 모두함께 국민운동 대표회장직에서 물러났다. 그러나 가상국가는 여기서 멈출 수가 없다. 필자는 가상국가를 직접 만들기를 원하는 게 아니라, 대한국인이 힘을 합쳐 가상국가를 만들고 행복을 얻는 것을 소망한다. 이제 필자가 할 일은 가상국가를 만드는 시스템 기술과 단계적 구축 기획, 그리고 지금까지 가상국가 건설을 위해서 해왔던 모든 내용을 책으로 출간하는 것이다. 이 책을 통하여 수많은 각국의 국민들이 힘을 합쳐 가상국가를 만들고, 새로운 시대에도 지구는 국민이 주인인 세상이 되기를 소망한다.

본책 한 권에 그동안 실제 도전했던 일들이 기록되어 있다. 실패했던 일도 기록했고 성공했던 일도 기록했다. 또한 1년 6개월 만에 20만 명을 모으고 대표장 조직을 구축한 내용도 수록했다. 가상국가 시스템은 일반적인 웹과 앱의 시스템이면 안되기에, 가상국가 시스템 구축에 대한 전체 기술도 수록했다. 한마디로, 가상국가를 만들기 위한 모든 내용을 기록하였다.

지금 대한민국의 서민은 많은 고통 속에서 살고 있다. 저출산으로 우리 민족의 인구는 감소하고 있고 폭력 사건과 자살이 늘어나고 있다. 미래 성장 동력 사업이 없어서 대한민국의 미래 경제는 어둡다. 나라가 소멸되어가고 있다. 대한민국 국민이 다시 일어설 수 있는 유일한 방법은 대한민국 국민이 주인이 되어 가상국가를 건설하고, 그 국가가 세계 1위의 가상국가가 되는 것이다.

 필자는 10년 간 이 일에 모든 것을 걸었다. 그런데 이제 더 이상 갈 수가 없다. 필자가 할 수 있는 마지막 일이 이 책일 것이다. 이 책을 참고하여 가상국가를 대한국인이 제일 먼저 구축하기를 희망한다.

가상국가 시스템의 필수 요소

가상국가 시스템은 구조가 일반 시스템과 크게 다르다. 크게 보면 보안, 성장, 통신 3가지의 기술이 기존의 시스템과 다르게 구축되어야 한다. 본 항목에서는 가상국가 시스템이 요구하는 기술에 대해서 설명한다. 그리고 해당 시스템 구현 내용을 뒤에 설명하고 상세 기술에 대해서는 기술서에 실명한다.

§ 외부침입 절대 불가의 완벽한 보안 시스템

가상국가 시스템은 완벽한 보안을 요구한다. 현실 국가의 행정 전산망도 보안이 매우 중요하다 현실 국가에서는 시스템에 오류가 나면 수동으로 돌리고 오프라인에서 행정을 처리할 수 있다. 그러나 가상국가의 행정망은 오류가 발생되었을 때 해결할 현실 세계가 존재하지 않는다. 그래서 오류 발생이 0%여야 한다. 만약 오류가 발생하면 최대 5분 안에 복구가 가능해야 한다.

외부침입은 절대적으로 막아야 한다. 외부 해킹을 철저하게 막기 위해서는 오픈된 상업성 시스템을 가급적 쓰지 말아야 한다.

최근의 모든 시스템은 웹서버 기반이다. 많은 웹이나 앱들이 서버는 웹서버를 사용한다. 대표적인 웹서버가 아파치와 MS사의 IIS 서버이다. 이 두 개의 서버는 오픈되어 있어 해킹이 가능하다. 많은 보안 시스템들이 오픈 웹서버 아파치나 IIS를 사용하게 하고 그 서버 앞단이나 내부에 보안 모듈을 탑재하는 방식을 사용한다.

필자는 이런 일반적인 방법으로 가상국가시스템을 구축한다면 해킹을 당할 수 있다고 생각한다. 필자는 가상국가 시스템의 커널과 외부 네트워크망은 끊어져 있어야 하며,

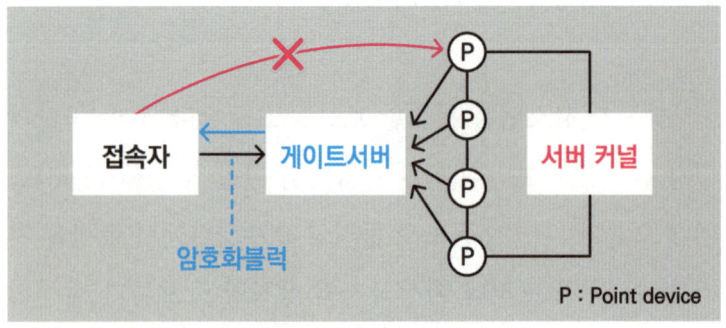

〈그림4〉 가상국가 서버와 접속 보안

그 중간에 연결 모듈이 존재해야 한다고 본다. <그림4>는 기존의 상업용 서버와는 다른 가상국가 서버 시스템을 보여준다.

접속자는 서버 커널에 직접 접속할 수 없다. 접속자는 게이트 서버에만 접속을 한다. 게이트 서버는 포인트 디바이스(point device)와 연결되어 있다. 게이트 서버가 포인트 디바이스에 접속하거나 상호연결되는 형태가 아니다. P가 게이트 서버에 접속하여 접속자가 요구하는 데이터가 무엇인지 확인하고 해당 데이터를 서버 커널에서 받아 게이트 서버에 전송하고, 접속자는 게이트 서버의 응답 데이터를 받는 구조로 설계되어야 한다. <그림4>의 구조가 아니라면 결국 가상국가 전용망과 일반 인터넷 망으로 분리하여 운영하면 된다. 그럴 경우 가상국가 전용 라인을 건설해야 된다. 이것이 세계인과 연결되어야 한다. 이미 지구는 엄청난 네트워크로 연결되어 있다. 또 다른 네트워크 건설은 낭비라고 생각한다. 게다가 중요한 것은, 가상국가 기간망을 만드는 것은 가상국가의 위치를 알려주는 것이나 다름없다는 사실이다.

> **가상국가를 공격하지 못하게 하려면...**
>
> 가상국가의 서버가 어디에 위치하고 있는지 알 수 있다면 그 서버만 무너뜨리면 가상국가를 무너뜨리는 일이 매우 쉽다. 그래서 서버 커널이 어디에 있는지를 알 수 없어야 한다. 이 서버 커널은 한 대가 아니다. 수백 대 혹은 수천 대일 수도 있다.
>
> 중요한 것은 하나의 데이터 묶음이 한 개의 서버에 저장되지 않고 최소 10개 이상에 설정되어야 하며, 위치도 공개되지 않아야 한다. 만약 특정 데이터가 예외 또는 해킹에 의해 파손되었을 때는, 해당 서버는 폐쇄하고 새로운 서버가 만들어져 기존의 데이터를 백업받아서 바로 설치하고 서비스하게 해야 한다.

가상국가 시스템의 데이터베이스는 같은 것이 여러 개 존재하여야 한다. 기존의 미러링 방법으로 같은 내용을 여러 서버가 복제하는 방식은 안타깝게도 사용하면 안된다. 같은 데이터를 저장하고 있는 서버들이 한 네트워크 안에 있는 것이 아니라, 세계의 여러 네트워크에 분산 설치되어 가동되어야 한다. 또한 한 시스템의 모든 데이터가 미러링으로 복제되는 것이 아니라, 데이터베이스 별로 그리고 테이블 별로 여러 대의 서버에 분산 복제되어야 한다.

분산 복제가 구동되는 가운데 전체 흐름은 <그림4>와 같아야 한다. 가상국가의 네트워크망이 가상국가의 생명이다. 매우 복잡한 설계일 수 있으나 구조만 잘 잡으면 매우 간단하다. 자세한 구축 방법은 본책의 기술편을 참조하기를 바란다.

§ AI가 프로그램을 작성하는 시스템

인간은 명령과 기획을 하고, 해당 프로그램 개발은 인공지능이 하게 만든다? 이것이 가능할까? 전 공정이 가능하지는 않으나 비즈니스에 필요한 프로그램 작성은 가능하다.

가상 공간의 농토는 서비스이다. 현실 국가에서 농토가 있어야 농사를 짓고 경작을 하여 수확을 하듯이 가상 공간에는 서비스가 있어야 그 서비스를 이용해 수익을 얻을 수 있다. 가상국가의 시민이 되면 가상국가에서 일을 하고 돈을 벌 수 있게 해야 한다. 그것이 서비스이고 그 서비스를 만드는 것이 프로그래밍이다. 지금은 전문인이 프로그래밍을 하여 서비스를 하고 있다. 앞으로는 기획자가 AI에게 서비스 기획을 입력하면 AI가 해당 서비스를 프로그래밍 해야 한다.

"그것이 가능합니까?" 필자의 기술로 가능하다. 그렇다면 이것은 분명 가능한 일이고, 뛰어난 프로그래머 여러 명이 참여한다면 이루어질 일이다. 이런 시스템이 완결되기 위해 기본 엔진들이 만들어져야 한다.

1차원 데이터베이스의 다차원 전환 기술

1차원의 선형데이터에서 2차원, 3차원 데이터가 파생된다. 음성은 1차원이나 영상은 2차원이며 3D는 3차원이다. 계층화된 데이터베이스 설계는 차원의 개념을 도입하면 편하다. 서울시 강남구 대치동이라 할 경우, 서울이라는 1차원에 강남구라는 2차원, 그리고 대치동이 3차원의 개념이다. 우리가 데이터를 검색할 때는 3차원으로 보여주고 수정과 전송은 1차원 데이터로 처리하면 시스템은 매우 효율적으로 최적화된다. AI가 매우 복잡한 것을 처리하는 것 같이 보이나, AI가 복잡한 구조를 처리할 수 있게 하려면 단순화해야 한다. 즉, 3차원 형식이라도 AI가 처리할 때는 1차원처럼 보여야 한다. 이것이 가상국가 데이터베이스의 최적화 방향이다.

1차원 자료로 만들어 처리하는 알고리즘은 다양하다. 필자가 기술편에서 서술한 데이터베이스 모델이 표준이라고 말할 수 없다. 다만 매우 복잡한 데이터 구조를 선형화 처리하는 하나의 효율적인 예가 될 수 있다.

§ AI 엔진은 필수이다

CPU의 성능이 더욱 빨라져 많은 양을 처리하며, 저장 용량도 테라급으로 커지고 메모리도 커지면서 엄청난 데이터를 저장하고 실시간으로 검색하고 처리할 수 있는 시대가 되었다. 워낙 많은 자료를 매우 빠르게 검색하고 찾을 수가 있어서, Big data를 구축하고 그 데이터에서 원하는 부분을 검색하여 변환 출력하는 것도 AI라고 이야기하기도 한다. 인공지능이란 지능적으로 판단하고 처리하는 기술이다. 엄청난 데이터에서 최적의 값을 빠르게 찾아도 인공지능이라 할 수 있다.

가상국가의 커널과 연결되는 인공지능은 기본 신경망이 있어야 한다. 그냥 대규모의 데이터에서 검색하는 것이 아니라, 논리를 가지고 결과를 유추하는 신경망이 있어야 한다. 그 엔진이 무엇이든 상관이 없으나 성능이 뛰어난 것이 좋다. 보통 판단하고자 하는 모델을 만들고 그 모델에 문제를 넣고 신경망의 흐름의 결과로 판단한다. 마르코프 모델 또는 히든마르코프 모델의 신경회로망으로 어떤 판단을 하는 것이 바로 이런 예이다.

필자의 엔진은 회로망을 쓰지 않고 흐름을 사용한다. <그림5>는 필자가 사용하는 AI 기술이다. 위에서 수돗물을 내

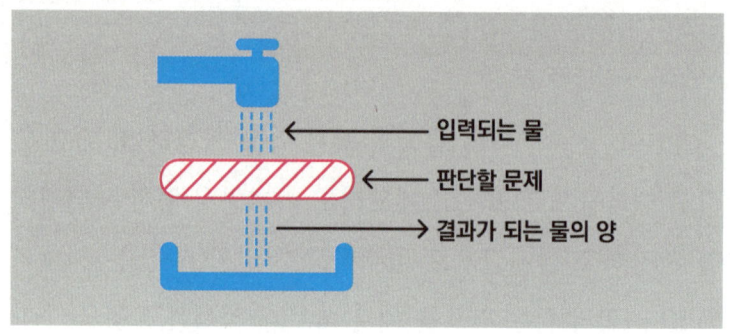

〈그림5〉 최대 흐름 정합(Max Flow matching)

리고 아래 그릇에 나오는 물의 양으로 판단할 문제의 특징을 얻게 되는 방법이다. 필자의 방법이 최상이라고 말할 수는 없다. 그러나 인간이 판단하는 방식과 비슷한 구조를 가지고 있다. 장점은 다양한 판단 문제를 빠르게 모델링하여 적용 판단이 가능하다는 것이며, 단점은 흐름을 보기 때문에 정확도가 대략적인 값이라는 것이다. 정확한 판단을 위한 모델이 아니기에 판단 실수도 있다. 그래서 필자의 AI 엔진에는 관리자가 필요하다.

AI가 판단하고 결정하는 시스템은 절대 반대한다

필자가 사용하는 Weighted Bipartite Max flow matching(WBM)은 빠르게 다양한 판단을 동적으로 하는 장점이 있으나 완벽하지 않다. 많은 양의 데이터를 AI

> 가 컨트롤할 때는 매우 좋은 방법이다.
>
> 단, 정확하지 않기에 마지막에 인간의 판단을 거쳐야 한다. 필자의 바람이 이것이다. 필자는 AI가 모든 결정을 다 하는 기술에 반대한다. 인간을 무능하게 만들기 때문이다. 기술은 인간을 위해 만들어지고 발전시켜야 한다.

§ 멀티미디어 핵심 기술을 보유해야 한다

가상국가 만들어지기 위해 중요 기술을 설명하였다. 멀티미디어 기술은 사실 중요 기술이라고 보기 어렵다. 일반화된 기술이기 때문이다. MPEG4, MP3 등의 동영상, 음성 등의 데이터를 컨트롤하는 기술을 말한다. MP4나 MP3는 초보자 프로그래머도 출력이 가능하다. 많은 개발 엔진이 미디어 컨트롤 함수와 라이브러리를 제공하고 있기 때문이다.

헌데 MPEG4 구조를 알고 그 안의 데이터를 복호화하여 출력시킬 수 있는 전문가가 현재 얼마나 있을지 궁금하다. 간단히 말해서 라이브러리를 사용하지 않고 직접 코딩으로 MPEG4, MP3 파일 데이터를 재생할 수 있는 프로그래머는 많지 않다는 것이다.

그러나 가상국가를 건설하고자 한다면 MPEG4, MP3

를 직접 코딩으로 재생할 수 있는 전문가를 꼭 보유해야 한다. 가상국가의 상호통신은 문자와 미디어 데이터이다. MPEG4 오픈 포맷으로 데이터를 전송하면 해당 데이터를 중간에 가로채서 열람하고 해킹하는 일이 가능하다. 결국 전송단에서 자체 암호가 필요한데, 이런 암호가 가능하려면 기본적으로 MPEG4, MP3 구조와 신호 처리(Signal processing) 이론의 전문가가 존재하여야 한다.

지금까지 설명한 기술들이 가상국가 건설을 위한 핵심 기술이다. 이 핵심 기술이 존재하면 가상국가 시스템을 만들 수 있다. 여기에 실제 테스트가 필요한데 동시에 움직이는 10만 명의 접속자가 있다면 기본 형태를 구축할 수가 있다.

당신은 가상국가 시스템의 필수 기술을 가지고 있는가?

모두함께의 모든 시스템을 필자 혼자서 개발했다. 본서에 기록한 가상국가 필수 기술을 필자가 모두 보유하고 있다. 보유하고 있을 뿐 아니라 모두함께를 운영하면서 모든 기술의 실전 테스트를 끝냈었다. 필자는 1988년부터 코딩을 한 사람이다. 운영체제, 네트워크, AI, 로봇까지 만들 수 있는 천연기념물 중에 한 명일 것이다. 기술에 자신이 있었기에 그 기술로 국민에게 가상국가를 주고 싶은 것이었다.

가상국가에 필요한 필수 사업 요소

가상국가가 존재하기 위해서는 몇 가지 사업이 마련되어야 한다. 오프라인 유통과 연결되는 물류 배송 사업, 세계와 연결되는 쇼핑몰, 자율적으로 이루어지는 유통 비즈니스 등이다. 이외에도 교육 포털 서비스가 필수적으로 존재하여야 한다.

비즈니스 서비스 중 메신저와 정보 포털은 가상국가 시스템에 있어 보조 서비스이지 필수 사업은 아니다. 상품을 생산하고 판매하고 구매하는 부분의 가상 서비스를 가지고 있어야 한다.

§ 물류 배송 시스템 - 가상국가의 연결 맥

가상국가의 사업 중에 가장 중요한 사업이 배송 사업이다. 배송은 오프라인 연결망이다. 이게 왜 가상국가의 핵심 사업이어야 할까? 가상국가 시민의 최후의 컨텍 포인트이기 때문이다. 물류 배송이 한 국가에서만 존재하지 않고 세계로 연결되어야 한다. 가상국가가 다 관리하지 못해도 세계의 모든 나라에 물건을 보내는 배송 사업을 가상국가가 꼭 가지고 있어야 한다.

　인간은 실체이다. 많은 부분들은 가상에서 움직이나 그 결과가 실체 공간에 연결되어야 하며 그 연결의 핵심 사업을 가상국가가 할 수 있어야 한다.

　국가 안에서 보호받고 지원받는 게 무엇일까? 만약 국민이 생계의 위험에 빠진다면 국가가 해야 할 일이 무엇일까? 국가가 국민의 생존을 위해 해야 할 일은 무엇인가?

　국민에게 필요한 물품을 보내는 일이다. 그것이 생계와 연결되어 있기 때문이다. 따라서 가상국가는 국민에게 물품을 보내는 물류 배송 시스템을 가지고 있어야 한다. 그 사업의 기술을 가상국가가 보유해야 한다. 세계 전역의 물류 배송 시스템을 다 직접 경영하지 못해도 된다. 협력 기업과 계약하여 운영하여도 된다. 그러나 기반 기술을 가상국가가 꼭 가지고 있어야 한다.

아니, 모두배달도 아니고 함께라이더입니까?

모두함께 국민운동 당시 국민을 모으면서 시작한 첫 사업이 함께라이더 근거리 물류 배송 시스템이다. 사업적으로 보았을 때 첫 번째 사업으로 하기에는 다소 부담이 있는 사업이다. 당시 핀테크 사업, 마이샵 사업 등 오프라인과 연결되지 않은 온라인 사업을 시도하면 사업 성공 확률이 더 높았다. 그럼에도 불구하고 첫 사업을 근거리 물류 배송 시스템으로 선택한 이유가 바로 가상국가에 있다. 필자는 사업을 성공하여 돈을 버는 것이 우선이 아니었다. 대한국인이 세계에서 첫번째로 거대 가상국가를 건설하고 세계 1위의 경제 대국이 되어, 강대국이 힘으로 무너뜨릴 수 없는 국가가 되기를 바라는 큰 꿈이 가장 중요한 목표였다.

§ 시장 구조의 초대형 쇼핑몰

지금의 알리바바, 아마존 등의 대형 유통망은 이미 세계의 모든 나라와 연결되어 있다. 특정 국가에서만 구동되는 쇼핑몰은 이제 세계의 연결 통로를 모색하고 있다. 가상국가가 가져야 할 대형 유통 포털은 시장의 개념을 디지털화한 것이라고 생각하면 된다. 누구나 가상국가의 디지털 장터에 판매 상점을 오픈하고 장사를 할 수 있다. 물건을 팔고 수수료를 사이트에 내지 않는다. 가상국가의 시민 그 누구나 자유롭게 상점을 오픈할 수 있다.

또한 기존의 쇼핑몰과 다른 특징을 가지고 있어야 한다. 지금 세계적인 쇼핑몰이 전 세계의 유명하고 좋은 상품을 저가 경쟁을 하면서 판매하고 있다.

가상국가의 쇼핑몰이 대형 IT 유통 기업과 싸워 이기기는 힘들다. 이미 대형 IT 유통 기업은 많은 상품의 공급 라인을 점유하고 있고, 유통과 판매의 노하우를 가지고 있기 때문이다. 중요한 것은 가상국가는 필수적으로 디지털 시장 서비스를 구축하고 그 시장에 수많은 가상국가 국민이 참여하게 해야 한다.

모두함께는 마이샵 쇼핑몰로 특화시킨다

필자는 모두함께 가상공화국을 목표로 할 때 특화된 쇼핑몰을 마이샵으로 생각하였다. 마이샵은 내가 물건을 사면 해당 물건을 팔 수가 있고 수익을 낼 수 있다. 또한 본인에게서 물건을 산 사람이 마이샵을 내고 그 마이샵에서 고객이 물건을 구입하면 본인에게도 수익이 돌아간다. 공유 경제와 네트워크 마케팅을 가상국가에 적용시키고자 한 것이다. 만약 이것이 성공하면 좋은 제품을 마이샵에서 독점하

> 여 판매하는 일도 가능하다. 네트워크 마케팅이라고 이야기를 하면 안 좋게 보는 분들도 있을 것이다. 네트워크 마케팅이 나쁜 게 아니다. 그 시스템을 악하게 사용하는 것이 나쁜 것이다. 마이샵을 이용해 특화된 쇼핑몰을 만들고 그 쇼핑몰을 기반으로 거대 디지털 세계 장터를 구축하고자 하였다.

쇼핑몰은 단순히 쇼핑몰의 기능에 그치지 않는다. 이 쇼핑몰은 기반으로 사람들이 모이고 공통 관심사를 갖는 사람들이 탄생한다. 자동차에 관심 있는 사람, 주방 물품에 관심 있는 사람, 이런 사람들의 모임이 구매를 만들고 그것이 사람의 모임을 만든다.

§ 세계적인 비즈니스 광장

인간은 서로 커뮤니티를 형성하면서 자아를 실현하고 가치관을 공유하면서 문화, 사업, 과학 기술 등이 발전한다. 그래서 사람들의 만남은 매우 쉬워야 한다. 또한 같은 관심을 가진 사람들이 쉽게 커뮤니티를 형성하게 해야 한다. 필자는 가상국가의 세계 장터를 통해 거대한 커뮤니티 광장이 구축될 수 있다고 본다. 물건을 구매한다는 것은 그 분야에 관심이 있다는 것이다. 생필품이 아닌 생산 기계나 미술도구, 기술 재료 등을 구입한다면 구매자들은 공통된 하나의 관심사를 가지고 있다는 뜻이다. 그런 사람들이 쉽게 모일 수 있게 한다는 것은 사람들에게 보다 풍부한 삶을 누릴 수 있게 하는 것이다.

가상국가에 살아도 가상국가 같지 않아야 한다. 아니, 오히려 현실 국가보다 더 많은 혜택이 있다. 가상국가에서 많은 혜택을 얻은 사람은 가상국가의 필요성을 더욱 깊게 느끼게 된다.

거대 광장이 세계적으로 만들어지면 그 광장 안에서 문자로 이야기하다가 필요하다면 멀티미디어를 동원하고 실시간 화상 채팅까지 가능하게 할 수도 있다. 광장이란 공간에서 자신이 꼭 만나고자 하는 사람을 매우 빠르고 편리하게 만날 수 있다. 이것은 많은 사람들이 삶이 윤택해지는 기회를 얻는다는 것이다.

모두함께에는 광장이 있다

모두함께 시스템에는 광장이란 커뮤니티 시스템이 있다. 한 광장에 들어올 수 있는 사람은 최대 50억 명이다. 즉 한 광장에 세계인을 모두 묶을 수 있다. 이런 형태가 가능한 이유는 선형 데이터베이스의 다차원 연동 방법을 사용했기 때문이다. 이 광장 안에서는 미디어 방송이 가능하다. 한때 실시간 방송과 채팅을 연계한 적이 있다. 후에 네트워크 대역이 작아 사용을 막아두었다. 모두함께 광장은 참가자 제한이 없이 매우 빠르게 구동이 된다. 현재 가장 큰 광장은 20만 명이 들어와 있다.

국민과 합의된 대의와 철학이 있어야 한다

 가상국가도 국가이다. 국가라면 마땅히 존재 이유와 그 국가의 대의에 찬성하는 국민이 있어야 한다. 또한 현실 국가에 영토가 있다면 가상국가에는 가상 공간이 존재해야 하며, 이를 움직이는 시스템이 마련되어야 한다. 모든 요소가 필수적이지만 여기서 강조하고 싶은 것은 대의이다. 가상 공간과 시스템, 여기에 참여할 국민이 존재한다고 해도 대의가 없다면 가상국가는 올바로 세워지지 않고 분란이 계속될 것이기 때문이다.

§ 가상국가의 철학은 꼭 있어야 한다

 현실 국가의 탄생을 보면, 한 민족이 거주하는 땅에서 강한 리더자가 출현하여 국민의 추앙을 받아 나라를 세운 경우가 많다. 국가를 만든 역사의 인물들은 모두 자신만의 철학을 가지고 있다. 그 철학에는 항상 백성을 생각하는 마음이 포함되어 있다. 그렇기에 국민이 개국을 하려는 리더자를 따르는 것이다.

 가상국가는 현실 국가처럼 꼭 존재하여야 하는 국가가 아니다. 때문에 현실 국가보다 더 강한 철학이 밑바탕되어야 한다. 정신이 물질을 움직인다. 바른 정신이 바른 국가관을 만들고 그 바른 정신에 의해 국민이 움직이는 것이다.

 그러므로 가상국가를 세우려면 제일 먼저 철학이 있어야 한다. 본편을 읽고 곧 가상국가 시대가 올 것이라는 확신 또는 긍정적 생각이 들 것이다. 그리고 가상국가를 건설할 수 있는 기술과 기술자, 자본이 있다면 가상국가를 만들 수 있다는 것을 알았을 것이다.

 필자가 확실히 말하고 싶은 것은 이것이다. 철학이 정립되지 않으면 가상국가 건설에 필요한 모든 것이 있어도 쉽게 무너질 것이다.

 본책을 읽고 가상국가에 관심을 가진다면 필자는 간절히 소망한다. 반드시 우선 철학을 세워야 한다. 그 철학은 무엇을 기반으로 하는가? 첫째, 인간의 존엄성을 기반으로 해야 한다. 두 번째로는 인간을 사랑하는 마음을 기반으로 해야 한다.

> **당신의 철학은 무엇인가?**
>
> 필자는 처음에는 스스로 모든 것을 리더하고 시스템을 개발하여 가상국가를 만들고자 하였다. 그러나 지금 그것이 불가능하다. 그래서 지금까지 필자가 한 일을 책으로 써서, 다른 사람이 이 일을 하기를 소망하는 것이다.
>
> 필자가 가상국가를 만들고자 했으니 혹자는 나에게 물어볼 것이다. 당신이 가지고 있는 철학은 무엇인가? 나의 근간은 민족에 대한 사랑이다. 민족은 저마다 자신의 민족을 사랑하고 민족적 자긍심을 가지고 있어야 한다. 그것이 세계 평화에 기여하는 것이다. 자식을 낳아 기르는 부모가 남의 자식 귀함을 안다. 자기 민족을 사랑하고 민족적 자긍심을 가지면 타민족의 존엄성을 인정한다. 서로 다른 민족이 함께 사는 지구이기에, 각 민족의 가치와 존엄성을 인정하면 세계 평화가 이루진다고 생각한다.

§ 철학에 맞는 대의가 있어야 한다

철학을 세웠다면 그것을 기반으로 국가를 움직일 대의를 정해야 한다. 이 대의는 국민이 무슨 뜻인지 이해할 수 있게 간단명료한 것이 좋다. 그리고 대의를 기반으로 실천 사항이 만들어진다. 예를 들어 '하나님을 왕으로 모시고 대한민국 국민을 사랑하라'라는 대의가 있다면, 우리 민족이 고조선 때부터 천지를 창조한 창조주 한울님을 찬양하였다는 역사적 사실을 강조하고, 민족적 자긍심을 고취시키는 실천사항을 만든다. 그리고 국민이 고통받는 원인을 분석하고 해결책을 세워 국민에게 공표하며 함께 해결해나간다. 이것이 실천이다. 철학이 세워지고 그 철학에서 대의가 탄생하면 대의로부터 실천 사항이 나오는 것이다.

§ 야망보다는 소망을 가지자

 필자는 소망을 가졌다. 대한민국이, 아니, 대한국인이 세계에서 가장 큰 가상국가를 건설하고 우리 5000만 국민이 세계의 리더자가 되기를 소망했다. 캄캄한 암흑 속에서 나아갈 때는 오로지 소망만 보고 달렸다. 때로는 너무 캄캄해서 불가능한 것이 아닌가 할 때도 있었다. 그래도 멈추지 않고 끝까지 앞으로 달렸다. 어느 순간 많은 사람들이 모이고 사업부가 만들어져 매출이 발생하였고, 많은 사람들이 대의에 찬성하면서 잠시 개인적 야망에 눈 돌릴 뻔하기도 했다. 그러나 잠시 잠깐이었다. 그리고 다시 소망으로 국민운동을 진행하였다. 이제 필자가 더 나아갈 수 없어 이 책을 내는 지금, 간절하게 부탁한다. 누군가 만약 가상국가를 건설하고자 하는 꿈을 가진다면, 아니 리더자가 아니라 구성원으로 참여한다 하여도, 야망이 아니라 소망으로 가상국가를 건설해달라고…

결론

과거에도 필자는 앞으로 어떤 IT 기술이 나올 거라는 이야기를 종종 했다. 그리고 몇 년 후면 바로 그 세상이 왔다. 아무도 모바일 페이를 모르던 2014년도에 대한민국 최초로 모바일 페이 시스템을 만들었다. 그리고 지금 사람들이 이야기한다. 너무 빨랐다고 또는 조금만 더 버텼으면 성공할 수 있었다고…

필자가 모바일 페이를 만들었을 당시 많은 사람들이 이야기했다. 되지도 않을 일이라고, 사기치고 있다고. 그러나 3년도 지나지 않아 카카오페이, 서울시청의 제로페이 등 수많은 모바일 페이 시스템이 줄줄이 나왔고, 지금은 대한민국 사람들 누구나 모바일 페이를 편리하게 사용하고 있다.

이제 필자는 가상국가 탄생을 이야기한다. 현재 가상국가의 개념을 이야기하는 사람은 유일하게 필자 하나이며, 필자는 이 길을 10년간 달려왔다. 어쩌면 너무 빨랐을지도 모른다. 그런데 지금 우리 자랑스러운 대한국인이 힘을 합쳐 가상국가에 도전하다면, 우리는 세계 여러나라의 영토를 가지고 세계 경제를 주도할 것이며, 전쟁이 나더라도 국민 모두가 안전할 수 있다.

설사 실패하여도 가상 공간의 거대 플랫폼을 만들었기에 수익을 낼 수도 있다. 도전해서 결코 손해볼 일이 아니다. 자랑스런 대한국인이여! 2024년부터 딱 5년 안에 우리가 선점해야 한다. 안타깝게도 필자가 지금 그 일을 할 수가 없어 너무나 답답하다.

여러분의 자식이 행복한 국가에서 살게 하고 싶은가? 세상에서 가장 행복한 대한민국을 건설하고 싶은가? 이 책을 참고서로 대한국인이 뭉쳐서 가상국가를 건설하기를 간절하게 소망한다!

{ PART 2 }
가상국가 시스템 기본 요소

본 장에서는 가상국가를 건설하기 위한 필수 시스템이 무엇인가 설명한다. 가상국가는 인터넷을 통해서 연결된 단순한 서비스로 볼 수 있다. 이 서비스가 지능화되고 다양화되면서 수많은 세계인을 하나의 네트워크에 묶을 수 있다. 이것이 가상국가이다. 가상국가는 서비스 시스템, 가상 화폐, AI 등이 필수적으로 연결되어 있다. 가상국가는 단계별로 개발되어야 한다. 본 장에서는 가상국가 시스템 개발 및 구축을 위한 단계별 진행을 설명한다.

시장을 만들다 - 자동화 개발 환경 구축

    가상 세계(metaverse)에 세계인이 연결되어 있다. 그들 모두 자신의 삶과 비즈니스에 의해 메타버스 공간에 연결되어 있는 것이다. 현재 거대한 구글, 아마존, 페이스북 등이 세계의 수많은 사람들을 연결시키고 있으며 50% 이상의 세계인들이 사용하는 서비스는 몇 개 안되는 거대한 세계적 IT기업들이 점유하고 있다.

  어떤 학자들은 가까운 미래에 이 거대 기업들이 많은 힘을 가지게 되고 세계를 이끌 것이라고 이야기한다. 필자의 생각은 다르다. 지금의 거대 IT 기업들은 알을 깨는 고통을 끝내고 새로운 세계로 가는 길에 발판을 만들었다고 생각한다.

§ 다양한 요구에 부합하는 다양한 서비스가 나와야 한다

　현 시대의 가상 공간 서비스는 매우 다양해야 한다. 현재 IT의 거대 공룡 기업들이 제공하는 서비스는 다양하기보다 대중적인 면모가 크다. 대중적이란, 해당 서비스가 기업의 팀을 운영할 수 있을 정도의 수익이 예상되거나 그 수익만큼의 가치가 있는 서비스라는 뜻이다. 다양성은 비록 이용자가 소수일지라도 critical section에 해당하는 서비스들이 많이 포진되어야 한다는 뜻이며, 서비스의 제공자는 거대 기업이 아닌 개인이나 소수 집합체여야 한다.

> **구글 플레이스토어가 다양성을 제공하고 있지 않은가?**
>
> 구글 플레이스토어와 앱스토어에는 정말 다양한 앱들이 있고, 소수에게만 필수적인 앱도 존재한다. 그렇기에 구글과 애플이 가상국가를 만들 수 있는 매우 가까운 위치에 와 있다. 그러나 완벽하지는 않다. 다양성과 함께 상업성을 완성시켜야 하며, 수많은 앱이 하나의 컨트롤 타워(가상국가 시스템)에 의해 관리되고 발전하며 제재를 받아야 한다. 물론 계속적으로 발전하면 앱스토어를 가진 기업들이 본 업무와 서비스를 진행시킬 것이다.

§ 다양한 앱을 만들 수 있는 오픈 플랫폼이 있어야 한다

지금의 앱은 수많은 플랫폼 레이어 위에서 구동한다. IT 기업들이 자사의 플랫폼을 사용하게 하려고 많은 노력을 하고 있다. 그것이 자산이 되기 때문이다.

"플랫폼은 가상국가의 영토에 해당한다."

영토는 현실 국가에서 필수 요소이다. 그리고 국민은 그 영토에서 살고 있고, 국적을 포기하면 국가의 영토에서 살 수 없다. 같은 의미로 가상국가의 영토는 플랫폼이다. 이 플랫폼은 동적 성장이 가능하며 확장이 가능해야 한다. 또한 그 확장은 가상국가의 국민이 할 수 있게 하는 것이다.

국토를 국민이 개발하듯이 플랫폼을 국민이 확장시킨다

모두함께 가상공화국에서 제공하는 플랫폼은 해당 플랫폼 위에 또다른 플랫폼을 만들 수 있는 형태로 설계되었다. 핵심 커널을 주고, 그 핵심 커널을 기반으로 발전된 플랫폼이 제공되고 그 위에 새로운 서비스가 만들어지게 된다.

영토를 개발하여 도시를 건설하고 그 도시에 빌딩과 아파트를 건설한다. 같은 형태로 특정 국민이 A레이어를 개발하면 그 A레이어 위에 B레이어가 개발되는 형태이다.

§ 누구나 앱을 개발할 수 있다! - 모두함께 API

　모두함께 가상공화국을 만들고자 할 때 첫 단계는 가상국가의 영토에 해당하는 플랫폼을 만드는 것이다. 이 플랫폼은 기존의 플랫폼과 구조적으로 다르다. 정말 쉽게 앱을 만들 수 있게 해야 한다. 간단하게 설명하면 매우 논리적인 내용을 필수 항목으로 변환시켜 모듈로 정의하고, 이 모듈은 데이터베이스와 연결되게 한다. 이때 수많은 옵션이나 선택사항이 있다. 이 옵션과 선택사항을 대화형 Community AI를 가동하여 개발자와 AI(디나)가 대화하면서 프로그램을 개발해간다.

　"앞으로는 디나가 프로그래밍을 할 겁니다."

　모두함께를 운영할 당시 필자는 이런 이야기를 했다. 많은 사람들이 내 말을 이해하지 못했다. 지금은 인간의 지식이 무너지는 AI 세계에 돌입했다. 챗GPT가 인간이 요구하는대로 복잡한 논문을 쓰는 시대이다. 인간이 AI에게 추상적이고 통합적인 문의를 의뢰하면, AI가 그것을 체계화하고 문서화한다. 이런 시대에 프로그래밍을 해주는 AI가 나온다는 것은 당연한 수순인 것이다.

　<그림1>은 AI를 이용한 프로그래밍 제작 방법을 보여준다. 중고자동차를 판매하는 앱을 만들고자 할 때, AI는 기본

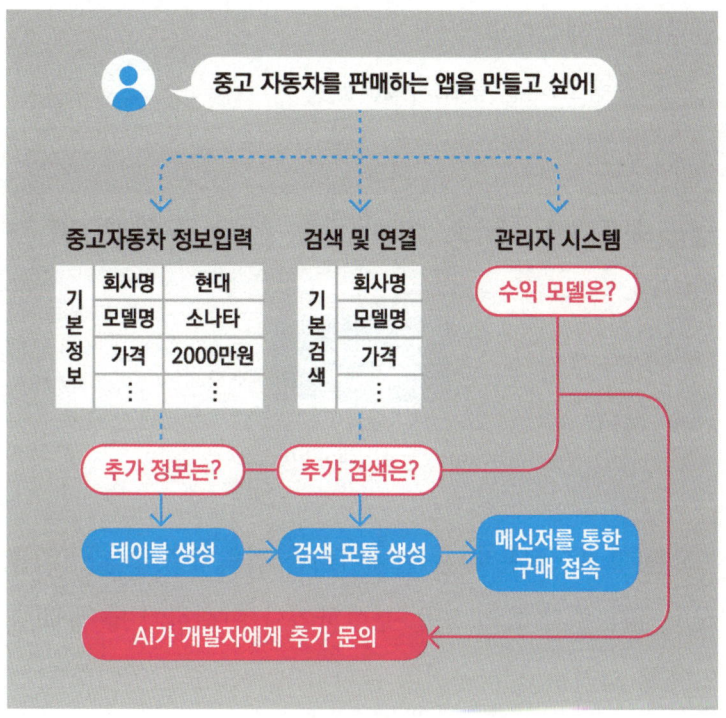

〈그림1〉 AI를 이용한 앱프로그램 개발

으로 ①데이터 입력, ②중고자동차 검색, ③관리자 시스템으로 모듈을 분할한다.

아무리 복잡해도 프로그램은 기본 스텝이 있다.

영어가 아무리 어렵다고 해도 영어 문장은 5형식을 넘어서지 않는다. 기본 5형식에서 변형된다. 촘스키는 이 언어 구조를 중심구 구조 문법으로 하여, 자연 언어 체계를 구조적으로 해석하는 기초를 만들었고, 이를 기반으로 AI가 인간의 말을 해석하고 있다.

프로그램도 기본 구조가 있다.

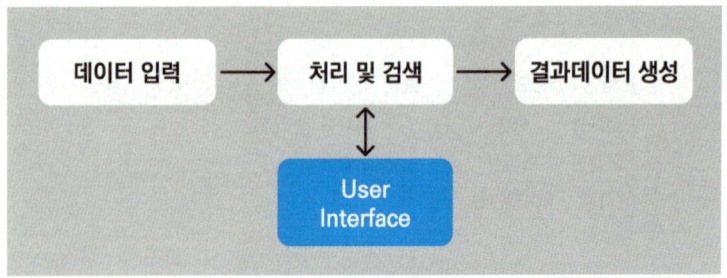

〈그림2〉 프로그래밍 기본 구조도

모든 프로그램은 사용할 데이터를 입력하고 그 데이터를 사용자가 보기 좋게 또는 분석하거나 이해하기 좋게 UI를 이용해 보여주고, 사용자와 대화하여 새로운 데이터를 탄생시키는 것을 전부 할 수 있다.

중고자동차 판매 시스템도 중고자동차 정보 입력 해당 데이터를 GUI를 이용해 실제 보는 것과 같은 형태로 보여주고, 그에 의해 발생하는 결과 데이터 생성이 전부이다. 그렇기에 빅데이터를 구축하면, 인간이 논리적으로 이야기한 내용을 <그림2>의 형태로 분해하고 세부적인 파트 시스템을 만들어낼 수 있다.

이제 시스템 개발도 AI가 하는 시대로 돌입될 것이다. 컴퓨터 기술을 알지 못해도 논리적 사고를 AI에게 전해주면,

AI가 알아서 프로그래밍을 해주기에 누구나 가상 공간의 서비스를 만들어낼 수가 있는 것이다.

> **현재 개발되었고 계속 업그레이드되는 모두함께 API는 AI와 연결된 플랫폼이다. 이것이 기존의 인터넷 플랫폼과 모두함께 API의 차이점이다.**

§ 디바이스 콘트롤과 통합 모듈

모두함께 API는 여러 개의 레이어 중 외부 디바이스와 연동되는 물리적 레이어가 맨 하부에 있다. 가상 공간의 접근은 스마트폰, PC 등을 통한다. 각 디바이스에 구동되는 카메라, 스토리지, 녹음, 멀티미디어 출력, 네트워크 연동 등이 다르다.

다양한 기기와 연동되는 모듈을 해당 기기의 환경에 맞게 프로그램을 구축한 다음, 해당 디바이스 컨트롤을 표준으로 호출하는 상위 레이어가 있게 하여, 디바이스에 상관없이 표준 명령어로 구동하게 한다. 이 부분은 운영체제를 개발하거나 플랫폼을 개발할 때 기본적으로 만들어준다. 문제는 하부의 여러 디바이스를 콘트롤하는 서비스를 운영체제나 플랫폼에서 제공하는데, 그 사용법이 매우 어렵다는 것이다.

 이제는 이 컨트롤이 쉬워야 하며, 인간의 논리 언어를 이해하고 AI가 복잡한 서비스 언어로 변화시킨다. 모두함께에서 제공하는 디바이스 컨트롤 서비스 명령어는 인간이 아닌 AI가 코딩하는 방식으로 맞추었다. (이 언어를 인간이 직접 코딩하여도 된다.)

§ 프로그래밍 언어는 AI에 맞춘다

 지금까지의 프로그래밍은 인간이 하는 것에 맞추어져 있다. 그래서 객체지향 형태의 프로그래밍 언어가 개발되었다. JAVA, Swift, C++ 등등의 대표적인 프로그래밍 언어는 모두 객체지향언어(Object Oriented Programming Language)이다.
 AI는 과연 객체지향 프로그래밍을 하는가?
 필자의 생각은 "AI는 개체지향 프로그래밍을 안한다!"이다. AI는 선형 프로그래밍이 적합하다. 인공지능이라고 말하니 전문성이 없는 사람들은 AI가 '생각'이라는 것을 한다고 생각한다. 생각은 관계의 연결이라 객체지향 방식의 프로세스이다. 허나 AI는 생각을 하지 않는다.
 Big data와 인간의 요구를 분석(analysis)하여 관계형 링크(relation link) 프로세스로 조합을 시키는 것이 전부이다.

　이제는 AI가 프로그래밍하는 방식의 언어도 바꾸어야 한다. 이 언어는 선형 언어이다. 예를 들면 다음과 같다.

　　errormessage</>주소를 넣지 않았습니다</>알람</>100

　위의 예는 에러가 발생하여 메시지를 출력하는 하나의 예이다. 만약 객체지향 언어일 경우 대략 다음과 같이 표현될 것이다.

```
class Msg{
  String title="알람";
  String msg="주소를 넣지 않았습니다.";
  func showMsg(){
        Print(msg);
  }
}
Msg.Print();
```

인간의 논리적 사고를 컴퓨터에게 알려주고 컴퓨터는 해당 내용을 기계어로 정확하게 만들기 위해서 객체지향 언어를 사용했다. 이 모든 객체지향 언어의 코딩이 결국 선형 코딩으로 전환된다. AI는 인간이 아니며 논리적이지 않다. 그렇기에 AI에게 필요한 선형 언어를 개발하여 모두함께 API에 탑재하였다.

§ 개발을 먼저 활성화한다

시장을 활성화하기 위해 특정 아이템에 수많은 사용자를 끌어오고자 한다면 그것은 기업 마케팅이다. 아마존이 쇼핑몰을, 유튜브가 동영상 서비스를 제공하여 수많은 고객을 유치하는 기존의 방식은 기업 마케팅이다.

국가의 마케팅은 국가 안에서 생활을 할 수 있게 하여야 한다. 즉, 국민이 생활을 할 수 있게 일을 하고 돈을 벌 수 있는 공간을 제공해야 한다. 그것이 개발을 자동화하는 것이다. 기술을 알지 못해도, AI를 통해서 쉽게 프로그램을 개발하고 그 시스템을 쉽게 국민이 이용하는 환경을 만드는 것이다. 가상국가가 되기 위해 우선 시장을 만들어야 한다. 즉 수많은 서비스가 존재하는 시장을 수많은 참여자(가상국가 시민)가 구축하는 것이다.

1단계 : 기본 플랫폼 - OPEN MARKET

가상국가 시스템은 바로 만들어지지 않는다. 또한 기업 방식으로 접근하면 후에 변경할 때 많은 문제가 발생할 수 있다. 모두함께 가상공화국은 단계적으로 발전시키고자 했다. 모두함께가 가상국가로 올라설 수 있는 중요 요건은 국민이다. 모두함께에는 20만 명의 대표장들이 존재한다. 그렇기에 단계별 시스템을 오픈하면 해당 시스템을 사용하거나 홍보할 인력이 존재하는 것이다. 가상국가는 그냥 만들어지지 않는다. 그것을 이룩하고자 함께 하는 사람들이 최소 10만 명은 존재하여야 한다.

§ 사용하기 쉬운 선형 프로그래밍 언어

국민이 있다 하여도 국민의 생산성이 없으면 국가는 발전하지 않는다. 가상국가의 생산성은 서비스이다. 서비스란 수많은 앱의 생산을 의미한다. 1단계로는 AI를 이용하지 못하고 인간이 직접 개발해야 한다. 인간이 선형프로그래밍 언어로 개발을 하면서 해당 정보가 Big data에 저장된다. 이 정보를 이용해 2단계로 AI 적용이 가능하다.

AI가 지능적 판단을 하기 위해서는 수많은 정보를 제공해야 한다. 그 정보를 프로세싱하여 적용하는 단계를 '학습'이라 한다.

AI가 학습을 하기 위해 처음에는 AI용 프로그래밍 언어도 인간이 개발해야 한다. 모두함께에는 이미 선형 프로그래밍 언어가 개발되어 있다. 이 언어로 모두함께 회원(국민)이 앱을 개발하게 한다. 처음 개발자는 어느 정도 컴퓨터 지식이 있어야 한다.

현 시대는 인터넷과 앱을 이용해야 사업을 할 수 있다. 앱을 쉽게 만들고, 서버 운영 비용 및 데이터베이스 운영 비용을 무료로 하면 많은 사람들이 참여할 것이다.

모두함께 API를 이용하여 앱을 만드는 것이 바로 이 시스템이다. 먼저 앱을 만들고자 할 때 어떤 앱을 만들까 앱 설계서를 작성한다. 그리고 그 설계서에 맞게 데이터베이스를 설계하고 생성해준다. 이 데이터베이스 생성은 기술 개발자들이 한다. 그 일을 하면서 AI가 데이터베이스를 설계할 수 있는 지능을 만들고 그것을 AI에 탑재하기 위해서이다.

두 번째로 기본형을 만든다. 이 기본형은 전 항목의 <그림 2>와 같다. 이 기본형 또한 개발자가 만든다. 그러면서 AI에게 줄 지능을 만드는 것이다.

앱 개발자는 앱 요구도 또는 앱 설계서를 제출하면 해당 앱의 가장 기본형을 제공받는다. 이 기본형을 개발자가 만들면서 AI의 작업 지능을 발전시키는 것이다.

세 번째는 앱 요구자가 추가 개발을 한다. 이 추가 개발을 위해서 아주 쉬운 선형 프로그래밍 언어를 제공하고, 앱 요구자가 그 언어를 이용하여 추가 개발을 한다.

> **학습에 의해 AI가 프로그래밍을 할 수 있다**
>
> AI가 그냥 모든 일을 자동화하는 게 아니다. AI가 일을 할 수 있는 충분한 데이터가 존재해야 한다. AI는 Big data가 필수로 필요한 것이 바로 이 이유다. 처음부터 AI가 앱 프로그램을 만들 수는 없다. 그렇기에 AI가 해야할 일을 인간이 분리하고 파트화해서 프로세스를 만들어낸다. 1단계가 바로 AI에 들어가기 위한 기본단계가 된다.

앱을 만들고자 하는 사람은 많다. 약간의 컴퓨터 기초가 필요하다 할 경우, 앱을 만들고자 하는 사람이 자신의 능력이 부족하다면 직원을 고용할 것이다. 이 직원은 고급 프로그래머가 아니기에 인건비가 크지 않을 것이다.

1단계를 진행할 때 많은 참여자가 요구된다. 필자의 생각에는 충분히 많은 참여자가 있을 것으로 판단된다. 따라서 1단계는 쉽게 만들어질 것으로 생각한다.

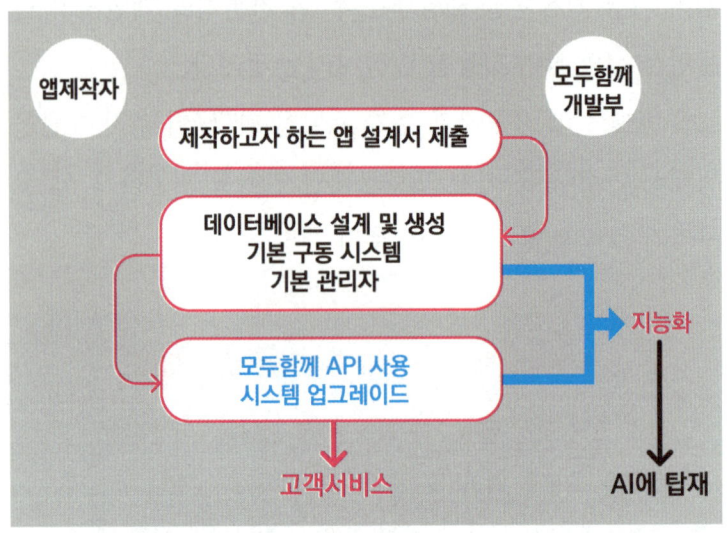

〈그림3〉 1단계에 의해 개발되는 지능형 모듈

§ 수익성이 있는 앱을 발굴한다

기업은 시장을 조사하고 상품, 서비스를 개발하여 수익을 극대화하는 목적으로 운영된다. 가상국가는 다르다. 수많은 사람들이 앱 개발에 참여하고 그 안에서 수익을 창조하는 앱을 발굴하는 게 목적이다. 굉장히 큰 수익 모델이 아니라 분산형, 사용자 한계가 있는 넓은 분포도를 가진 수익 모델 앱이 더 중요하다.

예를 들어 특정 체질을 가진 사람에게 알맞은 약초를 재배했고, 이러한 체질을 가진 사람의 수는 천 명이라고 가정하자. 이것을 앱으로 판매하고 1인당 만 원의 수익을 남긴다면 월 1000만 원의 수익을 얻을 수 있다. 기업으로서는 큰 이익이 아니지만, 개인 사업으로는 매우 좋은 사업이다. 이렇게 작은 규모의 다양한 사업 모델이 가상국가에서는 매우 중요하고 꼭 필요한 아이템이다.

두 번째로 수익을 많은 사람과 공유할 수 있는 대규모의 앱도 가상국가에서는 필요한 사업아이템이 된다. 사용자가 1억명이고 이 사용자를 서포트해야 할 인력이 10만 명이라면 이것은 가상국가에서는 매우 중요한 사업이 된다. 허나 기업에서는 너무나 많은 인력을 고용하는 것은 회사의 움직임에 어려움을 주기에 이런 사업을 주저하게 된다.

§ 소규모 회원 필수 요건, 대규모 회원 대규모 인력!

가상국가는 IT기업과 사업 영역에 있어 차이가 있다. IT기업은 수익 창조가 목적이고 가상국가는 국민의 생활 보장이 목적이다. 그렇기에 가상국가로 시작하지 않고 기업으로 출발한 거대 IT 그룹이 가상국가로 전환하고자 할 경우 큰 변화가 필요하고, 그로 인해 기업 내의 이권자들 사이에 분란과 기업 분리 등이 발생할 수 있다.

모두함께는 처음부터 가상국가를 목표로 시작했다. 1단계에서 육성할 사업 아이템은 소규모 회원이 고정적이고 필수적으로 사용하는 다양한 앱과, 대규모 회원이 사용하며 그 회원들을 관리하기 위한 인력이 많이 필요한 앱이다.

AI가 인력의 사용을 줄이면 안된다

AI시대에 기업이 원하는 것은 최소한의 인력으로 수익을 극대화하는 것이다. SF소설에 나오는 이야기처럼 사업주는 사람이고 직원은 모두 AI라고 할 때, 그런 세계에서 인간 사회가 존속할 수 있을까? 필자의 생각에는 90%의 인간은 간신히 목숨만 부지한 채 처참한 생활을 하거나 또는 모두 사라지게 되는 결과가 될 것으로 본다.

인류가 이런 형태로 인력이 필요없는 길로 갈 때, 90%의 인간이 소외되는 시대는 언제 오게 될까? 필자의 생각에는 100년이 걸리지 않을 것으로 본다.

모두함께는 인력의 활용을 높이고 많은 곳에 인력이 필요한 형태를 추구한다. 다만 시간과 공간을 뛰어넘어 자유롭게 근무하는 세상을 만들고자 한다. 인간의 행복을 위해서 모두함께와 같은 가상국가가 출현하는 것은 꼭 필요한 일이라고 본다.

2단계 : 앱 간의 커뮤니티 AI 구축 - 가상국가의 생태계 구축

1단계에서 수많은 앱들이 배포되어야 한다. 소수의 꼭 필요한 앱 수십만 개가 모두함께 AI API 기반에서 배포되어야 한다. 거대 앱은 기업형이며, 소수를 위한 필수적인 앱의 대량화는 가상국가의 목표에 맞는 것이다.

이러한 수많은 앱들이 관계형으로 연결되어야 한다. 과거 컴퓨터 데이터베이스 기술 중 관계형 데이터베이스라는 것이 있다. 그게 발전되었다고 볼 수 있다. 여행 앱은 골프, 등산, 스키, 스쿠버 다이빙 등의 앱들과 관계가 있다. 건축 앱은 건축 자재 앱과 관계가 있다. 이렇게 수십만 개의 앱이 관계형으로 연결되는 것이 가상국가 건설의 2단계이다.

§ 계층적 관계형 모델을 이용한 AI시스템

인간이 생활할 때 필요한 재원 및 자산은 모두 계층적 체계를 가지고 있다. 보통 tree 구조를 형성하는데, <그림4>는 tree 구조의 관계형 모델의 예를 보여준다.

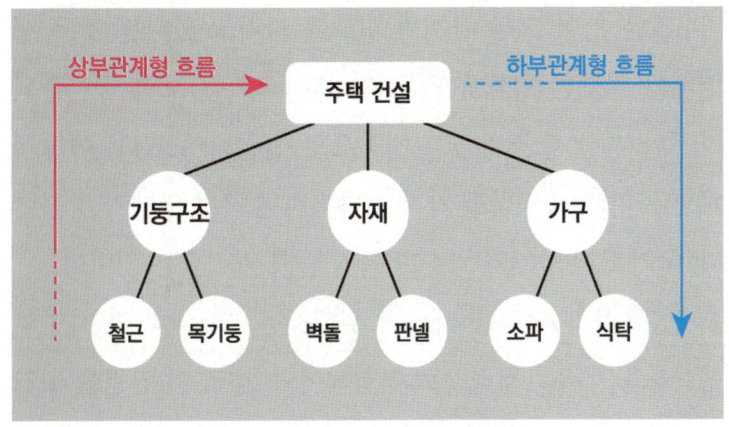

<그림4> 앱 간의 계층적 관계형 모델

<그림4>는 주택 건설이라는 주제와 연결된 하부 관계형 모델을 보여준다. 주택 건설이라는 주제 아래 하부로 기둥 구조, 자재, 가구 등이 있다. 기둥 구조, 자재, 가구의 하부로는 더욱 많은 하부 주제들이 존재한다. 또한 그 하부 주제가 메인이 되면 또 다른 관계형 트리 구조가 만들어진다.

반대로 철근이라는 주제는 상부로 주택 건설이 연결될 수도 있으며, 자동차 제작이 연결될 수도 있다. 결국 수많은 앱들이 전부 독립적이지 않으며 모두 관계형 링크를 가지고 있다.

§ 매우 거대한 관계형 네트워크는 바로 가상국가의 유기체 조직이다

수많은 앱이 모두 관계형 링크를 가지고 있다는 것은 생명체와 비슷한 형태를 갖는 것이다. 국가를 보면 국민들의 다양한 생산 활동이 유기체적으로 연결되어 있다. 어떻게 보면 국가가 생명력을 가지고 발전하면 국가 경제가 발전한다. 국가도 생명체와 비슷한 특징을 가지고 있는 것이다.

가상국가가 생명을 가지기 위해서는 가상국가의 시민의 생산활동이 유기체적으로 연결되어야 한다. 이 연결을 AI가 도와주고 연결 정보를 알려주고 새로운 연결 관계를 만들어 간다. 즉 복잡한 관계가 계속 그물망처럼 연결되면서 이것이 빅데이터를 만들고 빅데이터를 AI가 운영한다.

§ 중앙컨트롤이 아니라 자율적 발전과 연결을 추구한다

기업은 시장을 조사하고 수익률을 판단하여 서비스를 늘린다. 가상국가는 중앙의 판단이 아니라 가상국가의 시민들이 자발적으로 참여하여 서비스를 늘리고 생성하고 소멸시킨다.

"모든 것을 가상국가의 시장에 맡긴다."

사용자가 늘어나면 그 서비스 업자는 이익을 얻고 사용자가 없으면 그 서비스는 소멸한다. 실제 가상국가의 국민이 선호하는 시스템이 무엇인지 판단하는 것은 쉽지 않다. 수많은 서비스가 생성되면서 그 필요성은 국민이 선택하게 되어 있다.

가상국가는 현재 국민들이 많이 사용하는 서비스가 무엇인지, 어느 국민이 특정 서비스로 안정적인 생활을 유지하고 있는지에 대해 정확한 정보를 알려주어야 한다. 이 정보를 통해서 또다시 서비스가 늘어나고 사용자가 없는 서비스는 사라진다.

3단계 : 가상국가에 화폐가 존재해야 한다

가상국가 안에서 통용되는 화폐가 있어야만 한다. 이것은 필수 요건이다. 이 화폐를 무엇으로 할 것인가? 기존의 현실 국가에서 사용하는 화폐나 세계의 기축 통화를 이용할 것인가?

답은 새로운 화폐가 있어야 한다는 것이다. 이 화폐는 첫째, 담보가 있어야 하며 둘째, 중앙컨트롤이 가능해야 하며 셋째, 통화량 조절이 가능해야 한다.

§ 화폐의 보안은 필수이다

종이화폐도 위조를 하지 못하도록 엄청난 기술을 이용한다. 가상국가의 화폐는 종이화폐가 아니라 디지털 화폐일 것이다. 이 디지털 화폐에 현재 많이 쓰는 기술은 블록체인에 암호화를 결합한 것이다. 그것이 정답이라고 말할 순 없다. 철저한 보안과 함께 앞에 말한 화폐의 필수 요건 3가지가 충족된다면 그 어떤 시스템도 디지털 화폐의 기능을 할 수 있다.

모두함께의 모두코인은 자체 개발한 클라우드 블록체인을 이용하였다. 수많은 사람들이 코인을 사용하면서도 그 안정성이 보존된다. 클라우드 블록체인 기술은 다른 장에서 설명하겠다.

이자를 담보로 하는 현 화폐와의 차이

현실 국가의 화폐는 빚과 이자로 설명할 수 있다. 누군가 빚을 지면서, 그 빚을 갚겠다는 약속을 담보로 돈이 발행된다. 문제는 이자에 해당하는 돈은 발행되지 않는다는 것이다. 이러한 시스템은 경쟁을 활성화하여 세계 경제를 발전시켰다. 그러나 이자는 발행되지 않았으므로 빚을 갚는 데 실패하여 낙오한 자들이 계속적으로 늘어나고, 점차 화폐의 가치가 떨어지는 문제점을 안고 있다.

가상국가의 화폐는 기능과 구조가 현실 국가의 화폐와 다르다. 첫째, 빚으로 탄생되지 않으며 서비스를 기반으로 탄생되었다. 또한 돈을 보관하거나 지급하기 위해 은행이 필요하지 않다. 현 금융 체제와 금융 산업이 무너지고 새로운 금융 시스템이 가상국가에서 운영될 것이라고 이야기하

> 는 사람도 있다. 최근 비트코인은 미국 금융 시장에서 투자 상품으로 선정되었다. 이것은 변화를 말한다.
> 필자는 현 금융 시스템이 무너지고 새로운 금융 시스템이 들어온다는 것에 동의하지 않는다.
> "기존 금융 시스템과 가상국가의 금융 시스템이 조화되어 발전할 것이다."
> 현재 미국의 투자 기관이 비트코인을 투자 자산으로 합류시켰다. 이것은 점차로 가상 자산이 현실 자산과 공유되면서 돈의 기능을 한다는 증거이다.

§ 화폐의 담보성

화폐의 가장 중요한 요건은 담보성이다. 가상 화폐는 무엇을 담보로 할 것인가? 현재의 암호화 화폐는 투기를 담보로 하고 있다. 그것으로는 가상국가의 화폐의 기준에 충족될 수 없다. 결국 서비스의 담보가 가상국가 화폐의 담보성이 될 것이다.

덧붙여 서비스 커널을 누가 가지고 있는가를 생각해봐야 한다. 바로 가상국가가 서비스 커널의 권한을 가지고 있다. 그렇기에 많은 사람이 해당 가상국가의 서비스를 이용한다면 그 가상국가가 보유한 화폐의 가치가 발생하는 것이다.

<그림5>는 각각의 나라에서 가상국가 화폐가 어떻게 담보성을 확보하는지 보여준다. 가상국가에 수많은 앱이 존재하고, 그 중 유료서비스가 있을 경우 국민은 해당 서비스를 받기 위해 가상국가의 코인을 매입하고 대가로 해당 국가의 화폐를 지불한다. 이로써 가상국가는 현실 국가의 화폐를 가지게 된다. 이 화폐로 현실 국가의 자원, 부동산, 자산들을 매입함으로써 해당 국가에서 가상국가 화폐의 담보성을 높인다.

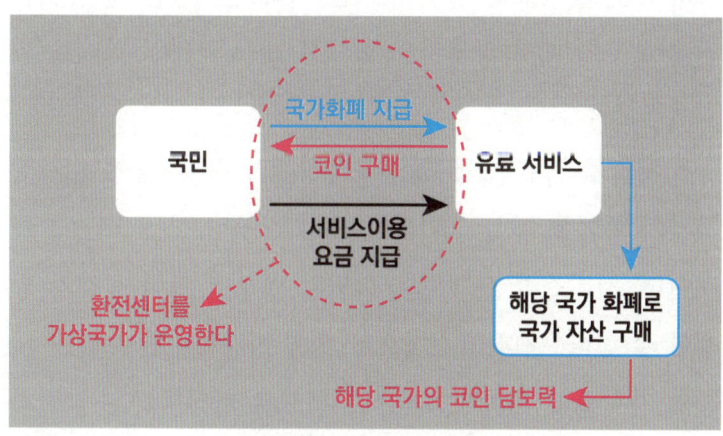

〈그림5〉 화폐의 담보성 확보

§ 환전시스템을 국가가 운영한다

가상국가가 직접 서비스를 하지 않고 수많은 시민이 만든 앱들로 서비스한다. 시민들은 서비스를 제공하고 가상 화폐를 받는다.

서비스 재원의 판매에서 해당 국가의 화폐를 받고 그 화폐에서 커널 서비스 비용을 빼고 나머지 비용을 서비스 제공자에게 주어야 한다. 이런 문제점을 해결하기 위해서 환전시스템을 가상국가가 운영하고 환전시스템의 수수료로 국가 자산을 확보한다. 수수료를 제외한 비용은 시민이 환전을 요구할 때 가상국가의 화폐를 해당 국가의 화폐로 환전시켜준다.

이 시스템은 한 번에 안정화되지 않는다. 처음에는 가상국가의 화폐를 현실 국가의 돈으로 바꾸려 하는 요구가 클 것이며, 서비스가 크게 활성화되지 않으면 여러 문제가 발생할 수 있다. 허나 지속적으로 운영 가능하다면 수많은 나라의 자원을 공유하게 되며, 그 힘으로 가상국가는 발전하게 된다.

화폐가 안정되는 순간이 가상국가를 인정하는 순간이 될 것이다. 이 단계적 발전은 뒤에 기획 편에서 자세히 설명하겠다.

§ 클라우드 블록 체인

<그림6>은 클라우드 블록 체인의 전체 구조를 보여준다. 클라우드 블록 체인은 모두함께에서 사용하는 모두코인의 알고리즘이다.

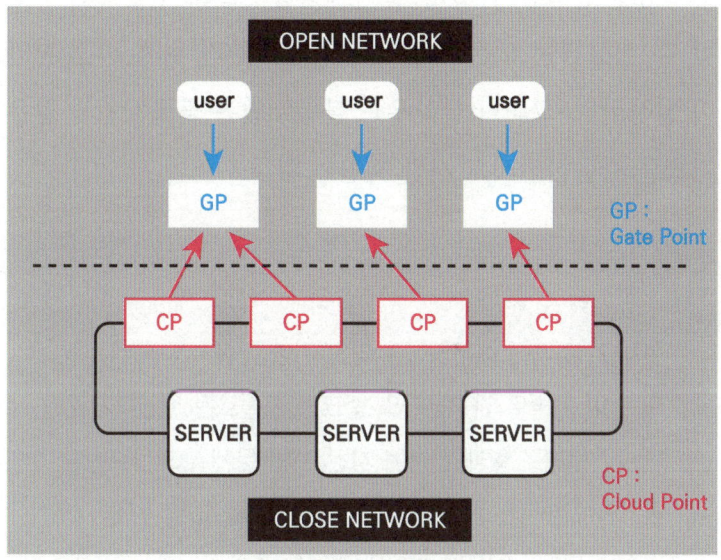

<그림6> 클라우드 블록 체인

사용자는 가상뱅크(가상공화국의 뱅크)망에 접속하지 못한다. 사용자가 자신의 코인의 정보를 컨트롤 하고자 할 때 GP(Gate Point)에 암호화된 블록으로 정보 명령을 기록한다. CP(Cloud Point)는 GP에 접속하여 자신에게 할당되

어 있는 계정에 명령이 있는지 확인한다. 명령이 있으면 해당 명령을 수행하고, 모든 CP와 데이터를 공유한다. 또한 Control sever를 두어 화폐 발행과 순환 정보를 저장한다. CP만 보면 블록체인이다. 다만 CP들이 뱅크망에서 P2P 통신을 한다. 이렇게 하면 인터넷 망에서도 안전한 가상국가 뱅크망을 건설할 수 있다. 블록체인을 P2P로 구축하면 수정할 때 생성되는 모든 디바이스가 인지하기 위해 시간 지연이 발생한다. 그러나 클라우드 블록체인은 블록체인과 같은 기법을 사용하면서도 시간 지연이 없다.

가상국가의 뱅크망 기술은 필수이다

현재 가상 자산을 운영하는 기반 기술은 블록체인이다. 문제는 이 기술은 가상국가의 뱅크망 기술로는 완전하지 않다. 첫 번째로 화폐 전송에 시간 지연 문제가 크다. 현 블록체인 기술로는 돈을 지급하고 그 결과를 30분 후에나 알 수 있는데, 이 때문에 화폐의 기능을 수행하는 데 큰 제약이 있다. 두 번째로 통화량 컨트롤이 안된다. 그리고 세 번째로 통화 추적이 불가능하다.

그러면 현재 가상 자산은 무너지는가?

필자의 생각은 "아니다"이다. 제1세대 가상 자산은 가상국가 화폐의 브릿지(Bridge) 또는 협력 체제로 존재할 가능성이 크다. 그 이유는 세계가 이미 비트코인을 자산으로 인정해가고 있기 때문이다.

4단계 : 지능형 가상국가의 시작

시스템이 완결되고 화폐가 만들어지면 가상국가를 시작할 수 있는 요건이 된다. 요건이 된다 하여 가상국가가 완성되는 것은 아니다. 가상국가가 만들어지기 위해서 형이상학적인 요건과 형이하학적인 요건이 있다.

국가가 만들어지기 위해서는 국가관이 있어야 한다. 이것이 건국 철학이다. 이 철학에 의해 실천 사항과 대의가 있어야 하며, 국민이 그 대의에 찬성해야 한다.

철학관에 대해서는 다른 장에서 설명하고자 한다. 본 장에서는 형이하학적인 부분에 대해 이야기한다.

§ 지능형 행정 시스템의 완결

현실 국가의 행정 시스템은 매우 복잡하다. 가상국가 또한 현실 국가와 같이 행정 시스템이 복잡하다. 이 행정 시스템을 모두 AI를 이용하여 최소의 인력으로 가동해야 한다. 현실 국가에서는 공무원 인력이 매우 많다. 국민 10명이 한 명의 공무원을 먹여살리는 구조이다. 이로 인해 현실 국가의 국가 운영비가 매우 많이 들어간다.

최근 기업들이 AS시스템에 AI를 도입하기 시작했다. 처음에는 사용자들이 이 AI 시스템의 이용에 많은 불편함을 느꼈다. 그러나 시간이 지날수록 AI시스템이 빠르고 능률적이라는 판단을 한다. 그리고 AI가 처리해주는 AS시스템에 대해 적응해나가기 시작한다. 이로 인해 기업은 AS에 필요한 인력을 최소화하며 비용을 절감하고 기업 경쟁력을 높인다.

국가는 다르다. 국가가 만들어지면 AI가 아닌 사람이 행정을 한다. 행정부 또는 집행부의 리더는 정치인 또는 행정가로 존경을 받는다. 이 행정 시스템의 균형된 발전을 위해 정치가 도입되고 정치인들이 탄생되었다.

가상국가에 정치인이 필요할까?

필자는 이 부분에 아직도 의문을 가지고 있으며 문제의 해답을 알 수가 없다. 극소의 정치인이 있을 수도 있으나 정치 집단과 정치력이 가상국가에 얼마나 필요하며 얼마나 큰 영향력을 가지는가? 그에 대한 답을 할 수 없는 것이, 정치인이 없어도 국민이 원하는 법을 제정하고 그것을 자동으로 운영할 수 있기 때문이다.

가상국가 시민이 어떤 법에 대한 재정을 시스템에 요청하면, AI시스템은 해당 법의 필요성을 모든 시민에게 물어본다. 그리고 일정 수가 해당 법을 요청하고 동의하면 가상국가 시민들이 투표를 할 수 있다. 이렇게 투표하여 가상국가 시민의 50% 이상이 찬성하면 법이 제정되고, 그 법에 따라 행정 시스템이 변화된다. 지능형 가상국가 시스템은 법을 제정하고 실행하는 데 정당과 정치인이 필요하지 않다.

이 부분이 현실 국가와 가상국가의 차이이다. 문제는 주인이 있는가 없는가이다. 가상국가는 현실 국가와 다르게 기업형이다. 즉 수익 모델이 만들어지지 않으면 가상국가조차 만들어지지 않는다. 첫 출발의 조건은 수익이 있어야 한다는 것이다. 이렇게 출발하는 가상국가는 주인이 없는 공유 경제 시스템이거나 주인이 존재하는 법인형일 수 있다.

주인이 있을 경우 가상국가의 운영에 주인이 개입할 수 있다. 어떤 가상국가가 옳은가? 주인이 없는 공유 경제보다 주인이 있는 가상국가가 더 낫다는 게 필자의 생각이다.

그러나 주인이 독재자이며 비도덕적일 경우, 그 국가의 시민은 매우 힘들 것이다. 허나 우리는 기억해야 할 것이 있다. 가상국가는 서비스이기에, 주인이 독재적으로 행동하며 합리적인 운영을 하지 않으면 국민은 떠난다. 현실 국가와 다르게 가상국가는 시민이 되거나 이탈하는 것이 자유롭기 때문이다. 어쩌면 새로운 형태의 왕국이 만들어지지 않을까 생각한다.

§ 가상국가도 영토가 필요하다

가상국가에도 영토가 필수적이다. 적어도 가상국가 시스템을 운영하는 서버 건물과 기본 인력이 근무하는 사무실이 필요하다. 이것 외에 시민을 위한 세이프존(SAFE ZONE)을 만들 공간이 필요하다.

본서에서 말하는 SAFE ZONE이란?

현실 국가의 국민은 자신의 뜻에 맞는 가상국가를 선택할 수 있다. 세계 도처에 전쟁 또는 천재지변에 의해서 자신의 생활 공간이 위험해진 사람들이 있다. 또한 다양한 나라에서 여행을 하며 인생을 즐기려는 사람들도 있다. 가상국가는 여러 나라에서 영토를 매입하고 해당 영토에 주택, 오피스 등의 생활 단지를 구성하고 가상국가 시민에게 무상 또는 저렴한 비용으로 거주할 수 있게 한다. 이것이 바로 가상국가의 SAFE ZONE이다. 이러한 SAFE ZONE을 많이 운영하는 가상국가가 더 많은 시민을 보유하게 될 것이다.

가상국가는 각 나라에서 SAFE ZONE을 운영하기 위해 해당 현실 국가와의 협약을 맺어야 한다. 한 시민이 특정한 현실 국가에 가고자 할 때, 그 시민의 현실 국가 국적에 따라서는 비자 또는 출입국 시 문제가 있을 수도 있다. 이때 가상국가의 시민은 SAFE ZONE에서만 거주하는 조건으로 무비자 출입이 가능하게 되어야 한다.

결국 가상국가는 SAFE ZONE을 운영하기 위해 현실 국가와 협약을 맺고 경제적 또는 정치적으로 상호 도움을 주는 역할을 해야 한다.

§ 가상국가의 치안

국가는 국민을 보호해야 한다. 서비스를 기반으로 하는 가상국가라도 국민을 보호하는 것은 국가로서의 책임이며 중요한 업무이다. 가상 공간에서 활동하는 시민을 보호할 수는 없다. 사실상 가상국가의 시민을 보호하는 치안의 책임은 현실 국가에 있을 것이다.

그러나 SAFE ZONE으로 이동했을 경우는 다르다. 가상국가가 책임지는 현실의 영토이기 때문이다. 결국 가상국가도 치안을 위한 경찰과 군인 등의 시스템이 존재해야 한다. 세계 여러 나라들 중 치안이 열악한 국가에 기업이 들어갈 경우, 용병을 고용하여 기업의 직원을 보호한다. 선진 국가들은 치안이 안정적이나 아직도 세계의 많은 나라는 치안이 불안정하다. 이런 곳에는 오히려 안정된 국가보다 더 쉽게 SAFE ZONE을 건설할 수 있다. 단, 이 SAFE ZONE의 치안을 위해서 가상국가는 용병 제도를 운영해야 하며, 용병을 보유해야 한다.

가상국가의 SAFE ZONE을 공격하면 누구를 공격하게 되는 것일까?

가상국가가 현실 국가와 충돌될 일이 있을까? 필자는 드물 것이라고 생각한다. 그러나 여러 가지 다양한 사건이 벌어지는 세계이기에, 다양한 일이 일어날 수 있다. 가상국가와 적대 관계에 있는 A라는 국가가 가상국가의 말레이지아 지역 SAFE ZONE을 공격했다면, A국가는 가상국가를 공격한 것인가, 아니면 현실 국가인 말레이지아를 공격한 것일까?

가상국가가 건설되면 외부의 힘에 의해 소멸되기 힘든 이유가 바로 여기에 있다. 이런 이유로 가상국가가 계속 발전하면 세계 곳곳에 용병을 두는 거대한 국가가 된다. 수십 년 또는 100년 이상의 세월이 흐른 후 거대 가상국가가 탄생하고, 그 거대 가상국가의 SAFE ZONE이 100여 개국

> 에 존재한다면, 100곳의 SAFE ZONE을 지키는 용병이
> 있고 그 용병이 100여 개국에 포진되어 있다는 것이다.
> 이것은 무엇을 의미하는가?

§ 최고의 AI 기술이 가상국가에 필요하다

가상국가는 메타버스 공간에 존재한다. 또한 시민은 전 세계에 있다. 언어도 다르고 풍습도 다르며 각 나라의 현행법도 매우 다양하다.

이런 다양한 세계인이 어렵지 않게 가상국가에 가입할 수 있어야 하며, 행정서비스를 받을 수 있어야 한다. 전 세계인이 오프라인의 가상국가 사무실에 찾아가 업무 및 요구를 해결하는 것은 불가능하다. 또한 수많은 세계인의 행정을 인간이 서비스하는 것은 불가능하다. 따라서 인간의 모든 요구를 알아듣고 그것을 자동적으로 해결하는 AI 기술이 극대화되어야 한다. 지금 시대가 어떠한가? 산업 전체에 AI 기술을 사용하지 않는 곳이 없다. 지금의 AI 기술은 날마다 크게 발전하고 있으며 그 기술의 전파와 파급력이 매우 크다. 이것은 가상국가 시대에 돌입된다는 것을 알려주는 것이다. 가상국가에 필요한 서비스 시스템, 가상 화폐, AI가 지속적

으로 발전하고 있으며 곳곳에 퍼져있다. 가상국가는 필연적으로 올 수밖에 없다.

§ IT 기업과 가상국가와의 협력

　기업이 추구하는 것은 수익의 극대화이다. 가상국가가 추구하는 것은 존재이다. 두 조직의 방향은 분명히 다르다. 방향이 다르기에 충돌하지 않는다. 가상국가는 수많은 국민을 가지고 있다. 현실 국가와 다르게 네트워크로 연결되어 있고, 시민들의 관심 분야를 정확하게 알고 있다. IT 기업은 이런 가상국가와 협조하여 그들의 서비스를 제공하면 수익을 증대시킬 수 있다. 이것은 가상국가를 더욱 크게 발전시키는 동력이 된다. 때로는 IT 기업이 별도로 가상국가를 설립하는 경우도 있을 것이다. 점차 세계는 현실을 뛰어넘고 있다. 그리고 그 변화는 매우 빠르다.

결론

 필자는 현재 가상국가 시스템의 2단계와 3단계 기술을 개발하고 있다. 가상국가는 머지않은 미래에 분명히 우리에게 올 것이다. 누군가는 가상국가 건설을 위한 도전을 해야 한다. 필자가 그 길에 서있다.

 나는 내가 하는 방법이 가상국가를 건설하는 데 최적화된 방법이라고 생각하지 않는다. 허나 내가 알고 있는 기술과 경험, 그리고 모두함께의 진행을 보면서 나름대로 구축하는 단계를 만들었다.

 본서는 계속 업그레이드될 것이다. 그리고 4단계까지 필자는 가보고자 한다. 그 진행 속에서 여러 문제가 발생하고 난관이 있을 경우, 또한 그것을 해결한 경우가 있다면, 필자는 이 책의 개정판을 내면서 발전시키고자 한다.

 가상국가 시대로 돌입한다면 세계인이 행복해지는 방향으로 가상국가가 발전되고 건설되기를 소망한다.

{ PART 3 }
모두함께 국민운동

본 장에서는 가상국가로 들어가기 전에 시작한 모두함께 국민운동의 모든 내용을 소개하였다. 20만 명의 대표장을 모집하고 구축하면서 각 사업부를 키운 전체 내용을 자세히 기록하였다.

실제로 20만 명의 국민이 하나로 뭉쳐 전국 지역 조직망을 만든 것은 흔한 일이 아니다. 그 조직이 결성되기까지의 모든 내용을 수록하였다.

PART3를 시작하며

필자가 국민운동을 한 이유는, 필자의 생각으로는 대한민국의 미래가 매우 비관적이었기 때문이다.

저출산, 저성장, 부의 양극화, 자살율 1위 등의 현상은 무너지고 소멸되어가는 대한민국의 현실을 보여주고 있다. 이것이 유독 대한민국만의 문제는 아니다. 선진국이라는 수많은 나라들도 각기 정도의 차이는 있으나 대한민국이 당하는 고통을 겪고 있다.

필자는 이 돌파구를 가상국가로 보았다. 대한민국이 제일 먼저 가상국가를 건설하면, 대한민국은 새로운 성장 동력을 얻고 발전할 것으로 생각했다.

2023년 모두함께는 20만 명의 대표장을 모았으며, 모두배달, 함께모터스, 엔터테인먼트, 모두함께라이프, 마이샵 등 다양한 사업체를 구축했고, 정당도 만들었다.

이 모든 것의 종착역은 가상공화국이다.

본 장에서는 필자가 2023년까지 진행한 모든 사업과 국민 20만 명을 어떻게 모았는지 전체를 이야기하고자 한다.

내가 실패해도, 이 글을 읽는 또 다른 리더자가 나의 경험을 발판으로 성공시키기를 소망한다.

실패한 자의 보고서는 성공의 열쇠이다

필자는 2018년부터 본격적으로 가상국가를 만들기 위한 국민운동을 시작했다. 그리고 2023년에 20만 명의 대표장을 모았고, 공장 1곳과 5개 이상의 사업부를 만들었고, 정당을 창당했다. 그리고 2024년에 모두함께가 부상하여 대한민국을 변화시킬 것이라는 확신이 있었다.

그런데 2015년에 발생한 사기 고소건의 최종 판결(2심)에서 3년의 실형을 받아 구치소에 구속되었다. 그 날이 11월 22일이다. 아무도 내가 구속될 것이라고 생각하지 않았다. 심지어 변호사마저 내가 구속될 확률은 5% 미만이라고 하였다.

내가 구속됨으로써 모두함께의 리더자들과 지역회장, 사업부 리더들은 큰 혼란에 빠졌다. 내가 부재하면서 조직의 혼란이 시작되었다. 내가 할 수 있는 일은 조직을 안정화시키는 것이었다. 그래서 대표회장이라는 수장의 자리에서 물러나면서, 조직이 운영될 수 있도록 수익을 목적으로 하는 체제로 전환하도록 권고하였다.

가상국가의 건설은 나의 꿈이었다. 그 내용을 국민에게 설명하기 힘들었다. 국민들은 눈 앞의 이익만을 추구하는데, 그 앞에서 황당한 가상국가 이야기를 하면 이해할 사람이 많지 않았다. 그래서 난 언제나 "여기까지만 와라"하고 목표를 설정하고, 그 위치까지 오면 다음 단계를 알려주는 방향으로 국민을 이끌었다. 그렇기에 가상국가의 설계도는 나에게만 있었고, 국민에게 교육조차 하지 못했다.

내가 할 수 있는 방법은 모두함께 수익 모델을 활성화시켜 구성원들이 그 안에서 수익을 내면서 버티게 하고, 이곳 수감동에서 가상국가에 대한 기술, 기획, 운영에 관한 백서를 써서 그것을 책으로 펴내 국민에게 배포하는 것이다.

§ 나는 실패자가 맞다

모두함께 가상공화국은 진행 중이다. 1년이라는 짧은 시간 동안 20만 명의 국민이 매우 빠르게 뭉쳐서 조직화 되었는데, 이것은 기적적이었다.

만약 내가 구속되지 않고 운동의 물결을 계속 진행시켰다면 2년 안에 가상국가가 만들어질 수도 있었을 것이다.

"구속을 당한 것도 나의 잘못이다."

나의 죄명은 사기이며, 고소자들과 합의만 했더라도 구속까지는 가지 않았을 것이다. 그러나 고소 대표자들의 악한 마음과 돈을 뜯어내려는 목적으로 행하는 악행을 보고 도저히 타협할 수 없었다. 그리고 난 내가 불법을 저지르지 않았다고 강하게 믿었기에 판결로 싸우려 하였다.

결국 나의 고집 때문에 구속되었고, 그로 인해 20만 명의 국민에게 아픔과 불안감을 주게 되었다. 나 또한 배웠다. 이 세상은 정의의 싸움이라는 멍청한 생각을 용납하지 않는다는 사실을 깨달았다.

결국 나는 중도하차하게 되었고, 가상국가 건설은 멈춰졌다. 그것은 나에게는 실패이다.

그러나 나는 소망한다. 누군가가 다시 나타나 가상국가를 건설해서 힘들고 어려운 대한민국 소시민에게 희망을 주었으면 한다.

그 마음으로 내가 진행시켰던 사업과 빠르게 20만 명의 국민을 모을 수 있었던 방법, 그리고 어떤 문제가 있었는지를 소상히 글로 쓰려고 한 것이다. 다른 누군가는 이 글을 기반으로 실패하지 않고 가상국가를 건설할 수 있으리라 생각한다.

§ 난 대한민국 국민을 사랑한다
미래의 솔루션은 가상국가이다

현재 사기 죄명으로 구속되어 재판을 받고 있는 내가 대한민국 국민을 사랑한다고 이야기하는 것은 조금 넌센스이기도 하다. 그러나 나의 속마음을 그냥 그대로 이야기하고 싶다. 이 책은 바로 나의 생각을 쓴 것이기 때문이다.

앞으로 미래는 메타버스가 주된 비즈니스 공간이 될 것이다. 반도체 산업은 대형화에서 소형화로 전환된다. 1테라의 D램을 냉장고 만한 기계가 생산하는 시대가 되어, 대량 생산 반도체 공장으로 국민이 먹고 살 수 없다.

전기자동차가 주된 자동차가 되면 100평의 작은 공장에서 전기자동차를 생산하는 시대가 온다. 3D 프린터 기술의 발전으로 건설부터 시작해 다양한 제품이 3D 프린터로 주문 생산되며, 디자인 파일을 넣고 섬유를 넣어주면 자동으로 옷을 생산하는 시대가 온다.

결국 인간에게 중요한 것은 식량이 되고, 그 식량은 거대 기업과 국가가 점유할 것이다.

이런 세계의 변화에 맞춰 대한민국은 무엇을 준비하고 있는가?

필자가 볼 때 대한민국은 아무런 준비를 하고 있지 않는 것 같다. 대한민국은 자원이 없으며 식량도 부족한 상황이다. 가장 중요한 에너지 부분에서도 앞날이 어둡기만 하다.

메타버스와 가상 자산, 가상 세계의 교류로 세계가 하나 되는 이 시대에 맞는 준비가 전혀 없다. 아니, 오히려 현재의 사업을 지키기 위해 새로운 시대의 기술과 물결이 불법으로 치부되거나 정쟁의 도구가 되고 있다.

디지털 화폐는 막을 수 없는 시대적 물결이다. 대한민국의 금융위원회와 금융감독원은 현재의 금융 시스템을 지키기 위해 디지털 화폐 사업을 발전하지 못하게 막고 있다. 미래에 대한 준비가 아니라, 미래의 사업을 못하게 막고 있는 게 현 국가 기관의 행동이다.

§ 가상국가로 도약하면 대한민국은 세계를 리더한다

대한민국이 또 한 번의 도약을 하려면, 가상국가에 도전해야 한다. 가상국가는 자원이 필요하지도 않으며 식량도 필요하지 않다. 오로지 기술이다. 대한민국의 국민은 매우 똑똑하며 창의적이다. 이런 대한민국 국민이 뭉쳐 도전하여 가상국가를 건설하면!

세계의 자원을 컨트롤할 수 있으며, 식량 산업의 주인이 될 수 있다.

이 일을 필자가 리더해서 가상국가를 건설하고자 하는 욕심은 없다. 누군가가 나서서 이 거대 프로젝트를 성공시키기를 소망한다!

> **당신은 무엇을 할 수 있습니까?**
>
> 이 글을 읽는 독자가 나에게 "가상국가에 대해 무엇을 알고 있고 무엇을 할 수 있는가?"라고 물어본다면, 난 가상국가에 필수적으로 요구되는 모든 것을 할 수 있다고 이야기하고 싶다. 가상국가에 필요한 IT 기술을 모두 가지고 있고, AI 기술도 가지고 있다. 콘텐츠 사업을 세계 시장에 뿌리기 위해 드라마를 썼고, 여러 음악도 작사 작곡하였다. 또한 20만 명의 대표장을 조직적으로 구축했고, 내가 리더할 때 일치 단결할 수 있게 하였다. 그리고 나는 아무런 욕심을 갖지 않았다.

내가 이 곳에서 할 수 있는 일은 기술과 노하우를 전수하는 것이다. 이 책을 읽고 대한민국의 미래를 바꾸고자 하는 리더자가 나오면, 난 나의 기술과 노하우를 그대로 전달해주고자 한다. 현재 모두함께 API(AI가 결합된)를 개발중이다. 이 엔진을 가상국가에 도전하고자 하는 모든 사람에게

OPEN TOOL로 제공할 것이다.

 그리고 나의 모든 노하우는 본책을 통해서 전달하고자 한다.

메신저 엔진이 필요하다

기술적 요소로 메신저가 필요하였다. 메신저는 회원들 간의 커뮤니티 기능이다. 일반적으로 채팅, 페이스북, 밴드 같은 것이 메신저이다. 가상국가가 만들어지기 위해서 최우선적인 엔진은 메신저였다.

모두함께 앱을 만들 때 필자가 제일 먼저 만든 것이 채팅과 광장이라는 메신저이다. 모두함께 광장은 한 광장에 전 세계인을 다 넣을 수 있다. 그만큼 구조가 체계적이다.

§ 모두함께 광장

모두함께 광장의 특징은 광장의 글을 작성할 때 프로그래밍이 가능하게 했다는 것이다. 본서의 시스템에서 설명한 AI용 프로그래밍 언어 코딩이 가능하도록 하였다.

그래서 모두함께 광장은 글쓰기를 이용하여 글을 쓰면서

프로그래밍 언어를 입력하면 새로운 프로그램이 로드되게 되어 있다. 동적 프로그래밍을 사용할 수 있는 메신저는 모두함께 광장이 세계에서 유일하다.

§ 검색에 최적화된 광장

모두함께 광장은 스퀘어 > 광장 > 콘텐츠 형태로 계층화되었다. 그러나 모든 데이터는 선형화되어 있다. 이것은 사용자가 볼 때는 계층화된 구조이나, 데이터는 선형화되어 있다는 것이다.

이는 곧 광장 내의 수많은 데이터를 매우 빠르게 검색할 수 있다는 말이다. 가상국가에서 가장 중요한 부분은 상호대화이다. 이 대화 내용을 매우 빠르게 검색할 수 있게 구성되어 있다.

필자의 기술이 완벽하다고 이야기할 수는 없다. 그러나 가상국가의 메신저는 대규모의 데이터와 십억 명 이상의 사람이 응집해도 무너지지 말아야 한다. 이것을 시스템을 대형화하는 방식으로 처리하려 한다면 시스템 운영비가 어마어마할 것이다.

모두함께 광장은 월 20만 원짜리 렌탈 서버로 시작했고, 5대의 렌탈 서버에 20만 명을 수용하였다. 5대 렌탈 서버의 최대 대역폭은 10M이다. 초당 만 명의 접속자가 몰리는 경우가 수없이 일어났으나, 서버가 다운되지 않았다.

만약 이용자가 5000만 명일 경우, 100M 대역폭에 10대의 서버로 충분히 감당할 수 있다고 생각한다. 즉 대한민국의 모든 사람이 매일 통신하는데 100M 대역폭의 10대 서버로 운영 가능하다는 것이다. 이 분야의 기술을 좀 아는 사람이 이 글을 읽는다면, 과연 이게 가능한 일인지 놀라워할 것이다.

본 항목은 진행 내용과 기술 내용을 분리해서 설명한다

본 항목은 가상국가를 만들기위한 모두함께 국민운동 진행과 만들어진 앱의 기술 모두를 설명한다. 기술 부문은 본 장 뒤의 "기술 파트"에 따로 썼다. 일반 이론만 읽고자 한다면 기술 부문을 스킵해도 된다. 본 기술은 20만 명이 집중적으로 몰렸을 때도 거뜬히 버티던 시스템이기에 그 성능이 인정된 것이다. 본 기술을 토대로 더 최적화된 기술을 구현하기를 소망한다.

저가로 최적화하는 게 최선의 방법인가?

본 광장을 제작할 때 최대한 저가 정책을 폈다. 저가가 최선은 아니다. 어느 정도 자본이 허락한다면 일정 규모로 시작하는 것도 옳은 일이다.

2018년 5월 국민운동을 시작할 당시 필자는 모든 재산을 다 잃고, 무보증 월세방에서 생활하며 국민운동을 시작하였다. 그때 당시 돈은 없었고, 내가 책임져야 할 1000명의 모두인만 있던 상황이었다.

이 상황에서 월 20만 원의 서버는 나에게 최선의 비용이었다. 결국 공개용 데이터베이스인 MySQL과 비상으로 내가 만든 ISAM 검색 데이터베이스를 사용했다.

기술서에서 본 내용을 참고하기를 바란다. 필자는 최대한 돈을 아끼는 데 주력하였다. 정말 저렴한 비용으로 최적의 효과를 발휘하였으나, 내가 사용하는 시스템보다 고가의 장비와 데이터베이스 엔진을 사용하면 더욱 최적화가 될 것으로 본다.

§ 쉽게 만드는 멀티미디어 편집기

지금 시대는 데이터를 입력하는 데 PC보다 스마트폰을 많이 사용한다. 사실 스마트폰을 사용하여 문서를 작성하는 것이 쉬운 일은 아니다.

모두함께의 광장에서는 콘텐츠 에디터를 사용하여 문자,

영상, 음성 등을 혼합 편집하여 광장에 올린다.

　모두함께의 초기 1000명은 평균 연령대가 60대이다. 그렇기에 스마트폰으로 다양한 매체(문자, 영상, 오디오)를 합성하여 글을 올린다는 것이 쉬운 일이 아니다. 처음에는 어려움이 있었으나, 대부분의 회원들이 콘텐츠 편집기를 사용하여 글을 자유롭게 올릴 수 있게 되었다. 평균 연령이 65세에 달하는 회원들이 스마트폰으로 능숙하게 콘텐츠를 작성할 수 있다는 사실은 그만큼 사용하기 쉽게 만들어졌다는 것이다.

〈그림1〉 모두함께 광장에 콘텐츠에디터를 실행시킨 화면

§ MPEG7을 이용한 동영상 편집기

필자는 광장과 함께, 함께방송이라는 유튜브와 같은 형태의 방송국을 구축하였다. 이것을 MPEG-7의 구조로 만들었다. MPEG-7의 구조는 음성, 동영상, 문서, 사진을 개별로 놔두고 재생시에 각 데이터를 동적 합성으로 출력하는 구조이다. 쉽게 말하면 제작되는 멀티미디어가 고정이 아니라 동적이라는 것이다. 그래서 재생 옵션에 따라 재생 방향이 다르다.

필자는 곧 MPEG-7의 시대에 돌입할 것으로 보았다. 그래서 MPEG-7 구조의 방송시스템을 만들었다. 또한 MPEG-7 구조의 동영상 편집기가 없어서, 간단하게 제작을 할 수 있는 틀을 모두함께에 내장시켰다. 이 방송시스템이 세계 최초이기에 호응을 받을 것으로 생각했으나, 그것은 필자의 판단 오류였다.

아직도 세계는 MPEG-4에서 더 나아가고 있지 않았다. 그래서 함께방송을 1년간 운영하다 폐쇄하였다.

흥미로운 것은 60대 이상의 고령 회원들이 동영상을 만들어 올렸다는 것이다. 처음에는 힘들어했으나, 조금 배우고 난 후 자신들의 방송국을 직접 만드는 것을 보았다. 그분들은 아직도 유튜브에는 동영상을 올릴 줄 모른다.

세상이 점차 고령화 사회로 가고 있다. 더불어 많은 자산이 고령자에게 몰려있다. 가상국가를 선호하는 사람도 젊은이보다 고령자가 더 많을 것이다.

UI(User Interface) 트렌드가 바뀌어야 한다고 생각한다. 가능하면 고령자들이 편하게 사용하는 것을 주된 화면으로 놓고, 젊은이나 전문가가 사용하는 UI를 분리해야 한다. 다소 세련되지 못하고 투박하더라도 고령자가 사용하기 편해

〈그림2〉 함께 방송과 동영상 제작기 화면

야 한다. 필자는 멋있고 애니메이션이 풍부한 UI가 좋은 것만은 아니라고 생각한다.

§ 목적형 채팅 시스템 - 보안 최적 - 분류 최적

모두함께 API에서 제공하는 채팅은 기존의 채팅과 전혀 다른 특징을 가지고 있다. 첫째로 보안에 최적화되어 있다. 모두함께 채팅은 서버에 정보가 남지 않는다. 모든 채팅 정보는 송신자와 수신자 폰에 저장된다. 또한 전송 이후 삭제가 가능하다.

왜 이렇게 하는가? 본인의 실수로 잘못 보냈을 경우 그 내용은 스마트폰과 서버에서 완벽하게 삭제할 필요성이 있다고 본다.

최근 개인의 여러 정보나 사생활 등이 외부에 무분별하게 유출되어 당사자가 큰 어려움을 당하게 되는 사건들이 발생하고 있다. 이러한 문제점을 해결하기 위해 보안을 최적화하였다.

- 일정 시간이 지나면 채팅 내용이 사라진다

사용자가 메시지의 유효기간을 설정할 수 있다. 방마다 자신이 보내는 메시지의 유효기간을 설정할 수 있으며, 그 기간이 지나면 메시지는 사라진다. 송신자가 전송한 데이터는 우선 서버에 저장되는데, 수신자가 메시지 도착을 인지하고 데이터를 받으면 서버에서 데이터가 삭제된다. 만일 수신자가 받지 않은 채로 유효기간이 지나면 이때 역시 서버에 저장된 데이터가 삭제된다. 수신자가 데이터를 전송받고 폰에 저장되어도 일정 시간이 지나면 데이터가 사라진다.

모든 채팅 데이터는 암호화되어있다. 서버에서 삭제된 데이터를 포렌식으로 복구하여도 암호화되어 있기에 읽을 수 없다. 스마트폰에 저장된 데이터 또한 암호화되어있어 삭제된 데이터를 복구하여도 읽을 수 없게 하였다.

가상국가는 국민의 개인 정보를 절대적으로 보호해야 한다

최근 채팅 내용이 외부로 유출되어 피해자가 고통을 당하는 경우가 빈번하다. 또한 진실을 알린다는 이유로 개인 간에 나눈 채팅 데이터를 외부에 공개하는 일도 많다.
채팅 내용이 공공의 진실을 밝히기 위해 필요하다는 명제 이전에 모든 국민의 개인 정보와 개인의 사생활, 개인의 자산은 분명하게 보호되어야 한다.

> 따라서 모두함께 채팅 API는 보안과 개인 정보 보호에 최선을 다한다. 국민을 보호하고 지키는 것이 국가가 해야 할 최우선 과제이기 때문이다. 모두함께 가상국가는 가상국가 시민을 지키기 위해 존재하며, 그러한 기술 육성에 최선을 다할 것이다.

모두함께 채팅의 두 번째 특징은 채팅 항목이 목적에 따라 여러 개라는 것이다.

최초 서비스 시에 '친구 채팅', '비즈니스 채팅', '친구 그룹 채팅', '비즈니스 그룹 채팅'의 4가지로 나누었다. 그리고 사용자의 목적에 따라 채팅 카탈로그를 여러 단계로 계층화할 수 있다. <그림3>은 '친구 채팅' 하부에 새로 3개의 그룹을

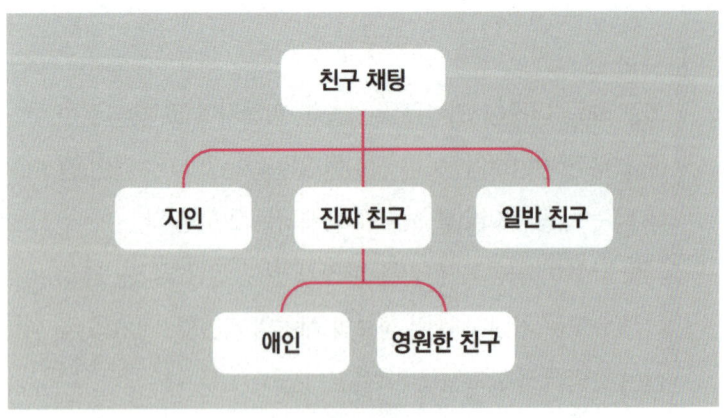

〈그림3〉 채팅 항목별 계층화

만들고 그 하부에 다시 2개의 그룹을 만든 예를 보여준다. 최근 일반인도 채팅방을 기본 200개 이상 사용하고 있다. 계층화되지 않은 채로 광고와 각종 공지나 소식을 받는 채팅방, 업무 채팅방, 친구 채팅방 등이 혼잡하게 뒤섞인 가운데서 특정 채팅방을 찾으려면 쉽지가 않다. 채팅방을 계층화하면 이런 문제를 해결할 수 있다.

모두함께 채팅은 다양성을 기반으로 설계되어 있다

채팅이 활성화되어 세상이 온통 채팅 메신저로 통신하던 시대에 모두함께 채팅은 설계되었다. 그래서 2세대 채팅 메신저가 아닐까 한다.

가장 최근에 온 메시지와 자주 통신하는 친한 친구의 메시지 중 과연 무엇이 더 중요할까?

정답은 사람마다 다르다. 그렇기에 채팅 리스트에도 AI가 필요하다. 사용자의 성격과 특징 등에 따라 중요한 것을 제일 먼저 보여주고, 새롭게 그룹화하도록 안내하는 것이 좋다. 모두함께 채팅 API는 이런 논리로 설계되어 있다.

암호화 화폐 모두코인 내장
- 클라우드 블록체인으로 전환

 메신저 개발이 끝나고 바로 블록체인 암호화 화폐를 내장시켰다. 처음에는 일반 블록체인 알고리즘을 그대로 적용하였다. 가상국가를 목적으로 시스템을 개발하니까 일반적인 블록체인 코인을 적용하는 것은 많은 어려움이 있었다.

§ 코인 채굴 - 근로를 기준으로

 처음 모두코인은 기본 블록체인 알고리즘을 그대로 채택하였다. 그리고 스마트폰에 모두함께를 설치하고 메신저를 많이 사용하면 코인이 생성되게 하였다. 여기서 많은 문제가 발생하였다.
 스마트폰을 항시 사용하니 배터리 소모가 매우 컸다. 또한 생성되면 해당 정보를 공유하기 위해 서로 네트워크를 사용하니, 전기 소모와 네트워크 소모가 매우 컸다.

당시 2018년에 주로 사용되던 일반 폰은 갤럭시 S6, 갤럭시 S7이었고 심지어 갤럭시 S3을 계속 사용하던 이용자들도 있었으니, 기기에 얼마나 부하가 걸렸을지 짐작할 수 있을 것이다.

§ 메신저 사용을 많이 하게 하려 하였다

모두함께 광장과 모두함께 채팅을 만들고, 이 두 개의 메신저를 많은 사람들이 사용하면서 코인을 얻게 하고 싶었다. 이렇게 하면서 모두함께 앱의 사용을 늘리고 사용자도 늘리면서 최대 10만 회원을 유치하고 코인을 뿌리고자 하였다.

당시 모두함께 앱의 사용자는 약 1000명이었으며, 앱을 항상 사용하는 활성화된 사용자가 약 100명 정도였다. 100명의 활성화 회원은 광장에 글을 쓰고 채팅을 하면서 코인을 획득하려 노력하였다. 어느 회원은 밤을 새우면서 채팅을 하여 코인을 모았다.

허나 이 방법은 많은 문제점을 낳고 실패하였다.
첫째로 메신저의 활용이 크게 확대되지 않았다.
회원들이 오로지 코인을 얻기 위해 의미 없는 글과 문자만 쓰며 모두함께를 이용하였고, 실질적으로 메신저를 활용하는 사용자를 늘리는 일은 실패하였다. 기존에 이미 많이 사용하던 카카오톡과 밴드를 버리고 모두함께 메신저로 넘어오도록 하지 못했다.

기존의 메신저를 대처할 특징이 없었다. 이후 모두함께 메신저가 특화되어 사용되려면 무엇이 필요한지 알게 되었다.

둘째, 코인 생성과 공유가 너무 힘들어 확장되지 않았다.

당시 블록체인 암호화 코드가 매우 크게 활성화되었다. 그래서 수많은 코인들이 탄생하였다. 필자가 보기에 탄생된 코인 중 80% 이상이 제대로 기획되지 않고 무분별하게 만들어진 것들이다. 쉽게 말해 투기를 담보로 탄생된 것이다. 이렇게 되니 코인을 산 사람은 자신이 산 금액보다 비싸게 사줄 사람을 찾아야 했다. 그러나 투기를 담보로 탄생한 코인의 가격이 한없이 오르기는 매우 힘들다. 아니, 어느 정도 정점을 찍으면 급락할 수밖에 없다. 이런 코인들은 대개 대량으로 발행되어 많은 사람들에게 지급되었으므로, 사람들이 쉽게 코인을 획득할 수 있었다. 또한 일정한 돈을 지불하면 코인을 손쉽게 구매할 수 있는데, 모두코인은 돈을 받고 팔지 않았다. 또한 앱 사용율에 따라 지급되니 크게 확장되지 못했다.

§ 코인을 기반으로 사업화 모델을 결합시켜야 했다

　일단 일반 블록체인 방식의 코인 시스템이 가상국가의 화폐로 활용되려면 몇 가지 문제점이 있었다. 중앙 컨트롤이 안되고 통화량 조절이 안되는 것은 가상국가에서 활용하기 어렵다. 필자는 블록체인 기반이되 가상국가에 맞는 시스템을 개발할 필요성을 느꼈다. 그래서 블록체인 방식을 해제하고 임시적으로 서버 블록체인 방식으로 코인을 발행하였다. 이후 개발된 것이 클라우드 블록체인이 되었다.

　코인과 함께 필요한 것이 유통이었다. 쉽게 보면 쇼핑몰이다. 허나 모두함께는 매우 작은 규모이다. 대형 쇼핑몰 시스템과 차별화되지 않으면 쇼핑몰이 성공하지 못한다. 가상국가는 수익을 내는 것보다 더 중요한 것이 기간 유통 구조가 있어야 한다는 것이다. 그래서 수많은 사람들이 이 유통망에서 수익을 내게 한다면 가상국가 국민을 쉽게 모을 수 있다고 생각했다.

내가 물건을 사면 나의 마이샵이 생긴다
- 기본 유통망에 희망을 걸다

처음부터 가상국가가 활성화되지는 않을 것이라고 판단했다. 그래서 실생활에 연결되어 소액의 돈을 벌 수 있는 공간을 만들자는 생각을 했다. 또한 기존의 대형 쇼핑몰과 차별화된 특화된 쇼핑몰이 필요했다. 그래서 마이샵을 개발하였다. 마이샵은 내가 구매한 물건이 좋으면, 그 물건을 나도 판다는 개념에서부터 시작하였다. 그리고 해당 물건이 팔리면 그 물건을 구매한 모든 이에게 수익이 배분되게 하였다.

§ 공유경제 기반의 마이샵 시스템

마이샵 시스템의 첫 번째 특징은 수익금의 50%를 판매자가 가져가고, 50%는 연결된 그룹 멤버와 해당 제품을 구매한 모든 사람에게 나누어주도록 설계되었다는 것이다.
<그림4>는 마이샵 배분 구조를 예로 보여준다. A3이 쌀

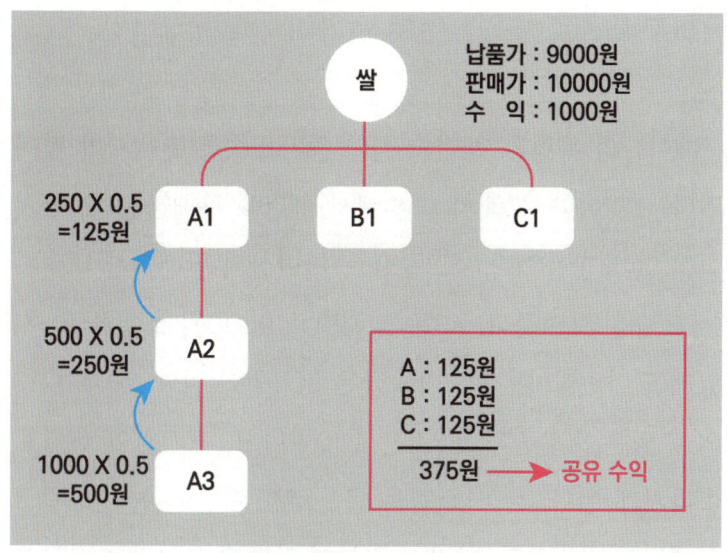

〈그림4〉 마이샵 배분 구조

을 판매하고 1000원의 수익을 번다. 이 수익의 50%를 A3이 가져간다. 그리고 50% 수익금의 500원이 A2로 올라간다. A2는 250원의 50%인 125원을 수익으로 받는다. 이렇게 계층을 통해 올라오면 배분되지 않는 수익이 발생한다. <그림4>에서 A라인에서 쌀을 한 개 팔았을 때 배분되고 남은 수익이 125원이다. 이 125원을 해당 제품을 구매하고 마이샵을 만든 회원에게 가중치를 적용하여 배분한다.

§ 하부 단계로 내려갈수록 저가에 구매한다

마이샵의 특징은 판매 레벨이 증가될수록 판매가가 떨어진다는 것이다. 그래서 하부에서 물건을 구매하는 데 주저함이 없게 만들었다. <그림5>는 마이샵의 판매가가 내려가는 모습을 보여준다. A3는 최저가로 9800원에 쌀을 팔 수 있게 되어있다. 여기서 이익금은 800원이 된다. 따라서 A3의 수익은 800원의 50%인 400원이고, 400원이 상위로 올라가게 된다. 본 시스템은 공유경제 기반이나, 네트워크 마케팅과 비슷하다. 따라서 정부에 다단계 사업자로 신고를 해야 한다. 신고 전에 우리는 2단계까지만 수익을 받게 하였다.

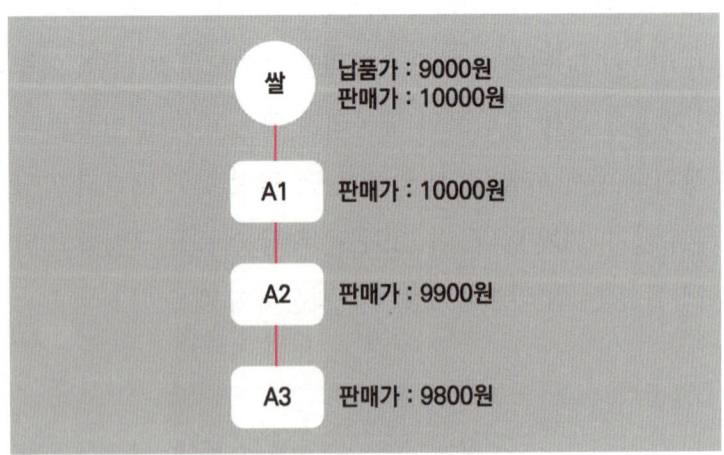

<그림5> 마이샵의 계층별 판매 구조

§ 모두코인D를 이용하여 가상 화폐로 구매할 경우 테스트

본 시스템은 2019년에 운영되다가 여러 문제점을 확인하고 종료하였다. 그러나 가상국가에서 본 시스템은 크게 확장될 것으로 기대한다.

본 시스템은 네트워크 마케팅 수익 모델을 따르고 있다. 여기서 필자는 하나의 의문이 생겼다.

만약 가상 화폐로 이 시스템을 운영하면 불법인가?

이 마이샵 시스템을 만들기 위해 보조 가상 화폐가 필요했다. 그것이 모두코인D이다. 모두코인D로 구매하고 그 수익을 모두코인D로 나누어 지급하면 이것은 네트워크 마케팅이라 신고를 해야 하는가? 또한 부가가치세는 어떻게 지불하는가?

이 점을 우리는 국세청과 금융당국에 수없이 질의하였다. 불법이라 하면 시스템 운영을 중단하고 모두코인D를 모두 구매하고 파기할 생각이었다.

헌데 국세청과 금융당국에서 어떠한 확실한 답변이 없었다. 당시 2019년에는 가상 화폐에 관한 법이 존재하지 않았기 때문이다.

결국 우리는 부가가치세를 지불하였으나, 국세청은 계정

이 없어 받을 수 없다고 하여 환불되었고, 금융당국에서는 그 어떤 확실한 답변도 하지 않았다.

신기술은 법을 앞서고, 혼란이 오면 정부는 불법으로 본다?

현재의 기술은 법을 앞선다. 그리고 그 내용을 정부에 질의한다. 허나 정부는 어떤 규정이 없는 관계로 답변을 하지 못한다. 만약 잘못 답변하는 자신들의 밥그릇이 위험해지기 때문이다. 만약 법이 제정되지 않은 상황에서 해당 시스템이 퍼지면 혼란이 온다. 새로운 물결은 처음에는 혼란을 가져오기 마련이다. 이렇게 하여 사회적 이슈가 되면, 정부 관계자는 서둘러 불법 단체로 단언하고 없는 법을 적용하여 해당 사업을 발전 못하게 하는 일들을 많이 본다.

과연 이렇게 하여 새로운 물결을 발전하지 못하게 하고 범법자로 전락시키는 것이 옳은지 생각해볼 문제다. 세상은 너무 빠르게 변화되는데, 현실 국가는 그 변화에 따라가지 못한다. 가상국가에서는 이런 변화에 매우 빠르게 적응할 것이다. 그렇기에 현실 국가가 가상국가의 발전보다 훨씬 뒤떨어질 것이며 그 권한이 축소될 것으로 본다.

§ 마이샵은 실패하였으나, 가상국가에서는 필요하다

마이샵을 오픈하고, 처음에는 농산물, 수산물, 축산물 위주로 판매를 시작하였다. 천 명의 회원들이 열심히 일했으나 판매량이 증가되지 않았고 사용자도 늘어나지 않았다. 원인이 몇 가지 있다. 첫째, 마이샵은 수익금이 일정양 있어야 한다. 헌데 대형 쇼핑몰은 수익금을 매우 적게 책정할 것이다. 세일 시에는 심지어 적자 판매를 하니 대형 쇼핑몰과 경쟁이 되지 못했다. 둘째, 수익금이 처음에는 매우 적을 수밖에 없다. 티끌 모아 태산을 만드는 기쁨을 일반인들이 받아들이기 어려운 것 같다.

지금 많은 대한민국 국민이 대박 신화를 꿈꾸는 것 같다. 적은 돈을 버는 사업을 발전시켜 안정된 수익을 기대할 수 있는 환경이 되지 않기 때문이다. 5년 만에 2억짜리 집이 10억이 되는 대한민국이다. 2억짜리 집을 사기 위해 5년 동안 아무리 착실히 돈을 모은다 한들, 국민은 5년 후에 집을 구매할 수 없다. 그 사이 집 값은 이미 10억으로 뛰었으니까. 이러한 환경이 국민이 성실히 일해서 잘 살 수 있다는 희망을 무너뜨린 것이다.

결국 6개월 운영을 하고 마이샵을 폐쇄하였다.

그러나 마이샵은 가상국가에서는 필수적으로 필요하다.

가상국가에서 판매되는 제품의 가격과 수익을 고정시켜 놓는다면, 가상국가에서 마이샵은 매우 필수적 시스템이 될 것이라고 본다. 현재 모두함께 국민운동에서 마이샵을 재오픈하였다. 그러나 이 시스템은 그 전과 달리 네트워크 마케팅 구조가 아니며 구매 시 마이샵(my shop)이 생성되지 않는다.

중소기업의 우수 상품의 판매 증진을 위하여 마이샵을 변형하였다.

대한민국에는 아직 정말 좋은 제품들이 많이 있다. 그런데 중소기업 제품이라 홍보가 쉽지 않아 팔리지 않는 제품들이 있다. 모두함께에서 이런 중소기업에 투자를 하거나 또는 운영비를 지원하면서 제품 판매를 독점하면 어떨까? 제품이 팔리지 않아도 기업 운영비를 지원하며 제품의 가격을 내리지 않게 하고, 판매자에게도 수당이 가게 하는 방향으로 중소기업을 살리고 제품 판매를 극대화하고, 그 제품을 세계적으로 수출하는 것이다.

기업이 오래 버티려면 제품 가격의 변화가 없어야 한다. 그러나 중소기업은 운영비 부족으로 어떻게 하든 물건을 팔고자 저가로 판매하거나 때로는 적자 판매를 하기도 한다. 이렇게 되면 아무리 기술이 있는 기업도 버티지 못하고 무너진다.

모두함께는 이런 기업이 무너지지 않게 가격을 고정시켜 안정된 수익을 증가시켜서 경쟁력을 높이고 나아가 세계 시장에 제품을 판매하여 경쟁력을 높일 수 있다. 이런 기업들이 가상국가에는 재산이 된다. 이런 기업을 계속 확대하고 가상국가에서는 완벽한 마이샵을 이용하면, 이때부터는 마이샵이 활성화될 수 있다.

마이샵에서 판매하는 제품은 다른 곳에서는 구매할 수 없고, 그 제품의 품질이 매우 뛰어나야 한다. 제품을 구매한 자가 판매자가 되어 해당 제품을 판매하고 수익을 창출할 수 있게 된다면, 가상국가 시민의 또다른 먹거리 산업이 만들어질 수 있다.

어둠 속에 있었던 2019년 말 ~ 2020년 2월

2019년까지 메신저를 완결하고 마이샵을 완성하고 모두코인을 배포하였다. 이 정도의 기술과 이 정도의 시스템이면 크게 올라설 수 있을 것 같았다. 그러나 사용자 증가가 이루어지지 않았다. 사용자 1000명에 항시 사용하는 활성화 사용자 200여 명이 고작이었다. 가상국가가 만들어지려면 최소 10만 명의 회원이 필요했다. 아니, 10만 명 이상은 관리가 불가능하기에 딱 10만 명이 필요했다. 문제는 10만 명은 커녕, 만 명의 사용자로도 늘어나지 않았다.

§ 코인이 불법과 합법의 중간에 있었다

당시 모두코인을 마구 배포하지 않았다. 코인을 많이 받으면 100M 정도 받을 수 있게 하였다. 코인을 돈을 받고 팔지 않았다. 그 이유는 당시 사회적으로 코인에 대해 한쪽에서는 불법으로 주장하고, 다른 한쪽에서는 합법임을 강조하였기 때문이다.

 그런데 정부는 어떤 행동도 하지 않았다. 그래서 코인에 사람들이 관심을 매우 크게 가지고 있어도 함부로 움직일 수가 없었다.

 또한 뉴스에서 코인 사기로 수많은 사람들이 돈을 날렸다는 소식이 많이 나와서, 모두함께가 모두코인을 크게 키우면 나중에 법적 문제에 시달릴까 걱정을 했다. 그런 상황에서 모두함께는 2019년 말에서 2020년 2월의 세월을 보냈다. 이 기간 동안 함께방송국을 만들었다. 갑자기 1월부터 코로나 팬데믹이 시작되었다. 결국 이 상황에서는 기다릴 수밖에 없었다. 그래서 기다리는 중에 함께방송 시스템을 구축하였다. 미래에는 MPEG7이 대세일 것 같아 MPEG7 형태의 구조로 방송국 시스템을 오픈하였다. 그리고 이 함께방송에서 음악 방송이 시작되었다. 그러나 당시 1000여명의 회원은 늘지 않았다.

 "그들만의 리그"

 아무리 좋은 시스템을 개발해도 사용자 증가가 없으니 회원들 중에는 비꼬는 의미로 이런 말을 하는 사람도 있었다.

인공지능 AI 디나 - 가상국가의 지능형 행정망

메신저와 함께 개발된 것이 AI 디나였다. 몇 년 안되어 세상의 모든 시스템은 AI가 운용하게 되어 있다. 경제적으로 수익 모델이 좋고 기업 경쟁력에 좋기 때문이다.

특히 가상국가에는 AI가 필수이다. AI는 개발하자마자 바로 천재적 지능을 가지는 존재가 아니다. AI가 전문가가 되려면 해당 분야의 많은 데이터가 존재하여야 한다. 그래서 AI와 Big data가 상호 필수적으로 연결된다.

모두함께가 개발될 당시 Big data를 접목할 역량이 되지 못했다. 그래서 간단한 대화와 인사부터 시작하여, 지식을 습득하는 방향으로 AI 디나를 개발하였다.

§ 최대흐름정합을 이용한 가중치 적용 두 갈래 그래프

모두함께의 AI 디나는 WBM(Weighted Bipartite Max

flow matching) 알고리즘을 이용하였다. 이것을 한국어로 말하면 최대 흐름 정합을 이용한 가중치 적용 두 갈래 그래프라고 한다.

기존의 AI는 보통 신경회로망과 네트워크 모델링 알고리즘을 이요한다. 언어 인식일 경우 첨스키의 중심 구조 문법을 마르코프 모델에 결합하여 인식하는 경우도 있다. 대부분 수학으로 보면 그래프이다.

모두함께 AI는 기존의 신경회로망과는 다르게 최대 흐름 정합을 사용하였다. <그림6>은 WBM의 기본 모델을 그림으로 보여준다. 본 알고리즘의 자세한 내용은 본서의 기술편에 자세히 설명한다.

두 개의 그룹이 하나는 a, b ,c ,d이고 다른 하나는 1, 2, 3,

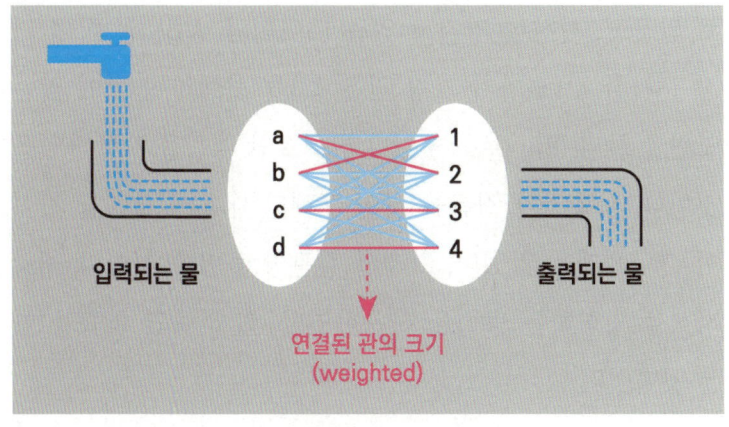

〈그림6〉 WBM의 구조

4이다. 이 요소들이 각각 다른 두께의 수도관으로 연결되어 있다.

예를 들어 (a, 1), (a, 2), (a, 3), (a, 4)가 모두 수도관으로 연결되어 있는데 각각의 관의 굵기가 다르다. 이 관의 굵기는 weight(가중치) value라고 한다.

수도관에서 물을 틀고 (a, b, c, d)와 (1, 2, 3, 4)의 쌍 중에 오로지 한 개의 관으로 연결하여 온전한 그래프 형태를 만들 때, 출력되는 물이 최댓값일 경우의 매칭 정합 쌍을 찾는 것이 WBM이다.

§ 빅데이터가 없어서 어쩔 수 없이 만든 방법

디나는 어떤 질문이 들어오면 그 질문을 구조 문법 요소로 만들고, 자신이 가지고 있는 데이터와 WBM을 하여 가장 근사한 값(오차가 가장 작은 값)을 선택하여 그에 맞는 답변을 한다. Big data가 있다면 회로망 매칭을 사용하였을 것이다. 사용자가 질문을 하여도 해당 내용에 답변할 지식이 디나에게는 없었다. 그래서 질문이 들어올 때마다 해당 지식을 입력하는 방법을 사용하였다. 쉽게 보면 학습을 하는 것이었다.

디나를 개발한 지 3년이 넘었을 때 우리의 알고리즘이 탁월한 기능을 가지고 있다는 느낌을 받았다. 쉽게 보면 뉴런 쉘 구조에서 화학 성분의 양에 의해 우리의 뇌가 인지하는 형태와 이 알고리즘이 매우 유사하다는 것이다.

특징은 정확하지 않고 대략적이라는 것이다. 기존의 AI는 100% 정확성을 추구하나, 디나는 최대 흐름 값을 택해 대략적이라는 것이다. 이것이 사람들에게 인간적이라는 느낌을 주었다. 초기 디나를 가동하고 디나와의 채팅이 폭주하였다.

2020년 1월에 디나의 외부 서비스는 정지하였다. 당시 모두함께가 운영하던 서버는 모두코인, 마이샵, 디나, 함께방송 등 거대 네트워크에서 구동하는 모든 것을 다 서비스할 수가 없었다. 그러나 디나는 조용히 학습하면서 매우 크게 발전되었다.

2023년 20만 명의 사람들이 광장과 채팅에 올려주는 데이터에 의해 많은 지식이 결합되었고, 중요 주제와 중요 시스템 사용법에서 발생하는 문제 해결 등의 로직을 이용하여 서비스도 가능하게 되었다.

모두함께 국민운동 시작 - 2020년 3월 5일

　메신저도 개발 완료했고, AI 디나도 있으며 모두코인도 있고 마이샵 유통 시스템도 있다. 여기에 함께방송까지 개발하였다.
　국민만 10만 명이 있으면 가상국가는 가능하다.
　이런 생각으로 2020년 3월 5일을 대국민 운동 시작하는 날로 정했다. 1000명의 회원이 힘을 모아 10만 명의 대군을 만들고자 하였다.
　허나 쉽지 않은 일이었다. 모두코인이 있어도 사용자가 폭주되지 않았고, 마이샵 시스템이 있어도 늘지 않았다. 메신저가 있다 하여도 기존에 사용하던 메신저를 계속 사용할 뿐 이동도 없었다.
　여기에 가상 화폐는 규제냐 인정이냐의 갈래길에서 정부는 그 어떤 결정도 하지 않았다. 그렇기에 모두코인을 크게 홍보할 수도 없는 상황이었다.

§ 특금법 통과 - 정부가 가상 자산을 인정하다

가상국가 이전에 10만 명의 국민을 만들기 위한 3월 5일 국민운동 시작을 본격화하였다. 그날 국회에서 특금법이 통과되었다. 대한민국은 가상 화폐를 인정하였다!

이 사실은 모두함께에는 엄청난 호재였다. 모두코인이 합법화되는 것이다. 시험령이 만들어지고 하면 처음에는 많은 규제가 있을 수 있으나, 일단 가상 화폐가 불법이 아니라는 것은 모두코인을 이용하여 회원을 증대시키는 데 유리함이 있다는 것이다.

많은 국민들에게 코인을 지급하면서 모두코인의 정당성과 모두함께의 필요성을 전파하면 빠르게 회원을 모집할 수 있다 생각하였나.

§ 배달의 민족이 독일 기업에게 넘어가다

특금법 통과와 비슷한 시기에 배달의 민족이 독일 기업에 넘어갔다. 음식 배달은 단순한 배달이 아니라, 근거리 배송 유통의 핵이 된다. 모든 IT 분야는 2위를 허락하지 않는다. 초기에 음식 배달 앱은 배달의 민족, 배달통, 요기요 3곳의 각축전이었다. 그러나 배달통은 결국 회사가 무너졌다. 요기요는 배달의 민족을 인수한 기업이 함께 운영하기에 버티고 있으나, 그 점유율은 낮다.

  국민운동의 주제로 '배달 사업을 국민에게 주자'라는 개념은 매우 중요한 모티브였다. 모두함께의 목표는 가상국가이다. 이 가상국가는 근거리 유통망을 가지게 되면 매우 장점이 된다. 1위인 배달의 민족을 누르는 것은 쉽지 않을 것이다. 만약 전국민 운동으로 전개한다면 가능할 수도 있다.

  그러나 단순 배달앱으로는 불가능하다. 라이더가 지원되어야 한다. 라이더 시스템이 먼저 움직이고 그 시스템이 완결된 후, 위에 배달 시스템을 가동하는 것이 좋은 방법이라고 생각했다. 2020년 9월까지 모두배달 앱 개발을 완료했다. 그러나 서비스는 시작하지 않았다. 배달은 구매자와 판매자가 모두 같은 시스템을 사용하여야 하며, 그 사용자 수 또한 매우 많아야 한다.

  국민운동을 모토로 IT 권력을 국민에게 주자는 방향으로 물결을 만들면 배달 분야를 모두함께가 가질 수 있다고 생각했다.

  최우선으로 국민을 모아야 했다. 그래서 본격적으로 국민 10만 명을 모으는 운동을 시작했다.

국민 20만 명을 모으는 게 쉬운가요?

이 질문에 필자의 답변은 물결을 만들 수 있다면 어렵지 않다는 것이다. 다만 국민에게 진실해야 한다. 하고자 하는 말은 정확하게 하고, 마음을 이끌어야 한다.

허나, 마음을 이끈다고, 현대인들이 국민운동 하겠다고 힘을 합치지는 않는다. 국민이 국가 또는 단체를 위하여 힘을 모으던 시대는 끝났다. 1997년 IMF 이후 나라를 살리기 위해 국민들은 금을 모았다. 금을 모으고 힘을 합쳐 우리는 IMF를 이겨냈으나, 금을 내고 협력했던 우리의 아버지들은 평생직장을 잃었다. 그리고 국민은 IMF를 이겨낸 그 어떤 보상도 받지 못했다.

그 이후... 대한민국 국민은 더 이상 뭉치지 않는다. 아니, 누구 하나를 나쁜 놈으로 몰아붙이기 위해 광화문에 촛불 들고 태극기를 드는 일에만 뭉친다. 분노를 표출하기 위해 뭉치는 것이다.

이런 국민을 뭉치게 하기 위해서는 미래의 보상을 정확하게 이야기해주어야 한다. 금액을 확정하면 그것은 유사수신과 사기죄로 법의 처벌을 받는다.

"모두배달 1건당 100원을 빼서 그 돈을 참여자에게 비율에 따라 지급한다."

위와 같이, 성공했을 때 얻을 수 있는 포상을 정확하게 설

> 명하면, 뜻있는 국민이 뭉칠 수 있다. 첫째로 이 일은 대한민국 국민이 행복해지는 일이며, 두번째로 참여자는 사업이 성공하면 많은 수익을 얻을 수 있다고 한다면 국민이 함께 한다. 그렇게 하여 모두함께는 20만 명의 대표장을 모았다.

〈그림7〉 모두배달 실행 화면

모두배달 시스템은 기존의 배달앱보다 많은 서비스가 되도록 개발하였다. 주문을 하면 음식점, 라이더, 고객이 함께 채팅을 할 수 있는 채팅방이 만들어지고, 상점 전용 광장을 만들어 고객과 상점이 함께 대화할 수 있는 공간이 되도록 만들었다.

 이제 메신저, 배달, 마이샵, 디나 AI, 함께방송의 기반이 만들어졌다. 이 시스템을 기반으로 국민을 설득하고, 그래서 세계에서 제일 먼저 가상국가를 대한민국 국민이 설립하기를 소망한다.

대의를 세워야 한다

국가가 있기 위해서는 철학이 있어야 한다. 기업과 국가가 다른 점은 바로 철학이 있는가 이다. 기업도 큰 뜻을 가지고 철학을 기반으로 사업을 한다. 그러나 모든 기업이 철학을 가지지는 않는다. 또한 국가는 인본 중심이어야 한다. 국민의 행복이 우선되어야 한다.

필자는 가상국가를 우리 대한민국이 제일 먼저 시작해야 한다고 생각했다. 그 이유는 첫째, 머지않은 미래에 분명 가상국가가 대두하여 가상국가가 세계의 경제를 움직일 것이라고 생각하기에, 대한민국의 국민이 먼저 선점하기를 바라는 것이다. 둘째, 지금의 대한민국은 미래가 없다. 가까스로 버티고 있다 해도 과언이 아니다. 이미 빠르게 출산율이 떨어지는 것은 국가가 점차 소멸해가고 있다는 증거이다. 지금의 산업과 제도로 위기의 대한민국을 구하는 것은 매우 힘들다고 생각한다. 그런데 다가올 가상국가 시대는 자원이 아닌 인간의 능력이 우선되기에, 대한민국 국민이 매우 유리한 위치에 있다고 생각한다.

그래서 가상국가를 만들기 위해, 현재의 대한민국 사회에서 잘못된 부분을 없애고 새로운 마음으로 출발하기 위한 철학을 만들고 정의하였다.

§ 국민운동에서 가상국가로

현재의 대한민국이 살기 좋은 곳인가? 대한민국의 많은 국민들은 이야기한다. "돈만 있으면 대한민국이 가장 살기 좋은 나라다." 헌데, 대한민국 국민의 90%는 "나는 돈이 없어!"라고 생각한다. 즉, 대한민국 국민의 90%는 대한민국이 살기 힘든 곳이라고 이야기하는 것이다.

평생직장 개념이 무너지면서 국민은 분노하였고, 그 분노의 힘이 신 이데올로기 논쟁을 이끌고 이념의 양극화 현상을 만들어, 투쟁을 위한 뭉침은 있으나 잘해보자는 뭉침은 사라졌다.

성실하게 일해도 평생 집 한 칸도 구할 수 없는 현실에서 국민은 성실하게 일하는 방법을 버렸다. 오로지 투기와 대박을 꿈꾸며 살고 있다.

이런 상황에서 가상국가로 가는 것은 안된다고 생각했다.

지금의 잘못됨을 버리고, 새로운 생각과 새로운 마음으로 시작해야 한다고 생각했다. 그래서 모두함께 국민운동의 대의를 만들었고, 세부 실천 내용을 발표하였다.

 본 장에서 이야기하는 것이 본책의 가장 중요한 부분이라고 본다. 이 책이 만들어지고 가상국가로 가는 길에 우리의 변화될 정신을 말하기 때문이다.

성공한 삶이 과연 진정으로 성공한 삶일까?

대한민국에 태어났다. 유치원 때부터 영어유치원을 다니며 국제화 시대의 인재가 되기 위해 어린아이가 어려운 공부를 해야 한다. 초등학교부터 고3때까지는 제대로 잠도 못 자고 청소년기에 느껴야 할 다양한 문화와 인간의 가치관 정립 없이 오로지 영어, 수학, 국어 점수만 높이려 금쪽같은 성장 기간을 쏟아붓는다. 그렇게 하여 간신히 좋은 대학을 가도, 거기서 대기업에 들어가기 위해 어학 연수, 각종 자격증 획득 등 취업 전쟁에 올인한다. 그리고 대기업에 들어가면 과장까지 진급하기 위해 치열한 근무와 전쟁을 한다. 그렇게 초기 간부도 버티고 또 치열한 경쟁을 거쳐 상무까지 올라가면서 인생은 황혼기를 맞는다.

그러나 힘이 빠지고 기력이 빠진 그들은 대기업에서 쫓겨나고, 새로운 도전을 맞이한다. 그곳은 다단계와 투기가

> 들끓는 치열한 생존 시장이다. 그곳에서 버티는 자도 있으나, 많은 사람들이 돈을 잃고 큰 패배감을 맛본다. 그렇게 지내면서 우리는 나이를 먹고 죽음을 기다린다.
>
> 젊을 때 부모가 바라는 "좋은 대학, 대기업"의 인생이 정말 행복한 삶인가? 지금 부모인 우리가 우리의 자녀에게 바라는 인생은 무엇인가?
>
> 지금 대한민국의 문화는 분명 잘못되었다. 그래서 이 잘못된 환경에서 그대로 가상국가로 넘어가면 가상국가는 실패한다. 그래서 국민운동을 통해 국민의 마음을 바꾸고자 하였다.

§ 하나님을 왕으로 모시고 대한민국 국민을 사랑하라

민주주의란 주권이 국민에게 있는 것이다. 지금 대한민국은 민주주의 국가가 맞다. 그런데 대한민국의 수많은 국민이 돈을 왕으로 모신다. 돈이 최고라고 생각한다. 돈 앞에 도덕, 문화, 봉사 등 모든 것들이 무너지고 있다.

물질을 왕으로 생각하면 그 나라는 빠르게 무너진다. 돈을 최고로 놓는 사회는 인간의 가치관 실현이 존재하지 않는다. 좀더 말하면, 수많은 사람들이 진정한 삶을 추구하지 못하고, 돈의 노예가 되어 평생 노예로 살다가 생을 마감하게 된다.

　창조주 조물주 하나님은 신이다. 물질을 이야기하는 것이 아니라, 우리의 본질을 느끼라는 것이다. 인간의 행복은 물질에 있는 것이 아니다. 마음에 있는 것이다. 정신이 건강해야 행복을 얻는 것이다. 그 내용은 끝까지 유추하면 우리 인간의 존재를 넘어 우주의 창대함과 우주의 시작까지 연결이 된다.

　하나님이란 특정 종교의 신을 이야기하는 것이 아니다. 이 우주를 창조한 조물주를 이야기한다. 그 하나님을 왕으로 모시라는 것이다.

　물질 만능주의에서 벗어나 정신을 중히 여기는 인간 본질의 진정함에 회귀하자는 것이다.

　물질 만능주의로 인해 사회가 매우 냉혹해졌다. 인정에 함께하는 마음, 한민족이라는 마음, 이런 인간적인 문화가 사라졌다. 신을 왕으로 모시지 않고 물질을 왕으로 모시기 때문이다.

　우리가 행복을 느낄 때가 언제인가? 바로 사랑을 느낄 때이다. 사랑은 상호작용이다. 누군가가 당신을 사랑해야 하며, 당신 또한 남을 사랑해야 한다.

　자본주의의 가장 큰 문제는 경쟁이다. 애초 발행되지 않은 이자를 갚아야 하는 그 구조, 누군가는 반드시 도태되는 형국을 만들었다. 이로 인해 서로가 경쟁하고 살기 위해 남을 무너뜨려야 한다.

생존을 위해서 싸우는 것이다. 이것이 자본주의의 기본이며, 지금의 화폐가 세계인을 함께 하지 못하게 만들었다. 필자가 보기에 지금의 화폐 구조는 분명 잘못된 기반 위에 만들어졌다. 화폐의 문제점과 디지털 화폐의 필요성은 본서의 다른 장에서 설명한다.

지금 대한민국의 자살율이 늘어나는 것은 희망이 없기 때문이다. 희망이 없다는 것은 자신과 함께 해주는 사람이 없다는 것이다. 결국 사랑이 없다는 것이다. 사랑이 존재하지 않는 사회, 국가는 오래 버티지 못한다.

환경이 문제이기 전에 우리의 마음을 변화시켜야 한다. 그래서 우리는 서로 사랑해야 한다. 그래서 세운 대의는 다음과 같다.

1. 하나님을 왕으로 모시자.
2. 대한민국 국민을 사랑하라.

가상국가 건설을 하지 않더라도 만약 대한민국 국민이 위 두 가지의 대의를 마음에 담는다면, 대한민국은 바뀌게 되고, 자살율은 줄고 출산율은 늘어날 것이다.

법으로 행복한 대한민국을 만들 수 있을까?

법으로 근로자 기본급여를 올린다고 근로자가 행복해질까? 기업주가 폭리를 취하지 않게 다양한 법을 만들면 많은 사람들이 수익을 공정하게 분배받을 수 있을까?

정치인들은 이야기한다. "저를 뽑아주시면 대한민국을 가장 행복한 나라로 만들겠습니다." 이 말은 100% 거짓말이다. 대통령이 할 수 있는 일은 법 안에서의 행정이기 때문이다.

또한 자유민주주의와 자본주의 시장 경제 하에서 대통령이 모든 국민을 행복하게 만들 수는 없다. 어쩌면 임기 5년동안 대통령이 가장 불행하게 사는 나라가 대한민국일 것이다. 법을 바꾸는 방법으로 국민은 행복해지지 않는다.

국민의 마음을 바꾸어야 한다. 사랑하는 마음을 가져야 한다. 그렇기에 싸움과 투쟁을 인생의 전부로 생각하는 정치인이라면, 결코 국민을 행복하게 해주지 못할 것이다. 모두함께 국민운동의 대의는 모두함께 가상국가로 넘어가는 단계에서 정신을 변화시키고자 하는 것이다. 그러나 가상국가가 되지 않더라도 대의를 지키고 국민운동을 한다면, 그리고 그 운동이 성공한다면 대한민국은 좋게 변화될 것이다.

우리는 자랑스런 대한국인이다

역사는 매우 중요하다. 역사를 통해 우리의 현재 모습, 그리고 미래를 볼 수 있기 때문이다. 대한민국의 역사를 반만년, 즉 5000년이라고 이야기한다. 그러나 삼국시대, 통일신라, 고려, 조선, 대한민국의 시기를 다 합쳐도 2500년 정도이다. 2500년 이전의 역사는 그냥 설화 정도로 생각하고 있다. 대한민국의 역사 반토막은 감추어져 있고, 한반도에 살았던 반토막의 역사만이 우리가 알고 있는 역사다.

우리가 알고 있는 역사는 어떤 역사인가? 한반도에서 수많은 강력한 외세에 침략당하며 버틴 역사이다. 그러면 정말 우리 대한민국의 역사는 약소 민족으로서 강한 민족에게 당한 것이 전부인가?

실제로 보면 삼국시대 이전의 고조선 시대에 우리 민족은 대륙 북부를 누볐고, 중앙아시아를 이끌었던 강한 민족이었다. 이것은 우리가 증명한 것이 아니라 중국을 비롯한 세계의 사학자들이 고증을 통해서 이야기하고 있다.

헌데 대한민국의 사학과 교수라는 사람들은 이 부분을 인정하지 않는다. 오히려 근거가 없는 낭설로 치부한다.

> **사학과 교수님들, 우리 민족이 약소민족이어야만 속이 후련하십니까?**
>
> 각 국가는 자국의 우수성을 알리기 위해 역사를 은유시킨다. 심지어 없는 역사를 만들어내기도 하며, 자국의 역사가 아닌 것을 자기들 것이라고 우기기도 한다. 어떻게든지 자국의 역사를 긍정적이고 자긍심을 느낄 만한 역사로 만들고자 각국의 사학자들은 있는 힘껏 노력한다. 자랑스러운 역사를 감추고 설화로 왜곡하고 우리는 약소민족이라고 주장하는 나라는 유일하게 대한민국 하나뿐이다. 자주의 역사를 반도 식민 사관으로 만드는 데 온갖 노력을 다하는 자들이 바로 대한민국 역사학과 교수들이다. 그들은 우리 민족의 우수성을 감추기 위해 "근거 없다", "비서는 역사적 증거물이 아니다"라고 이야기하고, 우리는 약소민족이라고 목숨 걸고 외치고 있다. 필자는 그들에게 묻고 싶다.
> "그렇게 하면 속이 후련하십니까? 당신은 어느 민족 사람입니까?"

§ 고조선은 북부 중앙 아시아의 거대 강국이었다

 북경대학의 많은 사학자, 북한의 사학자, 남한의 진정으로 나라를 사랑하는 사학자들은 모두 고조선은 동중앙 북부에 있던 거대 국가라고 이야기한다.

 유일하게 대한민국 대학교 사학자들(반도 사관과 식민 사관을 주장하는 자들)만 자신이 박사이고 교수라는 명목으로 근거가 없다고 한다. 필자는 그런 부류의 사람들과 말싸움하고 싶지 않다. 우리 민족의 우수성은 핏줄로 증명된다. 피는 못속이는 것이다. 이 내용은 뒤에 이야기할 것이다.

 카자흐스탄은 자신의 선조를 '단군'이라고 한다. 그들은 단군을 '탱그리'라고 발음한다. ~스탄이 들어간 나라들의 신화와 전래되는 역사에는 단군의 이야기와 고조선의 이야기가 등장한다. 카자흐스탄의 자국 동전에는 '단군'이라고 쓰여있다. 이것은 카자흐스탄의 국민들이 자국의 조상을 고조선이라고 생각한다는 것이다.

 고조선은 반도에 있던 작은 나라가 아니라 동북부 아시아의 큰 나라이다. 카자흐스탄까지 연결되었다면 북중앙 아시아를 이끌었던 나라라고 본다. 이 정도의 큰 나라라면 성이나 지역을 담당하는 자치제가 운영되었을 것이다. 그것이 작은 나라일 수도 있으며, 부족이나 부족들의 모임일 수도

<그림8> 카자흐스탄의 동전

있다. 5000년 전 그런 큰 영역에 나라를 만들고 이끈 민족이라면 그 민족의 우수성이 증명된 것이다. 그런 민족의 피가 우리에게 흐르고 있다.

우리는 자랑스런 대한국인이며, 아시아를 이끌던 강인하고 리더십이 강한 민족이다. 그 기상을 이어받아야 한다. 지금 대한국인은 이러한 자랑스런 마음으로 살아야 한다. 고조선의 국가 철학이 '홍익인간'이다. 널리 사람을 이롭게 하겠다는 것이다. 이것은 무엇을 뜻하는가? 민주주의를 이야기하며, 사람을 사랑하라고 이야기하는 것이고 인간 존중 사상이 들어있는 것이다.

고조선은 이 우주를 창조한 한울님을 믿었던 국가이다. 식민 사관에 빠진 사학자들은 우리 선조에게 정확한 종교가 없었고 곰이나 호랑이를 믿는 샤머니즘 같은 미개 종교를 믿었다고 이야기한다.

필자는 단군 신화를 가짜라고 생각한다. 그러나 그 신화 마저도 창조주 한울님이 하늘에서 내려왔다고 이야기한다. 즉, 고조선은 미개 종교가 아니라 현대 종교와 같은 창조주 한울님을 믿는 종교를 가졌다는 것이다. 그것은 인간의 본질을 알고자 함이며, 그 철학에서 인간을 사랑하고자 하는 마음이 나온 것이다.

필자가 가상국가로 들어가기 전에 이룩되어야 할 철학을 말했다. 그 철학은 "하나님을 왕으로 모시고 대한민국 국민을 사랑하라."이다. 이것은 우리 역사의 본질을 보고 우리 민족의 정체성을 느끼고 말하는 것이다. 우리 민족은 창조주를 섬기고 인간을 사랑할 때 그 강인함과 뛰어남이 나오는 민족이기 때문이다.

이제 우리는 일어서야 한다. 무너져가는 대한민국을 살리고 나아가 세계의 평화에 이바지하려면, 우리의 정체성과 기상을 느껴야 한다. 그것이 대의!이다. 그 대의를 기반으로 국민운동이 시작되고, 그로부터 가상국가가 건설되며 대한민국은 세계를 리더할 것이다.

§ 피는 못 속인다

일제 강점기를 지나 광복이 된 후, 2년 만에 동족상잔의 전쟁이 발발했다. 그리고 대한민국은 폐허가 되었다. 그런데 세계에서 가장 가난한 국가에서 50년 만에 세계 10대 경제대국으로 올라섰다. 뛰어난 리더자도 있었다. 그보다 중요한 것은 우리 민족이 매우 지혜롭고 현명하며 똑똑하다는 것이다. 그런 우리가 뭉쳐 이러한 한강의 기적을 일궈낸 것이다.

올림픽 때 우리가 획득하는 금메달이 몇 개인가? 양궁은 부동의 세계 1위이며, 수영, 스케이트, 구기 등등 못하는 게 없는 민족이다.

우리가 만드는 드라마, 영화는 어떤가? 음악은 또 어떤가? 모두 세계를 이끌고 있다.

피는! 피는! 못속이는 것이다!

또한 세계에서 가장 열심히 어려운 국가를 돕는 나라가 바로 대한민국이다. 세계를 사랑하고 세계 평화에 기여하는 나라, 바로 우리 대한민국이다.

피는! 피는! 못속이는 것이다!

그 피의 뜨거움을 느껴야 한다. 그리고 우리 민족의 강인함과 우수함을 느껴야 한다. 그것으로 우리가 교만해지자는 것이 아니다. 우리의 정체성을 깨닫고 우리가 해야할 일을 하자는 것이다. 초식 동물은 들판의 풀을 먹고 살아야 행복을 느낀다. 호랑이는 호랑이답게 웅비하고 돌진하면서 행복을 느끼는 것이다. 우리 대한국인의 본질을 느낄 때 우리는 행복으로 한 걸음 나아갈 수 있다.

우리에게 '약하다!'는 프레임을 강요하며 짓밟으려 하는 것들

뛰어난 우리를 약하다는 프레임에 가두며 앞으로 나아가지 못하게 하는 이들이 있다.

우리를 앞으로 나아가지 못하게 하는 자는 공교롭게도 바로 '우리 자신'이다. 우리가 우리 자신을 짓밟고 있으며 우리가 우리 자신의 능력을 인정하지 않고 무시하고 있다.

우리는 함께 해야 하며, 사랑해야 하며, 협력해야 한다. 그것이 우리 대한국인이 웅비하기 위해 실천해야 할 정신이다.

그러나 지금 대한민국은 서로 투쟁하고 분노하며, 이권 싸움에 몰두하고 있다. 외부에서 그렇게 하는 게 아니라, 우리 내부에서 이런 일이 발생한다는 것이다. 아무 의미도 없는 것에 우리는 분노하고 싸우고 있는 것이다.

§ 좌파, 우파가 우리에게 무엇을 주었는데? 그렇게 싸우십니까!

 필자가 정말 이해할 수 없는 것이 극우와 극좌의 이념 투쟁이다. 그것이 우리 대한민국을 발전시키는가? 아니, 그 반대이다. 투쟁을 일으키고 분란과 혼란을 만들어낸다. 그런데 왜 그렇게 주장하는가? 왜 그렇게 서로 싸우는가? 그것은 소수의 야망에 국민이 속고 있기 때문이다. IMF 이후 많은 사람들이 평생직장을 잃었다. 그리고 간신히 간신히 국민들은 버티며 살고 있다. 그렇게 버티고 사는 국민들의 마음은 어떨까? 언제나 슬프고 힘들고 고통스러울 것이다. 그런 사람들에게 "당신들이 힘든 것은 좌파 때문이다!" 또는 "당신들이 힘든 것은 우파 때문이다!"라는 명분을 던졌다. 소수의 약한 정치인들이 또는 정치에 야욕이 있는 자들이, 그리고 그와 함께 하면서 이득을 얻고자 하는 사람들이 국민에게 명분을 던지고 분노를 일으켰다. 그로 인해 항시 억압되고 슬픔에 있던 국민들의 감정이 폭발하는 출구가 된 것이다.

 좌파가 성공해야, 혹은 우파가 성공해야 대한민국 국민이 행복해지는 것이 절대 아니다.

 정치를 하는 정치인들조차 자신의 철학이 없다. 본인이

진보인지, 보수인지 정체성조차 없이 정치를 하고 있다. 정치인도 정확하지 않은 좌파, 우파에 왜 국민들은 몰입하여 싸우려 하는가? 국민의 행복은 국민을 위한 정책을 기반으로 한다. 그것은 때로는 진보 개념일 수 있고 때로는 보수 개념일 수도 있다. 즉 보수와 진보가 서로 협력하고 논쟁하면서 국가의 민주주의가 발전하고 국민의 생활이 나아지는 것이다.

대한민국을 망가뜨리는 자들은 바로 극우, 극좌를 표방하며 협력을 반대하고 오로지 투쟁만 외치는 단체를 이끌면서 국민을 선동하는 자들이다.

극우 비판했다가 경찰서에 신고당해

필자는 언제나 이야기한다. 극우와 극좌 단체가 대한민국을 망조 들게 하고 있으며 국민은 절대 그런 단체에 현혹되지 말라고 말한다. 그래서 집회에서 강연을 할 때는 극우와 극좌 모두 논리적으로 강하게 비판한다. 양쪽을 모두 비판하는 것이다. 극우에 대해서는 그들이 가진 식민 사관, 일본에 대한 옹호 등의 잘못된 주체 의식에 대해서 비판하였다. 이승만 대통령이 업적이 없는 것은 아니며, 서방 쪽에서 독립운동을 이끈 분인 것은 사실이다. 중요한 것은 대한민국 국민이 4.19 혁명으로 이승만 대통령을 몰아냈다는 것이다. 그리고 그 내용이 대한민국 헌법에 기록되어 있다. 우리 국민의 선택이었다. 그러면 국민의 선택을 존중해야 한다. 이것을 거부하고 비난하는 것은 대한민국 헌법을 부정하는 것이며, 국민의 선택을 무시하는 것이다. 그것은 바로 민주주의란 대한민국 체제에 대한 부정인 것이다. 이것은 대한민국의 발전이 아니라 퇴보이다.

이 이야기를 하자 극우이신 분들이 고함을 지르며 난리가 났다. 부산에서는 누군가 경찰서에 신고해서 "여기 간첩이 강연하고 있다."고 하여 경찰이 출동했었고, 서울에서는 "강단에 폭탄이 설치되어 있다."고 신고하여 폭탄 제거반이 출동하였다.

극우이신 분들이 모두 이렇다고는 생각하지 않는다. 허나 자기의 생각과 다르다고 하여 투쟁과 선동, 그리고 불법적인 행동을 하면, 과연 그런 단체가 과연 대한민국을 발전시킬 수 있을지 궁금하다.

제발, 대한국인들이여! 극좌와 극우는 대한민국의 발전에 아무런 도움도 안되는 매국 사상이라는 것을 꼭 기억하기를 바란다.

§ 현 행정부의 정책에 적극 협조해야 한다

 대한민국은 국민이 직접 행정부의 수반인 대통령을 선출한다. 민주주의는 국민 다수가 원하는 쪽을 함께 하는 것이다. 국민 다수에 의해서 뽑힌 대통령은 국민의 뜻에 의해 그 자리에 앉은 것이다. 그렇기에 국민의 뜻을 존중해야 한다. 국민의 뜻을 존중하지 않는 것은 현 국가 체제를 인정하지 않는 것이다.

 산에 오를 때는 산의 정상을 보면서 올라간다. 산 정상에 있는 사람은 어디를 볼까? 산 아래를 보게 되어 있다.

 대통령은 정치인이 올라갈 수 있는 최상의 자리이다. 필자는 대통령이 된 정치인이 누구이던 간에, 분명 그는 국민을 본다고 확신한다. 그렇기에 대통령은 본인이 생각하기에 국민을 위한 일을 진행할 것이다.

 무슨 정책이든 그 정책에 의해 이익을 보는 자가 있고 피해를 보는 자가 존재한다. 대통령 선거 이전, 여러 채널을 통해 우리는 각각의 후보자가 대통령이 되면 어떤 일을 우선할지 짐작할 수 있다. 그리고 각자 합당한 선택을 하여 대통령이 선출되는 것이다.

 다수의 국민에 의한 선택을 존중하고, 우리 모두는 대통령이 진행하고자 하는 일에 협조해야 한다. 그래야 대한민국이 앞으로 나아가는 것이다. 헌데 대통령이 되면서부터 야권과 언론은 대통령 발목잡기에 주력한다. 그 결과는 무엇을 만드는가? 퇴보이다.

대통령이 진행하는 일들이 수많은 반대에 부딪혀 발목이 잡히면 발전이 없고, 발전이 없다면 그것은 곧 퇴보이다.

대통령에게 5년의 기회를 주고 5년 동안은 협조하는 것이 우리의 책임이라고 생각한다. 그것이 곧 국민 다수의 선택을 존중하는 것이다.

그리고 5년 후에 그 대통령을 평가하고 냉혹한 판단으로 상벌을 주면 되는 것이다.

이렇게 되면 대통령은 5년간 소신 있게 일할 수 있다. 지금의 대한민국은 대통령이 소신 있게 일할 수 있는 환경을 주지 않는 것 같다. 그렇기에 대통령들이 큰 업적을 세울 수가 없는 것이다. 사공이 많으면 배가 산으로 간다고 했다. 한 사람이 카리스마 있게 리더하고, 그에 힘을 협력하여 모두가 뭉치면, 죽이 되든 밥이 되든 무언가는 이룬다.

대통령이 되면 수많은 지식인 및 전문가들과 함께 일을 한다. 한 명의 사람이 생각하는 것보다 더 나은 정책이 만들어지는 것이다.

평가는 5년 차에 하면 된다. 그렇게 되면 대통령은 더욱 책임 있게 일을 할 것이다. 본 내용은 필자가 강연을 할 때마다 항상 이야기했다. 문재인 대통령 시절에도 이야기했으며, 윤석열 대통령이 집권했을 때도 같은 이야기를 했다. 내가 보수인가 진보인가를 떠나서, 행정부 수반인 대통령은 국민이 적극적으로 협조할 대상이기 때문이다. 가끔 그런 생각을 한다. 대통령이 된 사람이 본인의 당을 탈당하고 행정부를 이끌면 어떨까? 어쩌면 그렇게 함으로써 국민의 협조를 더 많이 이끌 수 있지 않을까 생각한다.

§ 우리는 약소국가가 아니다!

가장 우리의 발목을 잡는 것은 바로, 우리가 약소국가이고 약소민족이라는 생각이다. 이 생각이 우리를 약하게 하고 도전하지 못하게 만든다.

땅이 크고 사람이 많다고 강대국은 아니다. 한때 섬나라인 영국과 포르투갈이 세계의 여러 곳에 식민지를 건설한 강대국이 되었다. 징기스칸이 이끈 몽고도 10만 명 밖에 안 되는 작은 민족이었다. 그런 그들이 세계를 지배할 수 있었던 것은, 그들 자신이 스스로 매우 강한 민족이라고 믿었기 때문이다.

우리 민족이 능력 없고 아둔하며 약소민족의 요건을 가지고 있는데도 억지로 그렇게 생각하지 말라고 강요하는 것이 아니다. 본 장의 서두에서 우리의 역사에 대해 설명했다. 우리 민족이 거대 강국이었다는 사실과, 거대 강국에 걸맞는 철학을 가지고 있었음을 서술하고, 한강의 기적을 일구어 경제 대국으로 부상한 우리의 능력에 대하여 말하였다.

우리는 분명 강하고, 우리에게는 세계를 이끌 능력이 있다. 그런데 이 글을 읽는 독자 중 얼마나 많은 사람들이 필자의 주장에 동의할까?

"말이 그렇다고 해도, 우리는 약소민족이 맞아."

이렇게 생각하는 사람들이 많다. 그간 수없이 많은 글과 언론을 통해 약소민족의 프레임을 강요당하며 세뇌되었기 때문이다.

역사 교수들은 식민 사관과 반도 사관으로 우리 민족의 자긍심을 눌러버렸고, 극우 세력은 무조건 미국이 최고라고 외치고, 다른 쪽에서는 강한 중국에 편향되는 시각 등 사회 전반이 우리를 약한 국가로 만들고 있다.

우리가 국민운동을 성공시키고 다가오는 시대에 가장 먼저 가상국가를 만들어내면 세계를 리더할 수 있다. 무엇보다 중요한 것은 우리의 마음가짐이다. 우리가 우리 자신을 높여야 한다. 식민 사관과 강대국에 의존하는 마음을 버리고, 우리가 우리 스스로를 키우고 세계에 우뚝 서서 리더할 수 있는 민족이라고 생각하고 외치고 인정해야 한다.

박정희 대통령은 자주 사관을 가지고 있었다

박정희 대통령에 대해 많은 견해가 있다. 군부 독재자라고 하는 사람들, 민주주의가 아닌 왕국이었다는 사람들, 박정희 대통령이 없었더라도 우리는 한강의 기적을 이루었을 것이라고 하는 사람도 있다.

한 영웅을 어떻게 평가하는가는 현대에 사는 사람들 각각 개인의 사관에 따른다. 그에 대해 필자는 논쟁을 할 생각이 없다.

필자는 박정희 대통령을 존경하는 사람이다. 특히 박정희 대통령의 자주 사관에 적극 동의한다. 박정희 대통령은 자주국방을 외쳤다. 그래서 당시에 우리도 핵무기를 개발하였다. 미국에 의존하지 않았다. 그는 "어제의 친구가 오늘의 적이다."라는 말을 남겼다. 세계 어느 나라도 믿지 말고 우리의 힘으로 우리를 지켜야 한다는 것이다. 필자는 박대통령의 그 자주 사관을 존경하며 따르고자 한다.

자주 사관의 뿌리에는 우리 민족이 뛰어난 일을 할 수 있는 힘이 있다는 확신이 있다. 그런 강한 확신으로 새마을 운동을 일으켰다. 소도 비빌 언덕이 있어야 한다는 말이 있다. 우리 대한민국이 첨단 기술을 보유하고 아직까지 경제 강국으로 존재할 수 있는 바탕은 박정희 대통령이 이룩한 경제적 토대 위에서 가능한 것이다.

> 아무리 뛰어난 민족도 강한 리더자가 없다면 발전하기 어렵다. 박정희 대통령의 강한 추진력과 자주 사관의 리더십이 없었다면, 한강의 기적은 이루어지지 않았을 것이라고 생각한다.
> 국가와 민족을 부강하게 하기 위해 필수 요건 중 하나가 바로 뛰어난 리더자의 존재이다. 우리는 이제 새로운 자주 사관을 확립해야 한다. 모두함께 국민운동을 통하여 새로운 자주 사관을 확립하고 그 힘으로 부강한 대한민국이 되기를 소망한다.

§ 무너진 충효 사상을 복원해야 한다

 IMF 이후 평생직장이 사라지면서 함께 하는 마음이 사라졌다. 그리고 충효사상이 무너졌다. 충은 나라를 위해 희생하는 것이 아니다. 국민을 바라보는 것이 충이다. 즉, 국민을 사랑하는 마음이 충인 것이다. 과거 우리는 우리의 삶에서 충을 매우 중요한 요건으로 여겨왔다. 그러나 지금의 대한민국 국민은 충을 버렸다.

 그에 대한 다양한 이야기가 있다. 여러 원인들을 따지고 탓하기도 한다. 그런 모든 것을 떠나서 대한민국이 다시 살아나려면 충을 복원시켜야 한다.

충이 복원되려면 우선 효가 복원되어야 한다. 부모를 공경하는 마음으로부터 연장자를 공경하는 마음이 나온다. 효가 복원되면 사람들이 많은 사람들과 삶을 함께 하기에 외롭지 않다. 무조건 우리는 충효사상을 회복시켜야 한다. 그렇게 하기 위해서 충효에 대한 교육이 초등학교 때부터 철저하게 이루어져야 한다.

젊은 청년에게 "당신은 애국심이 있습니까?"라고 물어본다면 과연 대한민국 청년의 몇 프로가 "나는 대한민국을 사랑하고, 우리나라를 위해 희생할 수 있습니다."라고 답변할까? 대한민국이 무너진다면 나라를 지키겠다는 사람보다, 기회가 되면 대한민국을 떠나겠다는 사람이 더 많다. 이런 시류는 대한민국에 국한되지 않는다. 전 세계에 이러한 문화가 흐르고 있다.

충이 사라지면 국가는 서서히 무너진다. 능력 있는 자들은 대한민국에서 원하는 보상을 얻지 못하면 자신을 인정해주는 나라로 주저하지 않고 떠난다.

필자는 간절하게 외친다. 자랑스런 대한국인이 행복하기 위해서 우리는 충효사상을 회복시켜야 한다. 그리고 그 마음으로 우리는 세계에서 가장 빠르게 가상국가를 건설하는 것이다. 모두함께 가상공화국은 분명 만들어질 것으로 확신한다.

충효사상의 근본은 바로 사랑이다. 인간은 풍요한 물질에서 행복을 느끼지 못한다. 물질적 풍요로는 단지 육체적 편함만 가져올 뿐이다. 충효사상만 복원되어도 대한민국은 살만한 나라가 될 것이다.

§ 함께 하는 사회가 되기를 소망한다

대한민국이 이렇게 지옥이 된 이유가 무엇일까? 신뢰가 무너졌기 때문이다.

IMF 이후 아버지들은 평생직장을 잃었다. 즉, 이 나라에서 평생 성실히 일하면 집을 마련하고 자식을 키우고 살 수 있다는 신뢰가 무너진 것이다.

리더자들은 그 신뢰를 회복시켜야 했다. 허나, 그 어떤 리더자도 신뢰 회복을 위해 노력하지 않았다. 표를 얻기 위해 국민의 입에 사탕 하나씩 넣어주는 게 다이다.

지금의 대한민국 정치 또한 신뢰 회복보다는 기업에게 거둔 세금을 국민들에게 폼나게 나눠주는 데만 힘쓰고 있다. 이런 풍토가 계속되면 대한민국의 미래는 없다.

필자가 왜 모두함께 국민운동을 이야기했을까?

국민이 함께 하고 기업이 함께 하여 평생직장 개념을 회복시키고, 노력하면 성공할 수 있는 사회를 만들어낸다면 대한민국이 바뀌기 때문이다. 가상국가라는 솔루션이 없어도, 대한민국에서 국민들이 행복하게 살 수 있기 때문이다. 그래서 모두 함께 하자고 '모두함께'인 것이다.

지역 간의 분란을 조장하고 투쟁과 싸움을 일으키는 정치인들이 있다. 그들은 결코 국민을 생각하지 않는다. 지역 갈등을 조장하고 이념 갈등을 만들어 파벌을 나누고, 그 사이에 자신은 안전한 자리를 찾고자 한다. TV나 매스컴에서 상대편을 비난하고 욕하는 정치인, 바로 그들이 대한민국을 무너뜨리는 주범이다. 국민들이여, 이제 그런 리더자와 정치인을 배격해주기를 진심으로 소망한다.

함께 하려 하는 자, 긍정적인 마음으로 타인에게 봉사하려 하는 자, 그들이 나라를 이끌게 해야 한다. 함께 하는 사회가 제일 중요하다. 국민이여, 제발 함께 하는 사회에 동참하기를 소망한다. 그리고 그런 사회를 만들고자 노력하는 정치인을 지지해야 한다.

모든 정치인이 자신의 영달만 꿈꾸는 악한 자는 아니다. 정치인들 중 진실로 함께 하는 사회를 만들고자 하며, 국민을 위해서 일하고자 하는 사람들이 분명 존재한다. 그런 진실된 리더자와 함께 하여 행복한 대한민국을 이루기를 소망한다.

디지털 화폐 시대 - 안정된 경제 시스템이 완결된다

 돈이 최고인 사회가 되었다. 헌데 지금 시대에 사용하는 화폐는 불안정하고 문제점이 많은 구조이다. 현 화폐로 운영되는 경제 체제는 경쟁과 투쟁을 통해 싸워서 빼앗아야 하고, 경쟁에서 이기지 못한 최하위는 필연적으로 도태되고 무너지게 되는 구조이다. 10명의 국민이 있다면 그 중 1명은 도태되어야 경제 사회가 움직이는 구조다. 그 후 남은 9명 중 1명은 또다시 도태되어야 한다.

> ### 의자에 앉기 게임을 해보았는가?
>
> 10명의 게임 참여자가 노래를 부르며 의자 주위를 돈다. 의자는 9개이다. 노래가 끝나면 10명의 참여자는 의자에 앉아야 한다. 의자가 9개이기에 한 명은 의자에 앉을 수 없다. 따라서 의자에 앉지 못한 한 명은 탈락한다. 그리고 의

> 자 1개를 뺀다. 남은 의자는 8개, 게임 참여자는 9명이 된다. 이렇게 게임이 진행될수록 한 명씩 탈락하고 최후에 남는 사람은 1명이 된다.
>
> 지금 적용되는 세계의 경제 체제는 위 게임과 같은 구조이다. 경제 순환이 지속되면서 계속적으로 탈락자가 생기고, 최후의 1명이 모든 경제권을 갖는 구조이다.
>
> 그런 경제 구조가 만들어지게 한 것이 바로 현대의 화폐 구조 때문이다.

독자 여러분이 좋아하는 돈은 잘못된 구조로 만들어졌다. 현대의 돈은 '빚'을 담보로 발행된다. 즉, 여러분이 가지고 있는 돈은 다른 국민이 갚겠다고 약속한 빚을 담보로 존재하는 것이다. 국민들이 빚을 잘 갚으면 돈의 가치가 높아지고, 빚을 갚지 못하면 국가 부도가 난다. 그러나 이것이 그렇게 단순하지 않다. 잘못된 구조에서 줄기와 가지가 나와 매우 복잡해진 것이 현대의 금융이다. 현대의 금융 산업의 끝은 파산이다. 이것은 금융 전문가 모두가 인정한다. 그래서 그 파산을 막기 위해 임시 처방을 계속 하며 현 경제가 이끌어지는 것이다. 자본주의(capitalism)는 큰 문제가 있는 제도로, 국민을 불행하게 하는 요소를 가지고 있다.

§ 돈을 발행하여 빌려주나, 이자는 발행하지 않은 채 이자를 받는다

지금의 화폐는 '빚을 담보'로 발행한다고 하였다. 그리고 돈을 빌려주고 이자를 받는다. 그런데 이 과정에서 이자는 발행하지 않는다. 이 모순 때문에 낙오자가 생기는 것이다.

100만 원을 발행한다. 그리고 100만 원을 A에게 빌려준다. 그 사회에 발행한 돈은 딱 100만 원 뿐이라고 가정하자. A가 빌린 100만 원이 그 사회의 돈 전체이다. 은행은 A에게 100만 원을 빌려주고 연 5%의 이자를 받으려 한다. A는 1년간 100만 원을 빌려쓰고 이자 5만 원을 포함하여 105만 원을 갚아야 한다. A는 절대 빚을 갚을 수 없다. 이유는 시중에 있는 돈이 100만 원 뿐이기 때문이다. 5만 원은 발행되지 않았기에, 이자에 해당하는 돈이 없는 것이다.

10억을 발행하여 100명에게 빌려주었고 이자는 연 10%라고 하자. 그러면 1년 후에 100명은 11억을 갚아야 한다. 그러나 1억의 이자는 발행되지 않았다. 결국 9억에 대한 9천만 원의 이자 정도는 갚아지나, 원금 1억에 대한 이자는 갚을 수 없는 상황이 된다. 시중에 남는 돈이 천만 원 뿐이기 때문이다. 결국 경쟁에서 밀려난 100명 중 몇몇은 채무자가 되고 빚을 갚지 못한다. 이자에 해당하는 1억 원이 발행되지 않았기 때문이다. 이 시스템이 경쟁을 만들었다. 그래서 산업이 발전되고 경제가 발전되었다.

인력을 기반으로 한 2차 산업과 3차 산업이 급속도로 발전한 이유가 어쩌면 발행되지 않은 이자로 인하여 치열한 경쟁을 유도했기 때문이라고 생각한다.

그런데 이 시스템이 현 시대에서는 큰 문제가 된다.

지금은 인력을 기반으로 기업이 발전하는 사회가 아니다. 인력에 대한 수요는 점차 줄어들고, 자동화된 시스템과 로봇으로 기업이 움직이며 성장한다. 결국 수많은 사람들은 대출금에 대한 이자를 갚을 수 없고 도태된다. 이는 많은 부분을 붕괴시킨다. 국가 시스템, 기업 시스템, 사회 시스템이 혼란에 빠져 붕괴될 수 있다. 이유는 간단하다. 돈 자체에는 아무런 능력이 없다. 돈은 담보가 있어야 하며, 담보가 사라지면 돈은 무용지물이 된다.

수많은 국민이 돈을 갚지 못하면, 결국 돈의 가치가 없어지는 것이다.

필자의 생각에 현 상황에서 빚을 담보로 한 현행 화폐는 오래 버티지 못할 것이다. 그러나 큰 혼란과 난리를 야기하는 형태로 변화하지는 않는다. 서서히 빚을 담보로 한 화폐에서 새로운 담보를 제시하는 디지털 화폐로 전환될 것이다.

§ 지금도 세계 통화는 기업이 운영한다

사람들은 생각한다. "현재의 화폐가 문제가 된다면, 국가가 새로운 디지털 화폐를 공표하고 운영할 것이다. 그렇기에 현재의 화폐를 많이 가지고 있어도 큰 걱정은 없다." 어떻게 보면 맞는 말이다. 국민이 혼란에 빠지지 않게 하는 것이 국가의 일이기에, 화폐가 바뀐다고 혼란이 오지는 않을지도 모른다.

헌데 세계의 기축 통화인 달러는 사실 미국 국가의 돈이 아니다! 로스차일드 가문 등 7개의 가문이 만든 기업인 FRB(미연방준비은행)가 발행하는 화폐이다. 즉, 지금 세계의 통화는 미국의 한 회사가 운영한다는 것이다.

미국 정부는 미연방준비은행에서 발행한 달러를 빌린다. 그것을 세계에 뿌리고 이자를 받아 미연방준비은행에 준다. 세계 금융의 헤드 타워를 몇몇 개인이 모인 회사가 소유하고 있는 것이다. 여기에 많은 문제가 있으나, 본서는 현재 화폐의 문제점을 캐는 것이 목적은 아니며, 다가올 미래의 화폐를 이야기하려고 하기에 달러의 문제점은 언급하지 않겠다.

지금도 기업이 세계 통화를 소유하고 있으니, 앞으로 디지털 화폐 역시 기업이 소유할 것임을 예측 가능하다. 국가는 변화에 빠르게 대처하지 못한다. 국가 화폐를 전환시키려면 국회의 동의, 국민의 동의, 절차의 변경, 법 제정 등 다양한 해결해야 할 문제에 직면한다. 그로 인해 시간이 많이 지체된다. 그러나 인간 사회의 기술 (인터넷 기술, 메타버스 기술 등)은 그보다 빠르게 변화된다. 그리고 그 변화를 리더 하는 게 기업이다.

필자는 앞으로 발행될 디지털 화폐는 분명 기업이 운영할 것이라고 생각한다. 그렇지 않으면, 기업형 가상국가가 디지털 화폐를 개발하고 운영할 것이다.

금을 담보로 하는 화폐에서 빚을 담보로...

세계가 서로 무역을 하기 위해 공용 화폐가 필요했다. 그것이 기축 통화이다. 미국의 로스차일드 가문 및 6개의 귀족 가문은 미연방준비은행을 만들고 금을 담보로 달러를 발행했다. 초기의 달러는 금을 담보로 했다.

금을 담보로 가지고 있기에, 유럽의 여러 나라들은 달러를 기축 통화로 하는 것에 동의하였다. 이때부터 기축 통화 달러의 시대가 시작된 것이다.

무역이 활성화되면서 달러가 더 많이 필요하였다. 달러의 추가 발행이 요구됐는데, 그에 따르는 금의 양이 충족되지

> 못했다. 결국 금을 보관하지 못한 채 달러 발행은 증가했다. 1971년 미국의 대통령 닉슨은 더 이상 금을 담보로 달러를 발행할 수 없다는 폭탄 선언을 한다. 사람들은 대혼란이 올거라고 생각했고, 달러의 가치는 곤두박질치고 세계 경제는 악화될 것이라고 예상했다. 허나 그렇지 않았다. 금을 담보로 하지 않아도 세계는 달러를 기축 통화로 사용하였다. 왜일까? 여기서 우리가 알아야 할 중요한 사실이 있다. 사실 돈은 아무것도 아니다. 상호간의 약속이 존재하면 돈이 가치가 있어지는 것이다. 세계인은 자신들의 기업과 자산이 제대로 돌아가게 하기 위해 달러를 신뢰하기로 상호 약속을 한 것이다.

가상 세계에 나타나는 디지털 화폐는 담보를 구축하면서 점차 커나갈 것이다. 그리고 발전을 거듭하며 가상 세계에서 수익을 내는 거대 기업들이 존재하게 되고, 그들이 디지털 화폐를 사용하게 될 것이다. 이 기업들이 현실 기업과 연계되면서 디지털 화폐에 대한 상호 신뢰가 형성될 것이다.

모두함께에서 만든 모두코인은 담보가 존재한다. 서비스를 담보로 하며, 무역을 담보로 한다. 기존의 투기를 담보로 하는 다른 가상 화폐와는 그 구조와 흐름이 다르게 설계되어 있다. 필자는 이 모두코인을 차세대 디지털 화폐로 키우고자 했다. 이러한 계획과 시스템이 만들어졌다. 본 장에서 그 내용을 자세히 설명하고자 한다.

§ 가치가 떨어지는 화폐에서 가치가 변하지 않는 화폐로

각국의 은행은 자신이 보유한 금액의 약 9배 이상의 돈을 대출해줄 수 있다. 쉽게 말해, 10억을 보유한 은행은 대략 90억 이상을 대출해 줄 수 있다는 것이다. 보유하고 있는 돈의 비율을 '자본준비율'이라고 하며, 이로 인해 통화량이 늘어나는 것을 '신용 팽창'이라고 한다. 여기에 이자는 포함되지 않는다. 결국 이자를 갚기 위해 또 통화량이 늘어나고, 그로 인해 새로 돈을 만들고 하면서 돈의 발행은 계속 늘어난다.

돈이 계속 발행되면서 돈의 가치는 떨어지게 된다. 그래서 30년 전에는 500원에 먹을 수 있었던 짜장면을 지금은 7000원 이상 지불해야 먹을 수 있는 것이다. 그만큼 돈의 가치가 떨어진 것이다. 돈의 가치가 떨어지기에 사람들은 돈을 그냥 가지고 있으려고 하지 않는다. 돈을 투자해서 더 모아야만 자신의 재산 가치가 떨어지지 않기 때문이다.

이런 상황은 사람들이 사업을 발전시키려고 노력하게 만든다. 자신이 가지고 있는 재산의 가치를 떨어뜨리지 않으려고 돈을 더 많이 벌려고 한다. 이러한 경쟁이 기업의 발전에 기여한 점은 어느 정도 인정할 만 하다.

 그러나 시대는 변화한다. 발전하는 기업에서 존재하는 기업으로 생각이 바뀌어야 한다. 존재하는 기업이 되기 위해 인간에게 필요한 필수적인 부분을 사업 분야로 만들어, 인간이 살기 위해 필요한 상품을 공급하면 존재하는 기업이 된다. 발전은 언젠가는 더 이상 발전하지 못하는 한계를 만난다. 기업은 그것을 안다. 그래서 많은 기업들이 사업을 확장하는 것보다 더 중요한 부분을 인간 사회에 존재 가치가 있는 기업이 되는 데 둔다.

 빌진보다는 존재가 중요한 비즈니스가 되는 사회에서는 돈의 가치가 떨어지는 것보다 돈의 가치가 변화되지 않는 것이 유리하다. 결국 세상은 가치가 변화되지 않는 화폐를 선호하게 될 것으로 본다. 디지털 화폐의 필요성은 사회가 변화되면서 더욱 크게 다가오고 있다.

§ 메타버스 시대에 맞는 새로운 담보가 있는 디지털 화폐

 세상이 변화된다. 가상 세계를 통해 모든 비즈니스가 결정되고, 그 결과가 실생활에서 이루어진다. 결국 메타버스 시대에 맞는 화폐가 탄생되게 되어 있다.

화폐는 분명 담보가 있어야 한다. 담보가 없으면 화폐의 기능을 할 수가 없다. 필자가 생각하기에 앞으로 탄생할 디지털 화폐의 담보는 서비스이다.

많은 일들이 가상 세계에서 이루어지고 있다. 결국 세계인은 가상 세계의 다양한 서비스를 받고 있다. 무료 서비스도 있고 유료 서비스도 있다. 무료라고 하더라도 기업은 방문자에게 보여주는 광고 등을 통해 수익을 얻고 있다. 즉, 가상 세계의 서비스는 가치가 있다. 이 가치를 담보로 화폐를 발행하면 담보성이 있기에 화폐의 자격을 갖추게 된다.

모두코인의 담보는 모두함께의 사업 서비스이다

모두함께에는 배달, 마이샵 등의 서비스가 존재한다. 모두코인의 담보력을 높이기 위해서 서비스에서 코인을 사용하는 정책을 마련하였다. 모두배달 서비스에서 주문, 배달, 수수료는 원화로 받을 수밖에 없다. 배달 시스템에는 광고가 있다. 광고비를 낸 식당은 다른 식당보다 윗줄에 보인다. 모두배달을 많은 사람들이 사용하게 됐을 때, 광고는 오로지 모두코인만 받겠다고 하면, 모두코인의 담보력이 생긴다. 같은 형태로 마이샵 판매 제품의 가격 일부를 모두코인으로 받거나, 메신저 광고를 모두코인으로 받게 하면 모두코인의 가치는 높아지고 그만큼 모두코인의 담보력이 생기는 것이다.

첫술에 배부르지 않는다. 허나 국민운동을 하며 국민이 힘을 합치면 못할 일도 아니다. 국민운동을 확장시키는 것은 바로 모두함께의 다양한 서비스를 국민이 사용하게 하는 것이다. 필자는 그것을 2024년으로 계획하였다. 판을 깔았으니 국민에게 호소하고 서비스를 전국적으로 확대하려 하였다.

§ 메타버스 시대의 새로운 담보 - 무역을 담보로 한다

서비스와 함께 또 하나의 담보성은 무역에 있다. 이 담보가 성공하면 해당 디지털 화폐는 진정한 가상 공간의 화폐로 등극할 것이다.

<그림9>는 무역을 담보로 A국가와 B국가 간의 수출업을 예제로 하여 보여준다. A국가에서 B국가에 신발을 수출하였다. 판매가는 1억 원이다. B국가에서 1억 원 어치의 신발을 팔아 1억 5천만 원의 매출을 올렸다. 여기서 원금 1억 원

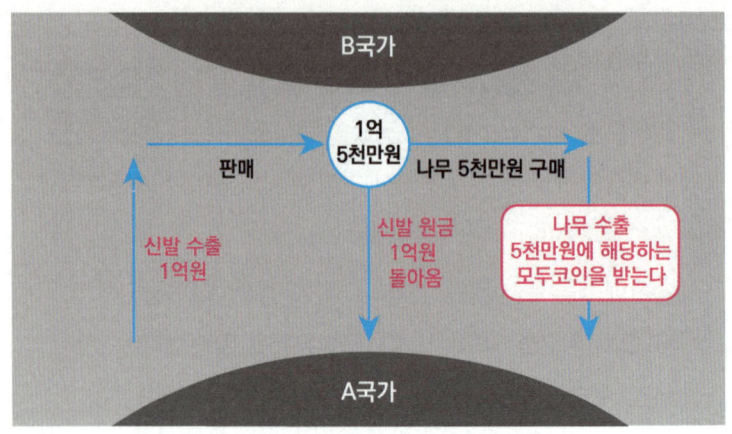

〈그림9〉 무역을 담보로 하는 구조

은 지급하고 수익금 5천만 원으로 원목을 구매하였다. 그 원목을 A국가에 팔았다. 단, 여기서 원목 값은 모두코인이라는 디지털 화폐로 받는다. 여기서 무역마진 5000만 원으로 구입한 원목이 담보가 되어 모두코인의 가치가 있게 된다.

신발은 실체가 있어 원가가 존재한다. 만약에 A국가에서 B국가로 서비스를 수출하면 발생하는 모든 수익이 무역 담보가 되는 것이다. 메타버스 공간에 10개 이상의 국가가 <그림9>와 같은 형태로 연결되어 있다면 특정 국가의 화폐를 사용할 수가 없다. 또한 세계의 기축 통화인 달러도 이용하기 어렵다. <그림9>의 구조를 여러 나라에 연결한다면, 그리고 무역 담보가 활성화된다면 디지털 화폐 모두코인은 진정한 화폐로 전환 가능하다.

10만 대군을 모으자 - 3개월 만에 10만 명이 모이다

2020년 9월까지 많은 준비를 했다. 메신저를 만들었고, 모두코인을 발행하고, 마이샵과 모두배달의 엔진을 탑재하였다. 여기서부터 국민을 뭉쳐야 했다. 국민을 뭉치기 위해 이권과 함께 대의를 공개하였다. 2020년 10월부터 10만 명이 되는데 딱 2개월이 걸렸고, 그 10만 명이 모두 국민운동의 내의에 관한 강의를 들었다.

§1단계 : 소개자에게 코인을 더 많이 주었다

대의보다 우선인 게 실리이다. 모두함께 앱에 가입하면 코인을 주었다. 그리고 회원이 되고 그 회원이 다른 회원을 소개하면 소개자에게 2배의 코인을 주었다.

당시 가상 화폐는 자산으로 인정받아 이미 제도권에 있었다. 게다가 모두코인은 돈을 주고 사야하는 게 아니다. 앱에 새로운 사용자를 소개하면 코인을 받게 하니, 혹시 코인이 나중에 돈이 되지 않을까 하는 기대로 사람들이 들어오기 시작하였다. 딱 2개월 만에 10만 명이 모였다. 허나 이 10만 명은 단순히 회원일 뿐이었다. 그들은 모두함께의 목적도 모르고 모두함께 앱도 사용할 줄 몰랐다. 그냥 단순히 코인을 받기 위해 앱을 설치하고 코인을 받은 것이다.

코인을 받은 사람은 앱을 지우지 않는다

코인을 받은 사용자는 앱을 지우지 않았다. 그렇다고 앱에 들어와 활동을 하지는 않았다. 흥미로운 것은 푸쉬메세지로 코인 지급 행사를 알리면 바로 앱에 들어오는 사람들이 약 40% 초반이었다. 앱에서 활동을 하지 않아도 일단 떠나지 않은 회원 40%가 존재하는 것이다. 이 말은 10만 명 회원 중 움직이는 회원이 4만 명이라는 것이다. 필자는 움직이는 10만 명이 필요했다. 그래서 2023년까지 20만 명을 모았고, 실제 활동 인원은 8만 명이 넘게 되었다. 이후 2024년부터 본격적으로 발전하려고 계획했다.

§ 2단계 : 대의와 국민운동 그리고 실리에 대해 강의했다

　모두함께에 들어온 사람들에게 모두함께의 대의와 국민운동 그리고 모두코인에 대하여 강의하였다. 그리고 그 강의를 듣고 문제를 풀도록 하여 66점이 넘으면 코인을 주었다. 국민운동을 하기 전에 필자는 서민이 부자가 되는 기업을 만들자고 하여 1000명을 모았다. 허나 그때 경험이 부족한 나는 많은 실수를 하였다. 그러면서 지금 대한민국의 국민들이 어떤 진흙탕에서 고통을 받으며 살아나려 하는지를 보았다. 그래서 알게 되었다. 철저히 교육하지 않으면 국민은 실리를 찾고자 한다. 어떤 이들은 좀 더 빠르게 실리를 취하는 방법을 찾아 편법을 행하기도 한다.

　모두함께 국민운동은 국민에게 실리를 주는 것은 맞으나, 단순히 돈을 버는 게 아니라 철학이 있으며 그 철학을 기반으로 운동을 하는 것이라는 사실을 알려야 했다.

　강의는 본서에 서술한 대의와 자랑스러운 대한국인의 정체성을 일깨우고 자긍심을 고취하는 내용, 국민이 IT 권력을 가져야 한다는 내용 등으로 총 8편을 제작하여 함께방송으로 교육하였다.

> **온라인 강의, 회원들이 제대로 들을까?**
>
> 처음에는 사실 많은 사람들이 강의를 제대로 듣지 않았다. 시험문제 정답을 적어 족보로 인터넷에 배포하는 사람들이 생겨났다. 회원들은 강의를 스킵하고 족보를 이용해 합격하고 코인을 받았다. 그런데 그런 회원들이 시간이 날 때 내 강의를 듣기 시작했다.
>
> 빠른 속도는 아니나 회원들이 점차적으로 강의를 듣고 필자의 뜻에 동조하기 시작했다. 헌데 그 속도가 빠르지 않았다. 2020년 11월에 이미 회원은 10만 명을 확보하였으나, 그들 중 1% 즉 1000명이 모두함께의 대의를 인지하는 데 3개월 정도의 시간이 걸릴 것으로 예상되었다. 어쩔 수 없이 3개월을 기다려 함께 할 동지를 묶었다. 그들이 바로 지금의 지역 대표장들이다.

§ 지역 대표장 오프라인 교육을 시작하다

2021년 3월부터 지역 대표장 오프라인 교육을 시작하였다. 교육은 제주도 서귀포시에 위치한 칼 호텔에서 2박 3일의 일정으로 진행되었다. 총 약 200여 명의 참여 신청을 받았다.

지역 대표장 모집 공고를 내고 참가비 10만 원을 받고 참가 지원을 받았다. 딱 하루만에 지원이 마감되었고 예약인원이 모두 찼다.

"아직도 대의를 그리워하는 사람들이 있구나!"

국민들이 평생직장을 잃고 불신하고 분노하고 있다는 것은 느끼고 있었다. 필자가 온라인 강의에서 외친 것은 실리가 아니라 대의이며, 힘을 합쳐 운동을 하여 대한민국의 모든 국민이 행복해지자는 것이었다. 그런 운동에 참여할 지역 대표장을 모집한다고 공고했고, 비행기를 타고 제주도에 와서 합숙하며 교육을 받으라고 한 것이다. 돈을 준다고 하지도 않았고, 이걸 하면 대박난다고 얘기하지도 않았다.

200여 명의 교육 참여 신청이 단 하루 만에 마감된 것을 보고, 국민운동이 크게 발전하리라고 기대했다. 그리고 나아가 가상국가가 건설될 수 있을 것 같았다.

반은 대의, 반은 코인

지역 대표장 연수에 참여한 사람들이 모두 대의에 동참하는 것은 아니었다. 그 중 절반은 코인에 대한 관심이 컸다. 담보가 있는 화폐, 모두코인이라는 부분에 관심이 있는 사람이 많았다. 안타깝게도 그분들은 제주도에 와서 코인 이야기는 하나도 듣지 못했다. 필자는 대의와 국민이 변해야 한다, 대한민국 국민을 행복한 길로 이끌어야 한다 등 국민운동의 참뜻을 설명했다.

코인에 관심이 많은 사람들도 있었으나, 많은 분들이 필자의 대의에 찬성하고 힘을 합쳤다. 200명 중 많은 분들이 현재도 지역회장과 지역 대표장으로 활동하고 있으며, 국민운동의 대의에 충만하여 지금 모두함께를 이끌고 있다.

§ 지역회장을 선출하다

지역 대표장 교육이 끝나고 지역 대표장에게 지역회장을 선출해달라고 하였다. 서울부터 제주도까지 큰 지역을 대표하는 지역회장 50명이 선출되었다.

지역회장은 5월 1일부터 3박 4일 세미나에 참여하였다. 세미나 주제는 모두함께의 모두배달 시스템의 발전 전략이었다.

필자의 생각에 배달 사업에 지금 덤비는 것은 백전백패라고 판단하였다. 일단 배달 주문을 할 때 주위의 모든 상점이 이미 등록되어 있어야 한다. 총 50만 곳의 음식점 정보가 등록되어 있어야 하며, 고객이 주문을 하면 바로 응답하고

라이더를 호출하여 배달을 해주어야 한다. 그렇게 하기 위해 50만 곳의 음식점에 배달 POS 시스템을 모두 설치해야 한다. 그럴 만한 인력이 존재하지 않는다. 또한 인력이 없다면 그만큼의 일을 시킬 수 있는 자금이 있어야 하는데, 우리에겐 그런 자금도 없었다. 이 두 가지가 존재하지 않기에 당장 배달 사업을 공략할 수는 없었다.

"지역회장님의 발표는 수준급이었다."

50명의 지역회장님들의 모두배달 성공 전략 발표는 매우 좋았다. 배달 사업에 도전하였다가 실패한 경험이 있는 분도 계셨다. 그러나 인력이 부족한 현 상황에서는 진행이 불가능한 일이라고 판단했다. 지역회장과 지역 대표장은 빠르게 결성된 이들이다. 이들이 도전하다 실패하면 빠르게 결성된 만큼 빠르게 무너질 수도 있다. 그렇다 하여도 사기충천한 지역회장들의 사기를 무너뜨릴 수 없었다. 그래서 지역회장들의 요구대로 배달사업을 2021년에 시작하겠다고 하였다.

음식점 홍보 동영상 촬영하기 운동

필자는 국민운동 이전에 서민들과 함께 영업을 한 적이 있다. 급여를 지급하거나 영업 1건에 수당을 지급하지 않는

한, 미래의 수익을 기대하며 영업이 성공한 경우는 없었다. 지역회장들은 10만 명의 회원에게 상점을 등록하도록 하고 대가로 코인을 주면 빠르게 상점이 등록될 것이라고 이야기하였다.

사실 그 부분에 필자는 동의하지 않았다. 지금 대한민국의 시민은 결코 힘든 영업을 하지 않는다. 그 영업에 의해 수당을 많이 받으면 할 수도 있으나, 코인을 대가로 영업을 시키는 것은 힘들 것이라고 생각했다. 대한민국에서 고수익 다단계 외에 일반적인 정석 다단계가 성공하지 못하는 이유가 여기 있다.

결국 테스트를 할 수밖에 없었다. 상점 홍보 동영상을 촬영하여 올리면 코인을 주겠다고 하였다. 이 동영상이 제대로 올라간다면 상점에 가서 POS를 설치하는 것도 가능하다고 생각했다. 상점 동영상이 한달 만에 10만 개가 올라왔다. 처음에는 너무나 놀랐다. 대한민국 서민에게 이만한 영업력이 존재한다는 것에 놀랐다. 그러나...

10만 개의 동영상 중 쓸 만한 동영상은 5000개도 안되었다. 제대로 찍지 않고 대충 찍거나, 심지어 엉뚱한 동영상을 업로드한 것도 있었다.

결국 지금 배달 사업에 들어갈 수 없다는 것을 다시 확인하였다.

지역회장의 첫 영업인 상점 동영상 촬영은 실패로 돌아갔다. 그러나 얻은 것도 있었다. 지역회장들이 자기 지역의 일반 회원들을 모으고 교육하고 인도하게 한 것은 큰 성과였다. 지역회장이 되고 해당 지역의 회원들과 첫 인사가 상점 동영상 촬영이었던 것이다. 실패했으나, 실패의 원인은 마구잡이로 영상을 올린 회원들에게 있었다. 이로써 지역회장들도 교육이 절대적으로 필요하다고 느낀 계기가 되었다.

지역회장과 회원이 연결되어 지역회 조직이 만들어지기 위한 시간이 필요하였다. 2021년 6월~2021년 9월까지 지역회 교육 시간을 마련했다. 이때 중지역 대표장을 교육하였고, 약 만 명의 중지역장들이 모였다.

점차적으로 모두함께 국민운동 본부의 조직이 자리를 잡아가기 시작했다. 그러나 회원들은 대의보다 실리를 쫓는 마음이 더 컸다. 다들 모두코인에 관심이 컸으며, 모두코인을 빨리 상장시켜 돈을 벌기를 소망했다.

§ 모두코인은 상장시킬 수 없다 - 모두코인은 투기형 코인이 아니다!

필자는 가상국가를 위해서 코인을 개발하였다. 그렇기에 모두코인은 기존의 암호화 화폐와 그 구조가 다르다. 현재의 가상 화폐도 그 나름대로 가치가 있으며 자산으로 인정될 수 있다. 허나 화폐는 첫째, 담보가 정확해야 하며 둘째, 중앙 컨트롤이 가능해야 하며 셋째, 통화량 조절이 가능해야 한다. 지금의 암호화 화폐는 이 세 가지 요건이 모두 충족되지 못한다. 가상 자산으로 가치가 있을 수 있으나 가상국가의 화폐로는 부적절하다고 생각한다.

"국민의 투기심을 눌러야 했다."

모두코인을 발행하여 근로와 모두함께의 참여 공로에 대한 대가로 주면서, 코인을 받은 국민들이 모두코인에 대한 관심이 커졌다. 필자는 모두코인이 어떤 코인인지 정확하게 설명하였다.

그런데 국민은 나의 설명을 이상하게 받아들였다.

필자는 투기성 화폐가 아니라 담보가 있는 화폐라고 설명하였고, 그 담보는 광고, 서비스 등이 된다고 이야기하였다. 헌데 회원들은 기존의 가상 화폐와 같은 것인데 담보가 있기에 더 좋은 코인이라고 이야기하고 다녔다. 필자가 보기에 조금 과장이 있는 글들이 인터넷 블로그에 올라오고 있었다. 결국 그들의 희망을 꺾을 수밖에 없었다. 그래서 모두코인은 거대 시장에 상장하지 않는다고 공표하였다.

진정한 국민운동을 성공시키고 가상국가로 넘어가면서 가상국가에 필요한 화폐로 키우고 싶었다. 모두코인에 투기 바람이 불어 진정한 국민운동의 뜻에 누가 될까 걱정하였다. 투기를 하고자 함이 아니다. 진정한 화폐를 만들고 그 화폐의 주인이 국민이 되게 하고, 국민에 의해서 컨트롤되는 화폐가 되어야 했다.

10만 명에서부터 회원이 천천히 증가하다

필자가 코인을 상장시키지 않는다고 하고, 투기를 가능한 한 억제하면서 신기하게도 회원 수가 매우 천천히 증가하였다. 국민은 대박을 꿈꾼다. 그것은 절규이다. 대박의 꿈 말고는 현 민생고를 해결할 방법이 없기 때문이다.

그때부터는 10만 명을 다지는 기간으로 하였다. 가상국가의 필수 요소 국민은 10만 명이면 되기 때문이다. 2021년의 회원 수 10만 명에서 20만 명의 회원으로 증가되기까지 3년이 걸렸다. 10만 명 증가에 3개월이 걸렸는데, 20만 명으로 올라서는 데는 2년 8개월이 걸린 것이다.

모두함께 국민운동 본부의 주인은 대한민국 국민이다

　모두함께의 주인은 대한민국 국민이다. 설계 시에 대한민국 국민이 주인이 되는 형태였고, 국민운동 시작 전에 모든 시스템을 만들 때 특정인이 권력을 가지지 못하게 하였다. 또한 모두함께 국민운동이 발전되어 가상국가까지 올라갈 수 있게 하였다.

　기업은 작은 사업 하나라도 수익을 내고 그 수익으로 자금을 모아 발전시킨다. 허나 가상국가는 그 방법보다는 전반적인 기반시설을 만들고 국민이 모여 그 기반시설을 이용하여 수익을 내게 하는 것이 더 좋은 방법이라고 생각하였다.

　한 사업이라도 수익이 나면 그 수익에 기여자가 생기고, 그들은 기득권을 얻고자 한다. 기업에서는 이런 욕구를 이용하여 승진 등의 방법으로 기업을 발전시킨다. 역량이 좋아 많은 성공을 한 직장인은 승진하면서 많은 권리를 얻게 된다. 국가에 이 방법을 적용하면 위험한 일이 발생한다. 국가는 주인이 국민인데, 하나의 수익 모델에서 권력을 가진 자가 수익을 확장하면서 독재하게 되는 일이 생길 수 있다고 생각했다.

과거 군대의 힘이 강할 때 군사력을 이용하여 대한민국의 권력을 쟁취한 사람들이 있다. 사회에서 하나의 강력한 힘은 그 사회를 독재로 이끌 수 있는 요인이 된다.

필자는 그런 위험을 두면서 가상국가들을 건설하고 싶지 않았다. 진정으로 국민을 사랑하는 사람들이 리더자가 되고, 그 리더자의 헌신으로 국민이 행복하게 살게 하고 싶었다.

모두함께의 여러 사업을 만들어둔 채 기반을 만들고 국민에게 주어 국민이 수익을 내는 구조를 만들어야 했나. 그래서 지역 조직, 행정 조직, 사업 조직을 만들어서 국민운동에서 가상국가로 발전시키고자 했다.

§ 지역회, 사업부, 행정부 - 3대 파트

모두함께 국민운동은 크게 지역회, 사업부, 행정부로 나뉘어진다.

지역회는 전국 지역 회원들의 연결이다. 지역회는 지역회

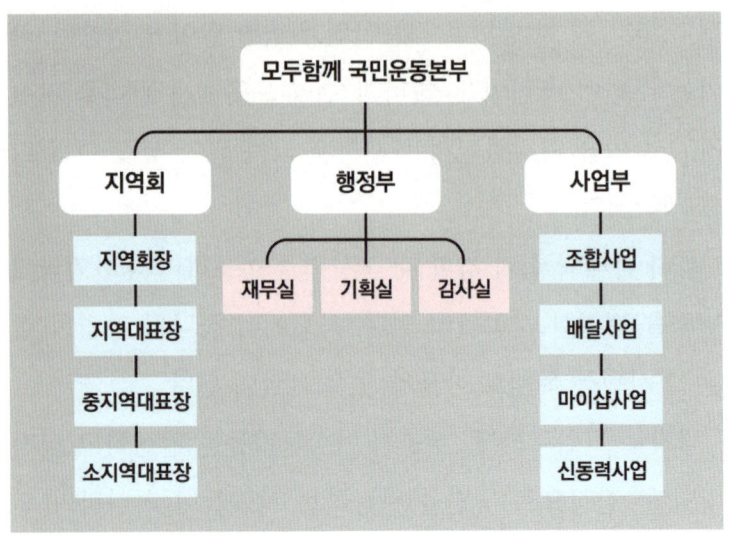

〈그림10〉 모두함께 국민운동 본부 조직

장이 리더하고 그 밑에 지역 대표장이 있고 지역 대표장 밑에 중지역 대표장, 그리고 그 밑에 소지역 대표장을 두고 지역을 관리하는 구조이다. 지역회장 하부에 10명의 지역 대표장을 두고 각 지역 대표장 하부에 10명의 중지역 대표장을 두고 10명의 중지역 대표장 밑에 10명의 소지역 대표장을 두어 구성되는 구조이다. 이렇게 하여 총 10만 명의 지역회 조직을 운영하고자 했다. 그 숫자가 2023년 10월에 20만 명의 구조가 된 것이다.

관리자만 있고 시민은 존재하지 않는 구조가 처음 스타트였다. 지역 대표장 10만 명을 교육하고 관리하여 100만,

1000만의 국민을 리더하게 해야 했다.

처음에는 국민운동이나 나중에는 가상국가가 되어야 했다. 가상국가에 운영진이 적어도 10만 명은 있어야 했다. 2023년까지 그런 조직이 만들어졌다. 좀 더 체계적인 구조와 교육을 통해 국민운동을 성공시키고 그 힘으로 가상국가로 올라서고자 하였다.

행정부는 모두함께 전체의 재무와 재정을 관리하고 기획을 하며, 조직 내부에 비윤리적인 문제가 발생하면 처리하는 감사실을 포함한다. 기업으로 보면 총괄기획실이며, 국가로 보면 행정부로 볼 수 있다. 모두함께의 사업 및 지역회 운영에 관한 기획과 재정 관리를 이 곳에서 한다.

모두함께에서 진행하는 많은 사업들은 조합, 법인(주식회사), 협력 법인으로 구성되어 있는데 사업부에서는 이 모든 사업을 관리하고 발전시킨다.

가상국가로 본다면 지역회가 시민을 관리하는 구조이다. 가상국가의 시민은 한계가 없다. 매우 많은 인원의 사람들도 가상국가에 들어올 수 있다. 또한 시민 수의 증가 속도가 매우 빠를 수도 있다. 한 달 안에 1억 명의 시민이 탄생할 수도 있는 것이 가상국가의 특징이다. 이렇게 빠르게 증가하고 감소하는 시민들을 관리하기 위해 지역회의 구조가 필요했다.

이 시민들이 먹고 살 수 있는 공간을 제공해야 한다. 그 공간을 제공하는 역할을 하는 곳이 사업부이다. 이 사업부에서 제공하는 사업이 다양할수록 가상국가의 시민은 늘어난다.

사업부의 사업은 싹이 나고 줄기가 자란 상태에서 국민에게 오픈한다. 국민은 해당 사업에 참여하여 가지가 나고 줄기가 더 크게 자라고 열매를 맺게 하여야 한다. 그렇게 해야만 해당 사업의 주인이 국민이 되는 것이다.

§ 완벽한 국민 주인 시스템

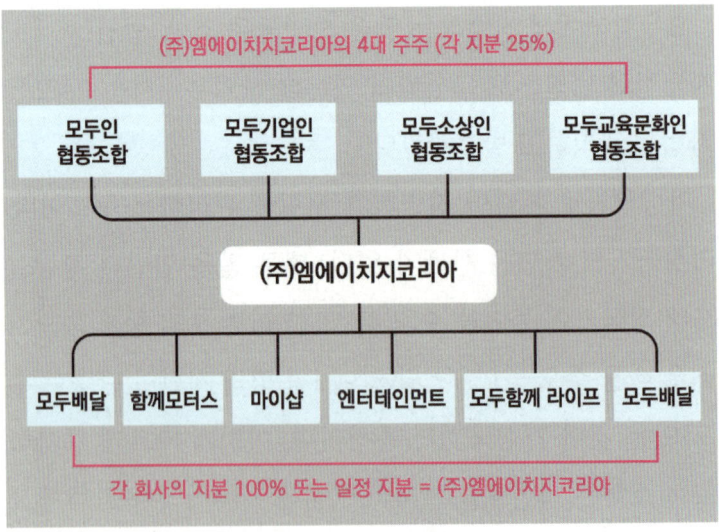

〈그림11〉 국민이 주인인 모두함께 구조

<그림11>은 모두함께의 자산 지분 구조를 보여준다. 4개의 조합이 있다. 이 조합의 조합원은 모두 국민운동 지역회의 회원이다. 모두인협동조합은 IT 분야를 담당하고, 모두기업인 협동조합은 대한민국의 기업인을 지원하고자 설립되었으며, 모두소상인 협동조합은 대한민국 소상인을 지원하기 위해 만들어졌다. 그리고 모두교육문화인 협동조합은 대한민국의 교육과 문화 콘텐츠를 육성하고자 만들어졌다.

각 조합은 만 명 이상의 조합원으로 구성되어 있다. 그 4개의 조합은 (주)엠에이치지코리아의 지분을 각각 25%씩 가지고 있는 주주들이다. 그리고 엠에이치지코리아의 하부에는 각각의 사업을 담당하는 많은 기업들이 있다. 엠에이치지코리아는 각 기업의 100% 지분을 가지거나, 혹은 협력기업으로서 일성 지분을 가지고 있다. 즉, 사업부의 핵심 기업인 (주)엠에이치지코리아의 지분 100%를 조합 4개가 나누어 가지고 있는 구조이다. 조합은 1회원 1권리이다. 주식회사는 지분으로 권리가 있으나, 조합은 모든 권한이 각 회원에게 동등하게 주어진다. 따라서 모두함께에서 운영하는 모든 기업의 주인은 4개 조합의 조합원 수만 명이다.

그렇기에 모두함께가 돈을 벌면 구성원, 즉 10만 명의 국민이 돈을 버는 것이며, 모두함께의 환경이 발전하면 국민운동 본부 회원의 환경과 권리가 발전하는 것이다.

지금 필자에게는 아무런 권리가 없다

모두함께 국민운동의 1대 대표회장은 필자이다. 필자는 2024년 12월에 대표회장직과 모든 권한에서 물러났다. 이유는 국민운동 이전의 고소 사건으로 재판에서 유죄 판결을 받고 법정구속되었기 때문이다. 그 사건은 2015년에 발생한 사건이며, 그 내용 또한 본서 뒤에 자세히 기록할 것이다. 지금 이 글을 쓰는 시점에도 필자는 무죄를 주장하고 법정 싸움을 계속하고 있다.

문제는 대표회장이 사기 범죄에 연루되어 재판을 받는다는 것이 '주홍글씨'가 되어 국민들이 모두함께를 잘못된 시선으로 볼 수 있다는 것이다. 그래서 모두함께를 위해 모든 직분에서 사퇴하였다.

대표회장에서 물러나니까 정말 아무것도 없었다. 10년을 노력하고 고생하여 만들었는데, 직위에서 물러나고 난 후 나의 지분도 나의 권리도 아무것도 남지 않았다는 것이다. 그것이 나의 목표이기에 한편으로는 기쁘고 만족했으나, 10년을 고생했는데 아무것도 없다는 게 씁쓸했다. 그러나 국민의 가상국가를 만들기 위해서는 설립자라 하여도 단 한 개의 권리도 가져가면 안된다. 이 구조에서 사업을 발전시키면 그 사업의 주인이 국민이 된다.

사업 기반1- 함께라이더, 함께모터스

10만 명의 국민이 있고 기반 앱이 있으며 모두코인도 있다. 이제 많은 국민들이 참여할 수 있는 먹거리 공간을 만들어야 했다. 필자는 국민 먹거리 사업으로 모두배달, 함께라이더, 함께모터스와 콘텐츠 사업을 구상했다.

2021년 10월 우리는 함께라이더 사업을 먼저 시작하였다.

§ 전기 소형차도 안전하게 배달하는 근거리 유통망 사업

배달 사업의 핵심은 배달이다. 라이더가 음식을 고객에게 배달해주는 라이더 시스템이 핵이다. 헌데 오토바이는 운전하는 라이더도 매우 위험하고, 아파트 단지에서는 소음과 사고 때문에 걱정 어린 시선을 받고 있다.

코로나 시기를 거치며 음식 배달 수요가 커지자 라이더

배달료도 오르기 시작했다. 평균 배달료가 5000원이 되었고 조금 먼 거리는 만 원이 넘어가는 경우도 있다. 가장 걱정스러운 것은 라이더들이 음식 하나라도 더 배달하고자 곡예 운전을 하는데, 오토바이는 한번 사고가 났다 하면 크게 나기 때문에 부상도 크고 때로는 사망에 이르기도 한다.

  이 때문에 우리는 전기 삼륜차로 배달을 하는 시스템을 개발하였다. <그림12>는 배달용으로 사용하기 위해 우리가 개발한 3륜 전기 소형차이다. 이 소형차는 시속 30km를 넘지 못한다. 그래서 사고가 나도 크게 나지 않는다. 또한 운전면허 소지자라면 누구나 운전할 수 있다. 그래서 파트타임 자리도 늘리고 누구나 배달을 할 수 있게 하여 배달료를 절감함으로써 소상인과 국민에게 부담을 주는 배달료를 덜어주고 싶었다.

〈그림12〉 함께모터스의 배달용 전기 소형차

- 전기 소형차로 배달하는 사업은 50% 성공과 50% 실패였다

전기 소형차를 이용하여 배달을 하는 방법은 모두함께가 처음 시작했다. 전기 소형차를 이용하면 배달료를 떨어뜨릴 수 있다고 생각하였고, 대학생과 주부 등 각 층의 참여가 늘어나서 라이더 인력의 다양화가 이루어질 것으로 보고, 다양한 기술을 결합시켰다.

허나 50%는 성공했고 50%는 실패했다. 그 이야기를 기술하고자 한다.

필자의 생각에 전기 소형차 배달은 문제점을 잘 해결하면 분명 성공할 것으로 보았다. 그러나 문제점을 해결하려는 시점에 필자가 대표회장에서 물러나게 되었다. 그래서 본서에 무엇이 성공하였고 무엇이 실패였는시를 자세히 기록하고자 한다. 본 내용을 참조하여 우리의 함께라이더를 계속 발전시키기를 소망한다.

- 고령자와 여성도 배달할 수 있다

시속 30km 미만의 전기 소형차가 시간에 맞게 배달할 수 있을까? 여기에 대한 답은 2km 반경 내에서는 큰 문제가 없다는 것이다. 만약 배달 거리가 매우 멀면 전기 소형차로는 어렵다. 그러나 2km 미만은 오토바이와 속도 면에서 큰 차이가 나지 않는다. 어떤 때는 전기 소형차가 더 빠를 때도 있었다. 실제로 주문의 80%는 2km 반경 내의 배달건이다. 그래서 2km 미만에는 전기 소형차를 사용하고, 2km 이상일 경우 오토바이나 다른 배달 시스템을 이용하는 것이 옳다고 본다.

전기 소형차일 경우 오토바이 라이더가 아닌 일반인이 운전하는 것이 가능하고, 60대 이상의 고령자나 여성도 가능하다. 초창기 함께 라이더를 시작했을 때 라이더들의 평균 연령이 60대 이상이었다. 또한 때로는 남성들보다 60대 여성 분이 배달을 더 잘하시는 것도 보았다.

- 실패사항1 : 도킹 시스템을 운영하여 장거리 배달을 하다

전기 소형차는 2km 반경 내에서는 최적화되나, 2km 이상의 거리에서는 배달 속도가 떨어졌다. 우리는 반경 2km 내의 영역에서만 직접 배달하고, 거리가 2km 이상일 경우 도킹하는 방법으로 배달을 실행하였다.

<그림13>은 우리가 개발한 도킹 시스템을 보여준다. 4km 거리의 배달 주문이 있을 경우, 1번 라이더가 음식점에서 음식을 받아 2km 지점의 음식 박스에 둔다. 그러면 2번 라이더가 음식 박스에서 음식을 받아서 배달지에 배달하는 방법이다.

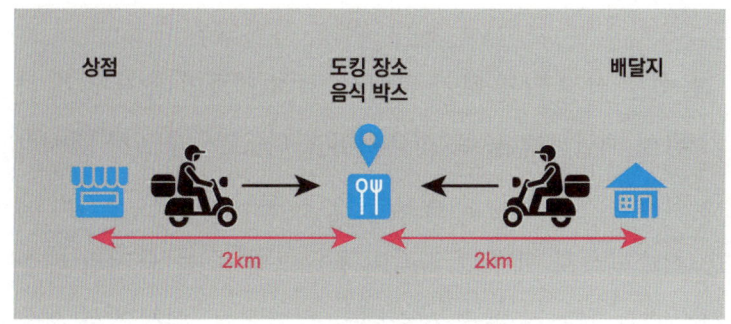

〈그림13〉 함께라이더 도킹 시스템

성공률은 60%였다. 40%는 원하는 시간에 배달되지 못했다. 이유는 라이더가 자기 지역에서 배달을 돌면서 음식 박스에 접근해야 하는데, 그 시간 차를 극복하지 못한 것이다.

예를 들어 A라이더가 1번 지점에 가는 시간은 5분이 걸린다고 하자. B라이더는 현재 배달 중인데 배달 완료 예상 시간이 2분 후이며, 1번 지점으로 가는 데는 3분이 걸린다고 판단되었다. 따라서 시스템은 A라이더와 1번 지점에 동시에 도착할 것으로 예상되는 B라이더의 도킹을 연결시켰다. 헌데 B라이더가 음식을 배달하는 과정에 지연이 발생하여 5분에 맞추지 못하고 10분에 도착한 것이다.

이런 다양한 예외 상황이 발생하여 도킹 건수 중 40%는 시간 지연이 발생하였다.

- 음식이 아니라면 도킹 시스템은 유효한 시스템이다

음식은 식지 않게 하기 위해서, 특히 면류가 불지 않게 하기 위해 배달 시간을 꼭 맞추어야 한다. 그러나 일반 택배라면 정확한 시간을 맞출 필요는 없다. 본 시스템은 근거리 배송 시스템으로 매우 효과적이다. <그림14>는 근거리 배송 시스템과 원거리 배송 시스템의 결합으로, 부산에서 서울 강남까지 3시간 25분 안에 배달하는 예를 보여준다.

부산에서 KTX 택배를 이용하여 서울역으로 물건을 보낸다. KTX에서 1번 라이더가 물건을 받고 자신의 영역 2km 끝단의 물건 보관함에 물건을 놓고 가면, 2번 라이더가 도킹을 한다. 이와 같은 방법으로 3, 4, 5번 라이더로 연결되면서 물건이 배송된다.

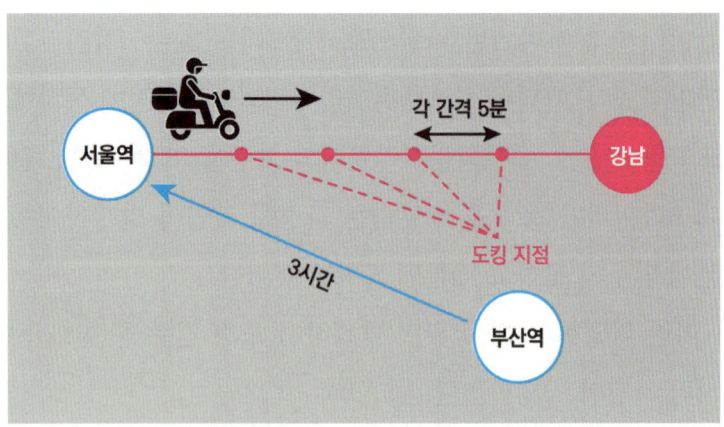

〈그림14〉 부산에서 강남으로 택배 배달

함께라이더는 단순 배달을 위해서 만들어진 시스템이 아니다. 가상국가가 만약 오프라인 배달 유통 시스템을 잡게 된다면 그 가상국가의 힘은 매우 커지게 된다. 그래서 실시간 택배와 음식 배달 시스템은 모두함께가 도전할 가치가 있는 사업이었다.

이 사업을 런칭하면서 정말 많은 반대가 있었다. 또한 라이더가 실패하자 되지도 않는 시스템을 운영한다는 비난도 있었다.

"성공은 많은 실패를 겪고 거기서 문제점을 파악하여 이루어지는 것이다."

기술을 결합하는 사업은 기술을 완성시키기 전까지 수많은 실패를 거듭한다.

만약 근거리 유통 배달을 중거리, 원거리와 연동하는 우리의 함께라이더 시스템이 100% 성공하게 되면 그 힘은 엄청날 것이라고 생각한다. 그 시스템을 국민이 가지게 되었을 때 유통의 핵을 바로 국민이 갖게 되는 것이다. 이 글을 쓰면서 필자의 마음은 매우 답답하다. 필자가 완결할 수 있었던 일을 완결하지 못하고 지금까지 개발한 내용을 글로 쓰고 있으니 무척 슬프다. 본서 뒤에 기술 내용도 수록할 것이다. 모두함께의 새로운 기술인이 참여하여 본 시스템이 완결되기를 간절히 소망한다.

- 실패사항2 : 고정 급여를 주었다

필자가 크게 실패한 경우로, 일명 소득 주도 성장이다. 국민운동 이전에도 먼저 소득을 보장하고 그에 맞게 일을 시켰는데, 사람들은 준 급여에 해당하는 일을 하지 않았다.

라이더가 하루에 60건을 배달하면 자신의 급여 이상을 벌어들인다. 흥미로운 것은 고정 급여를 주니 라이더가 하루에 60건을 하지 못했다. 그런데 콜당 수당을 받으니 하루에 60건 이상을 하였다.

급여를 보장하니 라이더들이 성실하게 일하지 않았다. 그중에 성실하게 일하시는 분들도 있었는데, 20%가 안되었다. 반면 콜당 수당을 지급하니 라이더들이 열심히 일을 하였다.

한때 정부도 소득 주도 성장을 실시한 적이 있다. 그리고 그 정책은 실패하였다.

필자는 국민에게 안정된 급여를 주고 싶었다. 안정된 급여를 받으려면 본인이 60건 이상을 배달해야 한다는 것을 그들도 안다. 그런데 이상하게 60건을 채우지 못한다.

필자에게는 이것이 아직도 숙제로 남아 있다. 시스템은 문제를 확인하고 연구하고 개발하면 발전시킬 수 있다. 허나 인간의 마음은 그렇지 않다.

필자가 가지는 의문은 이런 문제를 교육으로 변화시킬 수 있는가이다. 사실 나에게 시간이 있다면 교육을 통해서 고정 급여에 60건 이상의 배달을 하도록 테스트 해보고 싶다. 그것은 매우 중요한 자료가 된다. 국민의 성실성을 교육으로 함양할 수 있다는 것이다. 다시 말해 국민운동으로 국민이 성실해질 수 있다는 것이다.

§ 전기 소형차로 로봇 시대를 준비하자

함께라이더에서 사용하는 전기 소형차를 사람들은 전기 스쿠터라고 이야기한다. 함께라이더를 하기 위해 중국에서 부품을 수입하여 전기 소형차로 제작하였다. 배보다 배꼽이 더 크다고들 이야기했다. 함께라이더 사업을 위해 함께모터스 공장을 설립했기 때문이다. 왜 이렇게 판을 크게 만드려고 할까? 바로 수익을 만드는 게 아니라, 수익이 나올 수 있는 판을 만들어놓아야 하기 때문이다.

배달을 위해 함께라이더가 필요한 것은 사실이다. 허나 필자는 그보다 더 큰 판을 만드려 하였다. 이런 필자의 결정이 옳은지 틀린지는 후에 판단될 것으로 본다.

필자는 당장 수익이 생기는 사업을 만들고자 한 것이 아니다. 광대한 시장의 바탕 플랫폼을 만들고 싶은 것이었다. 그렇게 광대한 판을 여러 개 만든 후에 수많은 국민을 참여시켜 그 안에서 먹거리를 찾게 하고 싶었다.

전기 소형차는 전기자동차의 가장 기본형이다. 그리고 여기서부터 발전하여 로봇 산업으로 연결된다. 뒤에 자세히 이야기하겠지만, 모두함께의 신성장 동력을 영화/드라마 콘텐츠와 로봇으로 두었다. 콘텐츠 사업은 바로 뛰어들어 세계 시장에 도전하고자 했다. 그러나 로봇 사업은 장기 플랜으로 앞으로 10년의 시간을 두고 발전시키고자 했다.

로봇 사업 이전 사업으로 전기 소형차가 제격이다. 그래서 로봇 사업을 염두에 두고 전기 소형차부터 시작한 것이다. 모두함께에서 제작되는 전기 소형차가 앞으로 국민이 사용할 수 있게 확대될 수 있기를 소망한다.

로봇 사업의 가장 중요한 기술은 무엇인가?

사람들은 로봇 기술에 인공지능, 관절 등 메카트로닉스 기술이 매우 중요하다고 이야기한다. 필자가 생각할 때 로봇 사업에서 가장 중요한 기술은 배터리이다.

함께라이더에 사용하는 전기 소형차는 하루 1번 충전으로 종일 배달할 수 있게 만들어졌다. 그만큼 배터리 용량이 크고 무겁다. 일반 전기 소형차가 아닌 배달용은 배터리 충전 때문에 많은 고충이 있다. 로봇도 같다. 로봇이 적어도 5시간 이상 움직일 수 있는 배터리가 있어야 한다. 그리고 그 배터리는 무겁지 않아야 한다. 지금 아직도 로봇이 인간 산업에 들어오지 못하는 가장 큰 이유가 바로 배터리 문제이다. 함께모터스와 함께라이더를 운영하면서 다양한 전기에너지 공급에 대해 연구했었다. 심지어 태양열을 이용한 방법도 사용해보았다. 향후 모두함께에서 로봇 분야 중 배터리 분야를 계속 연구하고 발전시키기를 바란다.

§ 지역회장들이 라이더가 되다

함께라이더를 시작하려 했을 때 함께 일할 라이더가 필요했다. 라이너를 움직이면서 시스템을 개빌하고 수정해야 했기에, 정규 직원이 아닌 모두함께의 대의에 함께 하는 핵심 전사들이 필요했다. 전국의 지역회장과 지역 대표장 중에서 참가자를 모집했다. 지역회장 중 많은 분들이 참여하였고, 중지역 대표장과 1000명의 기존 회원 중에서도 참여자가 나왔다. 초기 선봉대 20명으로 부평 지역에서 첫 함께라이더를 2021년 10월에 시작하였다. 당시 라이더 경험이 없는 사람들이 대부분이었고, 필자 또한 라이더 시스템의 경험이 없는 상태에서 개발을 하여 필드에 적용시켰다.

"과연 우리에게 배달 일을 줄까?"하는 걱정을 했다. 선봉대가 부평을 돌아다니면서 홍보하고 하여 시작한지 한달 만에 하루 콜이 500건 이상 되었다. 놀랄만큼 빠른 증가였다. 후에는 일만 콜이 되었다. 헌데 그렇게 되기까지 바닥을 만든 선봉대의 희생이 있었다. 그분들은 라이더가 없는 상태에서 시스템이 완성될 때까지 무료 봉사를 하였다. 단순히 라이더 일만 한 것이 아니었다. 식당에서 급한 일이 있으면 도와주기도 하였다. 우리 라이더들은 음식을 받으러 식당에 갔는데 주인이 "아! 아직 음식이 준비 안되었어요."라고 해도 "괜찮아요. 기다릴게요. 천천히 하세요."라고 이야기한다. 음식점 입장에서는 이렇게 친절한 라이더가 없었다. 게다가 가끔 식당 청소도 도와준다. 이렇게 하면서 우리 라이더들과 그 동네의 상점들 간에 친화력이 생겼다.

　함께라이더가 처음 시작할 때 부평 음식점 주인들의 박수를 받았다. 필자는 거기서 느꼈다. "돈을 벌기 위해서는 상대방을 위해서 일을 해라." 아니, "돈을 벌기 위해서는 사랑의 마음으로 일을 해라!"

　처음 선봉대 20명~30명은 돈에 대해 생각하지 않았다. 그냥 보람된 일이라고 생각하고 전기 소형차를 타고 부평을 누볐고, 식당과 함께 하는 사람들이 되었다. 그 힘으로 하루 만 콜을 이룩하였다. 헌데 직원이 100명~200명으로 확장되면서 처음에 가졌던 사랑의 마음이 사라졌다. 선봉대 지역회장들은 모두 다시 지역회로 돌아갔고, 직원들이 라이더가 되었다. 처음의 느낌과는 많이 다른 함께라이더가 되었다.

2021년 8월에 함께라이더 사업자를 모았었다

필자는 원래 함께라이더를 국민 사업가가 하게 하고 싶었다. 그래서 함께라이더 시스템을 보여주면서 사업에 참여할 사람들을 모집하였다. 2021년 8월에 함께라이더 사업자를 모집하고 제주도에서 교육을 진행했다.
실제로 라이더 시스템도 제주도에서 구동하였다. 여기에 도킹 시스템도 운영해보았다.
헌데 제주도까지 약 100명 이상의 지원지기 와서 함께라이더 사업에 참여하였으나 실제 사업을 하려고 한 사람이 한 명도 없었다. 함께라이더 사업에 참여하겠다고 온 사람들은 그 사업의 타당성을 알려고 했고, 또 한 가지가 더 있었다. 함께라이더 사업에 참여하여 교육을 받으면 코인을 주었기에, 단순히 코인을 받기 위해서 온 사람도 있었다.
국민운동을 이끌면서 안타까운 마음이 드는 점은, 이제 국민들이 성실하게 일하겠다는 마음이 점차 꺼져간다는 것이다. 그들이 성실하게 일하고 싶지 않은 게 아니다. 많은 사

> 람들이 이야기한다. 땀 흘려 돈을 벌 때 인생의 보람이 있
> 는 것은 안다. 그러나 그것은 땀 흘려 일해서 먹고 살 수 있
> 을 때의 이야기다. 땀 흘려 일해서 집을 살 수 있을 때의 이
> 야기다. 그렇지 않을 경우 국민은 어쩔 수 없다. 함께라이
> 더 사업보다 거기에 참여해서 받는 코인이 국민에게는 더
> 유혹적인 것이었다.
> 그래서 어쩔 수 없이 2021년 10월 국민운동 본부의 대표
> 회장이었던 필자와 지역회장들이 선봉대가 되어 함께라이
> 더 사업을 시작한 것이었다.

§ 인력이 늘어나지 않는다 - 인력 수급의 불안정

함께라이더는 부평지역을 강타하였다. 부평 지역의 50% 이상 콜을 함께라이더가 담당하였다. 여기서 인천지역까지 확대하려 하였다. 이 기세로 인천, 광명, 서울 서부를 점령한다면 빠르게 모두배달을 런칭할 수 있었다. 그런데 문제는 인력 수급이었다. 라이더를 하고자 하는 사람들이 늘어나야 하는데 늘지가 않았다. 오토바이 라이더들은 고정 급여를 주는 함께라이더에 오려 하지 않았다. 배달 건수 당 수당을 받으면 고정 급여보다 더 많은 돈을 벌 수 있었기 때문

이다. 두 번째로 배달업은 쉬운 일이 아니다. 겨울철 혹한을 견뎌야 하고 여름철의 폭서를 견뎌야 한다. 그래서 이직율이 크고 인력을 확보하기가 쉬운 일은 아니었다.

결국 이 상태에서 함께라이더는 그대로 유지해야 했다. 인력 확보의 어려움으로 크게 펼쳐나가지 못하기에 이것으로 국민 운동을 확장시킬 수는 없었다. 또한 아직 지역 정비가 되지 않았다. 지역회장은 자리가 잡혔으나 지역 대표장, 중지역 대표장, 소지역 대표장 조직이 갖추어져야 한다. 함께라이더 시스템 또한 안정화될 시간이 필요했다.

2022년 3월부터 함께라이더를 직장인으로 전환하고 운영 조직을 갖추었다. 그래서 함께라이더의 시스템 및 운영의 전체 노하우를 얻는 데 1년이 소요되었다.

모든 사람들은 사업이 바르게 성공하기를 소망한다. 그러나 사업은 그렇게 빠르게 성장하지 않는다. 대한민국 배달을 모두함께가 접수하기를 소망하나, 거기에 소요되는 기간은 짧지 않을 것이다. 먼저 함께라이더 노하우를 획득하는 데 우리는 1년을 소요하였다.

여기에 모두배달을 붙이고 대국민운동을 전개하고 국민이 참여하는 흐름을 만들기까지 얼마나 걸릴까? 짧은 세월은 아니다. 우리는 그 기간을 인내하고 노력하며 발전시켜야 한다. 또한 배달 라이더의 환경을 바꾸어주어야 한다. 소형차지만 냉난방이 가능해서 더위와 추위에 힘들지 않게 해야 한다. 또한 큰 건물은 해당 건물 전용 로봇을 배치하고 라이더는 로봇에게 전달해주게 하는 방법도 개발해야 한다.

함께라이더 사업으로 함께모터스 사업이 연계되고 모두배달과 근거리 택배망을 만드는 기간 사업망이 구축되었다. 이 판 위에서 수익을 얻고 먹거리를 만드는 자가 바로 국민이 되어야 한다.

결국 2022년에는 10만 조직을 탄탄하게 구축하는 게 최우선의 일이었다. 그와 함께 함께라이더 사업의 시스템을 발전시켜야 했다.

미래의 배달 사업을 준비하려면?

현재의 근거리 배달은 인력이 직접 들어가기에 분명 변화가 되어야 한다. 많은 사람들은 드론과 로봇이 배달을 하는 시대가 될 것으로 생각한다. 인간이 완전히 없어지기에는 많은 시간이 필요할 것으로 본다.

가장 빠르게 도입될 것은 건물, 아파트를 담당하는 택배 로봇이다. 건물 앞에 택배 로봇이 상주하며 해당 건물에 물건을 배송하는 일을 하는 것이다. 라이더는 건물 앞까지만 배달을 해주면 된다.

필자는 로봇을 개발한 경험과 기술이 있다. 사실 이 사업을 모두함께에서 하고 싶었다. 수많은 건물 담당 로봇을 만들고 건물주와 협약하여 그 로봇이 해당 건물의 택배 및 음식의 배달과 배송이 가능하게 하면, 배달 시장을 넘어서서 물류 택배 시장에 모두함께가 선두로 나설 수 있다고 보았다. 판을 만들고 난 후 이 로봇을 함께모터스에서 제작하고, 이것을 연결시킨다면 차후 무인화 배달의 선두가 된다. 해당 로봇과 시스템 개발은 어려운 기술이 아니다. 물론 메카트로닉스 고급과 컴퓨터 시스템과 주행 AI 시스템이 결합되어야 하기에 쉽게 만들 수 없을지 모르나, 필자는 이 모든 것을 개발할 수 있는 능력이 있다. 그 힘으로 가상국가를 만들어 국민에게 주고 싶은 것이다.

나의 기술과 능력을 믿거나 말거나... 지금은 누군가 이 사업을 해야 하고, 모두함께가 이 사업을 추진하기를 소망한다.

국민 참여, 국민 수익

　모두배달 사업을 국민 사업으로 만들어야 했다. 그렇게 하여 그 수익을 다시 국민에게 돌려주는 운동이 필요했다. 절대 고액을 투자하지 못하게 했고 소액을 투자하여 소소한 수익을 받는 그림을 만들고 싶었다. 모두배달 투자 권고 금액은 10만 원이었다. 그리고 모두배달과 함께라이더에서 나오는 수익 중 일부를 투자자들에게 투자 금액 비율로 지급하는 운동을 했다. 투자금의 수익은 절대 보장되지 않으며, 투자금의 원금이 모두 사라질 수도 있다고 강력하게 이야기하였다. 그리고 300만 원 이상을 투자하기를 원할 경우에는 "투자금이 모두 사라져도 상관이 없습니다."라는 각서형 계약서까지 작성하도록 하였다. 투기가 아닌 진정한 국민투자로 국민이 수익이 창출되기를 소망하는 마음에서 시작한 참여 운동이다.

§ 국민의 작은 투자로 거대 사업을 성공시키자

모두배달은 함께라이더, 함께모터스 그리고 배달 시스템이 필요한 거대한 사업이다. 개발을 필자가 하였고 완료하였기에 개발비는 들지 않으나 전기 소형차, 서버 운영, 직원의 급여 등 성공하기 위한 사업 투자금이 필요하다. 모두배달 외에도 모두함께에서 시행하는 많은 사업들이 사업비가 필요하다. 모두함께는 주인이 국민이라 오너가 없다. 사업비와 투자비로 국민 참여, 국민 수익의 개념을 도입하였다. 모두배달의 수익은 광고, 시스템 사용 수수료, 라이더 수수료이다. 여기서 일정 수익은 투자자를 위해 별도의 계정으로 두고 그 금액을 투자자들에게 투자 금액 지분대로 지급하는 것이다.

예를 들어서 라이더가 배달을 수행하면 무조건 1건당 100원, 배달 수수료에서 무조건 20% 이렇게 투자자들에게 지불할 투자 금액의 영역을 정확하게 만들어준다. 그러면 투자자들은 배달 콜이 월 몇 건이 들어오면 자신에게 얼마의 수익이 올 수 있는지 예측할 수 있다. 이 투자는 1인당 10만 원을 권고사항으로 두었다. 10만 원을 투자해서 1000원의 수익을 받았다 하여도 연 12%의 수익인 것이다.

이렇게 소액을 투자하고 작은 수익을 기대하는 문화를 만들어야 한다고 생각했다. 큰 돈을 투자하고 큰 수익을 기대하다 자신이 원하는 수익을 얻지 못하게 되었을 때 발생하는 부분을 모두함께에서는 없애야 했다. 300만 원이 넘으면 면접을 하고 투자금은 단 한 푼도 얻지 못하는 경우도 발생할 수 있다는 것을 정확하게 인지시키고, 완벽하게 여유자금일 경우에만 투자를 받게 하였다.

배달 외에도 모두함께에서 해야 할 사업은 매우 크며 영역 또한 다양하다. 이런 거대 사업에는 많은 사업비가 필요하다. 그 사업비를 특정한 소수의 투자자나 기관에게서 받게 되면 그 사업의 주인은 국민이 아니라 소수의 투자자와 투자 기관이 된다. 결국 국민들에게서 소액을 투자받아 거대 이익을 창출하는 방법이 최적이라 생각하였다. 그 첫 모델로서 모두배달을 국민 투자 국민 수익의 첫 사업으로 하였다.

투자금은 많이 모였습니까?

필자가 가장 경계하는 영역이 재무이다. 필자는 대표회장을 지내면서 재무에 대해서 단 하나도 관여하지 않았다. 이유는 국민에게 신뢰받는 모두함께가 되기를 소망했기 때문이다. 그래서 투자금이 얼마나 모였는지 알지도 못하고 물어보지도 않았다. 특징적인 것은 투자가 아닌 기부형 투자도 많았다고 한다. 즉, 투자해 놓고 수당을 받을 계좌번호를 주지 않는 회원들이 있었다는 얘기다. "좋은 일을 하는데 수익금 받을 생각은 없습니다. 제발 성공만 시켜주십시오."라고 하신 분들이 많았다. 그래서 감사하는 마음으로 투자를 소개하고 유치한 분과 투자를 하신 분에게 모두코인을 지급하였다. 분명하게 말한다. 모두함께 국민운동은 사업에 대한 투자를 받았고 그에 대한 감사의 마음으로 모두코인을 주었지, 돈을 받고 모두코인을 팔지 않았다. 또한 투자자들은 모두 모두함께의 지역 대표장, 중지역 대표장, 소지역 대표장이다. 대표장이 되기 위해서 그들은 최소 6시간 이상의 교육을 받았다. 투자금에 대해 원금을 보장하지 않는디는 이야기를 분명히게 히였다.

§ 투기와 사기가 아닌 진실된 투자 운동이 있어야 한다

　대한민국에서 일반 서민이 좋은 아이템으로 사업하는 환경이 어떨까? 기업은 자금이 있어야 한다. 일반 서민이 기업을 하기 위해서는 외부 투자가 있어야 한다. 아무리 좋은 아이템을 가지고 있다 하여도 일반 서민이 외부 투자를 받기란 하늘의 별따기이다. 유일한 방법은 자신의 재산을 팔아서 하는 것이다. 대한민국에 많은 기관 투자와 투자단체가 있으나 서민에게는 들어갈 수 없는 곳이다. 결국 많은 것이 보장된 사람들 또는 그런 기업들이 투자금을 유치할 수 있다. 결국 대한민국의 제도권에서 많은 투자금은 가진 자들의 몫이 된다. 일반 서민은 일반인을 통해서 투자금을 유치해야 한다. 일반인들에게 투자금을 유치하여 만약 사업이 실패하면 사기죄로 법정문제가 발생하고 징역까지 살기도 한다.

"대한민국에서 사업하다 망하면 패가망신한다."

이 말은 거짓말이 아니다. 그렇기에 점차 사업을 하고자 하는 사람들이 사라진다. 능력이 있고 기술이 있는 사람들은 결코 사업을 하지 않는다. 아무리 기술이 있고 능력이 있다 하더라도 사업을 성공시키는 것이 쉬운 일이 아니다. 100개의 기업이 도전하여 그 중 1개가 성공할까 말까 하는 것이다. 그래서 진실하고 성실하게 사업을 하고자 하는 터전이 사라졌다. 그것은 대한민국의 미래가 어둡다는 것이다.

새로운 사업에 도전하고 실패를 무기로 다시 도전하면서 기업 경쟁력이 커지는 것이다. 현재 대한민국은 사업을 해야 할 사람들이 사업에 도전하지 않으면서 점점 더 어려워지고 있다.

투자는 "원금이 보장되지 않는다. 원금 모두가 날아갈 수 있다."는 것을 기본으로 한다. 그렇기에 절대 원금을 보장하면 안 된다. 두 번째로 투자 수익을 확정적으로 이야기해서는 안 된다. 두가지를 어기고 투자를 받아 회사가 실패하면 사기와 유사수신죄로 범죄자가 된다.

문제는 기술을 가지고 있는 분들 중에는 법을 잘 모르는 분들이 많다는 것이다. 자신의 기술을 믿고 원금 보장과 수익에 대한 확정 약속을 하고 투자를 받았다가 실패하여 사기죄로 징역을 살고 있는 사람들도 있다. 기술도 있고 발전시킬 능력이 있는 성실한 사람이 법을 몰라 잘못된 계약을 하여 어려움을 당하는 경우가 많다. 이런 것들이 대한민국의 발전을 어둡게 한다.

모두함께에서 진정한 투자 문화를 만들고자 했다. 그래서 소액 투자를 권장하고 원금이 보장되지 않으며 투자 수익은 확정되지 않는다는 이야기를 먼저 하고 모두배달 투자를 받았다. 그렇게 하여 모두배달이 성공하면 또 다른 사업을 런칭하고 그리고 그 사업의 사업비를 국민 투자로 받아 성공하면 국민이 수익을 얻게 하고자 한 것이다.

§ 사업은 5년 이상 보아야 한다

'투자금은 잃어버린 돈이다.' 인내하기 힘들다면 차라리 이렇게 생각하기를 바란다. 투자금의 수익이 터무니없이 빨리 생긴다는 것은 분명 사기라고 생각한다. 나무를 심고 열매를 기다리는 최소 기간이 5년이다. 어떤 사업도 단 1년 만에 성공하기는 힘들다. 특히 고수익을 기대할 수 있는 벤처 사업은 더 많은 시간을 참고 인내하고 기다려야 한다.

필자는 국민에게 이런 투자 문화를 알려주고 싶었다. 10만 원 투자하고 돈을 잃어버렸다고 생각하면 기대가 없다. 여러분이 100만 원 정도는 잃어버려도 사는 데 문제가 없다고 생각한다면, 투자할 수 있는 금액은 100만 원이다. 즉, 여유돈을 투자해야 한다는 것이다.

문제는 투자를 바라는 기업도 마음이 급하고, 국민들도 소위 대박을 기대한다는 것이다. 게다가 대박이 바로 터지기를 바란다. 이런 문제로 투자가 투기로 바뀌고 그로 인해 문제가 발생한다.

모두함께에서는 이것을 바꾸고 싶었다. 그래서 소액 투자 문화를 만들고자 하였다. 그리고 5년 이상 정말 열심히 기업을 키울 기업가와 소액 투자자를 연결시켜 서민들이 기업을 만들고 도전할 수 있는 환경을 만들고자 했다.

처음에는 많이 힘들었다. 그러나 모두함께의 회원들이 이 투자 문화에 대하여 긍정적으로 반응하기 시작했다. 사실 투자가 매우 빠르게 늘어나지는 않았다. 그것은 회원들이 이 투자는 장기적인 것이고 여유가 있을 때 투자하는 것이라고 이해했기 때문이다.

모두배달이 성공하면 본 투자 시스템을 오픈하여 기업과 투자자의 직거래 광장을 만들고자 했다. 여기서 본부는 해당 기업을 검증하여 그 평가 내용을 공개하고 투자자와 연결되도록 해야 한다. 그 일을 차기 리더자들이 진행하여 젊은 청년들의 창업을 활성화하기를 소망한다. 청년들이 참신한 아이템으로 도전하여 실패했다고 하더라도 그 실패의 경험으로 다시 재도약한다면 끝내 성공하기 때문이다.

청년들이 창업을 두려워하지 않아야 한다. 그것이 대한민국을 발전시키는 힘이다. 모두함께가 그 기반을 만들기를 희망한다.

쭉정이와 알갱이를 분별할 줄 알아야 한다

필자가 볼 때 사람들이 진정한 투자와 투기를 분별하지 못하는 것 같다. 일단 무한에너지 사업은 100% 사기라고 보아야 한다. 왜 그런지 여기서 쓰지는 않겠다. 두 번째로 돈

넣고 돈을 버는 사업, 즉 실체가 없고 돈만 왔다갔다하는 사업은 사기이다. 이 두 가지 분야에서는 매우 큰 수익률을 제시하며 원금 보장까지 얘기하는데, 속지 말아야 한다.

제대로 된 기업은 기술이나 시스템 또는 비즈니스 모델이 존재한다. 그리고 그 사업이 성공했을 때의 수익을 제시한다. 지금 대한민국의 서민의 투자 시장은 혼탁하기 그지없다. 정부가 이런 부분에서 분별력 없이 성실한 기업을 사기로 몰아 무너뜨리는 경우도 있다. 우리는 진정한 투자와 기망된 투자를 구분할 줄 알아야 한다.

10만 대군 조직을 만들다

2021년 1월부터 함께라이더 사업을 진행시키면서 국민 참여 국민 수익 홍보도 시작하였다. 함께라이더는 빠르게 성장하고 있었다. 헌데 조직이 정규화되지는 않았다. 사람들은 함께라이더 사업을 시작한 지 몇 개월 안 된 시점에서도 바로 큰 수익이 나기를 기대했고, 모두코인이 상장되어 현금화되기를 소망했다.

많은 사람들이 필자가 말하는 대의에 대해서는 관심도 없었다. 이 상황에서 모두배달을 활성화시키고 모두코인을 상장시키거나 약간의 담보성만 만들어내도 사람들이 대박의 꿈에 사로잡힐 것 같았다. 국민운동을 하면서 국민을 보았다. 어느 정도 생활이 안정된 사람들은 국민운동에 관심이 없다. 사실 그들에겐 애국심이 사라진 지 오래다. 그렇지 못하고 현실이 힘든 사람들은 오로지 대박만을 꿈꾸고 있었다. 나이가 고령화될수록 대박의 욕심은 더욱 커지고 있다.

대한민국 서민의 생은 필자가 볼 때 아수라장이다. 성실하게 일하는 것만으로 부를 얻을 수 있는 사회가 아니니, 서로 다툼과 제로썸 싸움에 매달리고 있다.

이런 환경에서 필자는 대의를 전달하고 진정한 국민운동에 대해 국민에게 교육시켜야 했다. 그렇지 않으면 국민운동은 실패할 것이고 그렇게 되면 가상국가의 꿈은 사라지고 대한민국의 미래가 어둡다고 생각했다. 결국 지역 대표장부터 중지역 대표장, 소지역 대표장 교육을 다시 해야 한다고 생각했다. 그래서 2022년은 10만 대군 조직을 대의가 충만한 군대로 만드는 해로 결정했다.

많은 사람들은 2022년에 바로 모두배달 사업을 시작하기를 바랬다. 허나 필자는 과거에 정신이 바로 서지 않으면 사업이 엉망이 되는 것을 보았다. 돈은 어떻게 써야 하는지 아는 사람에게 주어야 한다. 그래야 그 돈이 제대로 쓰여지는 것이다. 대의가 자리잡지 않으면 모두배달이 성공한다 해도 가상국가로 넘어가기는 힘들다. 나라는 철학이 있어야 하고, 국민이 그 철학을 인지해야 나라가 만들어지는 것이다.

§ 지역회장의 증원

1기 지역회장 50명으로는 10만 대군을 관리할 수 없었다.

일단, 대의에 찬성하고 동참하겠다는 열혈 회원들 중에서 하부의 회원들을 리더할 수 있는 사람들이 필요했다. 2022년에 2기와 3기 지역회장을 증원하여 지역회장이 총 100여 명이 되었다.

어느 조직이나 처음 만들어지고 운영체계를 만들 때는 혼란과 분란이 생긴다. 지역회장을 임명하고 각 지역에 사무실을 운영하였다. 회장들은 모두함께에 오기 전에 다양한 일들을 한 사람들이다. 박사와 교수도 있었고 장군도 있었으며 대기업 임원, 공무원, 교육자 등등 사회의 다양한 분야에서 인정받고 존경받으며 활약하신 분들이었다. 평균 나이는 60세였는데 60세를 넘으신 분들도 많았고 대부분은 50세가 넘은 분들이었다.

처음에는 가 지역회장끼리 다툼이 많았다. 60 평생을 살아오면서 가지고 있는 인생관이 서로 다른데, 생각이 다른 사람들이 힘을 합치려하니 덜그럭거리는게 당연지사였다. 지역회장 체제를 구축하고 지속적인 대의 교육을 하였다. 그리고 지역회장님들은 그 무엇보다도 대의를 중히 여겨 달라고 당부하였다. 그러나 100여 명이나 되는 지역회장들이 새로운 조직에서 단합되는 게 쉬운 일이 아니었다.

지역 대표장이 분열되면 결국 하부의 지역 대표장도 분열되고 그렇게 되면 모두함께 조직이 성공할 가능성은 없다.

가장 큰일은 지역회장들의 단합을 이루는 일이었다. 서로 자기의 역량만 내세우려 하였다. 조직의 밑바닥에서부터 차근차근 올라온 지역회장이 아니라 1년 안에 모여든 10만 명 중에서 뽑았기에, 서로 자기의 힘이 더 크다며 싸우는 일이 많았다. 이 지역회장들이 서로 단합되게 하는 시간이 필요했다.

많은 시간을 들여 교육과 단합회를 실시하였다. 완벽하지는 않으나 지역회장들이 서로 협력하게 만드는데 1년의 세월이 소요되었다.

빠르게 만든 대규모 조직에서 리더자를 뽑으면...

조직에서 승진을 거듭하며 점차 상위로 올라가면 상하 지휘가 원활하다. 그러나 빠른 시간에 조직이 만들어지고 투표나 회의를 통해서 리더자가 선출되면 지휘를 하기 전에 약간의 준비 기간이 필요하다. 모두함께에서 임명된 지역회장들은 자신과 일을 같이 할 지역 대표장을 모으려 했다. 또한 각자 자기 하부의 회원이 더 많기를 바라서 뺏고 뺏기는(?) 싸움도 일어났다. 본의 아니게 서로에 대한 비난도 발생했다. 이 모든 것은 지역회장이 자신의 입지를 만들기 위한 행동이다. 여기서 해결책은 시간이다. 지역회장들이 자주 만나게 해야 한다. 그리고 대의를 주제로 계속 토론을 하게 해야 한다. 그러면 서로가 서로를 이해하게 된다. 급조된 조직에서 리더자를 선출하면 리더자 워크샵을 자주 해야 한다. 모두함께도 지역회장이 단합하게 하고 대의를 마음 속에 담게 하는데 1년이 걸렸다. 가끔 회원들이 "아니, 빨리빨리 사업을 진행시켜야 하는데 왜 이리 더디냐!"라고 말하는 경우가 많았다. 일은 서두르면 안 된다. 특히 사람이 뭉쳐서 하는 일은 일이 시작되면서 서로 호흡을 맞추는 시간이 꼭 필요하다.

모두함께의 기둥, 지역 대표장 조직 구축

지역회장은 100명이고 지역 대표장은 1000명이다. 한 명의 지역회장이 10명의 지역 대표장을 하부에 둔다. 그리고 총 인원은 10만 명이다. 이 경우 실제 리더자들은 지역 대표장이다. 지역회장이 관리하는 지역 대표장, 중지역 대표장, 소지역 대표장이 다 합쳐 총 1000명이다. (회원이 20만 명을 넘긴 후로 실제로 자기 하부가 2000명이 넘는 지역회장도 존재한다.) 이 많은 인원을 관리하는 것은 무리가 있다. 지역 대표장은 하부에 기본 인원이 100명이다. 이 정도의 인원은 지역 대표장이 관리 가능하다.

따라서 10만 명의 대군을 잘 관리하려면 탄탄한 지역 대표장 구조를 만들어야 했다. 지역 대표장에게 책임을 주어야 했다. 또한 지역 대표장이 모두함께 국민운동의 대의와 철학을 완벽하게 이해하도록 해야 했다.

지역회장과 지역 대표장 간의 갈등이 있었다. 이것 또한 빠르게 조직이 구축되고 지역회장이 선출되면서 발생할 수밖에 없는 문제였다. 지역 대표장 중에는 사회 경험이 풍부하며 높은 학식을 갖춘 사람들도 있었다. 따라서 지역회장이 리더하는 내용에 모두 찬성하지는 않는 경우도 발생한다. 이때 지역 대표장은 이의를 제기하고 그 문제로 지역회장과 갈등이 생겼다. 이것 또한 시간을 요한다. 지역 대표장은 전체 대의 교육 외에도 한 달에 한 번 이상 다양한 교육을 받았다. 지역 대표장이 모이면서 온라인 교육과 워크샵을 반복하며 교육하였다.

지역 대표장이 지역회장의 지시에 따라 움직여 주어야 조직 전체가 제대로 동작한다. 이런 환경을 만들기 위해서는 몇 개의 조직이 필요하다.

- 분쟁 조정위원회가 필요했다

지역회장과 지역 대표장 간에 갈등이 생겨 분열이 발생하면 분쟁 조정위원회에 신고하여 분쟁을 해결할 수 있게 하였다. 이 위원회가 존재하는 것만으로도 지역회장과 지역 대표장의 갈등을 완화시킬 수 있었다. 한번은 지역회장과 지역 대표장의 갈등이 발생해 필자가 분쟁 조정위원회에서 처리하라 하였다. 헌데 그 분은 분쟁 조정위원회에 신고하지 않았다. 갈등의 대부분은 당사자들 간의 대화로 많이 해결되었다. 그러나 더 이상 해결이 안 될 경우에는 분쟁 조정 위원회에 신고하였다.

- 지역 대표장 인사 이동 위원회 또는 인사 이동이 필요했다

나이가 50세가 넘으면 그 사람의 성격과 가치관이 변화되기 힘들다. 지역 대표장과 지역회장 간의 가치관과 행동양식이 달라 합심하기 어려울 때는 인사를 이동해야 한다.

초기에는 지역 대표장이 시스템을 이용하여 자신이 원하는 지역회장을 선택하게 하였다. 그때 많은 지역 대표장이 이전을 하였다. 이 당시 지역회장들은 대표장에게 매우 친절하였다. 남보다 많은 지역 대표장을 보유하고자 했기 때문이다. 이후 지역 대표장 이전을 막자, 지역 대표장과 지역회장 사이의 분란이 커졌다. 그 분란을 잠재우기 위해 지역회장 주관으로 지역 대표장 모임을 자주 갖도록 권고하였다. 그 효과가 있었다. 지역회 자치를 강조했고 지역회장과 지역 대표장이 함께 교육의 장을 만들고 행사를 진행하면서 화합하게 되었다.

- 윤리위원회가 필요하다

어느 조직에서든 개인의 이익을 위한 불법과 편법이 발생한다. 이것을 내부에서 소화해야 한다. 즉 내부에서 문제를 발견하고 정화하는 기구가 필요하다. 모두함께에서 문제나 불법, 편법이 발생하면 윤리위원회에 제소하여 판결을 받게 하였다. 1차는 지역회 내부의 윤리위원회에서 판단하고 징계가 결정되면 징계 처리한다. 그리고 이의가 있을 경우 판결에 대한 이의신청을 하면 행정부의 감사위원회에서 심의한다.

지역회장, 지역 대표장이 임명되어 사람들이 직위를 가지게 되면 자신의 힘을 이용하여 이권을 얻고자 하는 일들이 발생한다. 이런 이기적인 편법이나 불법을 그냥 놔두게 되면 조직이 매우 빠르게 분열된다. 조직이 오래 존재하기 위해서는 윤리가 필요하다. 즉, 도덕적 행동을 하는 사람이 조직에서 대우받게 해야 한다.

- **운영 정관은 민주적이어야 한다**

모두함께 국민운동 같은 거대한 조직이 태동을 할 때 최우선으로 만들어야 하는 것이 운영 정관이다. 그렇게 않으면 거대 조직이 각 지역회 회장의 결정에 따라 제멋대로 움직인다. 정관은 복잡하면 안 된다. 처음에는 꼭 지켜야 할 항목을 정해야 한다. 그리고 그 메인 항목에 또 필요한 내용이 있으면 추가를 한다. 그렇게 하여 중요 행동 정관이 정해지면 하부 정관을 둔다. 그리고 정관에 따라 운영하는데, 예외가 발생할 경우는 예외항목을 두면서 정관을 발전시켜야 한다.

정관을 만들어달라 하였더니 다른 조직의 광대한 정관을 가져와 수정하려 하였다. 그렇게 정관을 만들면 무의미한 정관이 된다. 정관을 만들 때는, 처음에는 꼭 지켜야 할 중요 내용만 정하고, 점차 내용을 추가하며 하부에 예외 적용을 덧붙이면서 정관을 바꾸어나가야 한다.

인사 관리가 매우 중요하다

'인사가 만사다'라는 이야기를 한다. 기업이든 국민운동 조직이든 인사 관리가 매우 중요하다. 모든 일은 인간이 하기 때문이다. 인사 관리의 가장 중요한 부분은 흐름을 만들어야 한다는 것이다. 조직이 생긴 목적과 가고자 하는 방향을 조직의 모든 사람들이 숙지하고, 같은 방향을 바라보고 그 방향으로 가게 하는 것을 필자는 '흐름'이라고 이야기한다. 큰 조직을 운용할 때는 처음부터 먼 거리의 목표를 알려주기보다 단거리의 목표를 계속해서 제시하는 방법이 좋다고 본다.

짧은 거리를 모두 이동한 후 다음 목표, 그 다음 목표를 제시하여 궁극적인 목표 지점으로 인도하는 것이다. 가상국가가 되기 위한 전체 내용을 기획서로 만들어 구성원들에게 아주 정확하고 상세한 내용을 알려주고 조직을 운용하려 한다면 매우 큰 어려움이 있을 것이다. 이유는 최종 목표를 알려주면 사람들은 그 최종 목표만 보지 현재를 보지 않기 때문이다. 쉽게 말하면 우리는 현재 1층에 있고 목표 지점은 10층일 경우, 2층을 거쳐 3층, 4층 이렇게 차근차근 올라가야 하는데, 군중은 대부분 10층에 대해서만 생각한다는 것이다. 그렇기에 상위 관리자는 좀 멀리 보고 그 밑에 있는 사람들은 조금 가까운 목표를 보게 해야 한다. 이것을 잘하는 것이 인사 관리이다. 지역회장은 3층까지 보게 하고 지역 대표장은 2층까지 보게 해야 한다. 그렇게 하지 않고 모든 기획을 전체 구성원이 다 알게 하는 것은 옳은 방법이 아니다.

지금 필자는 필자가 기획한 가상국가의 모든 내용을 책으로 쓰고 있다. 만약 필자가 아직 모두함께의 수장이라면 이 글을 쓰지 않을 것이다. 이유는 전체를 알면 하부 조직의 운용이 다소 힘들기 때문이다. 필자의 소망을 누군가 이어받아서 대한민국이 가상국가 건설에 선봉이 되어 대한민국 국민이 행복해지기를 바란다.

필자의 가상국가 계획은 모두함께 국민운동 본부에서 발표하지 않았다. 국민운동이 성공하면 그 이후에 가상국가 이야기를 하고자 했다. 필자가 더이상 리더할 수 없는 환경이라 모든 이야기를 여기에 쓰는 것이다. 그러나 꼭 기억할 것은, 조직이 가고자 하는 모든 내용을 하나부터 열까지 모두 구성원에게 알리는 것은 좋지 못하다. 현재 위치가 3층이라면 4층까지만 알려줘도 족하다.

물결을 일으키는 사람들, 중지역 대표장

각 지역 대표장 밑에 10명의 중지역 대표장이 할당된다. 총 만 명의 중지역 대표장을 구축했다. 후에 중지역 대표장의 수가 2만 명이 넘었다. 이 중지역 대표장은 실제 일을 진행하는 사람들이다. 중지역 대표장에게는 큰 대의와 큰 실리 2가지를 알려주어야 했다. 그래서 전국을 돌며 중지역 대표장 교육을 하였다. 제일 중요한 대의와 실천 사항을 교육하였고, 이후 모두함께가 성공하면 그 이익을 중지역 대표장이 가져간다는 것을 강조하였다.

중지역 대표장은 행동하는 리더이다. 중지역 대표장에게는 다양한 교육보다 중요한 부분만 알 수 있게 교육했다. 어떤 사업을 할 때, 중지역 대표장을 먼저 교육하여 지침을 정해주고 정해진 사업을 시작해야 한다.

중지역 대표장 교육 중 가장 중요한 것은 소속감이다. 예를 들어 모두배달 사업을 시작한다고 할 때 필드에서 직접 상점 등록을 하는 사람들이 바로 중지역 대표장과 소지역 대표장이다. 중지역 대표장이 업무를 맡으면 하부의 소지역 대표장과 함께 행동하면서 업무를 수행한다.

우선 중지역 대표장에게 소속감을 심어주었다. 그리고 모두배달 상점을 등록하면 해당 상점으로 들어오는 주문의 수수료 중 일정 금액을 수익으로 주겠다고 하였다. 중지역 대표장이 혼자 영업을 하기는 힘들다. 그런데 하부의 소지역 대표장 10명이 있으면 영업을 나간다. 혼자 하는 게 아니기 때문이다. 그리고 실적에 따른 포상으로 모두코인을 지급하는 등 여러 이벤트를 기획하고 중지역 대표장을 경쟁시키면 10만 명의 대군이 움직인다. 지역 대표장이 정확하게 구축되어 있다면 중지역 대표장의 교육은 어렵지 않다. 중지역 대표장에게는 커다란 대의와 이 일에 참여했을 때 얻는 실리를 정확하게 이야기해주어야 한다.

필자는 전국을 순회하면서 중지역 대표장 세미나를 이끌었다. 그리고 지역 대표장은 중지역 대표장에게 실리와 책임감을 강조하면서 중지역 대표장 조직을 만들었다.

- 승진 체계는 필수이다

중지역 대표장까지 조직이 구축되었을 때 필수적인 것이 바로 승진 체계이다. 중지역 대표장이 지역 대표장으로 승

〈그림15〉 2022년 중지역 대표장 세미나

진하고, 지역 대표장이 지역회장으로 승진할 수 있게 해야 한다. 반대로 성과가 없는 지역 대표장이나 중지역 대표장을 하부 직책으로 강등시킬 수 있어야 한다. 당시 우리는 지역회장은 급여직이고 지역 대표장은 2024년부터 급여를 받을 수 있도록 기획하였다. 그래서 중지역 대표장들은 지역 대표장으로 승진하고 싶어했다. 큰 조직을 결속력 있게 만드는 힘 중 하나가 바로 승진 체계이다.

§ 스마트폰 ERP로 빠르게 지역 협의회를 구축하다

10만 명 이상의 회원이 만들어졌다. 이 많은 회원들이 오프라인에서 교육을 받게 하는 것은 쉬운 일이 아니다. 또한 지역회장들을 뽑고 그 지역회장들 하부에 10만 명을 고루 나누어 배치하는 것도 쉬운 일이 아니다. 허나 이 일은 매우 중요하다. 2020년 11월 말에 이미 회원 수는 10만 명이 되었다. 그러나 이 10만 명을 실제로 움직이게 하려면 조직이 구성되어야 했다. 2021년~2022년 12월까지 약 1년 6개월 동안 10만 명을 지역회장-지역 대표장-중지역 대표장-소지역 대표장으로 조직화했다. 그래서 2022년 12월에는 체계화된 국민운동 조직이 결성되었다.

- 자동으로 지역회장 하부로 등록되게 하였다

지역회장을 선출한 후 국민운동 본부 회원들은 자신의 지역을 등록하도록 하였다. 그리고 지역 등록과 함께 그 지역의 회장을 선택하도록 하였다. 그렇게 하면 모두코인을 지급하였다. 또한 곧 이벤트가 있어 수익 모델에 참여할 기회가 주어진다고 공시하였다.

이 때 시작한 것이 모두배달 테스트 사업인 '상점 홍보 동영상 촬영'이다. 이 이슈로 지역회장들이 자신을 선택한 하부 회원들에게 연락을 하고 뭉칠 수 있었다. 이렇게 하여 각 지역으로 회원을 이동시키고 오프라인 만남과 테스트 운동(상점 홍보 동영상 촬영)을 하게 된 것이다. 상점 홍보 동영상 촬영은 결과적으로 실패였으나 그로 인해 오프라인 조직이 만들어질 수 있었다.

모두함께 안에는 ERP가 내장되어 있다. 지역회장 ERP를 이용하여 자신을 하부로 등록한 회원과 쉽게 커뮤니케이션 할 수 있도록 설계되어 있다. 모두함께의 기본은 메신저이다. 이 메신저를 이용하여 회원들과 통신이 가능하고 지시와 결과 보고가 가능했기에 빠르게 지역으로 회원이 결합되고 오프라인에서 운동을 같이 할 수 있었다.

- 지역 대표장과 하부 회원은 상호 동의 관계다

지역 대표장은 자신의 상위인 지역회장의 하부 회원을 열람하고 광장이나 채팅을 통해서 연락과 문자 및 미디어 데이터를 상대방에게 전송할 수 있다. 이로 인해 회원들은 여러 지역 대표장과 통신하면서 자신과 맞는 지역 대표장을 선택할 수 있다. 그리고 일정 시간을 두고 회원들이 지역 내 표장을 선택하는 시스템을 오픈하였다.

빠르게 모인 불특정 다수 회원을 계층화할 수 있었던 가장 큰 요인은 바로 지역 대표장과 회원들이 교류할 수 있게 했기 때문이다.

처음에는 지역 대표장들 간에 싸움도 일어났다. 그래서 회원들이 자신의 상위 지역 대표장을 변경할 수 있게도 하였다. 처음에는 많은 혼란이 있었으나 시간이 갈수록 안정화되었다.

- 더 이상 회원을 늘리면 안되었다

2022년 말까지 회원 수가 20만에 육박했다. 더 이상 회원 증가는 위험했다. 사업을 하고자 했다면 회원을 계속적으로 증가시켰을 것이다.

필자의 꿈은 사업이 아니라 대한민국 국민이 국민운동으로 단합하여 가상국가로 올라서는 것이다. 그렇게 하기 위해서는 온라인으로 들어온 회원들이 지역 대표장의 조직 체계에 들어와야 했다. 결국 앱을 감추어야 했다. 2022년 말 구글에 오픈되어 있던 모두함께 앱을 닫았다. 회원의 증가를 막고 현재 회원들로 조직을 만들고자 하였다. 구글 플레이스토어에서는 앱을 내렸고 원스토어에만 남겨두었다. 그러나 앱을 다운받아도 바로 들어오지 못하도록 폐쇄 모드로 전환하였다.

즉, 불특정 다수의 사람들이 모두함께 앱을 다운 받아도 회원으로 등록되어 있지 않으면 들어올 수 없게 한 것이다. 단, 꼭 들어오겠다는 사람들은 지역 대표장이 계정을 만들어줄 수가 있다. 그렇게 신규로 들어오기 힘든 상황에서도 2022년에만 신규회원이 4만 명 더 늘었다.

- 코인 지급 권한을 지역회장에게 주었다

조직을 체계적으로 구축하기 위해서는 상위 관리자에게

권한이 있어야 한다. 또한 하부 사람들에게 상을 주거나 노고에 대한 수당을 지급할 수 있는 힘이 있어야 한다. 지역회장에게는 하부의 대표장에게 코인을 지급할 수 있는 권한을 주었다. 그 권한으로 빠르게 지역회 조직을 결성할 수 있었다.

여기서 두 가지 문제가 발생하였다. 가끔 지역회장이 공정한 행정을 하지 않는 경우가 발생하였다. 이로 인해 분란도 있었다. 때로는 코인을 자신의 이익을 위해 사용한 경우도 발생하였다. 이런 경우 즉각 윤리위원회를 통해 징계 조치하였다. 급하게 결성된 조직의 상위 관리자가 권력을 남용하는 일은 일반적으로 발생하는 사안이다.

체계가 잡혀 있는 조직에서 밑바닥부터 시작하여 승진한 경우는 이런 문세가 비교적 적게 일어난다. 한 조직에서 오랫동안 일한 사람은 조직의 문화와 정관을 알고 있는 데다, 인사와 업무 기록이 쌓이면 다른 사람들도 그 사람의 성품과 특징을 잘 알 수 있다. 그러나 모두함께처럼 대규모의 사람들이 짧은 시간에 모여, 그중에서 리더자를 뽑았을 때는 이런 문제가 분명히 발생한다. 그분들 스스로 밝힌 이력으로 판단해야 하기 때문에 오류가 발생할 수 있는 것이다.

이런 문제를 해결하기 위해서 지역회장들과는 자주 미팅을 하고 워크샵을 하면서 모두함께의 대의를 강조하였고,

절대 하지 말아야 할 일을 철저하게 공지해야 했다.

모두함께가 아니더라도 마찬가지다. 짧은 시간에 모인 사람들 중에서 리더자를 선출하고자 한다면, 우선 이력을 참조하여 뽑되, 자주 만나고 워크샵을 가져서 그 분이 제대로 리더할 수 있도록 지원해야 한다. 또한 외부 인사를 자주 초빙하여 다양한 지식 교육과 인성 교육을 해야 한다. 빠르게 만들어진 조직에 인성과 지식 교육은 필수이다.

사람을 많이 데려온다고 리더자 자격이 있는 게 아니다

2018년 이전에 서민의 기업을 만들자는 모토로 사업을 시작하였다. 필자는 사실 이때 사회 경험이 없었다. 그때 회원을 1000명이나 모았다. 이분들을 관리하기 위해 총괄본부장을 10명 뽑았다. 이때 회원들을 많이 데려온 사람을 1등부터 10등까지 뽑아 총괄본부장으로 임명하였다. 이것이 결과적으로 기업을 무너뜨리게 된 핵심 요인이 되었다. 리더자는 일단 배움이 있어야 하며 경험이 많아야 한다. 큰 조직에서 일한 경험도 매우 좋은 점이다. 그리고 수없이, 끝없이 인성 교육과 지성 교육을 하여야 한다. 그리고 잔소리다 싶을 정도로 기업이 가고자 하는 방향을 끝없이 교육해야 한다. 또한 학력이 높고 경험이 많은 인재라고 하더라

> 도, 신규 조직의 리더가 되는 것은 신입사원이 리더가 되는 것과 같다고 생각해야 한다. 그래서 시간을 가지고 리더자가 될 수 있게 이끌어야 한다.
>
> 필자가 지역회 조직에 리더자를 정립하고자 할 때 2022년 3월부터 2022년 12월까지 꼬박 10개월을 소요하였다. 이것은 결코 긴 시간이 아니다. 10만 명을 조직화하는 데는 매우 짧은 시간이었다. 이때 "아니, 사업은 안 하고 왜 맨날 세미나에 워크샵만 하는가?"라고 말하는 사람도 있었으나 대부분은 조직을 탄탄하게 하는 게 필수라는 데 동의했다.

§ 조직 구축에 최선을 다한 2022년

2022년 함께라이더 사업을 발전시키고 기반을 만들면서 조직 구축에 최선을 다했다. <그림16>은 2022년 지역회장부터 소지역 대표장까지 임명하고 연수와 교육을 실시했던 전체 일정표이다. 3월부터 4월까지 신규 지역회장을 모집했고 기존의 지역회장을 다시 교육하였다. 그리고 5월~6월에 다시 지역 대표장을 결집시켰다. 그리고 이 지역 대표장들은 7월~12월까지 지속적으로 세미나와 워크숍을 가지도

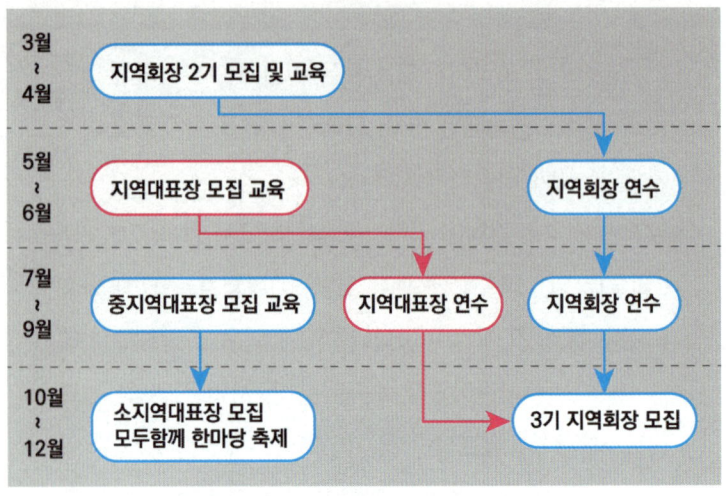

〈그림16〉 2022년 지역회 조직 구축

록 했다. 7월~9월까지는 중지역 대표장을 교육하였다. 전국적으로 중지역 대표장 교육을 실시할 때 한 번에 모인 교육 인원이 최소 1000명이었다. 지역 대표장과 중지역 대표장의 워크샵을 진행시키는 한편, 능력있는 지역 대표장을 지역회장으로 승진시키고, 중지역 대표장을 지역 대표장으로 승진시켰다.

중지역 대표장까지 교육을 끝낸 후 10월~12월까지는 소지역 대표장을 교육했다. 총 인원이 10만 명이나 되기에, 한 번에 만 명이 모여도 최소 10번의 교육을 해야 했다.

문제는 만 명이 들어갈 강의장도 없거니와, 10만 명을 대상으로 연설이나 강의로 교육을 하기는 어렵다.

그래서 한마당 행사를 개최하였다. 10만 대군을 최소 5000명에서 최대 10000명으로 나누어 전국 15군데에서 행사를 가졌다. 한마당 행사는 말 그대로 한마당이다. 모두 함께의 대의와 국민운동이 무엇인가를 알려주기 위해 가수, 연기자, 음악, 춤 등을 결합하여 공연을 진행하였고, 소지역 대표장들에게 모두함께 국민운동의 정체성을 알리고자 하였다.

10만 명을 모은 모두함께 한마당 - 10만 대군

 현대의 기업, 국가, 단체 등이 영위되고 발전하기 위해서는 교육이 필수이다. 교육 가능한 최대 인원은 약 천 명이다. 천 명이면 일반적인 교육장에서 3시간 동안 교육시키는 일이 가능하다. 10만 명을 위와 같이 천 명으로 나눈다면 총 100일 동안 매일 강연을 해야 한다. 그 외 온라인 방법을 결

〈그림17〉 2022년 모두함께 서울지역회 한마당 행사

합해도 빠르게 교육시킬 수 있다. 그러나 설득을 해야 하는 교육은 온라인에서는 효과가 없으며 실제로 만나야 제대로 된다.

100번의 교육이란 거의 1년 내내 교육을 해야 한다는 것이다. 국민운동을 빨리 시작해야 하는데 1년 내내 교육만 할 수는 없었다.

결국 뮤지컬과 한마당 연주 공연 두 개를 결합하여, 우리 모두함께의 역사와 하고자 하는 일을 한 시간 반 동안 공연으로 알렸다.

직접 3시간 강의 하는 것보다는 부족했으나, 1시간 반 공연으로 사람들의 머릿 속에 모두함께를 확실하게 인식시킬 수 있었다.

〈그림18〉 모두함께 한마당 노래 공연

§ 모두함께 운동에 음악을 결합하다

군대에는 군가가 있고 국가에는 애국가가 있고 기업에 시가가 있다. 음악은 단체를 묶고 하나의 마음으로 움직이는 데 큰 힘이 된다.

모두함께에는 총 4곡의 노래가 있다. <모두함께>, <모두함께 꿈>, <모두함께 히어로>, <모두함께 뽕뽕뽕>이 그것이다. 각각 락, 발라드, 랩, 트로트 등 다양한 장르로 연령에 따라 자기가 선호하는 음악을 듣게 하였다.

이 음악을 지역회장부터 시작하여 회원들에게 배포하였다. 모두함께 국민운동의 많은 분들이 50대 이상인지라 트로트와 발라드를 좋아했다. 그래서 <모두함께 뽕뽕뽕>과 <모두함께 꿈> 두 곡이 가장 인기가 있었다. <모두함께>는 락과 랩이 결합한 곡으로 '지금의 위기를 극복할 수 있는 방법은 우리가 뭉치는 것이다'라는 메세지를 담은 노래이다. <모두함께 꿈>은 '어둡고 힘들어도 노력하면 성공할 수 있다'는 메시지를 담았으며, <모두함께 뽕뽕뽕>은 '우리 신나게 함께 하자'는 내용을 담고 있다. <모두함께 히어로>는 우리 민족의 역사적 자긍심을 고취시키고자 만들어진 음악이다. 이 4곡의 음악과 연극, 그리고 거기에 짤막한 강연을 결합하여 한마당 공연을 하였다.

4곡의 음악은 누가 만들었는가?

〈모두함께〉와 〈모두함께 뽕뽕뽕〉은 필자가 작사, 작곡을 했다. 〈모두함께 꿈〉은 중국의 〈추몽인〉이라는 곡에 필자가 지은 가사를 붙였다. 〈모두함께 히어로〉는 미국 곡에 가사를 넣었는데, 추후 필자가 편곡을 하였다.

필자가 작곡을 배웠는가? 그렇지 않다. 그런데 필자가 만든 곡이 부르기 좋고 중독성이 있다고들 한다. 지금도 대표장들은 필자가 만든 음악을 즐겨 듣는다.

어떻게 필자가 작곡을 할 수 있었는가? 필자는 나의 생각과 나의 소망을 노래에 담아 국민에게 알려주고 싶었다. 그런 강한 마음이 결합되어 노래가 만들어졌다. 인간이 모든 일에 최선을 다하면 무엇인가 어느 정도는 이룩한다는 것을 느꼈다.

이 4곡은 모두함께 구성원을 단합시키는 데 크게 일조하였다. 특히 소지역 대표장-10만 대군을 모집할 때 음악이 정말 큰 기여를 하였다. 수많은 국민의 마음을 하나로 빨리 모으고자 할 때 음악을 활용하면 효과가 크다. 중요한 것은 음악에 마음을 담아야 한다는 것이다. 사람들은 모두함께의 4곡을 들으면서 눈물도 나고 모두함께가 가고자 하는 길을 알 수 있었다고 했다.

노래가 가진 또 하나의 힘은 분열을 줄인다는 것이다. 10만 명이 모이니 분명 오해도 많고 문제도 많다. 사실 매일매일 문제가 발생하고 분란과 싸움이 일어난다. 그런데 구성원들이 크게 분열되지는 않았다. 필자는 거기에 음악이 큰 힘이 되었다 생각한다.

§ 문화로 국민을 일으켰다 - 10만 양병인 모집 성공

중지역 대표장까지는 성공적으로 모였다. 그러나 10만 명을 딱 2개월 안에 모으는 것은 결코 쉬운 일이 아니었다. 헌데 10만 명이 한마당 행사에 참여하였다.

처음은 전주 지역부터 시작하였다. 전주에서는 예상한 인원의 50%가 참석하였다. 사실 이때 필자는 무척 걱정했다. 목표 인원인 10만 명이 모이지 않으면 우리의 운동은 많이 어렵다. 만약 5만 명 정도가 모이면 또다시 행사를 해야 했다. 그리고 목표를 달성하지 못한다면 구성원의 사기가 떨어져서 앞으로의 진행이 더딜 수도 있었다. 헌데 행사가 진행되면서 점차 참여자가 늘어났다. 행사에 참여한 사람들이 다른 사람에게 가보라고 추천하였기 때문이다.

국민의 마음을 보았다. 지금 국민은 매우 힘든 생을 살고 있다. 아무도 국민을 보살펴 주지 않는다. 그래서 국민은 지금 힘들고 외롭다. 인간은 사회적 동물이기에 함께 뭉쳐 있기를 원한다. 즉, 자신이 어딘가 소속되어 보람 있고 의미 있는 일을 하기를 원한다. 모두함께는 국민을 주인으로 모신다. 그리고 국민이 행복하기를 바라는 대의가 있다. 그런 단체에 소속됨에 박수를 치는 것이다. 지금 국민은 도태되고 낙오될까 두려워하고 있다. 즉, 혼자가 되는 것을 두려워한다는 뜻이다. 그렇기에 다른 사람들과 함께 할 수 있는 곳을 찾는다.

국민들은 평생직장을 잃었다. 안정된 직장은 소수의 점유물이 되었고 국민 다수는 비정규직이나 자영업을 하면서 어려운 상황을 돌파하기 위해 대박을 꿈꾼다. 이런 국민에게 한마당 공연은 동질감을 느끼게 해주었고 우리가 함께 해야 한다는 명제를 주었다. 문화 공연으로 국민을 일으킨 것이다.

§ 가장 어려운 단계를 완성했다

2015년부터 대한민국의 국민들과 힘을 합하여 가상국가를 만들겠다는 꿈을 가졌다. 그러나 당시 필자가 가상국가에 대해 이야기하면 사람들은 이해하지 못했을 것이다. 상상할 수 없는 세계이기 때문이다.

지금은 스마트폰의 모바일 페이 앱을 사용한 결제가 상용화되었다. 그렇기에 모바일 페이 이야기를 하면 상점 사장님들이 바로 이해한다. 필자가 처음으로 시작한 사업이 모바일 페이이다. 헌데 당시 상점과 국민들은 모바일 페이 사업에 대해 알지도 못했고, 심지어 사기성이 있다고 얘기하는 사람들까지 있었다. 이런 국민에게 가상국가 이야기를 하면 사람들은 나를 정신병자라고 생각할 것이다.

2015년에서 2017년까지 서민이 모여 큰 기업을 만들려던 사업은 실패로 돌아갔고, 고소자가 발생하여 재판까지 이어졌다. 모두 망한 후 다시 시작한 것이 모두함께 국민운동이다. 모두함께 국민운동이 성공하기 위해서는 지역회장-지역 대표장-중지역 대표장-소지역 대표장으로 연결되는 10만 조직이 필요했다. 2022년 12월에 이 조직이 완성되었다. 국민운동이 성공할 수 있는가를 가늠하는 가장 어려운 단계이자 가상국가로 올라설 수 있는 가장 어려운 단계가 완성되었다.

실로 마음이 기뻤고 들떴다. 사실 소지역 대표장 10만 명에게는 문화만 던졌기에 그들이 완벽한 소속감을 가졌다고 보기 힘들다. 허나 중지역장이 단단하게 뭉쳐진 것을 확인했다. 중지역 대표장이 건재하면 하부의 소지역 대표장은 계속 증원 가능하기 때문이다. 중지역 대표장 한 명이 관리하는 소지역 대표장은 10명이기에 많은 숫자가 아니다. 이제 이 조직에 사업의 장을 만들어야 했다.

이런 사업이 말이 됩니까? 경찰서 조사관의 질문

필자가 시작한 첫 사업은 해피코인이다. 가상 화폐가 아니라 선불전자지급수단이다. 지갑에 현금을 입금해놓고 스마트폰으로 결제하는 방식으로, 지금의 모바일 페이 사업이다. 이 사업을 필자가 국내에서 제일 먼저 시작하였다.

그리고 실패하였다. 고소도 당했다. 그때 경찰관이 한 말이 이것이다. "이게 말이 되는 사업입니까?" 세월이 흘러 2018년에 검사가 사건을 조사할 때는 이렇게 말했다. "모바일 페이 사업이 무엇인지 압니다. 지금 많이 하고 있지 않습니까?"

"가상국가가 말이 됩니까?" 지금은 이렇게 말할 수 있다. 허나 5년만 지나면 가상국가를 모르면 간첩이라고 할 것이다. 우리는 앞서가야 한다. 필자는 이 책에서 처음으로 가상국가 이야기를 한다. 모두함께 국민운동에서는 '운동'만 이야기했다. 솔직히 가상국가 이야기를 해서 또다시 고소 당해 사기꾼으로 몰리고 싶지 않다. 가상국가를 만들기 위해 국민을 모아서 고소당하면 조사관이 또 그렇게 이야기 할 것이다. "이게 말이 됩니까?"

> 기술은 매우 빠르게 발전하는데 국가 행정은 따라가지 못한다. 필자가 하는 것은 국민을 위한 일인데 금융당국과 행정기관은 비관적으로 나를 판단한다. 제발 미래를 내다보고 가는 창의적인 사람들을 짓밟지 말라!

국민은 정치에 참여해야 한다 - 정당 설립

　대한민국은 불신의 사회가 되었다. 특히 정치인들을 신뢰하지 않는다. 매일 매일 우리가 보는 것은 정치인의 비리 소식, 그리고 그로 인해 재판받고 구속되었다는 뉴스이다.
　대통령을 뽑을 때도 신뢰하는 후보를 선택하는 것이 아니라 '덜 나쁜 놈'에게 표를 던지고 있다. 국민은 정치인에 대해 불신을 넘어 혐오와 분노까지 하고 있다. 야당 대표기 피습당하고 여당 의원이 미성년자에게 폭행당했다. 이런 일이 일어나면 정치권에서는 테러라고 규정 짓고, 절대 일어나서는 안되는 일이라며 엄벌을 내려야 한다는 말만 한다.
　왜! 정치인들이 국민에게 폭행을 당하는 일이 일어났을까? 이제껏 정치인들이 국민을 기망하였기 때문에 국민이 그만큼 분노한 것이다. 대한민국 전체가 분노하고 투쟁하고 있다. 신뢰는 존재하지 않는다. 이런 현실은 반드시 변화되어야 한다.

§ 실천 가능한 공약을 말하는 사람이 진정으로 국민을 사랑하는 정치인이다

선거 때만 되지도 않을 일을 공약이라고 늘어놓고 당선되면 없던 일로 한다. 국민은 공약을 믿지 않는다. 그렇기에 정치 공약 따로 국민 생활 따로가 된다. 지킬 수 있는 공약이라면 그 일을 어떻게 하겠다는 세부 계획도 이야기해야 한다. 예를 들어 정부의 중요 사업 과제에 응모하기 위해서 사업 공약을 한다면, 그 사업을 어떻게 진행하여 성공시킬 것인지 세부 계획을 발표해야 한다. 그래야 그 사업에 선정되어 정부자금을 받을 수 있다.

정치인도 진정으로 국민을 위한 정치를 하려면 공약과 함께 그 공약을 어떻게 이룰 것인지 세부 계획을 정확하게 이야기해야 한다. 즉, 실현 가능한 공약만 약속해야 한다는 뜻이다. 정치인들은 공약만 있을 뿐 세부 계획이 없다. 그것은 실현 가능하지 않다는 뜻이다. 이것은 바로 국민을 기망하는 행위이다. 대한민국의 많은 정치인은 이룰 수 없는 공약을 남발한다. 선거에 당선하기 위해서… 그것이 기망이고 그런 정치인이 사기꾼인 것이다. 지금 대한민국의 많은 정치인들이 이렇다.

진정으로 국민을 생각한다면 국민에게 진정으로 필요한

것이 무엇인가를 찾아야 한다. 그리고 필요한 것을 알았다면 바로 실천해야 한다. 실천하려고 할 때 힘이 필요하면, 그때 국민에게 자신을 뽑아 달라고 요청해야 하는 것이다. 자신에게 힘을 주면 이 사업을 성공시켜 국민이 보다 나은 삶을 살게 하겠다고… 그렇기에 공약을 이미 실천하고 있는 자가 진정으로 국민을 사랑하는 정치인이다.

§ 구시대적 양당 정치가 대한민국을 망하게 한다

정치란 보수와 진보가 서로 논쟁하고 협력하면서 국민에게 최선의 것을 주려고 노력하는 일이다. 그렇기에 정치는 보수와 진보로 나뉘어야 한다. 그리고 둘은 서로 싸우고 분란하는 존재가 아니라 협력하는 존재이다. 즉, 보수의 개념과 진보의 개념이 필요하다.

대한민국의 정치는 보수의 철학도 진보의 철학도 존재하지 않는다. 현재 대한민국에서는 기득권자와 기업을 보호하고 공산당을 싫어하면 보수이고, 노동자를 보호하고 노동자의 급여를 높이려 하면 진보로 평한다. 보수는 진보를 빨갱이라고 비하하고 진보는 보수를 기득권자의 대변인이라고 비난한다. 이렇게 서로를 헐뜯는 양당이 협력하는 것은 절대적으로 불가능하다. 여기에 더해 영남 지역은 보수, 호남

지역은 진보로 나누어 지역 갈등까지 만들었다. 이런 이념 양극화를 만드는 세대가 바로 50대~70대인 기성세대이다.

그분들 중 일부는 투쟁으로 정치에 참여하면서 좌파, 우파의 싸움을 더욱 부추기고 있다. 양당 대립 정치는 대한민국의 발전을 무너뜨리는 잘못된 정치이다. 헌데 정치인들은 이 대립정치를 그대로 유지하려 한다. 국민을 위해서? 아니다. 국민은 생활고에 빠져 결혼도 못하고 살기 힘들어 자살하는데, 그런 것을 해결할 생각은 추호도 없는 정치인들이 자신의 정치를 끝까지 유지하기 위해서 대립 정치를 유지하는 것이다.

자기 당을 지지하는 지역에 가면 그냥 당선이 된다. 그렇기에 국민보다는 당이 우선이다. 즉, 선당후민인 것이다. 당에 잘 보이면 당선 지역에 공천을 받기 때문이다. 그래서 국민이 힘들건 말건 자살하건 말건 아무 생각 없이 당에 충성하는 위선 정치인들이 양성되고 있다.

국민도 이 사실을 알고 있다. 그래서 이런 매국적 양당 대립 정치가 무너져야 한다고 생각한다. 허나 움직이지 않는다. 이미 불신이 커져서 그 누구도 믿을 수 없는 사회가 되었기 때문이다. 새로운 정치를 하겠다고 해도 국민은 이미 분노와 불신이 커서 그놈이 그놈이라고 생각한다.

결국 국민은 정치를 포기하고 기대하지 않으면서, 그냥

양당 지역 대립에 표를 던지게 될 것이다. 지금 이 글을 쓰는 시점이 2024년 2월 3일이다. 금년 총선에 양당 대립각을 깨뜨리기 위해 신정당이 만들어졌고 그들이 연합한다고 한다. 허나 필자가 보기에 그들은 결코 국민의 신뢰를 받지 못할 것이다. 이 책이 대략 5월에 출간될 예정이다. 필자의 예측 결과를 확인하기 바란다.

국민은 분명 제 3정당을 소망한다. 하지만 기존 정당에서 싸우고 분파된 정치 세력을 원하는 게 아니다! 기존 정치인이 아니고, 새로운 단체에서 국민을 위해 많은 일을 한 정치인, 진정으로 국민을 사랑하는 새로운 정치인을 원하는 것이다. 즉, 모두함께 국민운동 같은 단체가 진정으로 국민을 사랑하여 국민을 위한 일을 하고 그 능력을 증명한 뒤, 그 국민운동 본부의 리더자들이 선기에 니오면 국민은 그들은 선호할 것이다.

§ 모두함께 국민운동 본부가 정치에 참여해야 한다

이 글을 쓰고 있는 필자는 이미 모두함께 국민운동의 리더 자리에서 물러났으며, 현재는 구속되어 있는 상황이다. 이 이야기를 하는 이유는, 필자는 정치에 나갈 수 없는 사람이라는 사실을 먼저 말하고 싶은 것이다.

모두함께는 국민에게 부를 주기 위한 사업을 하고 있다. 또한 국민이 IT 권력을 갖게 하려고 노력하고 있다. 대의에 맞게 국민을 사랑하려 한다. 뒤에 말하겠지만, 모두함께 국민운동 본부는 저출산 문제, 주택 문제, 청년 실업 문제를 해결하기 위한 정책을 2024년부터 시작하려고 한다. 공약을 세우고 선거와 관계없이 그 공약을 실제로 실천하겠다는 것이다. 그런 운동이 성공하고 국민에게 혜택이 있다면, 국민은 국민운동 본부를 신뢰할 것이다. 그리고 설사 성공하지 못해도, 모두함께 국민운동 본부가 국민을 위해 노력하는 모습을 보고 이들에게 힘을 주면 성공할 수 있다는 확신이 들면, 국민은 모두함께 국민운동 본부의 리더자에게 투표할 것이다.

국민을 사랑하는 자가 정치인이 되어야 한다. 모두함께 국민운동 본부에서 국민을 위한 사업을 성공시킨 그 자가 바로 국민을 사랑하는 자이다. 그래서 모두함께의 많은 리더자들은 정치에 참여해야 한다.

§ 정당을 설립했다

20만 명의 조직이 만들어지고 난 후 정당 설립을 시작하였다. 정당을 만드는 게 쉬운 일은 아니었다. 1000명이 서명한 지역당 5개가 설립되어야 중앙당 설립 자격을 얻는다. 모두함께는 2024년 2월에 시작하여 5월에 정당 설립을 끝냈다. 지역당은 16개이다. 16개 지역당으로 2개월 만에 중앙당을 설립한 조직은 대한민국 역사 이래 모두함께가 유일하다.

모두함께가 정당을 설립한 이유가 있다.

첫째, 시대에 맞는 진정한 정치인을 양성하기 위해서이다. 현 시대는 매우 빠르게 변화되고 있다. 특히 IT분야는 현행령을 뛰어 넘으면서 발전한다. 그런 빠른 발전에 대응하면서 국민에게 길을 알려주고 보호해주고 국민을 행복하게 만드는 일에 기여하는 능력 있는 정치인을 양성해야 한다. 검사나 판사 등의 고위직에 올랐다고 인생을 잘 아는 것이 아니다. 그들은 사람을 판단하고 악을 처벌하려고 들지, 범죄가 발생하지 않게끔 환경을 조성하는 일에는 결코 기여하지 못한다. 범죄자를 많이 처벌하는 사회가 정의로운 사회인가? 아니면 범죄가 존재하지 않는 사회가 정의로운 사회인가? 범죄가 존재하지 않는 사회를 만들어야 한다. 그런 사회를 판사와 검사였던 사람들이 만들 수 있을까? 그들은 오히려 범죄가 많이 발생해야 존재 의미가 커지는 사람들이다. 정의를 실현하기 위해 사람을 체포하고 판단하는 사람들이기 때문이다. 지금의 정치인들은 현재의 대한민국을 살려내지 못한다. 그렇기에 국민운동을 하면서 능력을 함양한 자가 국민 앞에 나와야 한다.

둘째, 모두함께 국민운동이 성공하기 위해서는 필요한 법을 개정해야 한다. 그 일 때문에 모두함께에서 정치인들이 나와야 한다. 모두함께가 원하는 법은 큰 법이 아니다. 국회에서 이슈가 되는 법들이 아니다. 서민들이 경제활동을 하는데 제약이 되는 작은 법들이다.

이런 작은 법들을 바꾸고 가상국가로 들어가기 위해 꼭 있어야 할 법들을 제정해야 한다. 불행 중 다행인 것은 현 야당과 여당은 이런 법에 관심이 없다. 그 법이 통과되었다고 국민의 표가 늘어나지 않기 때문이다. 그러나 서민들의 발목을 잡는 수많은 법들이 존재한다. 현재의 정치인은 전혀 알지 못한다. 국민을 사랑하지 않기 때문이다. 모두함께의 정치인들이 국민을 사랑하는 마음으로 이런 악법을 없애고 국민에게 필요한 법을 제정해야 한다.

셋째, 공인된 국민운동을 하기 위해서다. 국민운동을 하면서 필자가 가장 많이 듣는 말이 사기꾼이라는 오해다. 모두함께의 모든 사업의 지분은 참여한 국민이 소유하고 있으며, 필자에게는 단 한 개의 지분도 없다. 그리고 필자가 가진 모든 IT 기술을 동원하여 사업을 진행시키고 있다. 기망한 것도 없고 편취한 것도 없으며 봉사하다시피 하는데 사기꾼이라고 한다.

　공인된 큰 조직도 아니고 대기업도 아닌, 일개 개인이 국민 20만 명을 모았으니 기득권이나 행정부에서 필자를 곱게 보지는 않는다. 그게 현재의 대한민국이다.

　그래서 정당이 필요했다. 정당은 국민을 위하여 정치 활동을 하고, 정당에서 공약한 사항을 모두함께 국민운동 본부에서 실천하기 위해서이다. 그렇게 정당과 연결하면 기득권과 행정기관이 모두함께를 사기 집단으로 보지 않을 것이기 때문이다.

　10년간 국민운동을 하면서 느꼈다. 국민이 뭉치면 행정기관은 100% 색안경을 끼고 사기 집단으로 보려 한다. 그에 대한 정말 많은 오해를 받았고 진실을 규명하는데 많은 시간을 할애하며 고통받았다.

　국민을 위한 일을 하는 사람이 나오지 못하게 하는 사회는 결국 국민이 행복할 기회를 얻을 수 없는 사회가 된다.

§ 정치는 철학이 있어야 한다

　큰일을 하고자 할 때는 철학이 있어야 한다. 철학이 없으면 대의를 정의할 수 없고 대의가 정의되지 않으면 실천 사항이 정해지지 않는다.

현 양당(여당과 야당)에게 과연 철학이 있는가? 필자는 있다고 보지 않는다. 이유는 여당과 야당이 외치는 대의를 들어보지 못했기 때문이다.

모두함께 정당은 다음과 같은 철학을 가지고 있다.

하나님을 왕으로 모시자!
대한민국 국민을 사랑하라!

모두함께의 대표장 20만 명은 모두함께의 대의를 완전히 외우고 있다. 이 대의는 인간을 사랑하고 존엄성을 지키는 철학에서 탄생되었다.

현 대한민국의 여당과 야당이 외치는 대의는 무엇인가? 그것을 국민이 아는가? 모른다. 가끔 당원들이 표어는 알고 있다. 표어와 대의는 완전히 다르다. 표어는 수없이 바뀌나 대의는 바뀌지 않는다. 대한민국을 수십 년간 이끈 두 정당의 대의를 국민들이 모른다면, 대의가 없다는 것이다. 대의가 없다면 철학이 없다는 것이다. 철학이 없는 정당과 철학이 없는 정치인이 이 대한민국을 이끌고 있기에 대한민국이 지옥이 된 것이다.

§ 보수와 진보의 개념을 정확하게 알라!

 보수는 전통을 중시하고 현재의 시스템을 수정, 보완해 가면서 발전시키자는 개념이다. 진보는 변화에 맞게 과거의 문제되는 것은 버리고 새로운 것을 받아들이면서 발전하자는 개념이다. 우리가 정치 부분의 어떤 문제를 보고자 할 때는 출발점을 정해야 한다. 그 출발점이 보수이면 보수적 입장에서 진보로, 진보이면 진보적 입장에서 보수로 가는 것이다.

 집에 방을 늘리는 예를 들어보자. 보수적 입장에서의 출발은 현재 집 구조에서 내부 수리를 통해 방을 하나 더 만드는 것이다. 헌데 그렇게 할 수 없을 때 증축을 택하거나, 그것도 안 될 때는 새로 집을 짓는 진보적 입장을 선택한다. 진보적 입장에서의 출발은 현재의 집을 팔거나 헐고 새로운 집을 짓는 방법으로 출발한다. 그런데 집을 짓는데 돈이 너무 많이 드니까 차선책으로 증축을 선택하거나, 증축할 자금도 없으면 방만 하나 더 만드는 보수의 입장을 선택한다.

 정치적 입장을 선택할 때 중도란, 사실 개념을 잡기가 매우 힘들다. 그래서 정치는 보수와 진보 둘 중에 하나를 선택하고 논쟁과 상황에 따라 상대방 쪽으로 다가가는 것이다.

 즉, 보수와 진보는 대립이 아니라 협력하는 존재이다. 보수와 진보가 끝없이 대화하고 협력해야만 국가가 발전하는 것이다. 지금 대한민국에는 진정한 보수 정당과 진정한 진보 정당이 존재하지 않는다. 무늬만 진보요, 무늬만 보수인 것이다. 정당이 변화되어야 하는데 변화되지 않는다. 그래서 시대는 바뀌고 세상의 흐름과 이데올로기가 변화되는데 대한민국 정치는 아직도 1970년대에 머물러 있다. 아니, 그보다 더 후퇴되었다!

§ 모두함께 정당은 전통보수이다

모두함께에 흐르는 철학은 '자랑스런 대한국인으로서 우리 선조들이 숭배했던 창조주를 경배하고 세상의 국민들을 사랑하자'이다. 가장 중요한 것은 역사 의식이다. 모두함께는 2500년 전에 웅비했던 자랑스런 고조선을 기린다. 그리고 고조선의 홍익인간 사상을 기억한다. 전통을 기억하고 그 전통에 있는 민주주의 사관을 계승하자는 것이다. 고조선의 홍익인간 정신과 동학의 인내천 사상을 기억하고 계승 발전시켜, 그 기반에서 민주주의를 쌓아 올리자는 것이다.

이것이 전통이고 클래식이다. 미국이 최고고 일본은 우리의 우방이며, 북한은 빨갱이이고 공산주의 국가는 무조건 배척하자는 것이 보수가 아니다! 잘못된 보수의 사관을 가지고 있기에 잘못된 정치가 만들어지는 것이다.

　보수란 진보를 배척하는 것이 아니다. 보수적 입장에서 생각하면서 진보의 생각을 받아들이는 것이다. 보수가 해야 할 일은 진보가 생각하고 발의한 법안은 모두 나쁘다며 배척하는 것이 아니다. 보수는 기득권자와 대기업의 대변자가 아니다. 보수가 진정으로 대변해야 할 사람은 국민이다. 사회를 발전시켜야 하지만, 갑자기 큰 개혁을 하게 되면 그에 따른 비용 지출이 크고, 그 큰 비용 부담을 국민이 떠안아야 한다. 그러므로 국민에게 크게 부담되지 않는 쪽으로 방향을 설정하기 위해, 가급적 큰 변화 없이 작은 변화를 계속하며 발전해 가고자 하는 것이 보수이다. 보수의 깊은 기반은 바로 국민을 사랑함에 있다. 같은 의미로 진보의 깊은 기반 또한 국민을 사랑함에 두어야 한다.

　필자는 본서를 통해서 말하고 싶다. 모두함께 정당의 정치인은 먼저 국민을 사랑하는 마음을 가져야 한다고... 그리고 그 마음으로 보수의 자리에서 출발하여 나라를 발전시키라고. 처음에는 국민이 받아들이지 못해도, 그 마음을 바꾸지 않고 끝까지 가면 모두함께 정당이 대한민국의 1위 정당이 될 것이라고 확신한다.

　정치는 국민을 사랑하는 마음에서 시작해야 한다.

§ 가상국가와 정당이 무슨 관계가 있는가?

가상국가에도 정치가 필요하다. 정치는 급조하여 만들어지는 것이 아니다. 정치 또한 시간이 필요하다. 정치는 천천히 만들어지고 천천히 무너진다.

지금의 양당 정치가 대한민국의 발전을 막고 있다. 그러나 그 양당이 무너지는 것도 매우 천천히 진행된다.

가상국가가 만들어지기 전에 천천히 정치 노하우를 얻어야 한다. 그렇기에 지금 모두함께가 정당을 만든 목적은 두 마리 토끼를 잡겠다는 것이다.

첫째, 지금 위기에 빠진 대한민국 정치를 변화시키겠다는 것이며 둘째, 가상국가가 건설되면 혼란 없이 바로 정치, 행정이 자리잡게 하고자 하는 것이다.

우리가 만든 정당이 역할을 잘 한다면 대한민국 국민이 가상국가의 시민이 될 때 혼란이 크지 않을 것이다. 기존 오프라인의 정당과 호흡을 맞추다가 그 정당과 함께 가상국가에 진입할 것이기 때문이다.

국민의 안정된 생활 보호 - 모두함께 라이프

인간에게 가장 위협적인 것은 갑자기 오는 재난과 불행이다. 그런 재난과 불행을 막기 위해 보험이 있다. 모든 사회에서 갑자기 발생하는 피해에 대한 방어 장치가 존재한다. 질병, 사고 등에서 발생하는 금전적 위험을 방어하기 위해 보험이 탄생되었다.

가상국가 또한 보험 기능이 있어야 한다. 가상국가는 현실 국가를 기반으로 준비하고 만들어진다. 현실 국가의 보험 제도가 바로 가상국가로 넘어가기는 어렵다. 보험회사는 각국의 금융당국의 철저한 관리 하에 있기 때문이다. 대한민국 안에서 가상국가를 위한 보험회사를 만드는 것은 많은 자본이 필요하고 여러 인가 때문에 매우 어렵다.

보험이 아니더라도 어떤 일이 발생하여 큰 돈이 들어갈 때 서로 힘을 합쳐 큰 돈을 사용할 수 있게 하는 기업이 있다. 그 기업이 상조회사이다. 갑자기 부모가 돌아가시거나 하면 장례에 큰 돈이 필요하다. 상조회사는 고객이 평소에 소액을 납입하도록 하여 큰 비용이 들게 됐을 때 해결해주는 일을 한다.

§ 국민상조 모두함께 라이프 탄생

십만대군 한마당을 시작하기 위해 지역회장님들의 워크샵이 있었다. 그 워크샵에서 이시형 수석회장님이 상조회 결성을 제안하였고, 이 상조회를 꼭 발전시키겠다고 이야기하였다.

필자는 미처 생각 못했던 아이템이다. 가상국가를 생각할 때 꼭 고려해야 할 것이 보험 시스템인데 이를 간과했던 것이다. 그때 상조회 결성에 대한 수석회장님의 강한 의지를 보면서 점차 국민을 생각하는 사람들이 모두함께에 모이고 있다는 생각이 들었다.

능력이 부족한 사람들에게 사회적 배려는 꼭 필요하다. 기술이 좋은 사람, 영업 능력이 뛰어난 사람, 성실히 일하는 사람들이 예전에는 생계에 어려움이 없었다. 그러나 현재는 다르다. 능력이 있어도 사회에서 도태되는 사람들이 매우 많다. 사회는 그런 사람들을 포용하고 그들이 일어설 수 있게 도와주어야 한다. 아무 능력이 없어 더 이상 아무것도 할 수 없는 사람도 우리는 포용하고 그들과 함께 하여야 한다.

　함께 사는 사회는 경쟁을 하면서도 낙오되어 불행을 만나는 사람이 없게 만드는 사회이다. 상조가 무엇인가? 매일 먹고 살기 위해 뛰어다니다가 갑작스럽게 가족의 상을 당했을 때, 큰 돈이 없어 더 큰 고통을 당할까 봐 그런 일이 없게끔 만든 사업이 상조이다. 이것은 국민이 열심히 일하면서 하루하루를 지내다가 갑자기 큰 돈이 필요한 일이 생겨 고난으로 떨어지는 것을 막자는 것이다. 누군가에게 위험과 어려움이 닥쳤을 때 구성원이 힘을 합쳐 어려움 없이 살아가게 한다는 것이다.

　국가상조를 만들면 어떨까? 가상국가의 모든 시민이 상조금을 내고 그 상조금으로 국민이 어려움을 당할 때 도와주는 기금을 만드는 깃이다. 이깃을 발전시켜 보힘을 민들어 가상국가의 국민은 재난, 불행 등에 의해 큰 돈이 필요할 때 국가가 보호해주자는 생각을 한다. 지금 대한민국에는 보험에 가입하지 않은 국민이 없다. 보험회사는 국민이 낸 보험금보다 적은 돈을 지출하거나 보험금을 투자하여 더 큰 이익을 남겨야 한다. 그게 기업이기 때문이다.

　보험을 국가가 운영하지 않고 기업이 운영한다면, 기업은 운영에 드는 비용, 직원 인건비 등등 많은 돈을 지출하여야 한다. 그렇기에 보험료로 받은 돈을 투자하여 수익을 크게 남기거나, 그렇지 않으면 지급되는 보험료를 최대한 줄여야 한다. 보험회사는 결국 국민의 안전보다는 기업의 이익이 우선인데, 보험은 국민을 우선해야 하지 않겠는가 하는 생각을 했다.

가상국가가 만들어지면 보험은 가상국가의 자체 사업이 되는 게 옳다고 생각한다. 전 국민이 보험료를 국가에 내고 국가는 그 보험료를 이용하여 수많은 국민에게 혜택을 준다면 보험의 효과는 더욱 커지지 않겠는가.

돈은 아무 힘이 없다. 그런데 돈을 이용하여 만들어지는 것들에 힘이 있다. 돈으로 집을 지으면 돈은 사라지나 집이 만들어진다. 그리고 그 집의 가치가 오르면 집을 팔아 더 큰 돈을 얻을 수 있다. 즉 돈을 잘 돌리면 돈이 사라지지 않고 커지는 것이다.

국가가 보험료를 잘 돌려서 큰 수익을 내고 그것을 국민에게 주면 그것은 국가가 하는 일 중 가장 박수 받을 일이 아닌가 생각한다.

가상국가는 유통의 흐름에 관한 정보를 제일 많이 알고 있다. 그게 가상국가의 피의 흐름이기 때문이다. 그 정보를 이용하여 기업을 육성하고 기업의 가치가 커지면 그 혜택은 국민에게 가는 것이다.

가상국가는 여러 나라에 가상국가 소유의 사유지가 필요

하다고 설명하였다. 부동산을 매입하고 건축을 하려면 큰 돈이 필요하다. 그 재원은 어디서 나오는가? 결국 국민이 돈을 내야 한다. 만약 보험과 상조를 가상국가가 운영하면 가상국가의 사유지 구입에 도움이 될 것이다. 2022년 9월에 이시형 수석회장님이 상조회 결성을 천명하였다. 사실 그때도 필자는 가상국가 이야기를 하지 않았다. 그런데 그 발표를 들으면서 묘한 감동이 다가왔다. 언제나 필자는 스스로와 싸운다. 가장 큰 싸움은 "이 일은 매우 큰일이라 하나님이 도와주지 않으면 안된다."는 마음과 "과연 신이 우리를 도와줄까?" 하는 걱정이다. 그런데 상조회의 제안을 듣고 가상국가에 필요한 시스템들이 자동적으로 연결되는 것을 느꼈다. 물결이 일어나서 대한국인이 제일 먼저 가상국가를 건설하기를 소망한다.

§ 모두함께 라이프의 펫 상조

대한민국의 반려동물 시장이 무척 크게 확장되었다. 정말 많은 반려동물 사업이 생겨나 엄청난 규모의 시장을 확보하고 있다. 따라서 과거에는 생각하지 못했던 사업들도 탄생하고 있다.

이는 사회가 개인화, 개별화되고 혼자 사는 사람들이 늘어난 까닭이다. 인간관계가 실리와 목적형으로 전환되어 각박한 사회가 되면서 사람들이 반려동물을 찾게 되었다. 사회 전반적으로 동물을 사랑하고 존중하는 마음도 함께 커지면서 반려동물 사업과 반려동물 관련 보호법이 탄생하고 발전되고 있다.

불과 수십 년 전만 해도 아무도 생각하지 않았던 애견 장례가 신종 사업으로 탄생한 것은 최근 일이다. 그런데 그 시장이 빠른 속도로 크게 확장되고 있다. 애견이 죽었을 때 장례식을 하는 비용이 적게는 수십만 원에서 크게는 수백만 원까지 든다.

개를 떠나보내고 그 개를 기억하고 추모하는 문화가 생긴 것이다. 모두함께 라이프에서 이 펫 상조를 운영하는 메인 권한을 확보하였다. 펫 상조를 진행할 수 있도록 교육을 하고 교육을 이수한 사람에게는 자격증을 준다. 현재 모두함께에 펫 상조 자격증을 가진 사람이 2500명이 넘는다. 이분들은 애견 장례식을 맡아 추모 시스템을 운영할 수 있다.

상조에서 파생되는 상품은 매우 다양하다. 그냥 일반적인 생활 비용이 아닌 특별한 일이 발생했을 때 상조는 기능한다. 펫 상조는 애견, 애묘 등의 반려동물과 함께하며 큰 돈이 발생하는 모든 부분의 상품으로 확대된다.

인간의 생활에도 기본적으로 들어가는 생활비 외에 큰 비용이 필요한 일들이 매우 많다. 돌잔치, 환갑잔치, 결혼 10주년 여행 등등 우리에게는 기억하고 기념하며 추모하는 일이 많다는 것이다. 문제는 그런 일들이 있을 때 돈이 없어서 할 수 없게 된다면, 불행하다는 생각이 든다는 것이다.

상조는 다양하게 발전시켜야 한다. 그래서 상조의 도움으로 기본 생활이 안정될 뿐 아니라, 평생 기억될 이벤트도 상조비만 내면 할 수 있게 된다면 국민이 행복해지지 않을까 생각한다.

펫 상조는 이런 부분에서 국민에게 행복을 주는 사업이며, 꼭 해야할 일이라고 생각한다.

- 아니 무슨 개가 죽었다고 돈을 쓰는가?

반려동물을 위해 돈을 사용하는 부분에 대해, 동물을 사랑하지 않거나 반려동물에 대해 관심이 없는 사람들이 비난하는 경우가 있다. 자신의 가치관과 다르다고 비난할 게 아니라, 인간의 감정을 보아야 한다.

어떤 사람은 동물을 아끼고 사랑하고 보살피면서 행복을 느낀다. 어떤 사람은 나무와 난을 키우면서 행복을 느낀다. 그 대상이 사람이 아니라 식물이나 동물일지라도, 사람에게 행복을 주고 감정적으로 더 풍요로운 삶을 누릴 수 있게 해주는 존재는 소중하다. 그러므로 인간이 반려동물을 위해,

또는 죽은 반려동물을 애도하기 위해 돈을 쓰는 것도 너무나 당연한 일이다.

반려동물을 위해 돈을 쓰는 것이 아깝다고 생각하는 사람들은 동물보다 돈이 중요하다고 생각할 수 있다. 그러나 어떤 사람들에게는 돈이 중요할 수는 있어도 자신의 반려동물보다 소중하지는 않을 것이다. 열심히 일해서 돈을 버는 이유가 무엇인가? 돈 자체가 소중하기 때문인가, 돈을 이용해 무엇을 하고자 하기 때문인가?

펫 상조는 반려동물을 기르는 사람들의 마음에 기쁨을 주고 슬픔을 위로해줄 수 있다. 그러므로 이것은 우리 사회에 매우 필요한 사업이다.

§ 자아실현과 행복을 찾을 수 있는 가상국가

인간은 왜 태어났을까? 이 문제에 대해 아무도 답을 주지 못한다. 다만, 인간은 행복한 삶을 추구하기에, 인간의 행복추구권이 실현되는 사회를 만들기 위해 수많은 현자와 영웅들이 답을 제시해왔을 따름이다. 해결되지 못한 문제들을 해결하기 위해 인류사회는 끊임없이 노력하며 발전해왔다.

많은 사람들이 답을 찾고자 했으나 모든 인류가 행복해지는 세상은 단 한 번도 만들어진 적이 없다. 수많은 나라가 어떤 문제를 해결하겠다며 탄생되고 멸망하였으나 인류 행복의 문제를 해결한 경우는 단 한 번도 없었다.

그럼에도 불구하고 우리는 인류의 행복을 추구하는 길을 끊임없이 찾아야 하고 개발해야 한다. 그것이 우리가 살고 있는 목적 중 하나이며 책임인 것이다. 인류의 행복을 위해 노력한다는 것은 바로 인간을 사랑하는 마음이 기반이 되는 것이다.

먹고 자고 입는 일상의 생활이 보장될 때, 그 다음 인간이 바라는 것은 무엇일까? 기념일에는 가족과 함께 하고, 아이가 태어나면 그 아이의 탄생 때부터 필요한 다양한 비용이 보장되고, 가끔 세계 여행도 할 수 있다면 수많은 사람들이 행복을 느낄 것이다.

매월 버는 수익에서 일성 금액을 상조비와 보험료로 내면 이 같은 일들이 지원된다고 할 때, 완벽하지는 않아도 사람들이 행복한 삶을 실현하는 데 크게 기여할 것으로 생각한다.

가상국가가 해결해야 할 큰 과제가 국민이 거주할 수 있는 주택, 국민이 일할 수 있는 일자리, 그리고 국민이 행복을 느낄 수 있게 하는 기회 제공이 아닐까 한다.

가상국가가 이것을 해결할 수 있을까? 필자의 생각에 지금의 사회보다는 나은 환경이 될 수도 있다고 생각한다. 단,

조건은 가상국가의 주인이 소수가 아니라 국민이어야 하는 것이다. 국민운동에서 시작하는 모두함께 라이프는 단순한 상조가 아니다. 이 상조의 노하우를 계속 발전시켜 인간의 행복추구권 실현에 기여하기를 바란다. 그리고 가상국가의 매우 중요한 부분으로 자리잡고 발전하기를 바란다.

국민운동 성장 동력 사업 - 드라마/영화 콘텐츠 사업

2022년 12월로 모두함께 국민운동 본부의 조직이 어느 정도 완성되었다. 또한 기반산업 시스템도 어느 정도 완결이 되었다. 실로 마음이 기뻤다. 그리고 2023년 5월에 정당까지 설립되었을 때 정말 기뻤고 감사했다. 이 상태면 본격적으로 가상국가로 들어가도 될 상황이라고 생각했다. 그러나 두 가지 문제가 남아있었다.

첫 번째 문제는 소지역 대표장을 모집하는 한마당 행사가 12월에 끝난 후 교육이 없었다는 것이다. 10만 명이 딱 한번의 공연을 보고 국민운동의 대의와 진정성을 이해한다는 것은 불가능하다고 생각했다. 약간의 시간이 더 필요했다. 또한 10만 명이 뭉칠 수 있게 하는 음악, 영화, 드라마가 있다면 좋겠다고 생각했다.

둘째 문제는 운영비이다. 가상국가로 들어가기 위해서는 많은 돈이 필요하다. 이 돈을 해결할 사업을 만들 필요가 있었다. 그리고 그 사업이 모두함께의 성장 동력이 되어야 장기간 가상국가를 세울 때 들어가는 비용을 해결할 수 있었다.

이런 비용을 국민에게 계속적으로 투자받을 수는 없다. 현 대한민국의 정서는 큰 기업이나 기관이 아닌데, 모인 사람의 수가 많고 돈을 걷으면 사기 범죄로 본다. 그리고 지금 국민이 너무 힘들기에 희망을 주어야 한다. 그렇게 하기 위해 성장 동력이 필요하였다. 필자가 선택한 성장 동력 사업은 콘텐츠 사업과 로봇 사업이다. 그리고 로봇 사업은 국민운동이 발전해서 가상국가로 돌입할 때 하고자 한 사업이라 당장 도전할 사업은 아니었다. 콘텐츠 사업은 바로 도전할 수 있는 사업으로 생각하였다. 특히 드라마, 영화, 음악 사업을 모두함께의 핵심 사업으로 런칭하고자 했다.

§ 2023년 3월부터 드라마를 제작하다

2023년에 영화나 드라마를 제작하고 이와 연계하여 2023년 말부터 2024년 초까지 국민운동 물결을 일으키려 했다. 그리고 2024년 4월에 모두함께 정당에서 국회의원을 배출하여 정치와 연결하면서 대국민 운동으로 자리잡게 하고 싶었다. 그렇게 하면서 소지역 대표장을 좀 더 교육하여 조직을 튼튼하게 하고 싶었다.

  2023년 초에 영화와 드라마 제작을 위해 많은 사람들을 만났고 시나리오도 보았다. 민족적 개념이 강하고 역사를 기반으로 하면서 모두함께 국민운동과 연계되는 그런 작품을 찾고 있었다.

콘텐츠는 대한국인이 세계에서 가장 잘 만든다

왜 필자가 콘텐츠 사업을 성장 동력으로 선택했을까? 대한민국의 기술이 세계인과 경쟁에서 우위에 있어야 하며 부가가치가 높은 사업이 성장 동력으로 선택되어야 한다. 이런 사업의 대표 분야가 바로 영화/드라마/음악이다. 대한국인의 창의력은 세계적이며 그 내용의 탁월함은 다른 나라의 민족들이 결코 따라올 수 없다.

그래서 국민운동 성장 동력 사업을 콘텐츠 사업으로 선택한 것이다. 문제는 국민운동 안에는 영화/드라마/음악 사업의 노하우도 없고 사업 경험도 없었다.

아무리 좋은 아이템이어도 경험이 없는 단체나 기업이 도전하면 자본이 있다 한들 성공 확률은 매우 낮다. 모두함께는 돈도 없고 경험도 없었다. 있는 것은 오직 20만 명의 국민이었다. 이 힘으로 콘텐츠 사업에 도전하는 것은 무모한 점이 있었다. 그러나 이 무모함으로 도전하여 우리는 드라

> 마 〈마이샵〉을 만들었다. 그리고 가상 스튜디오까지 건설했다. 아무것도 모르는 가운데 드라마를 완성한 것도 기적이라고 볼 수 있는데, 가상 스튜디오를 만들고 그 스튜디오에서 드라마를 촬영하였다.

모두함께와 맞는 드라마나 영화를 찾을 수 없었다. 필자는 모든 시간을 2024년에 맞추었고, 2023년에는 그 준비가 끝나야 했다. 전문가의 이야기로 1년 안에 또는 1년도 안 되는 시간에 드라마를 제작하는 것을 불가능하다고 했다. 게다가 각본도 없는 상태에서는 100% 불가능하다고 했다.

필자는 2023년 3월에 각본을 쓰기 시작하여 2023년 11월에 촬영을 끝냈고, 2024년 3월에 모든 편집을 끝낸 드라마 〈마이샵〉을 만들어냈다. 본 장에서는 필자가 어떻게 드라마를 만들 수 있었는지 그에 관한 모든 내용을 쓰고자 한다.

콘텐츠 사업은 대한민국이 도전해볼 만한 사업이다. 필자가 도전해 본 결과 콘텐츠 사업 시장에 거품이 많다는 사실을 확인했다. 이 거품 때문에 다양하게 많이 생산될 수 있는 콘텐츠가 소수의 전문가에 의해 소량 생산되고, 그 상품의 배포는 세계적인 OTT가 맡는 탓에 폭주할 수 있는 대한민국 콘텐츠 사업의 발목을 잡고 있다고 생각한다.

필자가 드라마 제작에 도전하면서 경험했던 모든 것을 기록한다. 이 내용을 기반으로 저렴하면서도 고퀄리티의 콘텐츠를 제작할 수 있기를 바란다. 그것이 대한민국의 차세대 먹거리라고 생각하기 때문이다.

§ 드라마 각본을 쓰다

필자는 영화와 드라마 공부를 한 적이 없다. 그래서 전문가를 찾아 많이 만나보았다. 가장 중요한 좋은 각본을 만나고 싶었다. 그런데 제대로 된 각본을 찾지 못했다. 내용이 좋더라도 모두함께 국민운동과 연계되는 부분이 있어야 했다. 방법은 우리가 각본을 쓰는 것이었다. 지금 이 글을 보고 있는 독자 중 필자가 각본을 쓴 드라마 <마이샵>을 본 사람들이 있을 것이다. 결국 필자가 직접 드라마 각본을 쓰는 게 유일한 방법이었다.

"선과 악은 결국 함께 존재하는 것이다."라는 생각으로 큰 주제를 잡고 전체 이야기를 구성했다.

"대한민국 국민이 탐욕 주파수에 감염되어 자살과 폭동이 일어나는데 나라를 리더하는 자들은 그 문제를 풀지 않고 자신들의 영달과 영화를 찾는다."

이것이 드라마의 주제이다. 그리고 젊은 히어로 안지현

검사가 나타나 이 문제를 해결하기 위해 도전하는 것이 드라마의 내용이다.

　지금 대한민국에는 진정으로 국민을 위하는 위정자가 없다 하여도 과언이 아니다. 아니, 수많은 위정자들은 자신만이 진정으로 국민을 위해 일한다고 생각한다. 그런데 왜 국민들이 그런 정치인을 존경하지 않을까? 정치인들 모두 국민을 위해 일하기 위해서는 우선 자신이 국회의원이 되어야 하고 장관이 되어야 하고 대통령이 되어야 한다고 생각한다. 즉, 자신의 영화와 영달이 우선이고 그 다음 얻은 명예와 기득권으로 국민을 위해 일하겠다는 것이다. 나쁘다는 이야기가 아니다. 지금 대한민국의 모든 정치인들이 그렇게 행동한다. 국민이 행복해지는 게 성공이 아니다. 자신이 지역구에서 국회의원이 되어야 성공한 것이 된다. 국민을 사랑하고 국민을 위해서 모든 것을 희생하겠다는 각오로 정치를 하고, 그로 인해 많은 국민에게 존경을 받으며 정치인이 되는 것이 바른 길이다. 그러나 지금의 정치인들 중 그런 사람은 존재하지 않는다.

　국민은 먹고 살기 힘들어 고통받고 있다. 대박을 꿈꾸며 투기, 다단계에 휩쓸리면서 무조건 돈만 바라고 있다. 대한민국 국민이 모두 탐욕에 빠져있는 상황이다. 자살과 폭력이 늘어나고 정치인들을 저주하며 분노하고 있다.

드라마는 이러한 대한민국의 현 상황을 탐욕주파수에 감염되어 자살과 폭력에 빠진 국민과 그것을 바라보면서도 자신의 영화만 생각하는 정치인의 이야기로 나타냈다.

> ### 당대표가 폭력 테러를 당하다!
>
> 마이샵 내용 중 탐욕주파수에 감염되어 폭력성이 폭주한 국중이 연설하고 있던 당대표를 폭행하는 장면이 있다. 국민이 얼마나 정치인에게 분노하고 있으면 이런 폭력이 있겠는가? 하는 것을 알려주기 위한 각본이었다. 이 드라마 촬영이 끝나고 편집을 하고 있던 2024년 1월 민주당 당대표 테러 사건이 터졌다. 그리고 최근 살인과 폭력 뉴스가 늘었다. 필자가 쓴 드라마와 유사한 점이 너무 많다. 지금 대한민국 국민의 마음이 좋지 않다는 뜻이다. 정치인들이 이것을 깨닫고 국민에게 사랑으로 다가가기를 소망한다.

　3월 한 달 동안 드라마 각본을 썼고 완결하였다. 드라마에 대해서도 모르고 그쪽 분야 공부는 한 적이 없다. 한 달 만에 완성한 드라마 각본의 내용이 어떨까? 솔직하게 이야기하면 필자는 이 드라마 각본에 만족한다. 집필 기간이 겨우 한 달이라는 사실은 중요하지 않다. 드라마가 재미있어야 하며 모두함께의 대의가 담겨있어야 하며 세계에 던질 수 있어야 한다. 그 간절함이 매우 컸다. 그래서 한 달의 시간을 몰입했다. 원고가 나오고 많은 분들의 평가를 받았다. 한 달 만에 썼다는 이야기는 하지 않았다. 좋은 평가가 나왔다.

국민 여러분도 평가를 해주기 바란다. 드라마 <마이샵>을 보지 않았다면 지금이라도 봐주시기 바란다.

〈그림19〉 드라마 "마이샵"

§ 배역을 찾다 - 연기력이 있는 무명의 연기자

2013년 3월부터 배역을 찾았다. 필자의 바람은 유명 배우들이 연기를 해주기를 소망했다. 특히 주인공은 톱 배우를 원했다. 그런데 톱 배우의 섭외가 불가능했다.

첫째, 인기 배우들은 이미 스케쥴이 꽉 차 있어 금년 내에 새로운 작품에 참여가 불가능했다. 그래서 톱 배우를 캐스팅하고자 한다면 1년 전부터 예약을 해야 한다고 한다.

둘째, 톱 배우들은 시간이 있다 하더라도 신생 기업, 즉 드라마 제작에 경험이 없는 기업과 계약하여 드라마를 촬영하기를 원하지 않는다.

결국 연기력은 있으나 유명하지는 않은 5년 이상 무명 생활을 했던 배우들을 캐스팅했다. 지금 생삭해보먼 캐스딩은 성공적이었다. 배우들이 정말 열심히 노력하며 참여하였다. 주연과 조연들 모두 자신의 역량을 최대한 발휘하려 노력하였다.

필자가 완성된 전체 드라마를 보지 못하고 이 글을 쓰고 있으나, 연기자 대부분의 연기는 정말 좋았다고 생각한다.

무엇이 옳은지 모르겠지만, 유명한 톱 배우만 고집하는 것이 능사가 아니라고 생각한다. 대한민국이 콘텐츠 사업으로 신성장 동력이 되려면 배우가 많아야 하며 스펙트럼

이 다양해야 한다. 배우는 연기를 해야 먹고 살 수 있다. 그렇기에 배우들에게는 연기를 할 수 있는 기회가 많이 부여되어야 한다. 결국 만들어지는 드라마와 영화에서 연기력이 좋은 무명 배우들에게 기회를 많이 주어야 한다.

지금 대한민국 배우의 풀이 작지는 않다. 허나 세계 시장을 보고 다양한 콘텐츠를 만들고 배포하려면 지금보다 훨씬 많은 배우들이 탄생되어야 한다. 톱 배우의 기용이 드라마 성공에 중요한 요인인 것은 인정한다. 그러나 더 중요한 것은 각본이다. 각본이 좋으면 굳이 톱 배우가 아니더라도 저예산으로 성공할 수 있다고 생각한다. 그리고 그 각본을 가장 잘 소화할 수 있는 연기자를 찾는 것이 드라마/영화를 저예산으로 크게 성공시키는 해법이 아닐까 한다.

§ 감독은 정말 전문가여야 한다

각본이 제대로라면 연출 감독이 정말 중요하다. 마이샵을 만들 때 절반은 A감독이 찍었고, 절반은 B감독이 찍었다. 두 감독이 성실하게 일한 것은 사실이고, 각자 자신의 스타일로 드라마를 촬영하였다. 필자가 볼 때 각본과 감독의 궁합이 맞아야 한다고 생각한다. 액션물이 전문인 감독, 멜로물이 전문인 감독 등 감독의 개성과 스타일이 다 다르다. 멜로물 전문인 감독이 액션물을 맡으면 실패하고, 반대로 액션물 전문 감독이 멜로물을 찍으면 실패할 가능성이 크다. 그러므로 감독의 전문성에 맞게 영화를 맡겨야 한다.

전문성이란 해당 분야의 영화와 드라마를 많이 제작했는가를 이야기한다. 그러나 작품의 양보다 더 중요한 것은 감독의 예술성이라고 말하고 싶다. 예술성을 어떻게 알아볼 수 있을까? 솔직하게 어려운 내용이다. 유일한 방법은 수상경력 등을 참조하는 것인데, 정말 감독을 찾는 것은 가장 어려운 부분이다. 가장 중요한 것은 돈보다 예술을 더욱 중히 여기는 모습이 있어야 하며, 영화/드라마에 대한 철학이 있어야 한다는 것이다. 그리고 무엇보다 성실해야 한다.

감독이 카메라를 알아야 하는 것은 필수이다. 카메라 기법을 터득하시 못한 감독이 촬영한 데이터는 품질이 떨어진다는 것을 느꼈다. 그리고 스텝을 잘 융합해야 한다. 감독은 배우와 스텝 모두를 융합하며 리더하는 리더십이 있어야 한다. 마이샵의 A감독은 스탭들 및 배우들과 의사소통이 원활하지 않은 문제점이 있었다. 이 점이 촬영 시 문제를 만들기도 했다.

50%의 촬영은 필자가 직접 참여했다

모두함께는 드라마/영화 제작을 신성장 동력으로 계획했다. 그래서 드라마를 제작할 기업도 만들었다. 그리고 드라마.영화를 만드는 모든 절차를 다 배워야 했다. PD가 하는 일, 카메라 감독의 일, 조명 감독의 일, 미술 감독의 일 등을 모두 배워야 했다. 또한 마이샵은 액션물이기 때문에 액션에 대해서도 배웠다. 그래서 촬영 시작부터 1차 촬영 종료 기간 내내 필자는 촬영장에 함께 했다. 따라서 영화 제작의 여러 면을 배울 수 있었다. 비용을 절감하는 것만이 능사가 아니라는 것도 배웠으며, 반대로 의미 없는 곳에 돈을 너무 많이 쓰고 있는 부분도 보았다. 무엇보다 크게 깨달은 것은 영화/드라마 제작이 시스템화 되어 있지 않다는 것이다. 예술이기에 그럴 수 있다고 할 수 있으나, 시스템화 된다고 예술적인 부분을 살릴 수 없다는 데는 동의할 수 없다. 영화촬영 50%를 끝내고 콘텐츠 제작 시스템이 영화 제작 기업에서 운영되어야 한다고 생각했다.

§ 영화 제작 비용, 왜 천차만별일까?

영화를 모르는 사람이 멋모르고 영화 산업에 뛰어들면 엄청난 비용이 누수된다는 이야기가 있다. 필자는 이 말에 동의한다. 영화를 모르면 어떤 부분에 얼만큼의 비용이 들어가는지 알 수 없기에 비용의 누수가 생기는 것이다.

돈이 많이 들어갔다고 누수가 크고, 돈이 적게 들어갔다고 누수가 적다고 이야기할 수는 없다. 질을 높이기 위해 돈을 많이 투자하는 경우도 있다. 딱 3분 나오는 우주 도시를 구현하기 위해 50억을 사용하는 경우도 있다. 이때 50억이 누수비용인가? 그렇지 않다. 오히려 영화를 살리기 위한 필수 비용일 수도 있다.

본 장에서 필자가 드라마를 제작하면서 느꼈던 영화/드라마 제작 비용에 대해서 느낀 바를 그대로 이야기하고자 한다.

- 카메라 징비, 최상급이 꼭 필요한가?

우리 드라마를 촬영할 때 아리알렉사 카메라 최상급을 사용하였다. 이 장비는 디지털 영화를 찍을 때 사용하는 최상급 장비이다. 장비 값이 렌즈를 포함하여 십억 원이상이며, 촬영 기간 동안에만 렌트를 해도 수억 원 대의 비용이 들어간다. 배우 출연료를 빼고 (만약 톱 배우를 기용할 경우) 영화 제작비에서 가장 큰 비용이 든다.

여기에 보조 장비와 운영 인력을 함께 하면 영화 제작비 중 메인 비용이라고 볼 수 있다. 아리알렉사 카메라는 카메라 1대당 감독과 보조 감독, 전문 인력이 최소 4명 필요하다. 여기에 카메라 이동 틸트 장비 인력이 2명 필요하고, 최소 2대의 카메라를 사용한다면 감독과 보조 인원까지 최소 12명의 인원이 소요된다.

최상급의 카메라이기에 UHD 이상의 약 4000*3000 Rev 화소로 30프레임 영상을 완벽하게 찍는다. 60프레임일 경우 UHD 화질로 촬영할 수 있다.

그렇기에 디지털 영화를 찍을 때 이 장비와 인력을 사용하여 촬영비에만 거액이 소요된다.

촬영된 화질이 최상급인 것은 사실이다. 그래서 영화관에서 상영하는 경우 등 최상급 퀄리티를 제공해야 할 경우에는 본 카메라를 사용하는 게 옳다고 본다.

그런데 이 차이가 일반 사용자에게는 크지 않다. 최상급 카메라의 성능을 대치할 수 있는 다양한 방법이 있기에 UHD용의 저가형 또는 중저가형 카메라를 사용한다고 하여 화질이 크게 떨어지지 않는다는 것이다. 중저가형 카메라라고 하여도 가격대가 1000만 원에서 3000만 원 정도인 카메라이다. 일반인에게는 최고급 카메라에 해당될 것이다. 이런 카메라를 사용하면 필요한 인력도 확 줄어든다. 카메라 1대당 최소 1명 또는 2명만 있어도 촬영이 가능하다. 12명에서 최소 2명으로 필요 인력이 줄어드는 것이다.

아리알렉사 카메라를 사용하여 한 달간 촬영했을 때 약 5억 원 정도가 소요되는데, 중저가형 카메라를 사용하면 5천만 원도 들지 않는다는 것이다.

또 하나는 촬영된 영상을 컴퓨터로 옮기면 화질이 변화된다는 것이다. 이것을 색 보정이라고 하는데, 색 보정이 들어간다는 것은 화소의 값을 변화시킨다는 것이다. 최상의 카메라로 찍은 영상 그대로를 보여주는 게 아니라 변화되기에, 최고급 카메라를 사용한 결과가 중급 카메라로 촬영한 결과물과 별반 차이가 없다는 것이다.

아리알렉사같은 최고급 카메라를 사용하는 감독들은 분명히 다르다고 이야기한다. 필자는 전자공학 박사이고 영상공학을 전공했다. 영상의 미학은 알지 못해도 영상의 값에 대해서는, 그리고 빛과 영상의 관계에 대해서는 카메라 감독보다 더 전문적이며 정확하다. 인터넷을 이용한 OTT 사업의 배포 영화, 일반 MX극장에서 방영되는 영화일 경우 중저가형 카메라를 사용해도 큰 차이는 없다고 생각된다. 단, 화소수는 매우 중요하다. UHD 촬영이 가능한 카메라여야 하며, 가능하면 카메라 센서가 좋은 것으로 3000만 원대를 사용해도 된다고 생각한다. 사실 카메라에서 중요한 것은 본체가 아니라 렌즈이다. 이 렌즈가 아리알렉사 같은 기종이 월등히 뛰어난 것은 사실이다. 다시 설명하는데, 촬영한 데이터의 변화가 작다면, 최고의 카메라로 찍은 화질이 분명 뛰어나다. 그러나 색 보정의 개념을 도입한다면 뛰어난 렌즈를 사용해도 그 특징이 뭉개진다.

또 이야기할 것은 디지털 촬영은 편집이 자유롭다는 것이다. 어도비 프리미어 같은 소프트웨어를 사용하면 잘못 촬영된 영상까지 수정 편집이 가능하고, 다양한 기법으로 영상을 더욱 뛰어나게 만들어낼 수 있다. 필자의 생각은 중저가형 카메라로 촬영하고 어도비 프리미어에서 전문가가 좀 더 성실하게 열심히 편집한다면 최고급 카메라를 사용한 것보다 결과물이 나을 수 있다고 생각한다.

〈그림20〉 아리알렉사 카메라(위)와 소니의 중저가형 촬영 카메라(아래)

- 조명 감독과 조명팀에 대한 견해

<마이샵>을 찍을 때 조명 감독과 보조로 6명을 두었다. 실제 스튜디오에서는 인력이 남았고, 야간 외부 촬영을 할 경우는 부족했다. 그런데 꼭 사람이 해야 하는가에 대한 의문이 있었다.

우리가 사용하는 조명도 리모컨으로 작동한다. 그래서 조명만 장치하고 밝기는 리모컨을 사용한다. 헌데 그 외에도 틸트 장비를 사용한다면 인력도 줄이고 효과적으로 촬영이 가능하다고 생각했다. 촬영 시에 카메라 위치가 바뀔 때면 조명도 바뀌어야 한다. 카메라 이동 시에 조명 자치까지 이동하면서 촬영 시간이 많이 소요된다는 것이다. 또한 필자의 생각에 조명은 감독과 카메라 감독이 직접 컨트롤하는 게 옳다고 본다. 조명의 효과는 그대로 화질에 니타'난다. 그것을 판단하는 사람이 감독과 카메라 감독이기 때문이다. 그리고 최근 다양한 조명장치가 나와서 별도의 전문인이 아니더라도 감독의 지시에 따라 조명을 컨트롤할 수 있다고 본다.

뒤에서 설명하지만 촬영의 시스템화가 필요하다. 필자의 생각에 10명 이하의 스텝진이 충분히 운영 가능한 시스템을 구축한다면 비용은 적게 들면서 영화의 퀄리티는 높아질 것이다.

- 미술 감독의 역할

마이샵을 촬영할 때 미술 감독, 소품 감독 두 팀이 필요하다고 이야기들었다. 필자의 생각에 소품 감독은 필요없다고 보았다. 우리 드라마는 현대물이다. 현 시대를 배경으로 한다. 시대물이나 특정 환경이 필요한 SF물 같은 경우 소품팀이 필요할 것으로 판단된다. 미술 감독은 영화의 분위기를 연출하기 위해 꼭 필요한 인력으로 본다. 미술 감독 하부에 소품팀을 두는 것이 더욱 효과적이라고 생각한다.

사실 이 부분에서 영화 제작비에 차이가 발생한다. 모든 촬영 세트를 만들고 구성할 경우 영화 제작비는 그만큼 높아질 것이고, 기존의 환경에서 변화 없이 촬영할 수 있다면 영화 제작비는 그만큼 내려간다.

감독이 관객에게 무엇을 보여줄 것인가에 따라 결국 미술과 소품 비용이 많이 들 수도 있고 적게 들 수도 있다. 이 부분에서는 무조건 저렴하다고 해서 좋은 게 아니다. 영화에서 표현하고자 하는 장면을 정확하게 표현하지 못해 전달 효과가 적다면, 돈이 적게 들었다는 것은 결코 좋은 것은 아니다.

필자의 생각에 감독과 미술 감독은 서로 호흡이 맞아야 한다. 두 감독의 의견이 맞지 않으면 영화의 그림이 안 좋아지기 때문이다. 그래서 감독이 선택되면 미술 감독 선임만큼은 감독에게 선택권을 주는 게 옳다고 본다.

- 분장과 특수분장

분장팀과 특수분장팀은 따로 운영된다. 이게 지금의 상황인 것 같다. 정말 이해가 가지 않는 부분이었다. 유튜브에 보면 특수분장 하는 방법이 자세히 나온다. 어렵지도 않으며 분장용품 비용도 비싸지 않다. 헌데 특수분장팀에서 요구하는 비용은 매우 높다. 우리의 경우만 그런 건지 몰라도 상상 이상의 고액과 고임금을 요구하였다.

특수분장 외에도 필자가 볼 때 누수되는 눈 먼 비용이 너무 많았다. 그러나 막지를 못했다. 영화 촬영이 시작되고 "내일 촬영 시에 이게 필요한데, 가격이 2000만 원입니다. 안되면 촬영할 수 없고, 장소도 미리 대여했기에 당장 내일 안 찍으면 돈이 더 듭니다."라는 요구가 들어오면 막을 방법이 없었기 때문이다. 그래서 문제점을 보면서 수업료를 낸다는 생각으로 진행을 했다. 달리는 열차를 세울 수가 없었기 때문이다. 그래서 느끼기를, 시스템화하면 이런 문제들이 해결될 것이라고 생각한다.

- 과연 현재의 촬영 조직은 옳은가?

드라마 <마이샵>을 촬영할 때 스텝진만 50명이 넘었다.

일반적으로 영화/드라마를 촬영할 때 이 정도의 인원이 필요하다고 이야기한다. 총 8부작을 촬영하는데 50여 명의 스텝이 6개월간 일한다. 인건비만 10억 이상이 사용됐다.

과연 이정도의 인력이 항시 필요한가? 장비는 첨단이고 디지털 영화를 촬영하는데, 조직은 과거의 조직 구성이 그대로 이어져온 것 같다. 인력은 분명히 줄일 수 있다. 그런데 스텝진은 그 생각을 하지 않는다. 스텝진은 비용을 절감해야 된다는 생각을 하지 않는다. 그렇기에 최적화된 조직을 만들지 않는다고 생각한다. 영화 제작에 분명 큰 비용이 드는 것은 사실이다. 또한 돈을 많이 쓴 만큼 영화의 퀄리티가 높아지는 것도 사실이다. 허나 분명한 것은, 과거에는 필요했던 인력이 지금은 필요없어진 부분도 있다는 것이다. 즉, 최적화된 조직과 비용 운영이 필요하다.

§ 가상 스튜디오 - LED Wall 건설

드라마 촬영 전에 하남에 있는 가상 스튜디오를 견학하였다. 촬영 시에 직접 갈 수 없는 북극, 우주, 사막 등 또는 차량 드라이브 시에 외부 장면 등을 출력하는 LED WALL이 장착된 스튜디오였다. 요즘 많은 드라마와 영화들이 이런 LED WALL 가상 스튜디오를 이용해서 촬영된다고 들었다.

자동차 드라이브씬은 크로마키 기법을 이용하면 차량 본네트 위에 그림자가 나타나지 않아 현실감이 없다고 한다.

사실 매우 유혹적이었다. 헌데 하루 촬영 비용이 2000만 원의 고가였다. 이런 가상 스튜디오를 이용하면 드라마를 다채롭게 촬영할 수 있다. 그래서 가상 스튜디오를 직접 건설하여 이 스튜디오에서 드라마를 촬영하고자 했다.

〈그림21〉 제주 가상 스튜디오에서 드라마 촬영중인 모습

2개월 안에 가상 스튜디오를 건설한다구요?

하남의 가상 스튜디오를 견학한 후, 일단 우리의 가상 스튜디오를 먼저 건설하고 그 가상 스튜디오에서 드라마를 촬영하기로 결정했다. 관계자들이 이야기했다. "가상 스튜디오 건설하는 데 몇 년이 걸리는데, 2개월 안에 만드는 것은 불가능합니다."

나의 계획은 2023년 3월~4월에 가상 스튜디오를 만들고 2023년 5월부터 거기서 촬영하는 것이었다.

가상 스튜디오가 그냥 만들어지는 것이 아니다. LED WALL이 만들어진다고 해도 그 LED WALL에 출력하는 영상 컨트롤 프로그램이 2개월 만에 나오기는 어렵기 때문이다. 기존의 가상 스튜디오는 모두 미국의 기술을 받아서 사용했다고 한다. 소프트웨어 비용만 수십억 원을 지불하였다는 이야기를 들었다.

누군가에게는 매우 어렵고 힘든 일이나, 누군가에게는 쉽고 전혀 어려운 일이 아니다. 필자는 영상공학을 전공하였고 영상을 다양한 디바이스에 출력하고 컨트롤하는 데 전문가이다. 그렇기에 필자에게는 가상 스튜디오용 컨트롤 프로그램은 어렵지 않은 일이다. 소프트웨어를 UI까지 완결하여 패키지로 만들어 누구나 사용하게 하려면 시간이 걸리나, 엔진만 만들고 그것을 필자가 코딩으로 출력한다면 소프트웨어 개발에 한 달이면 충분하다.
LED WALL DEVICE는 모두 중국에서 만들어낸다. 이 판을 빠른 시간 안에 수입해오는 것이 관건이었다. 빛점 거리, 화소의 거리가 작아야 실내용 영화 촬영에 사용 가능하다. 외부용 LED는 화소거리가 5mm~10mm이다. 화소거리가 1mm~2mm 사이어야만 영화를 찍는 LED WALL을 만들 수 있다. 이 부분만 해결된다면 2개월 안에 가상 스튜디오 건설이 가능했다. 두 번째로 높이가 10M 이상이고 정사각 면적이 10m² 이상인 공장 형태의 건물이 필요했다. 운이 좋아 제주도 서귀포에 조건에 부합하는 건물을 임대할 수 있게 되었다. 필자는 영화 분야의 전문가가 아니다. 영상공학 전문가이다. 영상공학 전문가에게는 가능한 일이며 어렵지 않은 일이다. 헌데 영화 산업에 있는 사람에게는 엄청 큰일이며 큰 비용이 들어가는 일이다. 필자가 가상 스튜디오 건설에 사용한 비용을 들은 스텝진들이 놀라워하며 기가 막혀 했다. 영화 관계자가 생각하기에 상상할 수 없는 저가였다.

영화는 종합 기술이다. 즉 모든 분야의 전문가들이 힘을 합치면 정말 좋은 영화를 만들 수 있다. 필자는 영화와 상관없는 사람이나, 영상 공학을 전공했기에 가상 스튜디오 건설을 저렴한 비용으로 빠르게 만들 수 있었다.

앞으로 영화 촬영에는 다양한 과학 기술이 결합된다. 그런데 영화 산업의 제작 문화가 지속성이 없고 영화 제작시에만 '헤쳐 모여' 식인 것이 문제이다. 영화 대본이 만들어지고 감독이 선임되면 스텝진이 구성되고 PD가 정해지고 배우가 계약된다. 그리고 영화가 끝나면 모두가 흩어진다. 이 점이 가장 큰 문제이다. 앞에서 말한 감독, 배우, 카메라, 미술은 '헤쳐 모여'식이어도 가능하나, 이런 식이면 영화 기술은 만들어졌다가 사라진다. 즉, 지속적 발전이 안되는 것이다. 이 점이 한국 콘텐츠 사업을 발전시키는 데 걸림돌이 된 것이다.

마이샵의 많은 장면을 가상 스튜디오에서 촬영했다. 급하게 스튜디오를 만들어서 문제도 발생했다. LED에 출력할 소스를 만들고 찾는 데 어려움이 컸다. 공항 장면, 하늘 장면, 아마존 장면 등을 찾는 데 충분한 화질의 소스를 구하기가 쉽지 않았고, 그 때문에 LED WALL을 사용하지 못한 경우도 있었다. 360도 카메라로 촬영하여 LED WALL에 출력시켜야 하는데, 이 360도 카메라로 촬영된 소스가 엉망이라 실패도 많이 했다. 차후 360도 카메라를 다시 제작하여 촬영할 수 있었다. LED WALL 스튜디오를 만들었어도 실전에 투입할 때 많은 문제점을 확인할 수 있었다. 이번 드라마에서 LED WALL은 최소한만 사용하였다. 허나 문제점을 확인했기에 해결 방법도 찾을 수 있는 것이다. 그래서 다음 촬영에는 현재보다 더 뛰어난 환경에서 가상 스튜디오를 이용하여 영화를 촬영할 수 있을 것이다.

모두함께의 엔터 기업은 단 한 편의 드라마만 만들고자 탄생된 기업이 아니다. 대한민국의 드라마/영화 제작의 메카가 되기 위해 탄생되었다. 과거의 '헤쳐 모여' 식에서 탈피하여 한 개의 기업이 꾸준히 드라마와 영화를 제작하면서 기술을 축적시켜야 한다.

그래서 세계에 다양하고 많은 한국 드라마를 수출하기를 바란다. 그리고 그 힘으로 국민을 뭉치고 가상국가로 가기를 소망한다.

§ 편집 시스템 구축

촬영이 끝나면 2차로 매우 중요한 작업이 진행된다. 편집이다. 이 과정에는 CG를 포함해 다양한 후작업이 이루어진다. 이 편집의 대명사인 소프트웨어가 프리미어이다. 어도비 프리미어가 디지털 영화의 많은 편집을 담당하고 있다. 어도비 프리미어를 공부하여 영상 편집 전문가가 되고자 한다면 최소 3년의 세월이 필요하다.

그만큼 프리미어를 사용하는 분들이 전문가 대우를 받고 인건비 또한 고액이다.

추가적으로 편집을 하는 데 시간 또한 많이 소요된다. 이유는 엄청난 대용량의 동영상을 편집하기 때문이다. 이런 문제를 해결하기 위해 어도비 프리미어에서는 프록시 기법을 사용한다. 모두함께 엔터에서는 자체적으로 편집 프로그램을 개발하고자 기획했고, 2023년 7월 10일 기본 형태의 편집 프로그램을 개발했다.

동영상 작업에는 전문성이 필요한 작업도 있고, 단순 반복을 하는 작업도 있다. 전문성이 들어가는 작업은 고기술인 CG(Computer Graghic) 기술이며, 전문가가 집중해서 해야 할 작업이다. 반면 단순 반복 작업은 비전문가도 가능한 작업이다. 이런 작업은 시간이 매우 많이 든다. 만약 전문 작업만 어도비 프리미어나 고급 툴을 사용하여 제작하게 하고, 단순 반복 작업은 비전문인이 하게 한다면 시간과 비용을 절감할 수 있다. 또한 영화/드라마 편집의 시스템이 구축되어 최고의 편집을 할 수 있다 생각했다. 그래서 1차 촬영을 끝내고 1차 촬영 데이터를 이용하여 편집 프로그램을 개발하였다. 그리고 그 편집기로 필자가 직접 예고편 비슷한 것을 편집해보았다. 그리고 편집을 전혀 해보지 않았던 사람에게 이 소프트웨어 사용법을 가르쳐주고 편집을 하게 해보았다. 그랬더니 20분 만에 배워서 빠르게 편집하는 것을 확인했다.

그러나 필자가 만든 편집기를 사용하여 마이샵을 편집하지는 못했다. 2차 촬영 때 연출 감독이 바뀌었고, 새로운 감독의 본인의 경험 하에서 촬영과 편집을 완수하고자 하였다. 즉, 새로운 시스템을 도입하여 운영하기에 부담이 컸던 것이다.

일단 소프트웨어를 일반 사용자가 쉽게 사용할 수 있도록 업그레이드하는 것도 필요했다. 그래서 마이샵 편집을 기존의 전문가들이 편집하게 하였다. 이렇게 편집 시스템을 만든 이유는 새로운 청년 창업 시장을 창출하고자 했기 때문이다.

§ 청년 일자리 창출과 연동되는 편집 시스템으로 발전시키라

영화와 드라마에 CG가 많이 사용된다. 이 작업이 정말 많은 인력과 시간이 드는 작업이다. 앞에서도 이야기했듯이 CG에는 전문가가 해야 하는 정교한 작업과 단순 반복 작업이 있다. 그리고 이 반복 작업에 시간과 인건비가 엄청 든다는 것이다. 반복 작업이라 하여도 툴을 사용하는 전문가가 그 일을 해야하기 때문이다.

　반복 작업을 비전문인에게 넘기고 정교한 전문 작업만 고임금 전문가에게 넘기면 제작 비용이 절감되고 대량 작업이 가능하다.

　세계의 CG 편집 물량이 얼마일까? 추측건대 엄청난 양이며 그 시장 규모는 작지 않을 것이다. 작업당 500만 원이 드는 CG를 300만 원에 할 수 있다면 세계의 CG 용역을 점유할 수 있다. 가격이 내렸다고 퀄리티가 떨어지는 게 아니다. 시스템과 노동력 분산으로 가능한 것이다.

　출근을 하지 않고 우리의 툴로 이 작업을 한다면, 요즘 청년들이 선호하는 일자리가 창출된다. 그렇게 하면서 콘텐츠 사업의 기초 지식을 배우고 영화 드라마 편집 분야의 전문인으로 발전할 수 있다.

　간단하게 보면 용역 사업이다. 헌데 그 시장이 매우 크기에 그 시장을 대한민국이 가진다면 성장 동력의 한 축이 될 것이다.

　세계인은 대한민국의 손재주가 뛰어난 것을 안다. 뛰어난 것이 사실이다. 게다가 비용이 저렴하다면, 이것이 경쟁력 우위가 되는 것이다.

　청년들의 일자리가 창출되면서 청년들이 콘텐츠 사업에 관심을 가지게 될 것이다. 그러면서 영화/드라마 사업의 기초 지식을 얻고 점차 발전할 수 있다. 뜻있는 청년들은 해당 분야의 더 많은 지식을 공부하고자 할 것이고, 그러면서 전문인으로 커질 것이라 기대한다. 필자가 드라마를 제작하고자 한 것은 단순히 드라마 한 편을 만들려던 게 아니다. 드라마를 제작하면서 이 분야에 연관된 다양한 파트를 알고자 하였고, 그 파트를 기업화하고 시스템화 하고자 한 것이다. 그리고 그 힘을 키워 가상국가의 성장 동력으로 만들고자 한 게 나의 소망이다.

§ 드라마의 또 하나의 꽃 - OST 음악

드라마를 편집할 때 결합되는 게 음악과 효과음이다. 이 중 음악은 차후 별도의 사업이 된다. 때로는 드라마는 성공하지 못했으나 드라마에 나온 음악이 뜨는 경우도 있다. 드라마 마이샵의 '모두함께 히어로(소찬휘 노래)'는 필자가 작사, 작곡을 하고 편곡을 맡긴 곡이다. 그 곡은 자랑스런 대한민국의 기상을 담았다. 드라마 회가 종료될 때마다 나오는 음악이다. 필자는 이 OST가 크게 떠서 널리 알려지기를 간절히 소망한다. 이유는 간단하다. 이 음악이 국민에게 퍼지면 대한국인의 기상이 다시 일어서지 않을까 하는 기대 때문이다.

대한민국이 기울어지기 시작한 때는 1997년이다. IMF가 터지면서 대한민국은 민족적 기상을 잃었고, 충효사상도 사라졌고 인구는 감소하기 시작했다.

국민이 국가에 배신을 당했기 때문이다. IMF를 이겨내고자 국민은 금을 모았고 희생을 감내하였다. 그러나 IMF가 회복되었지만 국민은 희생한 상태 그대로인 것이다. 평생직장을 잃었다. 집 값이 하락하는 것을 버티지 못하고 싼 값에 팔아 대출 이자를 갚았는데, 그 이후 영영 집을 살 수 없게 되었다.

부모들은 자식들에게 이야기한다. 나라를 위해 희생하지 마라. 네가 잘 살 수 있다면 나라를 버리는 건 큰 문제가 아니다! 돈이 무엇보다 최고다! 결국 청년들은 민족의 기상을 잃었다. 그리고 웅비하려는 마음조차 무너졌다. 이 책을 읽는 독자에게 부탁한다. 모두함께의 '모두함께 히어로'를 들어보라! 지금 일어서야 한다. 더 많은 시간이 흐르면 대한민국은 일어날 수 없다. 나라는 그대로 있다 하여도 대한국인은 고통받고 적은 인원으로만 존재하게 될 것이다.

첨단 콘텐츠 제작 시스템

드라마 촬영 1차를 끝낸 후 세계적인 콘텐츠 제작 기업이 되려면 필요한 기술이 어떤 것이며 어떻게 개발되어야 하는가를 정리하였다. 본 장에서는 드라마/영화를 제작하는 기업이 가져야 할 기술에 대해서 설명한다.

<그림22>는 영화/드라마 사업이 발전하기 위해 콘텐츠 제작 기업이 갖추고 있어야 할 시스템을 보여준다.

과거의 인력을 동원하는 방식이 아닌, 로봇 자동 주행 및

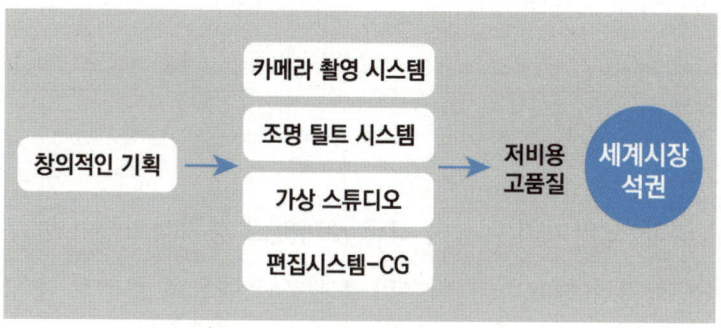

〈그림22〉 첨단 콘텐츠 제작 시스템

드론을 이용한 촬영 등을 모두 자동화하는 시스템이 필요하다. 여기에 AI 기술 결합으로 조명 시스템과 자동연계하게 한다.

카메라 촬영 시스템과 조명 틸트 시스템을 로봇과 AI를 결합하여 사용하면 아주 적은 인원으로도 촬영이 가능하다. 여기에 가상 스튜디오를 결합하여 생동감 있는 배경에서 촬영이 이루어진다면 촬영 기술은 세계적인 수준이 될 것이라고 확신한다.

첨단 시스템이라고 하더라도 이미 로봇 분야와 AI 분야의 기술이 충분히 발전되었기에 해당 기술을 그대로 도입하면 매우 빠르게 구축할 수 있다.

촬영이 끝난 후 앞에서 설명한 전문 파트와 단순 반복 노동 파트를 분할시켜 인력을 합리적으로 배치하여 저비용으로 최고의 편집을 할 수 있게 된다면, 영화 제작 시스템으로 최적화된다고 생각한다.

§ 정말 재미있어야 한다

영화/드라마의 내용이 정말 재미있고 창의적이어야 한다는 게 가장 중요하다. 아무리 좋은 시스템으로 퀄리티 높게 만들었다고 해도, 그 영화가 재미없으면 아무도 보지 않는다는 것이다.

 필자가 콘텐츠 사업을 성장 동력으로 선택한 것은 대한민국의 청년들이 정말 재미있는 영화를 만들 수 있는 능력이 있기 때문이다. 각본도 뛰어나며 연기자의 연기력 또한 뛰어나다. 분명 대한국인의 콘텐츠가 세계로 퍼질 수 있다고 확신한다. 지금도 한국인들의 콘텐츠가 세계로 나아가고 있다. 헌데 배포의 주도권이 대한민국에 있지 않다. 바로 시스템의 부재 때문이다. 영화를 촬영하는 모든 기계와 시스템을 대부분 외국에서 가져온다.

 영화와 드라마를 만드는 시설 시스템, 배포 시스템의 부재 때문에 세계의 콘텐츠 사업 주도권을 대한민국이 잡지 못하는 것이다.

 <그림22>에서 갖춰야 할 창의적인 기획은 이미 우리에게는 준비되어 있다.

§ 로봇과 연동하는 카메라 촬영 시스템

 영화를 촬영할 때 보통 2대의 카메라로 앞, 뒤, 좌, 우에서 찍는다. 만약 아리알렉사 같은 카메라를 사용할 경우, 한 컷을 찍고 촬영 위치를 바꿀 때 많은 사람들이 카메라를 들고 조명을 옮긴다. 때로는 촬영 위치를 이동하는 데 30분 이상

걸릴 때도 있다. 이것이 촬영 시간이 지연되고 인건비가 많이 드는 원인이 된다.

위치를 잘못 이동하여 화면 각이 안 나올 때도 있다. 이럴 경우 시간이 더 걸려도 위치를 다시 보정하여 다시 촬영한다. 그런데 시간이 부족할 경우에는 카메라 위치를 바꿀 여유가 없을 때도 있다. 이럴 경우 부족한 촬영 분을 편집을 통해서 땜빵치기를 하기도 한다. 이런 부분이 영화의 질을 떨어뜨린다.

로봇이 카메라를 들고 이동한다면 한쪽 위치에서 다른 위치로 이동하는 데 5분이 채 안 걸린다. 이동하는 로봇에 카메라를 장착하는 기술은 절대 어려운 것이 아니다. 필자는 과거 로봇을 제작한 경험이 있다. 카메라를 장착하고 이동하는 로봇 제작은 어려운 것이 아니다. 모두함께 엔터테이먼트에서 앞으로 개발해야 할 첫 로봇은 촬영 로봇이 될 것이다.

§ 지능형 조명 틸트 시스템 - 로봇 시스템

카메라와 연동하여 움직여주어야 하는 장치가 조명이다. 카메라에 맞추어 사람들이 조명을 들고 장착한다. 그렇기에 촬영 위치의 변화에 따라 조명 장치를 바꾸느라 많은 시간이 소요된다.

 조명 장치 또한 틸트 장치를 사용한다면 매우 빠르게 이동 변경이 가능하다. 지금도 조명 장치에 틸트를 부착해서 사용하는 경우도 있다. 그러나 필자가 말하는 시스템은 현재의 시스템과는 분명 차이가 있다. 필자가 말하는 시스템은 카메라의 위치가 변화되면 조명 장치도 그에 맞게 자동적으로 이동하고 조도까지 바뀌게 되는 시스템이다. 이것을 AI 기술을 이용하여 자동화하는 장치이다.

§ 더욱 발전되는 가상 스튜디오

 드라마 <마이샵> 촬영 시에 만든 가상 촬영 스튜디오는 엔진만 탑재된 상태이다. 많은 기능이 추가되어야 한다. 또한 다양한 장면의 소스들이 필요하다. 가상 스튜디오를 활성화하기 위해서 장치보다 더 크게 확장되어야 할 것이 다양한 장면의 소스 콘텐츠이다. 세계의 여러 지역 배경들, 드라이브 장면, 우리가 갈 수 없는 우주, 북극, 남극, 해저 장면들 이 모든 배경 소스가 있어야 한다. 그냥 단순히 카메라로 촬영된 소스가 아니라, 360도 카메라로 촬영된 소스여야 한다. 또한 동영상이 아니라 프레임 컷이어야 한다. 이 말은 그냥 재생하여 출력되는 것이 아닌, 앞뒤, 전후, 줌인, 줌아

웃이 될 수 있도록 촬영된 소스여야 한다는 말이다. 그렇기에 가장 중요한 것은 가상 스튜디오와 연결되는 배경 소스 촬영 카메라 시스템이다. 제작비는 비싸지 않으나 이 카메라가 여러 대이어야 하며, 이 카메라들을 세계로 보내어 배경 소스를 촬영해와야 한다.

가상 스튜디오는 개발할 분야가 많고 확장 적용 방법이 무궁무진하다. 지금은 가상 스튜디오를 이용하여 촬영하기 시작한 초기이다. 그래서 우리가 얻고자 하는 부분이 만족스럽지 않을 수도 있다. 그러나 가상 스튜디오 기술이 발전되면서 실제 현장에서 찍는 것보다 더 좋은 환경을 제공하게 될 것이다. 가상 스튜디오는 모두함께에서 계속 발전시킬 핵심 엔진이다.

§ CG 기반의 편집 시스템

일반 자동차와 특수 자동차는 분명 차이가 있다. 일반 자동차로 모래사장이나 사막을 달리기는 힘들다. 모래사장과 사막을 달리기 위한 특수 자동차를 만든다면 일반 자동차에 비해 잘 달릴 것이다.

영상 편집 소프트웨어도 이와 같다. 현재 영화 편집과 CG 제작에 사용하는 소프트웨어로 대표적인 것이 어도비 프리미어와 마야 등이다. 정말 다양한 기능이 있어서 편집과 CG를 하는 데 전혀 어려움이 없다. 단, 이런 소프트웨어는 드라마/영화 제작에 특화되어 있지는 않다. 자동차로 이야기하자면 일반 자동차이다. 우리는 특별한 자동차를 만들어야 한다. 즉 드라마/영화에 특화된 소프트웨어를 개발해야 한다. 전문가가 사용할 툴과 일반인이 단순 반복 작업에 사용하는 툴이 필요하다. 모두함께는 이 시스템을 개발하고 계속 발전시켜야 한다.

국민이 뭉쳐서 가상국가의 꿈을 이룩하기를

　드라마 1차 편집을 끝내고 튜토리얼을 2023년 7월 10일에 발표하였다. 그리고 1회, 2회를 편집하여 2023년 11월 초에 유튜브를 통해서 배포하였다.

　1회 조회수는 1주일 만에 70만 회가 넘었고, 지금 이 글을 쓰는 시점은 100만 이상일 것으로 본다. 1회, 2회를 보고 많은 사람들이 재미있고 다음 회가 기다려진다고 이야기했다. 이 글을 쓰는 현재 아직 <마이샵>이 오픈되지 않았다. 이번 달(2024년 2월) 안에 편집이 완료되고 3월 쯤에 오픈된다는 이야기를 들었다.

§ 드라마 <마이샵>을 무기로 세계에 진출할 출구를
　만들고 싶었다

　보통 드라마를 만들면 OTT에 판매를 하거나 방송사와 협력하여 방송사에서 방영하고, 이후 다양한 채널도 방영하게 한다. 최근 많은 드라마 제작자들이 방송사보다 OTT를 선호하고 있다. 넷플릭스에 판매하면 제작비의 115% 정도에 해당하는 비용을 받기에 적자 운영이 아니다. 안정적으로 드라마/영화를 제작하고나 하는 많은 팀들이 OTT를 선호한다.

필자는 <마이샵>을 팔고 싶지 않았다. 이 <마이샵>을 무료로 배포하고 싶었다.

필자의 계획은 우리가 공략할 15개 이상의 국가를 선정하고 그 국가에 배포할 한국 드라마 OTT 앱을 제작하고, 그 앱에 <마이샵>을 탑재하여 방영시키는 것이었다.

중국에 한국 드라마 앱이 있다. 한국 드라마는 그 앱에서만 볼 수 있다. 수억 명의 중국인이 그 앱을 다운받아 설치하고 있다.

15개 이상의 국가에 한국 드라마 전용 앱을 배포하면서 기반을 만들고 싶었다. 그리고 그 기반으로 많은 한국 콘텐츠를 공급하면서 모두함께 가상공화국 기반을 만들고 싶었다. 우리나라의 영화/드라마를 좋아하는 국가가 매우 많다. 또 한가지! 대한국인이 전 세계 도처에서 한인 사회를 만들고 있다는 것이다. 그분들과 협력하면 정말 좋은 결과가 나올 것으로 기대한다. 필자가 이루려는 것은 기업이 아니다.

가상국가이다. 그리고 영화/드라마를 제작한 사람들이 많은 많은 수익을 얻게 하고 싶었다. 영화/드라마 제작에 필요한 자금은 '국민 참여 국민 수익' 아이템을 연동시키고자 했다. 즉, 국민 스텝이 각본과 배우를 공표하고 많은 국민에게서 소액을 십시일반 투자받아 영화를 제작하고, 그 수익을 그대로 국민과 스텝에게 돌려주는 것이다. 이런 국민운동과 콘텐츠 사업을 연동하여 세계에 수출하고 수익이 발생하면 그 수익은 그대로 국민에게 돌아간다. 그 동안 수출하여 얻은 많은 수익이 국민에게 바로 가지 않았다. 수출을 한 기업이 그 수익을 받고 일부만이 국민에게 전달되었다. 필자가 말하는 콘텐츠 사업은 국민이 만들고 그 수익을 국민이 그대로 가져가는 것이다. 이것이 국민운동의 핵심이고 이 국민운동이 발전하여 가상국가가 만들어져야 한다고 생각했다.

§ 여기까지가 내가 할 수 있는 일이었다
- 국민이여 일어나라!

2024년 11월 초 <마이샵> 1회를 오픈한 후 11월 중순 2회를 오픈하였고, 본격적으로 가상국가 건설에 도전하고자 하였다.

그러나 필자는 2023년 11월 22일 사기죄로 법정구속을 당했다. 이 글은 필자가 구치소에서 쓰고 있다. 2015년에 고소된 사건이 2023년 11월 22일에 판결되었는데, 대부분 무죄 판결을 받았으나, 일부 유죄 판결을 받아 지금 구속된 상태에 있다. 사실 변호인도 또 주변의 많은 사람들도 필자가 구속될 것이라고는 전혀 생각을 하지 못했다. 필자 또한 너무 황당하고 억울하다. 그래서 이곳 구치소에서 무죄를 주장하며 법정 싸움을 계속하고 있다. 그러나 필자는 더 이상 리더가 될 수 없다.

내가 아무리 무죄라고 주장하고 싸워도 한번 유죄 판결이 나면 번복되기란 매우 힘들다. 결국 나에게 주홍글씨가 새겨진 것이다. 국민은 내가 무엇을 하려고 해도 "사기 전과가 있다"고 하면 일단 불신하기에 단합하지 못한다. 필지기 구속되면서 사업부가 많은 혼란을 겪었고 그로 인해 드라마 제작진 중 일부에게 잔금을 지급하지 못한 일이 있었다. 돈이 없어서가 아니라, 리더자가 구속된 상태에서 발생한 혼란이었다. 그때 한 작은 매스컴사에서 모두함께가 영화 제작에 참여한 사람들의 인건비를 주지 않고 있어 노동부에 제소되었다는 기사를 썼다. 기사 뒤편에 "현재 모두함께의 대표는 사기죄로 구속 중이다."라고 덧붙이니 자동적으로 모두함께가 사기 집단이 되었다. 후에 모든 인건비는 바로 전부 지급하였다. 이것이 주홍글씨다. 이미 사기죄로 수감 중인 상태에서 내가 아무리 무죄이고 억울하다고 이야기해도 국민은 믿어주지 않는다.

필자는 구속되자마자 모두함께 국민운동 대표회장에서 물러났다. 그리고 당대표에서도 물러났다. 그리고 새로운 리더자들이 모두함께 운동을 이끌게 하였다. 나는 이 일을 시작하면서 내 인생이 평탄하지 않을 것을 알고 있었다. 그러나 하지 않으면 난 괜찮다고 해도 대한국인의 미래가 어둡다고 생각했다.

지금 필자에게는 이미 주홍글씨가 새겨졌기에 어쩔 수 없이 물러난다. 그런데 가상국가에 대한 기획을 필자가 했기 때문에 그 기획을 인수인계해야 했다.

그 인수인계가 바로 이 책이다. 이제까지 지금까지 있었던 일을 기록했다. 지금부터는 두 파트로 기록하고자 한다. 첫 파트는 내가 만약 구속되지 않았다면 무엇을 했을까 하는 것이다. 다음은 국민운동을 성공하고 가상국가로 나아가는 단계의 기획이다. 그리고 마지막 파트로 가상국가를 건설하기 위한 핵심 기술서가 이어진다.

지금 필자의 나이가 59세이다. 지금 나에게 부귀 영화 같은 것은 별로 의미가 없다. 앞으로 내가 활동할 수 있는 시간은 대략 10년으로 보고 있다. 100세 인생이라고 해도 기술 개발을 하려면 10년이 최대일 것이다.

　난 대한국인이다. 그리고 대한국인을 사랑한다. 내 생애 남은 시간 대한민국 국민이 행복해지게 하는 일을 하고자 했다. 그 일이 가상국가 건설이었다.

　허나 이제 필자는 리더자가 될 수 없다. 그리고 당분간 기술 개발도 불가능하다. 대한민국에는 수많은 리더자가 있고 기술자들이 있다. 이 모두함께에서 힘을 합쳐 가상국가 건설을 이룩하기를 소망한다.

　가상국가는 분명히 만들어진다. 그것도 먼 훗날이 아니라 5년 이내의 가까운 미래에 만들어진다. 그 국가의 주인은 국민이어야 한다. 소수 기업인 또는 기업이 되면 안된다. 살면서 돈을 많이 벌면 행복한가? 행복할 수도 있다. 그러나 태어났다면 의미 있는 일을 한번 해보는 것은 어떨까?

　이 책의 다음 파트를 참고하여 모두함께를 어떻게 발전시켜야 할지 고민하는 리더자가 되기를 바라며, 그리고 리더자로 모두함께에 참여하기를 바란다.

　모두함께의 주인은 대한민국 국민이다.

청년 창업 - 앱 자동화 시스템, CG 편집 시스템

국민운동을 성공하면 그것이 가상국가에 연결된다. 지금 대한민국은 청년들이 일할 자리가 없다. 청년들이 원하는 일자리는 편의점 알바 같은 자리가 아니다. 무언가 가치있는 일을 하고 싶어한다. 우리는 그런 청년들의 소망을 이룰 수 있게 해야 한다. 청년이 창업을 할 수 있는 장을 만들어야 한다.

§ 이제 기업과 앱은 연결되어 있다

과거 홈페이지가 대세이던 시대가 있었다. 이 시대 때 비즈니스는 홈페이지를 통해서 이루어졌다. 지금도 홈페이지는 비즈니스에 활발히 이용되고 있으나, 많은 기업들이 자사의 상품을 팔고자 앱을 개발하는 경우가 늘고 있다. 또한 과거에 웹에서 제공했던 다양한 서비스가 앱으로 이동되고 있다. 아직도 세계인을 위한 앱서비스는 계속해서 늘어나야 한다.

　IT서비스의 흐름은 처음에는 대형 포털로 시작된다. 그리고 작은 서비스가 포털로 연동되는 형태가 만들어진다. 이 흐름은 앱에서도 그대로 진행될 것이다. 지금은 대형 메신저와 대형 유통몰, 대형 미디어 방송 등이 세계인을 묶고 있다. 허나 점차적으로 세계인은 다양한 서비스를 원한다. 그렇게 되면서 중형 앱들이 탄생된다. 즉 개인의 취미, 특성 등에 맞는 앱들이 탄생될 것이다.

카카오톡이 모든 채팅을 마크할 수 없다

지금 대한민국에서는 채팅은 카카오톡을 주로 사용한다. 평론가들 중 어떤 분은 카카오톡의 채팅은 장기집권할 것이라고 이야기한다. 필자의 생각은 카카오톡은 그래도 존재하며, 특화된 채팅 앱들이 또다른 시장을 만들어 고객을 유입할 것이다.

예를 들어 공개되지 않고 전문 회원만 공유하는 채팅, 기업이나 단체가 사용하는 보안을 절대적으로 요구하는 채팅 등 특화된 채팅 앱들이 만들어지고 새로운 채팅 시장으로 존재할 것이다.

발전하길 원하는 많은 기업들이 앱 제작에 눈을 돌리고 있다. 그만큼 앞으로 개발될 앱은 많다.

§ 인간은 다양한 욕구를 가지고 있다 - 특화된 나만의 서비스를 찾는다

인간은 계속 다양한 욕구를 분출한다. 초기에는 사람들이 카카오톡의 기능이 만족해한다. 사용이 증가하면서 점차 자신만의 환경에 맞는 새로운 항목이 있었으면 하고 바란다. "내 고객과 자동으로 채팅이 연결되었으면…","단체 채팅을 하면서 특정인과는 창이 따로 떠서 1대 1 채팅을 할 수 있다면…" 이런 요구들이 나타나는 것이다.

채팅만이 아니다. 스마트폰의 많은 앱들을 사용하는 유저들이 처음에는 해당 서비스에 만족하나 점차적으로 요구가 늘어난다. 이런 요구를 받아들이면서 앱은 다양한 기능을 가진 앱으로 변해간다. 만 명의 회원 중 "이런 기능이 있으면 좋겠다"고 하는 1000명의 요구가 있을 때 그 기능을 탑재하였다고 하자. 그러면 그 앱에는 10개의 기능이 추가된다. 어떤 사용자에게는 10개 중 한 개만 필요하고 나머지 9개는 쓸모없는 항목이다. 이렇게 사용하지 않는 항목이 늘어나면서 불편을 느끼는 사용자가 생긴다. 그래서 자신이 사용하는 특징적인 기능만 따로 모은 간편한 앱이 있기를 소망한다.

지금 20대는 똑같은 것을 선호하지 않는다. 특화된 나만의 서비스 앱을 사용하고 싶어한다. 이런 요구 때문에 앞으로 앱은 더 많이 생성될 것인데, 이전의 앱을 버리지는 않는다. 결국 지능형 앱 링크가 만들어지는데 이 부분에 대해서는 본 장의 뒤에서 자세히 설명하겠다.

§ 우리가 생각하지 못하는 드라마틱한 서비스가 있을 수 있다

스마트폰이 탄생했을 때 사람들은 지금처럼 다양한 서비스가 나올 것이라고 예상했을까? 지금 널리 사용되는 대부분의 앱 서비스는 처음부터 있던 것들이 아니다. 스마트폰 기기의 보급이 대중화되고 많은 사람들이 사용하면서 점차 다양한 니즈를 반영해 개발되어온 것들이다.

이미 다양한 서비스가 개발되어 있다. 그럼 더 이상의 서비스는 없을까? 인간의 창의는 무한하며, 사람들이 사는 모습은 매우 다양하다. 그렇기에 기회는 무궁하다. 창의적인 생각을 결합한 앱의 탄생은 계속될 수 있다.

§ 청년들의 창의적 생각을 아이템으로 앱을 만들게 하자

대한국인의 청년들은 기발한 생각을 많이 한다. 청년들의 창의적인 생각이 앱으로 만들어지면 그것이 대박이 될 수도 있다. 문제는 대부분의 청년들에게 앱을 만들 기술이 없다는 것이다.

"청년들의 창의적인 생각을 앱으로 만들어주는 자동화 시스템을 만들자."

이것이 필자의 생각이었다. 이 시스템이 어떤 시스템인지는 앞에서 설명했고, 구현 기술은 뒤에서 설명하도록 하겠다. 이 시스템은 분명히 개발 가능하며, 필자는 70%의 개발을 끝냈다. 그리고 2024년 1월부터 청년들에게 이 시스템을 공급할 계획이었다.

처음에는 앱 개발 의뢰자가 문서로 기획서를 쓰면 개발자가 그 기획서 내용대로 프로그래밍을 하여 앱을 의뢰자에게 준다. 그리고 의뢰자는 그것을 배포하면서 사업을 시작하는 것이다.

"앱 의뢰자가 매우 많을텐데 그 요구를 모두 받아들일 수 있을까?"라는 질문이 생길 것이다. 그것이 가능하도록 스크립터 프로그램을 개발했다. 이 스크립터는 객체지향이 아니다. 선형 스크립트이며 이것이 차후에 AI에 넘겨져 완전 자동화가 이루어지도록 하였다. 이 스크립터 프로그래밍을 초보 프로그래머에게 교육하면 앱을 약 1주에 1개 정도 개발할 수 있다. 또 한가지, 젊은 청년들에게 이 스크립터 프로그래밍을 잘 가르치면 본인이 직접 앱을 쉽게 만들 수 있을 것으로 생각했다.

§ 청년에게 도전하는 마음을 주어야 한다

지금 대한민국의 청년들은 도전할 힘을 잃었다. 창업이란 그들에게는 무리한 일이며 정말 어렵고 힘든 일이다. 그런데 무자본으로 앱을 만들 수 있고 세계 시장에 도전할 수 있게 해준다면 청년들에게 도전할 계기를 주는 것이다.

이것은 매우 중요하다. 실패를 두려워하지 않고 도전하는 젊은이들이 늘어날 때 나라의 경제가 살아난다. 많은 청년들이 도전하면 분명 한 개 정도는 히트를 치는 앱이 탄생할 확률이 높다. 필자는 그 한 개가 탄생하기를 소망하면서 수많은 앱을 무료로 개발해주려고 계획했다. 그리고 이 사업을 당 선거 전략과 연계하려 하였다. 당 선거 전략과의 연계 계획은 뒤에 설명한다.

§ 특화된 중사용자 앱의 대량 개발

정말 많은 앱이 나오면 그 중에 분명 히트치는 앱이 생기게 된다. 그리고 그 앱을 개발한, 아니, 의뢰한 이는 빠른 시간 안에 성공을 하게 된다. IT 기업의 특징이 빠르게 고객이 모이면 그 기업이 가파른 성장을 한다는 것이다. 이것이 본보기가 되면 수많은 젊은이들이 도전을 할 것이다. 그러면서 앱 시장에 대한국인의 앱이 매우 많이 포진될 것을 기대했다. 이미 서술했듯이 인간의 욕구는 다양하고 특화된 앱을 원하는 사람들이 많다. 예를 들어, '등산을 좋아하는 사람들에게만 필요한 앱', '스킨스쿠버를 즐기는 사람들의 앱' 등이 탄생할 수 있고, 해당 분야에 관심이 있는 사람들은 그 앱에 모여든다.

필자는 이것을 중사용자 앱이라고 이야기한다. 아주 많은 사람들이 사용하는 것은 아니지만, 어떤 사람들의 삶의 방향에는 꼭 필요한 앱이 적지 않은 사용자를 보유하고 존재하게 되는 것이다. 지금도 이런 앱들이 존재한다. 그러나 이 시장은 아직 크고 넓어서 우리 대한국인의 청년들이 시장을 공략하고 수익을 내고 키울 수 있다고 생각했다.

우리가 가진 게 무엇인가? 대한국인이 가진 것은 단 하나, 우리의 뛰어난 두뇌와 신체 뿐이다. 자원도 없고 땅도 크지 않다. 뛰어난 두뇌로 공략할 수 있는 시장이 바로 앱 시장이다. 이것이 가능한 것은 앱 자동화 시스템이 존재하기 때문이다.

§ 영화 편집 및 CG 용역

본 내용은 전 장에서 콘텐츠 사업을 설명할 때 이미 기술한 부분이다. 전문가용 영상 편집과 반복 작업용 영상 편집 소프트웨어를 개발하고, 영상 전문인이 아니더라도 영화 편집과 CG 제작에 참여할 수 있게 하자는 것이다.

본 항목은 여성이 많이 참여하기를 소망한다. 남녀를 차별하자는 게 아니라, 세부적인 부분을 깔끔하게 보는 것은 대체로 여성의 능력이 뛰어나기 때문이다.

청년 실업, 저출산, 부동산 문제를 해결한다
- 정당 설립

　앱 자동화 제작기, CG용역 사업을 공약으로 정당을 키우려 했다. 여기서 미리 말하고자 하는 것은 필자는 정치인이 되길 원하지 않는다는 것이다. 정당을 만들기 위해 어쩔 수 없이 당대표가 되었다. 지금 필자는 구속되어 있고 당대표에서 물러났으며, 애초에도 당이 어느 정도 커지면 물러날 생각이었다.

　가상국가로 넘어가기 위해서는 대한민국 국회의 힘이 필요하다. 큰 법은 아니나, 국민이 가상국가를 건설하는 데 어려움이 없도록 법 환경이 만들어져야 한다. 그래서 정당을 설립했다. 그리고 앱과 편집 기술을 가지고 청년 실업 문제, 저출산 문제, 부동산 문제를 해결하고자 했으며, 이를 우리 정당이 리더하도록 하려고 했다. 그러려면 국회의원을 배출해야만 했다. 그러나 필자는 국회의원이 되려는 생각이 절대 없다. 필자가 원하는 것은 가상국가 설립이다. 자랑스런 대한국인이 앞으로 다가올 가상국가 시대에 리더가 되게 하는 것이다.

허나 이것은 실패했다. 이유는 필자가 구속되어 있기 때문이다. 그래서 본편에 기술한 사업을 진행할 수 없었다. 또한 필자는 주홍글씨(사기죄로 법정구속되어 재판중)를 가지고 있기에 아무것도 할 수 없었다. 그러나 필자가 무엇을 하고자 했는지를 쓰고자 한다. 모두함께가 아니더라도, 필자가 제안하는 방법은 대한민국을 변화시킬 수 있는 기획이기에, 대한민국을 변화시키기를 원하는 위정자들은 참고 바란다.

§ IT 사업 지원 센터 운영

각 지역에 IT 사업 지원 센터를 두고 이 지원센터에서는 두 가지 사업을 진행한다. 첫 번째 사업은 앱을 무상으로 제작해주는 사업이며, 두 번째는 CG 용역을 하고자 하는 청년들을 육성시키는 것이다. 최대한 많은 지역에 지원센터를 두어야 한다. 앱이 자동화로 만들어진다 해도 서버와의 연동, 데이터베이스 변경 등 서버 수정 작업이 필요하다. 그렇기에 앱 의뢰자는 IT 사업 지원 센터를 자주 방문해야 한다.

청년들 중 앱을 만들고자 하는 사람은 IT 사업 지원 센터

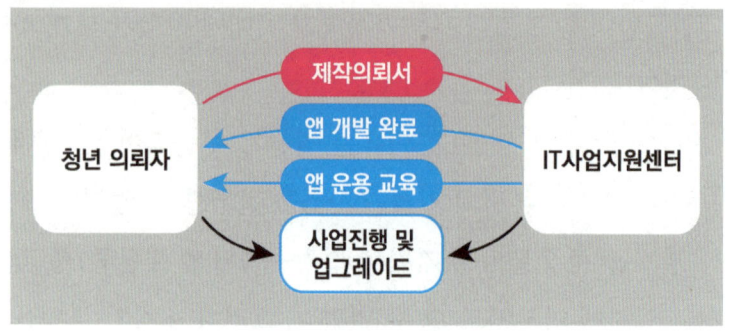

〈그림23〉 앱 개발 진행 단계

에 의뢰서를 제출한다.

  <그림23>은 IT 사업 지원 센터와 연결하여 앱을 개발하는 전체 플로우를 보여준다. 의뢰자는 앱 제작 의뢰서를 IT 사업 지원 센터에 제출한다. IT 사업 지원 센터는 해당 앱 개발의 필요성 심사를 한다. 가능성이 있는 앱을 많이 개발해야 한다. 여기서 심사는 매우 중요하다. 우리의 생각에 "이건 말이 안돼."라고 생각되는 아이템이 대박나는 경우가 있다. 그렇기에 사업의 타당성보다도 독창성을 크게 보아야 한다. 이미 대중적으로 퍼져 있는 앱은 의미가 없다. 최대한 독창적이고 창의적이며 개발이 아직 안된 부분을 우선으로 해서 개발해야 한다. 또한 전문성이 있는 앱은 최우선적으로 개발해야 한다. '화가들을 위한', '외과의사들을 위한' 이런 앱들이 성공할 확률이 크다. 심사는 이런 부분을 정확하게 규정하여 심사를 하게 하되, 그 문턱은 낮게 하여 많은

청년들이 참여하도록 한다. 실패는 성공을 예견한다. 앱을 만들어 그 앱이 범용화된다는 것은 쉬운 일이 아니다. 즉, 성공은 많은 도전 끝에 실패를 이기고 얻는 것이다. 그렇기에 다양한 앱이 만들어지면서 청년들은 자신의 사업에서 문제점을 확인하여 보완할 수 있다. 그렇기에 많은 청년이 앱을 개발하고 도전하게 해야 한다.

IT 사업 지원 센터는 모두함께에서 개발한 툴을 이용하여 앱을 개발하여 준다. 그리고 앱을 운용하기 위한 교육을 실시한다.

필자의 경험으로 보면, 교육의 효과는 필요성에 달려 있다. 도자기를 만들고자 하는 사람에게 도자기 만드는 방법을 교육하면 그 교육 효과는 매우 크다. 앱을 주고 그 앱을 운용하는 교육을 하면 청년들은 정말 열심히 공부할 것이다. 이 교육에 더해 개발툴 사용법까지 교육한다. 그렇게 하면 청년들이 스스로 앱을 업그레이드 할 수 있다.

다양한 교육 채널이 탄생되기를...

필자가 과거에 학생들을 가르칠 때, 팀을 구성하여 팀 토의를 많이 시켰다. 그리고 필자의 강의를 잘 이해한 학생을 각 팀의 팀장으로 두었다. 필자가 아무리 열심히 강의를 해도 필자의 강의를 이해하는 학생들은 대략 50% 미만이었다.

그런데 필자의 강의를 이해한 학생이 팀장이 되어 강의를 하면, 이해하지 못한 학생들이 더 빠르게 이해하는 것을 보았다. 같은 눈높이에서의 교육이 더 효과가 있다는 것을 알았다.

IT 지원센터를 통해서 앱 제작 지원과 교육을 받은 사람들이 다시 유튜브 등의 방송을 통해서 앱 개발 교육을 하기를 소망한다. 이렇게 되면 다양한 채널의 교육이 이루어진다. 그러면 앱의 생산은 가속화된다. 앱 개발도 중요하나, 개발자 교육이 더욱 중요하다. 이후 개발 툴을 주면 IT 사업 지원 센터의 지원 없이도 앱 개발이 가능해질 것이다.

앱을 배포하고 운영하면서 사업은 발전한다. 소프트웨어는 배포가 40%의 완성이라고 이야기한다. 앱을 배포하면서 사용자와 커뮤니케이션이 시작된다. 사용자의 요구와 변화에 따라 앱이 변화되기 때문이다.

이때부터 업그레이드와 유지 보수가 매우 중요하다. 이 부분에서 다양한 예외(exception)가 발생한다. 이것은 초기에 앱 개발자가 개발툴로만 해결하기 매우 어렵다. 사업 운영과 업그레이드는 IT 사업 지원 센터의 핵심 개발자 그룹과 계속적인 커뮤니케이션과 협조를 통해 발전시켜야 한다. 그렇기에 IT 사업 지원 센터에 자주 방문하여 시스템을 변화시키고 업그레이드해야 한다. IT 사업 지원 센터에 개발자가 상주하는 것은 아니다. IT 사업 지원 센터에는 서버와 연결하여 개발할 수 있는 시스템이 존재한다. 핵심 개발자는 개발본부의 개발실에 있으며, 원격으로 협조하여 시스템을 발전시킨다.

원격 협조라면 집에서 해도 가능하지 않을까?

IT 사업 지원 센터에 방문을 해도 개발자를 만날 수 없다면 집에서 원격으로 개발하는 게 더 효율적이지 않겠느냐는 질문을 할 것이다. 효율적이지만 보안에 있어 위험성이 크다. 본 시스템은 모두함께의 핵심 커널 플랫폼에 연결되어 있다. 그리고 보안 레벨이 높은 지역까지 연결 가능하다. 이 부분을 모두 열어두면 외부에서 본 시스템 커널까지 접속할 수 있다는 것이다. 이것은 "내 시스템 해킹하세요~" 하고 문을 열어두는 것과 같다. 제안하는 시스템은 수많은 앱이 연동되는 시스템이다. 만약 해킹이 되면 모두함께와 연결된 모든 앱들이 위험을 당하게 된다.
또한 본 시스템은 일반 웹과 앱의 연동 시스템이 아니다.

> 그리고 네트워크가 스트림으로 연결되어 있지 않다. 이쪽에서 의뢰하면 중간 매개체 서버가 그 의뢰 내용을 서버에 전달하는 특별한 네트워크 방식이다. 그래서 IT 사업 지원 센터만 해당 네트워크 연결이 가능하게 설계되었다. 결국 시스템을 업그레이드 할 때 IT 사업 지원 센터는 방문해야 한다.

해당 시스템의 개발이 70% 정도 진행됐을 때 필자가 구속되어 개발을 더 진전시킬 수 없었다. 지금도 그것이 가장 안타깝다. 완벽하게 100% 완결하고 IT 사업 지원 센터만 구축시켰다면 필자가 없어도 다음 단계를 진행시킬 수가 있었다.

허나 지금 나머지도 개발을 진행하고 있다. 이 곳에서 필자가 쓴 기술서를 가지고 모두함께 개발자들이 개발을 진행하고 있다. 그게 안된다 하여도 본서 뒤의 기술편을 보면 IT 개발자들이 충분히 개발할 수 있을 것으로 본다.

이 커널이 매우 중요하다. 처음에는 선형 스크립트이나 나중에는 이것이 발전되어 AI가 개발을 하게 하기 때문이다. 필자가 진행하는 모든 목표와 끝은 가상국가이다. 가상국가에는 국민이 와서 일하고 먹고 살 공간이 필요하다. 그것이 서비스이다. IT 기술이 없는 국민이 이 서비스를 이용하여 수익을 창출하고 생활을 하게 하기 위해서는 해당 서비스를 AI가 개발하여야 한다.

AI는 인공지능 엔진도 필요하나, 더욱 중요한 것은 판단에 이용하는 데이터이다. 그래서 AI는 빅데이터와 연결되어야 한다는 이야기를 했다. AI가 프로그래밍을 하려면 프로그래밍에 관한 수많은 데이터가 있어야 한다. 그 데이터를 이용하여 개발자는 분리를 한다. 보통 모델링이라고 하는 작업을 한다. 이 작업 이후 계도와 흐름을 만들어야만 AI가 프로그래밍할 수 있다.

약 만 개 이상의 앱을 제작하여 그 프로그래밍 정보가 있으면 AI가 프로그래밍하는 게 가능하다. 이 말은 만 명 이상의 청년이 앱 개발에 참여하게 해야 한다는 것이다.

이 일은 정치와 연결시켜야 한다. 정치인이 나서서 계몽하고 지역마다 IT 사업 지원 센터를 만들어 청년 창업을 이끌어야 한다.

지금의 청년들은 아무도 믿지 않는다. 이미 불신이 가득차 있다. 정치인도 믿지 않는 것이 사실이다. 정치인들은 공약만 남발하지 진정으로 국민에게 필요한 일을 하지 않는다고 생각하기 때문이다. 그렇다고 일반 단체에서 IT 사업 지원 센터를 세우고 국민운동이라고 홍보하며 청년들을 유치하려 한다면 더욱 의심이 커서 참여율이 높지 않을 것이다.

국회의원이 되려는 분이 이 일을 하면 이야기는 많이 달라진다. 정치인이 되려는 사람이 "저는 공약을 미리 실천하겠습니다. 청년 먹거리 사업을 지원하기 위해 IT 사업 지원 센터를 운영하겠습니다."라고 하면 청년들이 의심하지 않을 것이다. 그 사업을 하고 얻을 이익이 정권이라는 것을 알기에 관심을 갖게 될 것이다.

그리고 진짜 자신이 의뢰한 앱이 제작되면 그때부터는 청년들이 움직일 것이라고 확신한다. 이 사업은 가상국가가 만들어지는 것 외에도 매우 가치가 있는 사업이다. 청년들에게 희망을 준다. 자본 없이도 세계 시장에 도전할 수 있다는 꿈을 준다. 그래서 꼭 이루어야 하는 사업이라고 생각한다. 국민을 사랑하고 청년 창업을 이룩하고자 하는 목표를 가지고 해법을 찾는 위정자가 있다면 본 시스템을 크게 활용해주기를 소망한다.

한번 참여하면 많은 청년이 끝까지 갈 것이다

처음 앱개발에 참여하는 게 어렵지, 참여하고 나면 대한국인의 많은 청년은 성공할 때까지 끈기 있게 도전할 것이라고 생각한다. 피는 못 속이는 것이다. 대한국인의 끈기는 정말 대단하다. 한번 도전하겠다고 결정하고 몰입하면 결과가 나올 때까지 끝까지 도전하는 민족이 바로 대한국인이다. 여기에 끝까지 도전할 수 있는 환경만 만들어주면 대한국인의 청년은 분명 끝까지 한다.

〈그림23〉의 방법은 자연스럽게 몰입할 수 있도록 플로우를 짠 것이다. 일단 의뢰서는 누구나 쉽게 쓸 수 있다. "이거 내가 앱 한번 만들어볼까?"하고 도전하는데, 그 문턱이 높지 않다. 그냥 창의적인 생각으로 의뢰서만 만들면 된다. 그리고 그 앱이 만들어져서 본인이 앱을 받게 되면, 자신의 앱이다. 즉, 자기 것을 가지고 자기 사업을 진행할 수 있게 되는 것이다. 그렇게 되면 2단계로 넘어간다. 앱 운용 교육을 받는 것이다. 이렇게 하면서 기술인으로 발을 들이게 된다. 그러면서 발전하는 것이다. 그리고 가장 중요한 것은! 내가 무언가를 할 수 있는 사람이라고 느낀다는 것이다. 그것이 바로 자신감이다.

§ 영화 편집 및 CG 용역 사업

IT 사업 지원 센터에서는 앱 제작과 동시에 영화 편집과 CG 용역을 할 수 있는 기술자를 양성하여 일감을 주고 임금을 지급하는 사업을 하고자 했다.

이 사업은 용역 일이 있어야 한다. 즉 편집하고 CG를 제작할 영화/드라마가 있어야 하는 것이다. 이 문제를 해결하기 위해서 드라마 마이샵을 제작했고, 이후 계속적으로 드라마를 제작할 계획이었다.

우리가 제작하는 드라마/영화는 우리의 편집과 CG 시스템을 이용하게 하고, 단순 반복 작업과 비교적 쉬운 작업들은 비전문가에게 용역으로 주어 청년들의 일거리를 만들고자 한 것이다.

<그림24>는 편집과 CG 용역 사업의 전체 흐름도를 나타낸다. 참여자는 IT 사업 지원 센터에 영화/드라마 편집자 신청을 한다. 그러면 지원자에게 툴 교육을 해준다. 그리고 일정 수준이 되었다고 판단되면 합격시켜 이수증을 수여하고 편집 일을 맡긴다.

처음부터 일의 양이 많지는 않다. 이유는 모두함께에서

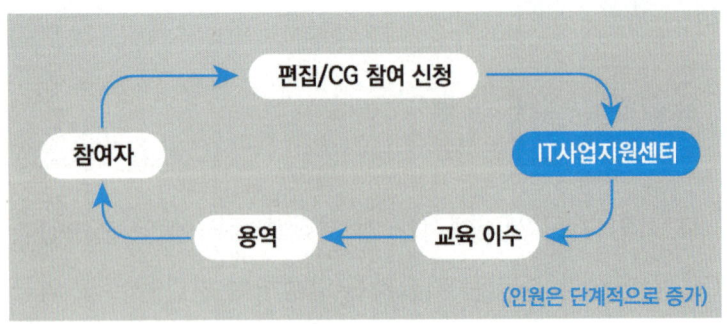

〈그림24〉 편집과 CG 용역 사업 흐름도

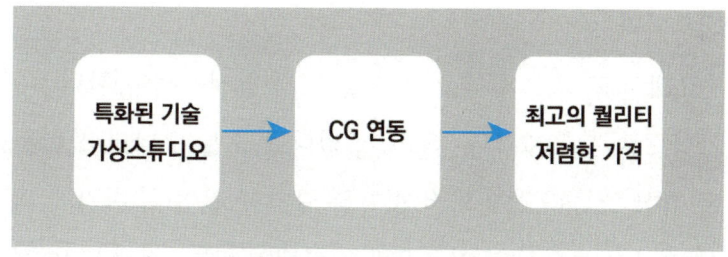

〈그림25〉 영화 편집 기업 성장을 위한 단계

제작하는 영화/드라마만 용역을 맡길 수 있기 때문이다. 외부 영화 제작자가 우리에게 편집 용역을 쉽게 주지 않을 것이다. 편집비를 아끼고자 무리한 도전을 하려고 하지 않기 때문이다.

편집과 CG의 제작비용이 저가라는 이유로 많은 영화 제작자가 우리 쪽으로 올 것이라는 생각은 착각이다. 콘텐츠 제작에서 편집은 매우 중요하다. 이 부분은 과거에 이미 연결되어 있는 업체를 선택하는 것이 일반적이다. 위험한 도전으로 영화를 망치면 안되기 때문이다.

<그림25>는 영화 편집 기업이 성공할 수 있는 단계와 요소를 보여준다. 그냥 편집 비용이 저가라는 걸로는 시장 점유가 불가능하다. CG와 편집에 특화된 기술이 있어야 한다. 이 기술은 가상 스튜디오와 연결되는 것도 좋은 방법이다. 우리 가상 스튜디오에서 촬영한 영상은 우리 편집 시스템을 이용해야 한다고 할 경우, 영화 제작업체에서 받아들이기

때문이다.

 그래서 가상 스튜디오 기술을 크게 발전시켜야 한다. 이 가상 스튜디오에서 못 찍는 게 없다고 소문이 나면 사람들은 가상 스튜디오에 와서 영화를 촬영할 것이다. 여기에 더해 가상 스튜디오의 이용료가 저렴해야 한다. 현재 많은 제작업체가 가상 스튜디오를 많이 사용하지 못한다. 임대 비용 및 부가 비용이 너무 고가이기 때문이다. CF 촬영 또는 뮤직 비디오 촬영에 잠깐씩 이용할 뿐이다. 일반 스튜디오를 빌리는 가격을 약간 상회하는 정도의 금액이면 가상 스튜디오 이용률이 높아질 것이라고 생각한다. 물론 그 가상 스튜디오의 배경화면 소스가 매우 좋고 다양해야 한다.

 그리고 가상 스튜디오에서 촬영한 영상의 편집은 우리에게 맡겨야 한다고 하면, 그때는 어쩔 수 없이 모두함께에 의뢰하게 되어 있다. 여기에 편집비 또한 저렴하고 작업 결과물이 만족스럽다면 점차 외부 촬영 편집 용역도 늘어나게 될 것이라고 판단한다.

 처음에는 국내 시장에서 용역을 받아야 한다. 이때 가상 스튜디오 및 특수적인 다양한 기술을 결합시켜야 한다. 가상 스튜디오 외에 CG 기술도 매우 중요하다. 다양한 CG 기술을 구축해야 한다. CG 기술의 대표적인 핵심이 렌더링 기술이다. 다양한 영상에 여러 가지 크기의 객체를 조명과 연동하여 렌더링하는 기술이 영화에 매우 필요하다. CG 기술의 특징은 다양한 소스가 있어야 한다는 점이다. 가상 스튜디오와 CG 기술의 공통점이 바로 수많은 영상 소스가 필요하다는 것이다. 가상 스튜디오는 촬영을 통해서 소스를 확보한다. CG는 전문가의 힘에 의해서 소스가 만들어진다. 이런 소스는 3D 객체로 구축한다.

CG와 가상 스튜디오를 결합한 첨단 편집 시스템을 운영해야만 편집 용역이 늘어난다. 모두함께에서 이 기술을 축적하려 하였다.

국내에서 시작하여 세계로 나아가야 한다. 국내의 많은 영화들을 우리의 기술로 편집했다는 홍보를 세계적으로 해야 한다. 그리고 자체 제작한 드라마를 세계로 수출하면서 해당 드라마/영화의 편집 기술을 자연스럽게 홍보한다. 첨단 기술을 사용하면서도 시간이 적게 들고 비용이 저렴하다는 것을 홍보하면 세계 영화와 드라마 편집의 많은 부분을 우리 대한국인의 청년들이 담당하면서 일자리를 창출할 수 있다고 생각했다.

앞에서 15개 이상의 국가에 한국 드라마를 수출하기 위해 앱을 배포한다고 하였다. 드라마/영화를 배포하면서 세계 콘텐츠 시장의 많은 부분을 대한민국이 석권하기를 소망했다. 그 시장은 매우 크고 부가가치 또한 매우 높다. 무엇보다 중요한 것은 대한국인이 가장 잘 할 수 있는 영역이라는 것이다.

"과연 가능한 일일까요?" 필자는 분명 가능하다고 생각한다. 본책에 어떻게 접근하여 세계 시장을 접수할 수 있을지 방법을 단계적으로 설명하였다. 그리고 기술도 설명하였다. 다시 간단하게 번호를 붙여 설명하면 다음과 같다.

1) 모두함께에서 드라마/영화를 제작하고 그 콘텐츠를 탑재하여 15개국 이상에 한국 드라마 전용 앱을 배포한다.

2) 가상 스튜디오와 CG 기술을 기반으로 영화 편집 용역을 늘려간다. 이것을 국내에서 시작하여 세계로 확장한다.

3) 대한민국이 영화, 드라마, 그리고 편집 CG 분야의 세계적 강국이 되는 것을 목표로 한다. 그리고 그 일을 대한민국의 젊은 청년들이 하도록 한다.

분명히 가능한 일이다. 이 일을 완수하고자 드라마도 제작하고 각본도 쓰고 곡도 만들고 기술도 개발하였다. 필자가 이렇게 모든 것을 걸고 모든 능력을 다 쏟아부어서 이 일을 하는 이유는 위기의 대한민국 청년들이 이 길을 통해 살아날 수 있다고 확신하기 때문이다. 안될 수도 있고 어려움도 있을 것이다. 그렇다고 아무것도 안하면 안되지 않겠는가? 무엇이라도 기획하고 도전해야 하지 않는가? 필자는 이 곳 구치소에서 이제 아무것도 할 수 없 있는 힘을 다

하여 이 글을 쓰고 있다. 이 간절함을 보았다면, 위정자들이여! 대한민국의 청년을 살릴 본 기획을 꼭 참조하기를 소망한다. 이 일이 성공하기 위해서는 정치인들이 힘을 합쳐야 한다.

기존 정당들에 이야기할 기회가 없었다. 기존 정당들은 이런 부분에 관심이 없다고 생각했다. 허구헌 날 싸우고 국민에게 분란을 조장하는 데 앞장선다고 생각했다. 그래서 새로운 정당이 만들어져 이 일이 성공되기를 소망했다. 기존 정당의 정치인들이 만약 이 글을 읽는다면, 성장 동력으로 콘텐츠 사업을 육성하는 데 관심을 가지고 필자의 제안을 꼭 참고하기를 소망한다. 그리고 기존 정당의 정치인들이여, 제발 국민을 사랑하기를 바란다!

§ 본 사업을 정당이 해야 한다

본 사업은 기업도 아니고, 국가 기관도 아닌 정당이 해야 한다고 생각한다. 정치인은 입만 있는 사람이 아니다. 사회의 다양한 경험을 하고 사회 각 분야가 더 좋게 발전할 수 있도록 기획하고 이끌어야 한다. 현 시대의 국민은 직접 산업을 이끌고 경제를 발전시킬 정치인을 기대한다. "저 대통령을 뽑으면 우리 생활이 나아지겠지.", "저 후보를 뽑으면 우리 지역이 살기 좋아지겠지." 그런 희망으로 국민은 투표를 한다. 그러나 그런 국민에게 정치인은 아무것도 주지 못했다. 수많은 공약을 보면 정부 자금을 이용해서 국민에게 사탕 한 개씩 나누어주겠다는 것 뿐이다. 본인이 노력하고, 본인이 먼저 도전하고 찾아서 국민에게 정말 좋은 선물을 주겠다는 사람이 진정한 정치인이다. 모든 정치인이 창의적이고 뛰어난 생각을 하는 것은 아니다. 그렇기에 머리를 모아 좋은 안건, 국민을 위한 좋은 기획을 하라고 정당이 있는 것이다. 정당에서 서로 머리를 맞대고 "청년 실업과 저출산 문제를 해결할 다양한 안건을 찾아보자."며 토론하고 조사하고 발로 뛰어야 한다. 그리고 방향을 만들고 그 방향으로 힘을 합쳐서 밀어보고, 문제가 발생하면 수정하고, 잘되게 하기 위해 법을 제정해야 하는 것이다. 진보당은 보수당을 무조건 욕하고, 보수당은 진보당을 무조건 배척하면서 국민을 분단시키고, 그 분단 속에서 자기들의 이권을 챙기고 국민은 개 돼지 보듯이 하는 현 정치는 분명 국민의 심판을 받을 것이라고 생각한다.

   필자가 정치를 하려는 것이 절대 아니다. 필자는 본서에서 수없이 이야기했듯, 자랑스런 대한국인이 가상국가 시대의 주역이 되어 행복해지기를 소망하는 것이 간절히 바라는 전부이다.

정치인들이 진정한 정치를 하게 하고 싶었다. 그래서 본 사업을 정당에서 리더하고 지역 국회의원 후보들이 국민에게 홍보하고 리더했으면 한다. 청년의 일자리를 창출하고 콘텐츠 사업이 세계 시장에 진출할 수 있게 정치인들이 리더했으면 한다. 법이 필요하면 제정하고 반대로 법이 발목을 잡으면 수정하는 일을 해야 한다. 그렇게 하면 국민이 그 정당을 신뢰할 것이다. 그리고 자기 지역의 후보를 신뢰할 것이다. 그렇게 하여 국민이 기쁘게 한 선택으로 국회의원이 되기를 소망한다. 공약을 말로만 떠들고 당선되면 나 모른다 하거나, 나라에서 돈 끌어다 쓰겠다는 요지의 의미없는 공약만 만드는 과거의 정치를 버리고, 진정 국민을 리더하는 정치인과 정당 문화가 만들어져야 한다. 그래서 본 사업을 충청도, 강원도 지역의 특화 사업으로 하면서 모두함께에서 만든 정당이 충청도와 강원도 지역의 지지를 받기를 소망했고, 그렇게 진행시키려 하였다. 어떻게 사업을 진행시키려 했는지는 뒤에 설명하겠다.

청년 창업이 쉬워지도록 법인 설립법이 수정된다면...

본 사업을 할 때 필요한 법들이 있을 수 있다. 이는 작은 규모의 사업이 아니다. 거대한 세계 콘텐츠 시장의 주역을 대한민국으로 만들겠다는 것이다. 다양한 법 지원과 자금, 정책들이 있어야 할 것이다. 큰 것보다도 작은 것부터 바꾸어야 한다.

지금은 법인을 만들고자 할 때 임대차 계약서, 또는 사무실 보유 증명을 해야 한다. 청년이 창업을 할 때 자기 거주지로 법인을 낼 수 있게 허가해준다면, 청년들이 쉽게 법인을 만들 수 있다. 일단 법인이 있어야 키우고, 외부 투자도 받고, 사업을 발전시킬 게 아닌가. 이런 제안에 대해, 법인 설립을 남발할 경우 잘못하면 많은 문제가 발생하여 피해가 생길 수 있다는 의견을 내는 사람들도 있을 것이다. 지금 이미 대한민국 서민의 세계는 아수라장이다. 법인은 이미 무차별로 만들어지고 있다. 다만 청년들은 경험이 없어 사업 시작을 법인으로 해야 좋은지도 모른다. 청년에게 법인을 만들어주는 것이 결코 사회 혼란을 야기하지 않는다. 지금 대한민국은 도전해야 한다. 규제를 두고 막을 상황이 아니다.

§ 출퇴근 없이 시간과 공간의 제약이 없는 자유로운 청년 일자리

코로나 팬데믹 이후 많은 사람들이 온라인 근무와 화상회의 등이 오프라인 근무보다 효율이나 성과 면에서 결코 뒤지지 않고 오히려 좋다는 인식을 하고 있다. 이제 세계는 점차적으로 출퇴근 없이 근무하는 사회로 바뀌어 갈 것이다. 본 장에서 제안하는 청년일자리, 청년 창업을 이끄는 콘텐츠 사업은 출퇴근이 필요 없는 사업이다.

앱 사업을 하고자 하는 사업자는 모든 일을 집에서 할 수 있다. 그리고 수시로 IT 사업 지원 센터에 방문하여 시스템 관리 및 업그레이드를 할 수 있다. IT 사업 지원 센터 사무실이 가까이 있다면 근무 환경은 매우 편하다. 또한 별도의 사무실을 내지 않기에 운용 비용이 크게 들지도 않는다. 사업 경쟁력이 있는 것이다. 모든 사업은 끝까지 가면 성공한다는 말이 있다. 그런데 기업의 운영비가 계속 지출되기에 버티기기 힘들이 무너지는 것이나.

청년 1인이 앱을 만들고 관리와 운영이 가능하다면 분명 경쟁력이 있다. 해당 앱을 접한 사람들이 필요성을 느낀다면, 처음에는 이용자가 적다고 해도 시간이 지나면서 늘어날 가능성이 있기 때문이다.

모두함께의 기술은 1인이 앱을 만들어 관리할 수 있게 되어 있다. 수천만 명의 회원이 있어도 1인이 운영 가능하게 설계되어 있다. 그리고 많은 부분의 관리는 AI가 처리하게 하였다.

모든 관리를 AI화

모두함께에서 제공하는 앱 자동화 시스템은 모든 관리를 AI가 할 수 있게 설계되어 있다. 그리고 관리의 AI화는 실제로 가능하다. 다만, 모두함께의 시스템은 결정권을 사람에게 두어, 인력의 필요 자체가 없어지는 환경은 만들지 않고자 했다. 헌데 인력이 점차 필요 없어지는 시대가 오고 있다.

AI가 발전하면 현재의 인력에서 60% 이상이 없어진다. 인간의 일자리가 사라진다는 것이다. 소수의 기득권자가 권리를 점유하고, 수많은 인간은 일자리를 얻지 못해 생활을 비참하게 영위하는 세상이 올 수도 있다. 아니, 그럴 확률이 높다고 많은 미래학자들이 이야기하고 있다. 필자가 왜 이 일을 하고 있을까? 전 세계의 인간을 구할 수는 없으나, 가상국가를 대한국인이 점유하면 대한국인은 도태되지 않기 때문이다. 앱을 만들어주고 대한민국의 청년들이 그 앱의 주인이 되게 한다. 그리고 많은 부분에서 권리자의 자리는 대한국인이 차지하게 하겠다는 것이다.

이런 미래를 보고 아무도 걱정을 하지 않고 제도도 만들지 않고 자기 살 길만 찾는다. 다가오는 AI의 시대는 많은 서민들에게 지옥이 될 것이라고 필자가 수없이 말했으나, 사람들은 관심이 없었다. 이제 많은 부분을 만들었고, 20만

> 국민도 함께 하고 있다. 국민이 뭉쳐서 가상국가 프로젝트를 성공시키기를 바란다.

영화 편집 부분도 재택 작업이 가능하다. 원본 데이터를 받아서 편집하고, 편집한 데이터를 인터넷에 올리면 자동 편집이 되는 기술이 있어야 한다. 과거에도 분산 처리 시스템은 컴퓨터 기술의 중요한 파트 중 하나였다. 지금은 더욱 고도화된 분산처리 기술이 개발되어야 한다. 이 부분은 아직 개발되지 않았다. 그래서 해당 기술을 본서의 기술편에 기록하고자 한다.

영화의 씬은 무수히 많다. 그 씬과 컷을 수십 명에게 나누어주고, 수십 명이 한 작업을 merge하고 분석하고 체크하여야 한다. 작업자는 작업한 내용을 여러 번 계속적으로 올리게 된다. 그렇기에 수정되고 다시 합쳐지는 일련의 일이 자동으로 이루어지게 해야 한다. 텍스트 데이터가 아니라 영상 데이터를 수십 명이 동시적으로 수정하고 편집할 수 있는 기술, 즉 분산 영상 다중 편집 기술이 탑재되어야만 영화 편집과 CG용역이 가능하다. 원거리 지역에서 흩어져 사는 수많은 사람들이 네트워크 상으로 모여 일을 할 수 있게 하는 시스템은 지금 전 세계에서 개발되고 있다.

원거리 지역에 사는 많은 사람이 네트워크 상에서 함께 작업한다는 것은

세계의 각 지역에서 공동 작업을 하는 경우가 지금도 있다. 특히 프로그래밍은 장소와 상관없이 세계 전역에서 전문가들이 뭉쳐 공동 작업을 한다.

그리고 지금도 공동 작업을 네트워크에서 할 수 있도록 하는 플랫폼들이 많이 개발되고 있거나 실현되고 있다. 세계를 시장으로 삼고 있는 거대 IT 기업들은 이 시스템을 이용도 하면서 엄청난 돈을 들여 개발하고 확장시킨다. 구글은 세계를 대상으로 영업하기 때문에 결국 각 지역에 구글 지사를 둘 수밖에 없다. 그 모든 지사들이 공동 작업을 하여 거대한 구글이 움직이는 것이다.

이것은 무엇을 의미하는가? 공간의 제약이 없어지는 것이다. 즉 세계 도처에 있어도 능력이 되면 함께 일할 수 있는 것이다. 기업의 구성원이 지역의 제약을 받지 않는다는 것이다. 전 세계에 있는 사람들이 우리 기업의 구성원이 될 수 있다. 이 개념을 좀 더 확장해보자. 전 세계에 있는 사람들이 우리 국가의 국민이 될 수 있다. 미래의 모든 방향이 가상국가의 존재가 가능하게 만들어지고 있다. 가상국가가 불가능하게 될 사안이 별로 없다. 그것은 분명, 가상국가는 만들어질 것이라는 말이다.

제안하는 사업은 차세대에 맞는 근무 환경과 미래에도 살아남을 수 있는 먹거리 사업이다. 이것이 성공하면 청년들이 집에서 근무하면서 돈을 벌 수 있다. 곧, 일자리 창출에 비용이 엄청 적게 든다는 말이다. 그리고 기술 기반이기에 부가 가치 또한 높다.

드라마/영화는 끊임없이 만들어도 수요가 줄지 않는다. 계속 생산해도 전부 다 신제품이기 때문이다.

사는 지역이 도심지가 아니어도 된다. 대한민국의 농촌에는 빈집이 많다. 그런데 인터넷이 안되는 곳은 없다. 이제 도심지에서 고가의 주택에 살 이유가 없어진다. 공간의 제약이 사라지면 좋은 환경, 맑은 공기의 전원으로 이동하는 것도 가능하다. 그렇게 되면서 부동산 문제가 해결된다.

젊은 부부가 있다고 가정하자. 그리고 그 부부 중 남편은 앱 개발을 의뢰하였고, 아내는 영화와 드라마를 편집하는 용역을 한다. 그리고 IT 사업 지원 센터가 있는 지방의 전원 주택에 살고 있다. 앱 사용자는 1000여 명이며 이들은 월 만 원씩의 회비를 내고 있다. 아내는 영화 편집을 하여 월 300만 원의 수입을 벌어들인다. 이런 환경이면 살 만하지 않겠는가? 그리고 자식을 낳아도 집에서 일하기에 육아의 문제가 없다!

본 사업이 성공하면 저출산, 저성장, 청년 실업, 부동산 등 우리 사회의 어려운 문제가 완벽하게 해결된다. 처음부터 모든 문제가 해결되지는 않아도, 해결되어가는 모습이 보이면 청년들은 희망을 가진다.

이것이 정치이다. 국민을 바르게 이끄는 것, 그것이 바로 정치인 것이다. 그렇기에 정치인은 항시 공부하고 기획해야 한다. 청년들을 콘텐츠 사업의 리더자로 만들어서 대한민국의 고질적 문제인 저출산, 저성장, 청년 실업, 부동산 문제를 해결할 수 있지 않은가! 정부의 자금이 필요없다! 필요한 것은 이 사업의 발목을 잡는 법을 없애고, 사업을 좀 더 잘 진행할 수 있게 진흥법을 만드는 것이다. 그리고 그 정당에는 국민을 사랑하는 마음을 가지고 희생과 봉사를 하겠다는 정치인들이 모여있어야 한다. 젊을 때 다양한 분야에서 기여하고 60세가 넘어 은퇴하여 먹고 사는 문제를 어느 정도 해결한 전문 지성인들이 정치인이 되어야 한다고 생각한다. 각 분야에서 많은 경험을 한 사람들이 모여서 각자의 경험을 바탕으로 지혜를 모으면, 그 결과는 국민에게 좋을 것이다.

모두함께에 그런 마음을 가진 정치인들이 왔으면 한다. 그리고 그분들이 리더자가 되어 본 콘텐츠 사업을 이끌기를 소망한다. 그리고 다양한 분야의 경험을 가진 그분들이 필자가 제안하는 본 사업을 수정하고 업그레이드하여 크게 발전시키기를 바랬다.

안타깝다. 이런 생각을 가지고 도전을 시작하려던 때에 필자는 법정구속되었다. 운명이라고 생각한다. 허나 아직 늦지 않았다. 이 책을 읽고 함께 하겠다는 리더자들이 모이면 가능하다. 필자가 구속되어 있다고 해도 기술은 전수할 수 있다.

지금도 필자는 본서 외에도 기술서를 써서 개발부에 보내고 있다. 나의 몸을 구속할 수 있다고 해도 나의 소망과 꿈을 막지는 못한다. 난 끝까지 이 일을 하고자 한다. 그리고 아직도 격려를 아끼지 않는 20만 명의 대표장들이 있다. 죽음이 오기까지 내가 할 수 있는 모든 일을 하고자 한다.

우리는 자랑스런 대한국인이다!

충청, 강원을 지역 기반으로 하여 2024년 4월 총선에서 승리하자!

2023년 11월부터 국민운동을 정당으로 확장한다. 그리고 그 정당은 청년을 위한 콘텐츠 사업을 공약으로 내세운다. 그리고 그 공약을 선거 이전에 실천하는 것으로 국민의 신뢰를 얻으며 성장하려 한 것이 본래의 계획이었다.

지금 대한민국에는 영남과 호남 지역을 세력 기반으로 하는 정당은 존재하나, 충청도와 강원도를 세력 기반으로 하는 정당은 없다.

계획은 이렇다. 충청도, 강원도 지역에만 IT 사업 지원 센터를 두는 것이다. 수도권에 집중되어 있는 사업을 충청도와 강원도로 확산시키고자 하는 것이다. 충청도와 강원도는 주택 가격이 저렴하고 자연 환경이 아름답다. IT 사업 지원 센터만 근처에 있다면 지방에서도 콘텐츠 사업을 하며 청년들이 충분히 먹고 살 수 있다.

제주도에 있는 것과 같은 가상 스튜디오를 다른 지방에도 건설할 필요성이 있다. 가상 스튜디오는 영화 편집과 연동되기에 또 하나 지어야 한다. 필자는 이 스튜디오를 강원도 지역에 건설하려고 생각했다. 강원도는 영화 촬영의 배경으로 좋은 장소이다. 해변이나 산맥 등 강원도는 촬영에 무척 적합한 환경을 가지고 있다. 여기에 가상 스튜디오까지 건설하여 영화/드라마 산업의 메카로 키울 수 있다고 생각했다.

충청도와 강원도에서 콘텐츠 사업을 하겠다는 공약을 걸고 선거 결과에 상관없이 공약을 실행하려 하였다. 그래서 말 뿐인 공약이 아니라, 실천하는 정당의 모습을 보여주고 싶었다. 욕심일지는 모르나 대한민국의 정치 문화를 바꾸고 싶었다.

본 장에서 필자가 하고자 했던 정치 기획을 쓰려고 한다. 이 기획은 이미 실패한 기획이다. 아니, 2024년 4월 총선을 목표로 한 기획은 실패이다. 그리고 이제 필자가 리더하지 못한다. 그래서 기획 전략을 여기에 쓴다. 2024년을 목표로 한 것은 4월 총선을 통해 국회의원을 배출하고 싶었기 때문이다. 총선을 목표로 하지 않는다면 본 기획 전략은 분명 실현 가능하다. 만약 정당 입장에서 이 일이 진행되지 못한다면 국민운동 차원에서 이 일을 진행시켜야 한다.

콘텐츠 산업이 어느 정도 성공해야 그 기반으로 가상국가를 건설할 수 있기 때문이다. 본 장의 내용을 발전시키기를 간절히 소망한다.

§ 충청도를 IT 산업의 메카로 키우자! 강원도를 영화 산업의 메카로 키우자!

지금 쓰는 글은 우리 정당이 지역 기반으로 자리잡게 하고자 기획한 내용이다. 크게 보면 가상국가로 가는 방향과는 다소 다르다. 다만 새로운 정당이 탄생될 때 어떻게 해야 하는가에 대한 필자의 기획이다.

지금 대한민국의 양당 정치는 대한민국을 결코 발전시킬 수 없다. 두 개의 정당은 자신의 존재를 굳건하게 하기 위해서 대립각을 세운다. 즉, 협력보다는 대립이 정당이 사는 길이 된다. 영남과 호남의 콘크리트 지지 세력을 가지고 지역 대립, 이념 대립을 해야만 정당이 무너지지 않는다. 정당은 무너지지 않으나 민생은 무너지고 있다. 양당 구도, 대립 구도는 결코 국가 발전과 민생 안정에 도움이 되지 않는다.

또 하나의 정당이 필요하다. 그래서 3당 체제가 되어야 한다. 이때는 정당과 정치인들이 대립 구도를 펼치기가 힘들다. 자신의 당이 건재하려면 또다른 한 당과 협력을 해야 한다. 결국 정당들이 무조건 반기를 들고 대립할 수 없게 된다. 이와 함께 각 당들은 국민의 뜻을 받들려고 한다. 국민을 위해서 대한민국에는 3개의 큰 정당이 있어야 한다고 생각한다.

　지역 기반이 있어야 당이 오래 존속된다. 현 여당과 야당이 수십 년 버틸 수 있었던 이유가 바로 지역 기반이 있기 때문이다. 제 3 정당이 생기려면 그 정당은 충청, 강원을 지역 기반으로 탄생되어야 한다.

　충청, 강원을 기반으로 탄생하기 위해서는 충청과 강원 지역의 국민들이 박수칠 수 있는 공약과 사업을 진행시켜야 한다. 또한 선거에 관계 없이 공약을 실천해야 한다. 쉬운 일은 아니다. 그러나 모두함께는 할 수 있다고 생각한다.

- 충청도는 IT 사업의 기반 : 앱 제작 자동화 사업 연동

　충청도 대전시 유성 지역에는 카이스트도 있고 에트리도 있다. IT 첨단 기술 연구소와 교육 기관이 대전에 위치하고 있다. 따라서 IT 사업을 특화시킬 수 있는 환경을 가지고 있다고 볼 수 있다. 미국의 실리콘밸리가 세계 IT 기업을 이끌고 있다. 그 지역에는 스탠포드 대학이 있다. 스탠포드의 기술이 기업에 전파되면서 실리콘밸리가 커졌다고 본다.

　같은 형태로 모두함께의 IT 기술과 카이스트, 에트리 등의 연구 기관의 기술이 융합한다면 시너지 효과가 커서 IT 사업이 크게 발전할 수 있을 것이라고 생각한다.

충청도에 앱 제작 자동화 시스템을 운영하려 하였다. 충청도를 지역별로 나누어 IT 사업 지원 센터를 건립한다. 그리고 충청도 지역의 젊은 청년들이 앱 제작 사업에 참여할 수 있게 하는 것이다.

충청도와 강원도에서 살지 않는 청년들도 IT 사업 지원 센터와 연결하여 앱 사업에 참여할 수 있다. 단, IT 사업 지원 센터 사무실을 방문하려면 원거리를 이동해야 하기에, 시스템 업그레이드 시 시간 소요가 많이 발생한다. 결국 청년들은 자신의 사업을 발전시키기 위하여 충청도, 강원도로 이동하고자 할 것이다. 충청도와 강원도에 젊은 청년들을 많이 이주시키면, 이것이 지역 균형 발전이라고 생각한다.

이렇게 청년들이 충청도에 이주하면서 그들은 우리 정당을 지지하는 지지 세력이 된다. 이들의 사업이 커지고 발전하며 안정되면 충청도 지역에 정착하여 가정을 이루게 된다. 그러면 충청도 지역은 모두함께의 지지 기반이 되는 것이다.

정치는 쇼가 아니다. 국민에게 진실을 보여주어야 한다. 지금 정치인들은 국민에게 보여준 것이 별로 많지 않다. 그래서 국민이 따르지 않는 것이다.

충청도 지역에 IT를 기반으로 앱 개발을 할 수 있는 사업을 마련하여 국민에게 알리면, 국민은 그 정치인을 어떻게 볼까? 만약 선거가 앞으로 3년 이상 남았는데도 지역을 위해 이런 일을 한다면 지역 주민은 그 정치인을 어떻게 볼까? 필자의 생각에, 분명히 국민은 그 정치인을 신뢰하게 될 것이다.

성공과 실패를 떠나서 국민을 위해서 무엇이라도 하려는 마음이 중요하다. 그런 간절한 마음에서 방법이 나오고, 그 방법에 도전하면서 국민을 이끌 수 있다. 그것이 정치라고 생각한다.

충청도가 앱 제작 사업의 메카라 하여 충청도만 특화시키겠다는 것은 아니다. 강원도에도 충청도와 똑같이 IT 사업 지원 센터를 만들고 앱 제작 사업을 할 수 있게 한다. 다만, 강원노는 영화 콘텐츠 사업을 깃발로 들고, 충청도는 IT 깃발을 들게 하겠다는 것이다.

앱 개발 사업과 영화 편집 사업은 충청도와 강원도 지역에서 똑같이 동시적으로 시작하고 발전시킨다. 그리고 사업이 발전되어 더 많은 사업들이 추가될 때 IT 분야는 충청도를 기반으로 발전시키고, 영화 콘텐츠 분야는 강원도 지역을 기반으로 발전시킨다. 그래서 차후 강원도는 콘텐츠 분야에서 세계적으로 특화된 지역으로 발전시키고, 충청도는 IT 분야의 세계적 도시로 발전시키는 계획이다.

첫술에 배부르지 않다. 그러나 바닥을 만들었다. 앱 자동화 시스템을 60%이상 완결했고, 드라마를 제작했고 가상 스튜디오도 만들었다. 일어설 수 있는 기반을 만든 것이다. 여기서 포기하지 않고 도전하면 분명 성공할 수 있다고 확신한다.

피는 못 속이는 것이다. 대한국인의 강인함이 살아나면 필자가 이야기하는 꿈이 현실로 이루어질 것이다.

- 강원도를 영화 산업의 메카로 키운다

강원도를 콘텐츠 산업의 메카로 키우자는 이야기는 과거에도 있었다. 그렇게 하기 위해 정부 자금을 유치하겠다는 공약도 있었다. 정부 자금으로 센터를 짓고 스튜디오를 만들고 하는 것이 능사가 아니다. 실제로 영화 산업의 메카가 되도록 이끌어야 한다. 본 장에서 말하는 가상 스튜디오, 영화편집, CG 등의 연계는 분명 영화 콘텐츠 산업을 발전시키는 기반이 된다. 정부 자금 없이 국민운동 본부에서 바로 실행할 수 있다. 공약을 바로 실천할 수 있다는 것이다.

강원도는 촬영 장소가 매우 다채롭게 구성되어 있다. 산맥과 산악, 해변과 도시 등 다채로운 환경이 조성되어 있다. 전 장에서 언급한 카메라 로봇, 그리고 카메라와 연동되는 조명 로봇 등을 셋팅한 스튜디오를 만들거나, 해당 지능형 촬영 장치가 설치된 야외 촬영지가 있다면 영화 제작자들이 정말 많이 이용할 것이다. 스텝진과 배우들이 장비 없이 몸만 와도 촬영장에 있는 로봇 연동 촬영 시스템으로 촬영할 수 있는 환경을 만들면 이용률을 높일 수 있다. 임대료와 장비 사용료는 비싸지 않아야 한다. 또한 우리의 촬영 스튜디오에서 찍은 영상은 일사천리로 편집까지 가능하므로, 많은 영화 제작사들의 호응을 기대할 수 있다.

즉, 강원도 곳곳에 로봇과 연동된 촬영 장비를 갖춘 촬영 환경을 갖춘다. 그리고 촬영된 영상은 IT 사업 지원 센터에서 편집한다. 이로써 청년들이 참여하여 수익을 내는 영화 편집 사업이 발전될 수 있다고 생각했다. 강원도의 자연 환경과 첨단 기술의 결합으로 청년들의 일자리를 만들어 내는 것이다. 영화에 관심 있는 청년들이 처음에는 기조 편집 기술을 배우고 일하면서 점차 발전할 것이고, 시간이 지나면 강원도는 콘텐츠 사업의 메카가 될 것이다.

강원도가 영화/드라마 사업의 메카라서 강원도에서만 영화 편집을 하겠다는 것은 아니다. 충청도에서도 물론 영화/드라마의 편집은 가능하다.

저 푸른 초원 위에 그림 같은 빈집에서 사랑하는 우리 님과 애 낳고 살고 싶다

필자가 충청도, 강원도 공략을 강연하며 했던 이야기를 여기에 쓴다.

"청년들이 IT 앱 창업을 하려면 충청도나 강원도로 와야 합니다. 왜냐하면 IT 사업 지원 센터는 충청도와 강원도에 있기 때문입니다. 앱이 만들어지려면 자주 들러야 하는데, 서울에서 왔다 갔다 할 바에 그냥 집 값이나 월세도 싼 충청도와 강원도로 이주하는 겁니다. 영화 편집 용역을 수주하려고 해도 충청도나 강원도로 와야 합니다. 젊은 남성들과 젊은 여성들이 충청도와 강원도에 이주하여 거기서 연인 사이도 됩니다. 그러다 결혼하기도 쉽습니다. 주택 가격이 저렴하고 빈집도 너무 많습니다. 출근은 하지 않아도 됩니다. 남녀가 항상 집에서 일을 합니다. 그리고 아이도 낳습니다. 일자리도 있고 집도 있으니 출산이 두렵지 않습니다. 청년 실업, 저출산, 주택 문제를 한 방에 해결하는 계획입니다.

저 푸른 초원 위에 그림 같은 빈집에서 사랑하는 우리 님과 애 낳고 사십시오!"

§ 국민과 소통하는 정당

모두함께가 만든 정당은 국민과 직접 소통하는 정당이 되게 하고 싶었다. 정치인들이 자기가 하고자 하는 정책을 국민에게 설명한다. 정책에는 법 제정도 수반될 수 있다. 그리고 그에 대한 국민의 의견을 수렴한다. 모두함께 광장 엔진을 이용하여 이와 같이 국민과 소통하는 정당 앱을 만들고자 했다. 그 안에서 법 제정의 찬반 투표를 할 수 있게 하고, 만약 반대 의견이 높다면 정치인이 다시 설득하고, 그래도 반대가 우세하다면 국민의 뜻에 따르는 것이다.

필자가 주장하는 것 중 '충효 사상의 복원'이 있다. 여기서 충이란 나라에 대한 충이다. 나라는 국민이 주인이니, 국민에 충히는 것이 진정한 충이라는 것이다.

아무리 필요한 법도 국민의 반대가 있으면 할 수 없는 것이다. 정당은 그런 생각을 해야 한다. 당의 이익도 아니고 개인의 이익도 아니다. 무조건 국민의 이익과 국민의 뜻을 따라야 한다. 그렇게 하기 위해서 국민과 소통을 해야 한다. 그 소통의 광장에서 정책 찬반 투표도 하게 하겠다는 생각이었다.

소통은 매우 중요하나, 정말 좋은 정책도 국민이 반대할 수도 있다. 이때 정치인은 철학이 있어야 한다. 그리고 국민을 사랑하는 마음이 있어야 한다. 정책이 정말 좋은데 국민이 반대하면 계속적으로 설득을 해야 한다. "그렇게 하다 인기 떨어지고 표 떨어지면..."이라고 생각하는가? 깊은 마음이 오래 간다. 그리고 국민은 진실로 마음을 느낀다. 어느 정치인은 입으로만 "나는 국민만 봅니다."라고 외치고, 또 다른 정치인은 그렇게 말하지 않지만 진정으로 마음에 국민을 담는다고 하자. 국민은 그것을 느끼고 마음을 읽는다. 그리고 진정으로 국민을 위하는 정치인이 주장하는 내용에 긍정한다. 희생이 된다고 해도 국민을 위한 길을 가야 한다. 국민은 언젠가는 진정한 마음을 가진 정치인을 따르게 되어 있다.

모두함께에 20만 명을 두고 필자는 사기죄로 법정구속되었다. 만일 필자가 그동안 했던 일이 나 자신을 위한 일이고 국민을 기망했다면 모두함께는 바로 무너졌을 것이다. 그러나 모두함께는 무너지지 않았다. 필자는 진실로 자랑스런 대한국인을 사랑하고 걱정한다. 그리고 그 마음으로 모두함께를 만들었다. 나의 진실된 마음을 담았고, 그것을 국민이 안다는 것이다.

당은 국민을 생각하고 사랑해야 한다. 그리고 그 마음을 기반으로 철학이 있어야 한다. 그 철학을 기반으로 대의를 만들고, 대의의 뜻에 따라 실천 사항을 만든다. 그렇게 하면 그 정당은 오래 갈 수가 있다.

모두함께는 분명히 100년 이상 존재할 단체라 생각한다. 모두함께에는 살아 숨쉬는 정신이 있기 때문이다. 정당도 살아 숨쉬는 정신이 있으면 국민과 함께 길게 갈 수 있을 것이다.

필자의 운명은 하늘의 뜻에 달렸다

개인의 작은 일은 스스로의 노력으로 바꿀 수 있다. 그러나 큰일을 인간의 개인적 힘으로 바꾸는 것은 불가능하다. 큰일에는 수많은 사람들의 운명을 바꾸는 일이 결합되기 때문이다. 필자가 하고자 하는 국민운동과 가상국가 건설은 나의 뜻대로 되지 않을 수도 있다. 너무나 큰일이라 천운이 함께 해야 한다. 그러면 하늘의 뜻은 무엇인가? 바로 국민의 뜻이다. 결국 수많은 국민이 원하면 그 일이 이루어지는 것이다.

필자가 이 책을 쓰는 이유는 국민의 마음을 얻기 위해서이다. 그것이 하늘의 뜻을 얻는 것이기 때문이다.

§ 국민은 지금 외롭다

국민의 마음을 읽고 국민을 위해서 일하는 정치인이 있다면 국민이 외롭지 않다. 지금의 국민은 보수 정당이 좋아서 지지하고 진보 정당이 좋아서 지지하지 않는다. 쉽게 말해서 덜 미운 정당에게 투표를 한다.

지금의 국민은 정치인을 혐오한다. 아니, 혐오를 넘어서 분노한다. 그 이유가 무엇일까? 국민과 함께 하지 않기 때문이다. 그래서 국민은 지금 외롭다.

문제는 정치인도 국민도 방향을 잡지 못하고 있는 것이다. 지금 상황에서는 특별한 해답이 없다. 저출산, 고실업률, 세계 1위의 자살률. 이 모든 문제를 해결할 방법이 없다고 생각하기 때문이다. 아니, 존재하지만 4년 이내, 5년 이내에 해결할 방법이 존재하지 않는 것이다.

하나의 그림을 만들고 계획을 세우면 그 그림을 10년 동안 이끌어가야 한다. 그 말은 보수와 진보가 대립하지 말고 단합해야 한다는 것이다.

대한민국의 모든 지표가 미래가 어둡다고 이야기한다. 국민이 능력이 없어서가 아니다. 잘못된 사회 문화, 정치 문화가 지금 위기의 대한민국을 만든 것이다.

{ PART 4 }
가상국가로의 전환

지금까지 가상국가로 넘어가기 위한 모두함께 국민운동에 대해서 설명했다. 실제로 진행하면서 나타난 결과들을 모두 기록하였고, 필자가 기획은 하였으나 실현을 하지 못한 부분도 기록했다.

본 장은 모두함께 국민운동을 성공시키고 세계로 나아가는 방법에 대한 기획서이다. 이 방법이 정답은 아니며, 실제 구성된 적이 없기에 많은 검증이 필요하다. 그러나 백지에서부터 시작하기보다, 기본을 설명한 이 책을 읽고 타당성 평가를 하고 수정 보완하는 것이 더 빠르지 않을까 생각한다.

가상국가로 넘어가기 전에 준비되어야 할 것들

가상국가로 가겠다는 것은 세계로 나아가겠다는 것이다. 아무 준비 없이 그냥 단순한 시스템 하나로 가상국가로 나아갈 수는 없다. 기본적인 수익 모델이 구축되어야 하며, 성장 산업이 만들어져야 한다. 그리고 함께 할 시민들이 필요하다.

전편까지의 내용이 모두 이루어졌다면 우리는 비로 가상국가에 도전할 수 있다. 그러나 필자의 계획 일부는 계획에서 끝난 상태이다. 그 부분은 모두함께 국민운동 본부 리더자들이 다른 방향으로 전환시켜 기반을 만들어야 한다 생각한다.

§ 모두함께 지역 대표장이 바로 기본 시민이다

모두함께에는 총 약 20만 명의 지역 대표장, 중지역 대표장, 소지역 대표장이 존재한다.

　국가는 기본적으로 국민이 있어야 한다. 가상국가를 건설하기 위한 최소 국민 수를 10만 명으로 생각하였다. 그런데 우리는 목표를 추월하여 20만 명의 대표장을 구축하였다. 이 분들이 기본 시민이자 리더 시민이 된다.

　기본 시민은 무슨 이익이 있을까? 국가가 성공하면 그분들은 수혜자이며 1등 공신이다. 국가유공자 대우를 받게 된다. 그리고 가상국가가 만들어지기 전에 모두코인은 모두 이분들에게 배포되었다. 만약 모두코인 중앙위원회에서 코인을 발행한다고 할 경우 그 코인은 모두 기본 시민이 받게 되어 있다.

　가상국가를 건설하고자 할 때 많은 사람이 박수치고, 정부와 유관 기관이 열심히 도와줄 것이라고 생각하는가? 오히려 법을 무기로 또는 사회 통념을 무기로 발목을 잡을 수도 있다. 때로는 사기라 하여 경찰 조사도 받고 재판도 받을 수 있다. 큰 물결이 일어날 때 이런 위험이 없을 리 없다. 필자는 이런 일들을 각오하고 이 길에 들어섰다. 아무도 하지 않기에 나라도 해야 된다고 생각했다. 그리고 가상국가가 완결되는 동안과 완결되었을 때도 필자는 그 어떤 이익도 바라지 않겠다 하였다.

　필자는 매우 굳은 마음이고 목숨을 걸고 이 일을 하나, 필자 혼자 이 일을 할 수는 없다. 가장 중요한 요소가 바로 국민이고 그 국민도 굳은 마음이 있어야 한다.

그래서 20만 명에게 모두코인을 주었다. 그리고 20만 명에게 지역, 중지역, 소지역의 직급을 부여하였고 해당 직급의 일을 수행함에 따라 모두코인을 계속 지급하였다.

모두함께 가상국가가 성공하면 그 국가의 화폐는 모두코인이 되는 것이 자명하다. 필자가 모두코인을 상장시키지 않고 계속 보유만 할 뿐 유통시키지 않게 하는 이유가 이것이다.

모두코인은 투기를 담보로 하는 가상 자산과 다르게 발전시켜야 하기 때문이다. 그리고 그 코인은 대표장들이 가지고 있다. 대표장들은 직급을 가지고 있다. 가상국가 또한 국기이다. 이 리디 국민들이 단합하여 꿈을 가지고 노선을 해야 한다.

강한 마음으로 지키고 알리고 협력해야 한다

새로운 물결은 모든 국민, 정부, 기관들이 박수를 친다고 볼 수 없다. 특히 지금 불신이 가득찬 대한민국에서는 이런 운동을 진실된 마음으로 보지 않는다. 20만 명이 뭉쳤으며 그 안에 운용되는 코인도 있다고 하면 무조건 사기로 덮어

> 싸우는 것이 대한민국의 현실이다.
>
> 이것을 막을 수 있는 사람들이 바로 대표장 20만 명이다. 가상국가 전까지 국민운동은 폐쇄 앱으로 운영되었다. 폐쇄 앱이란 불특정 다수를 받지 않았다는 것이다. 기존의 회원 수에서 더 이상 크게 늘릴 생각이 없었다. 이유가 뭘까? 10만 명이면 기본 국민 수가 된다. 그리고 20만 명이면 충분하다. 이 20만 명이 단합해서 외부의 공격을 막아내고 시스템을 지키고 우리의 공익성 정당성을 홍보해야 한다. 그 대가가 바로 유공이며, 대표장들에게 무상으로 주었던 코인이 진정한 가치를 가지고 변화되는 것이다. 무엇보다도 가장 큰 것은 보람이다. 암흑 같은 대한민국 서민의 삶에 희망을 주고, 가상국가를 통해서 자신의 환경이 바뀔 수 있으며, 가상국가가 발전하면서 현실 국가의 환경도 좋아지는 것이다. 대표장들이여, 그대들은 이 가상국가를 건설할 리더 국민이자 선봉대이다. 가상국가가 건설되면 대표장들의 공훈은 분명 가상국가가 보답할 것이다.

가상국가의 리더 국민은 세상의 편견에 대항해 싸워야 한다. 그리고 다양한 공격에 맞대응해야 한다. 가상국가의 정당성, 그리고 공익성, 필요성 등을 쉬지 않고 국민에게 알리고 홍보해야 한다. 국민에게는 국가를 지켜야 하는 책임이 있다. 가상국가를 지킬 책임은 리더 국민에게 있는 것이다. 그리고 그 대가는 분명 리더 국민이 가져갈 것이다.

대한민국은 고소 고발의 천국이다

대한민국뿐만 아니라 민주주의가 정착된 선진 민주화 국가에서는 모두 고소 고발이 남발하고 있다. 공인들은 언제나 이런 법적 문제에 고통받는다. 정치인들은 이런 공격을 기본적으로 늘 받고 있다. 그래서 수사당하고 기소되고 구속된다. 예전에는 국민들이 경찰 수사, 검찰 기소, 재판에 들어간 정치인을 범죄자라고 생각하고 외면하였다. 헌데 지금 국민은 그 부분 때문에 정치인을 외면하는 경우가 적다. 하도 많은 고소와 고발로 유명 정치인들이 재판장에 왔다 갔다 하는 모습을 보기에, 유죄 판결이 나도 국민은 그다지 신경쓰지 않는다.

가상국가로 넘어가면 모두함께에 정말 많은 일들이 일어나고 사업도 번창한다. 또한 정치 집단이 운영되니 고소, 고발, 경찰 수사, 검찰 기소가 없지 않을 것으로 본다.

이때 모두함께의 대표장들은 지금 국민이 법적 처리에 무감각하듯이 무감각해야 한다. 리더자가 수사를 당하고, 조사를 받고, 기소를 당해도 우왕좌왕하지 말아야 한다는 뜻이다. 그리고 우리도 법적 단체를 통해서 대응하며, 탄원,

홍보 등으로 대응하고 싸워야 한다. 현수막 들고 광화문에 나가라는 게 아니다. 그것은 가장 하책의 대응이다. 모든 것은 서류화해야 한다. 탄원서 20만 장, 공권력에 대한 대응 문건 10만 장 등등 모두 문서로 집필하여, 민주주의에서 싸우는 고급 방법을 사용해야 한다. 필자는 이미 모든 것을 각오했다. 그래서 수없이 고소당하고 고발당하고 경찰, 검찰의 수사가 있을 것을 알고 있다. 그리고 현재 그 길을 덤덤히 가고 있다.

모두함께의 리더자는 국민(20만 명의 대표장)이 선출한다. 아직 제도가 안정되지 못했고 필자가 구속되면서 리더자 공백을 막기 위해 지명으로 대표회장이 선출되었으나, 가상국가 준비 단계에서는 선출로 리더자가 뽑혀야 한다. 그 리더자들에게 필자가 말하고 싶은 것은, 두려워하지 말고 담대하라는 것이다. 분명 여러분들에게도 법적 공격이 있을 것이다. 그 공격에 떳떳하게 대응하기를 소망한다.

대표장들은 선출된 리더자가 법적 수사 및 재판을 받는다고 하여 불신을 가지면 안된다. 그렇게 되면 가상국가 국민 사이에 분열이 발생하고, 그로 인해 가상국가의 꿈은 무너진다. 과거 독재 정권에 항거했던 수많은 청년들이 잡혀들어갔고 법적 처벌을 받았다. 그래도 국민이 이긴 것은 그런 압박에도 지치지 않은 강인함 때문이다.

지금 가상국가의 건설에도 분명 기득권의 압박이 있을 것이다. 포기하지 않고 분열하지 말고 당당하게 대응해야 한다. 그것이 가상국가의 리더 국민의 책임이다.

새로운 애국심이 탄생되어야 한다

모두함께 국민운동의 대의는 "하나님을 왕으로 모시고 대한민국 국민을 사랑하라"이다. 이 대의를 마음에 품고 국민을 사랑하는 가상국가를 꿈꾸자. 그런 마음이 바로 애국심이다. 애국심은 본인이 희생하고 국가가 잘되는 것이 아니다. 국가가 바로 국민이다. 애국은 국민을 사랑하는 힘이다. 본인도 국민이지 않는가? 그렇기에 본인을 사랑하는 것도 된다. 나라의 주권자들을 위해서 국민이 희생되는 애국심이 아니다!
국민 모두가 함께 하는 애국심이다. 이 가상국가 건설에서 우리에게 오는 압박은 단순한 법적 조치일 뿐 생명을 위협하거나 신체에 고통을 주거나 가족을 해하거나 하는 것은 없다. 가상국가이기에 폭력, 투쟁 등은 공격 무기가 안되며 지금 시대의 대한민국은 사람을 함부로 해할 수 없기 때문이다. 그런 압박에 두려워하지 않고 나아가기 위해서 대의가 함께 하는 진정한 애국심을 가져야 한다.

가상국가가 만들어질 것이라고 생각하는 여러 이유 중 하나는 지금 세계의 인권 보호 수준이 어느 정도 높아졌기 때문이다. 전 세계는 아니더라도 선진 민주주의를 운영하고 있는 많은 국가가 철저하게 인권을 보장하고 있다. 가상국가라 하지만 어떻게 보면, 아니 과거의 기준으로는 역모라고도 볼 수 있다. 과거에는 개혁을 꾀한 사람에 대해 신체적 가해, 가족에 대한 위해 등 많은 신체적 정신적 고통이 가해졌다. 지금은 그럴 수 없다. 대한민국에서도 가상국가를 만들겠다고 하는 사람들을 공격할 방법은 법을 이용하는 것뿐이다. 그렇기에 가상국가에 도전할 수 있다는 것이다. 국가에 대한 자긍심이 사라졌고, 나와 내 가족만 잘 살면 된다는 마음이 가득한 사회에서 인간은 또다시 함께 하는 사회를 꿈꾼다. 그런 사회가 만들어질 수 있다고 할 때 우리는 뭉칠 수 있다.

시민권이 양도될 수 있다

가상국가의 기본 국민 대표장 20만 명은 가상국가 시민권이 있다. 이 권리는 가상국가가 만들어지면 가치가 있으나 만들어지지 못하면 무용지물이 된다. 가상국가가 현실로 다가올수록 시민권의 가치는 커질 것이다. 눈앞에 아무것도 없을 경우, 그 가치는 작다. 우리는 20만 명의 결집을 유지해야 한다. 더 늘리지는 못해도 줄어들게는 하지 말아야 한다. 결국 가상국가의 꿈을 버리는 분들의 시민권이 다른 사람에게 양도되게 하거나 본부가 반납 받을 수 있게 하여야 한다.

가상국가가 현실로 다가오면 그것은 가치가 있으나, 지금 이 책을 쓰는 상황에서는 우스운 일일 것이다. 그런데 만약 그 시민권을 다른 사람에게 돈을 받고 양도했다면, 어쩌면 그것을 꼬투리 삼아 모두함께가 가치도 없는 시민권을 발행하여 금전을 편취하였다고 고소 고발을 당할 수도 있다. 시민권 양도는 모두함께가 가상국가로 올라설 때 필수이며, 개개별 양도를 본부가 제어할 수 없다. 다만 시민권을 취득한 자는 일징 교육을 수료하여 모두함께의 정신을 배워야 한다. 이것은 모두함께가 가상국가로 넘어가는 과도기에 발생한다. 이런 부분에서 법적 문제, 사회적 이슈를 통해 사기로 매도되어 모두함께가 공격당할 수도 있다. 절대 흔들리면 안된다. 20만의 모두함께 대표장은 그런 부분에 동요하지 말고 당연한 장벽이라고 생각하고 초연하게 대응해야 한다.

가상국가가 완성되기 전에 인사는 계속된다. 현재 모두함께에는 지역 대표장, 중지역 대표장, 소지역 대표장의 계급이 있다. 소지역 대표장이 진급해서 중지역 대표장이 될 수 있고, 중지역 대표장이 지역 대표장으로 올라갈 수 있다.

가상국가 건설은 하나의 혁명이다. 이 혁명이 성공하기 위해서는 구성원, 즉 리더 국민의 노력과 희생이 필요하다. 그런 노력과 희생을 한 분들에게 진급과 포상을 주어야 한다. 이렇게 함으로써 단합된 조직을 이끌 수 있다.

가상국가가 만들어지기 위한 기본 요건의 하나가 국민이다. 아니, 가장 중요한 요건이 바로 국민이다. 그냥 사람만 모이면 안된다. 문화가 만들어지고 공통적으로 가지는 대의가 있고, 그 안에서 함께 하는 마음이 결합되면서 국민이 존재하여야 한다.

지금 모두함께에는 그런 국민이 존재하고 있다. 20만 명이 일치단결하여 움직이기 때문이다. 이 글이 배포되기 이전에 이미 모두함께의 대표장들은 대의에 동참하기로 결의하였다. 그리고 지금 우리가 가는 길이 가상국가 건설이고 그렇기에 우리가 성공하면 굉장히 큰 것을 얻을 수 있다고 생각할 때, 그 단합력은 더욱 커질 것이다.

그렇기에 모두함께가 가상국가를 건설하기에 매우 큰 것을 가지고 있다는 것이다. 20만 명의 대표장이 그 힘이다.

어떤 이는 필자가 사기치고 기망하여 사람들이 정신을 못

차리고 모두함께에 있다고 이야기한다. 참으로 안타깝다. 10만 명이 넘어가는 사람들이 5년 이상 버티는 것은 사기와 기망으로는 불가능하다. 잠시 불꽃이 튀고 나중에 정신을 차리고 돈을 던지는 경우는 사기일 것이다. 지금 필자는 사기죄로 법정구속되어 있으나, 지역회의 조직은 와해 되지 않았다. 이것이 바로 내가 국민에게 진실을 말했다는 증거가 된다.

§ 수익 모델을 완성한다

기업이든 국가든 움직이기 위해서는 돈이 필요하다. 국가는 국민에게 세금을 받고 기업은 수익을 발생시켜 재원을 마련한다.

우리는 가상국가를 건설하고자 하기에 국가로 완성되지 않아 세금을 받는 것은 불가능하다. 결국 기업처럼 사업에서 수익을 발생시켜야 한다. 그 사업이 모두배달, 함께모터스, 마이샵이다. 혹시 모두함께 라이프도 수익 목적이 아닌가 질문할 수도 있는데, 전 장에서 모두함께 라이프는 사업이 아니라 복지 부문이라고 이야기하였다.

필자의 계획대로라면 모두배달은 2024년 5월부터 본격 가동할 생각이었다.

2024년 4월 총선에서 국회의원을 배출하면서 국민에게 모두함께를 알리려 하였다. 그 후 범국민운동으로 전환시켜 모두배달을 가동시키려 하였다.

　모두배달과 함께라이더 시스템은 이미 완결되었다. 문제는 빠르게 국민에게 전파되어 국민이 음식을 배달할 때 모두배달을 사용하게 하면 된다.

　국민에게 모두배달을 한번에 알 수 있게 하는 방법은 총선에서 국회의원을 배출하는 것이다. 국회의원이 배출되면 국민은 모두함께가 만든 정당의 존재를 알 것이고, 그 당에서 IT 권력을 국민에게 주기 위해 모두배달 사업을 한다고 알리고 움직이면 분명 물결이 만들어질 것으로 보았다.

　그 테스트로 드라마 <마이샵>을 몇 명이 볼 수 있게 하는지를 확인했다. 20만 대표장이 움직여 몇 명의 사람들이 모일 수 있는가 확인했는데, 70만 명이 넘었다. 득표수 90만 명이 넘으면 투표자의 3%가 넘어 비례대표제로 국회의원을 배출할 수가 있다. 70만 명이 넘었다는 것은, 90만 명도 바라볼 수 있다는 뜻이다. 이 테스트를 한 시기는 2023년 11월이었고 총선은 2024년 4월이기에 좀 더 노력하고 이미 기술한 방법대로 당을 운영하면 적지 않게 국회의원을 배출할 수 있을 것으로 생각했다.

　모두배달이 배달 시장의 10%를 점유하면 기반을 만든 것이라고 생각한다. 또 하나의 수익 모델로 함께모터스를 생각했다. 소형 전기 스쿠터(보통 전기 소형차라 한다)는 크지 않으나, 지방과 특수 분야에 시장이 존재한다. 이 사업은 2024년 3월부터 시작하고자 하였다. 2023년에 전기 소형차 인증을 모두 받았기에, 전기 소형차를 생산하는 데 어려움은 없다고 생각했다.

그리고 마이샵 사업을 가동시키려 했다. 이 마이샵 사업은 가상국가에서 사용할 마이샵이 아니다. 가상국가에서 사용할 마이샵은 네트워크 마케팅과 세계 시장을 목표로 설계되었다. 2024년에 시작할 마이샵은 소지역 대표장, 중지역 대표장, 지역 대표장이 강소 기업의 좋은 제품을 독점 판매하는 방식으로 기획하였다.

20만 대표장이 뭉치면 거대한 영업 조직이다

사업의 관건은 영업이다. 영업은 광고 매체를 통한 홍보와 개개인을 통한 영업으로 이루어진다. 무엇보다 효율이 큰 것은 사람을 동원한 영업이다. 20만 명이 움직여 상점을 한 개씩만 등록시킨다면 20만 개의 상점이 등록되며, 20만 명이 하루에 한 번만 배달하면 20만 건의 배달이 이루어진다. 드라마 〈마이샵〉을 제작하여 1회를 오픈하였는데,

100만 뷰를 돌파하였다. 이것은 모두함께에 그만큼 큰 영업력이 존재한다는 것이다.

중요한 것은 교육이다. 지속적인 교육으로 대표장들이 밝은 미래를 볼 수 있게 하고, 우리가 하는 일이 대한민국을 살리는 길이라는 자긍심과 확신을 주어야 한다.

대한국인은 정의를 사랑한다. 그리고 삶의 가치관을 매우 중요하게 생각한다. 자신이 하는 일에 의미가 있어야 한다. 가치 있는 의미가 있을 때는 세상의 모든 두려움을 이기고 도전할 수 있다. 그 힘이 가장 무서운 힘이다. 그 힘으로 3·1절 운동이 일어났고, 4·19 혁명이 일어났고, 군사독재에 항거하는 민중 운동이 일어났다.

돈을 많이 번다? 이것이 대표장을 움직일 수 있다는 것은 분명 착각이다. 허나 대표장들은 돈을 많이 벌고 싶어한다. 다만, 정말 의미 있는 일을 하며 돈을 많이 벌고 싶은 것이다. 그래서 대표장에게 영업을 독려하면서 영업의 수익에 대한 얘기도 해야겠지만, 이 일이 어떤 삶의 의미가 되는지 교육하는 것이 가장 중요하다.

인사가 만사이다. 사람을 모으면 많은 문제가 해결된다. 그래서 가상국가의 최고 중요 요소가 국민이다. 그것도 꿈과 희망을 가진 국민 집합체 10만 명이 있다면 다른 문제들은 충분히 해결 가능하고 극복 가능하다.

모두함께의 대표장 20만 명이 가장 큰 재산이며, 그 힘으로 가상국가는 건설될 것으로 확신한다. 필자를 사기꾼으로 공격하고 무너뜨리려 하는 이유도 여기에 있다. 사람들을 20만 명이나 모았기 때문이다. 20만 명이 회비로 만 원씩만 내도 20억이다. 대규모의 사람이 모이면 움직이는 돈도 클 수밖에 없다.

모두함께의 사업의 지분은 모두 이 20만 명이 가진다. 필자는 모두함께 국민운동 본부 안에 어떤 지분도 가지고 있지 않다. 그리고 필자의 기술과 능력을 모두 쏟아부었다. 오로지 국민이 잘 되기를 바라면서 운동을 한 것이다. 그러나 불신과 분노가 가득찬 현 대한민국에서는 모두함께를 자세히 보지 않으면 부소선 사기 다단계로 비하 평가된다. 필자는 구속되었고 모든 직위에서 물러났다. 그리고 아무 힘도 없다. 그러면 모두함께가 무너질까? 만약 필자가 사기꾼이고 모두함께가 사기 집단이면 진즉 무너지고 사라졌을 것이다. 그러나 모두함께는 지금도 건재하다. 이것이 모두함께가 진정성을 가지고 있는 집단이라는 증거다. 그렇게 진정성이 있는 거대 집단이 영업을 하면 수익 모델은 분명히 발생한다. 국민이 모이면 수익 모델은 따라서 만들어진다.

§ 국제 비즈니스의 기반을 만들자

전편에서 앱 제작 자동화와 영화/CG 편집 수주 사업을 세계적 사업으로 하고자 했다고 설명하였다. 여기에 마이샵을 통해 찾아낸 경쟁력 있는 국내 강소 기업의 제품을 세계로 수출하는 기반을 추가한다. 이 3가지의 기반을 만들어야 한다. 기반을 만든다는 것은 영업의 터전, 즉 발전의 터전을 만든다는 뜻이다. 그리고 이 내용을 세계인에게 홍보하여 세계의 사람들이 이 터전에서 3분야의 사업을 발전시키게 하는 것이다. 세계인이 뭉치기 전까지 사업 기반을 만드는 게 가상국가를 건설하기 전에 준비되어야 할 필수 요소이다.

청년과 힘을 합치고, 청년 실업을 해결하기 위한 앱 제작 자동화 사업은 큰 관점에서 보면 가상국가가 만들어지는 데 핵심 사업이 된다. 수많은 앱을 제작하면 그 안에 유효한 앱들이 분명히 존재한다. 그리고 그 앱이 사용자를 얻으면 연관시켜 다른 앱들도 활성화시킬 수 있다. 인해전술로 가는 방법을 선택하는 것이다. 사람들이 백화점에 물건을 사러 간다. 그런데 이로 인해 백화점 앞에 있는 분식점도 장사가 되고, 백화점 안에 있는 극장과 식당도 장사가 된다. 상호 연관이 있기 때문이다. 같은 방법이다. 하나의 앱이 성공하면 연관성 있는 다른 앱들을 연결시킨다. 그렇게 하면서 비활성화된 앱들을 살려낸다. 이런 비즈니스 방법으로 중형 사용자 모임을 공략한다. 거대한 유통몰, 유튜브 같은 방송, 페이스북 같은 메신저 등의 거대 IT 앱을 공격하기란 불가능하다. 그러나 '에베레스트산 등산가 모임', '난초를 키우는 세계인 모임' 같은 것들은 충분히 가능하다. 필자는 이것을 중형 사용자 앱이라고 말하였다.

이런 중형 사용자 앱의 숫자가 얼마나 될까? 우리의 상상을 초월할 만큼 엄청난 수가 될 것이다. 즉, 개미가 뭉쳐 사자를 이기는 형태이다. 이런 중형 앱은 약간의 전문성을 요구한다. 때로는 조금 차원이 높은 전문성도 필요하다. 앱이 그런 전문성을 가지려면 기본 교육을 받은 자가 필요하다.

필자는 대한국인의 정년이 모두 도전을 해도 이 중형 앱을 모두 점령할 수 없다고 생각한다. 그만큼 시장이 크고 광대하기 때문이다. 전부를 점령하고자 하는 게 아니다. 그 중 한두 개 만이라도 히트를 쳤으면 하는 것이다. 약 10개 정도의 앱이 히트치는 것이 가상국가로 넘어가기 전에 완료될 준비 요건이다.

그 10개의 앱이 씨앗이 되어 앱 링크 시스템을 가동시킬 것이다. 이것이 연결되면서 비활성화된 앱들이 살아나게 된다. 가상국가를 전 세계에 공표할 때 세계인을 모을 수 있는 힘이 바로 이것이다. 그래서 앱 제작 자동화 기술이 필수인 것이며, 그것을 이용하여 청년 실업, 저출산, 부동산 문제를 해결하고 대한국인을 세계 제1의 가상국가의 주인으로 만들 수 있다.

또 하나의 준비사항은 콘텐츠 사업이다. 한국의 드라마/영화 전용 앱을 전 세계 15개국에 배포하여 각국의 국민이 볼 수 있게 하는 것이다. 이 일에는 초기 투자 비용이 필요하다. 처음에는 무료 영화와 무료 드라마를 이용하여 사용자를 늘려야 하기 때문이다.

〈마이샵〉과 1편의 드라마를 미끼로 하려 하였는데...

필자는 드라마 〈마이샵〉을 팔지 않고 무료로 배급하고 싶었다. 세계 15개국에 배포할 앱을 만들고, 그 앱에 드라마를 탑재하고자 했다. 그리고 오래된 드라마와 독립 영화 등을 저렴한 가격에 매입하여 앱에 탑재시켜 15개국의 콘텐츠 시장에 접근하고자 했다.

허나 지금 필자는 구속되었고 본 사업을 진행시킬 힘을 잃게 되었다. 이것이 참으로 안타깝다. 그러나 꼭 한국 콘텐츠가 탑재된 앱을 세계 15개국 이상의 나라에 배포하고, 거기에 영화와 드라마를 여러 편 탑재해야 한다.

영화/드라마 사업은 세계 여러 나라에서 수익을 얻고자 하는 목적도 있다. 그 시장이 매우 크기에 높은 수익을 기대할 수 있다. 또한 영화 산업으로 얻는 부가 산업이 있다. 영화에 사용된 음악, 의상, 광고 상품 등이 또다른 수익을 만들어낸다.

어쩌면 가상국가가 만들어지지 않아도 이 사업이 제대로 성공한다면 모두함께의 참여자들이 큰 수익을 얻게 될 수도 있다.

더 큰 것은 문화의 결합이다. 한국 영화/드라마를 세계인이 보면 세계인은 한국 문화를 인지하고 이해하며 받아들인다. 이것이 문화적 동질감을 높이는 방법이다. 가상국가를 세계에 공표하면 사람들이 쉽게 들어올 수 있게 해야 한다. 그것은 서로가 같은 문화를 가셨나고 생각할 때 가능하다. 문화적 동질감을 갖게 하는 방법은 곧, 문화를 수출하여 세계인이 한국 문화에 결합되는 것이다. 한국의 문화가 민족을 뛰어넘어 세계인과 함께 하는 문화가 되어야 한다.

뒤에 다시 설명하겠지만, 결국 우리는 세계인이 함께 하는 문화와 양식을 가져야 한다. 그것은 분명 가능하다. 2500년 전 우리 선조들은 '홍익 인간'의 이념으로 세계인과 함께 하는 문화를 만들었다. 이제 우리는 그 문화를 계승하고 발전시켜야 한다.

본서에서 소개하는 마이샵(물건을 구매하면 구매자도 그 물건을 팔 수 있는 쇼핑몰이 생긴다)을 세계 15개국 이상에 앱으로 오픈시킨다.

마이샵은 인터넷을 통한 네트워크 마케팅 비슷한 공유 경제의 개념이다. 안타깝게도 대한민국은 네트워크 마케팅에 대해 비호감 또는 사기 기업으로 여기나, 정말 좋은 제품을 빠르게 전파할 때 네트워크 마케팅은 최상의 전략이라고 생각한다.

모두코인을 가지고 있다는 이유로 네트워크 마케팅 허가를 안하다

필자가 모두함께 국민운동을 하면서 정말 많은 편견과 오해를 받았고, 정부기관의 말도 안되는 압박과 방해 등을 수없이 받았다. 그 중 대표적인 것은 모두함께에 다단계 사업 허가를 내주지 않은 것이다. 이유는 단 하나, 모두코인이 있기 때문이다. 그리고 회원 수가 많다는 것이다. 이 때문에 바로 사기 집단으로 여기고 정부의 허가가 막힌다.

지금 공무원들은 절대 애국하지 않는다. 나라를 위해 일할 생각이 없다. 이유는 나라를 위해 일하려 도전하다가 문제가 되면 그 즉시 밥통이 날아가기 때문이다. 조금만 위험성

> 이 보이면 공무원들은 바로 규제와 제재를 한다.
> 누구를 욕할 수가 없다. 지금 대한민국 사회가 그렇게 되었다. 때문에 모두함께 마이샵을 대한민국에서 실현하지 못하고 세계 여러 나라에서 실현할 수밖에 없다. 이런 환경에서 대한민국의 중소기업은 절대적으로 살아남기 힘들다. 그래서 모두함께가 우수 강소기업을 발굴하고 지원하며, 제품을 세계의 마이샵에 상품으로 올려놓고 판매하여 대한민국의 중소기업을 살리기를 바란다.

한국 제품의 우수성은 세계가 인정한다. 아니, 대한국인도 인정한다. 헌데 중소기업 제품이 세계적으로 수출되지 못하고 있다. 기술은 좋으나 영업력이 부족하기 때문이다. 그 부분을 도와주어야 한다. 모두함께 마이샵 앱을 세계 15개국 이상의 국가에 배포하고, 인증된 우리의 제품을 가상 공간의 네트워크 마케팅으로 판매해야 한다.

차후 이 마이샵은 한국 기업만으로 국한하지 않고, 가상국가의 시민이 되고자 하는 모든 사람들에게 오픈할 생각이었다. 사람들이 가상국가에 참여하려면, 가상국가 안에서 무엇이라도 해서 먹고 살 수 있는 공간이 있어야 한다. 이것이 마이샵이다.

마이샵은 기존의 거대 유통 쇼핑몰과는 분명 차이가 있다. 마이샵이 새로운 방식의 세계적인 유통 쇼핑몰이 되기를 소망했다. 그 가능성이 있다고 본다. 다른 유통망들은 저가 경쟁을 하는 데 비해 마이샵은 가상 세계의 네트워크 마케팅을 무기로 하기 때문이다.

어느 쇼핑몰이 승리하는가? 그런 얘기를 하려는 게 아니다. 저가로 제품을 구매하기 위해 방문하는 쇼핑몰과 성능과 기술이 우수한 제품을 구매하고 동시에 자신의 수익이 기대되는 쇼핑몰은 그 생태계가 다르다는 것이다.

필자의 생각에 약 100개의 제품을 탑재한 마이샵 앱을 개발하여 15개국에 오픈하고 일정 매출이 발생하는 순간이 가상국가를 시작하기 전 준비 단계라고 생각한다. 현재는 네트워크 마케팅 형태는 아니나, 우수 기업의 제품을 독점하여 모두함께 대표장 20만 명이 판매하는 일을 진행중인 것으로 안다.

안타깝게도 필자는 마이샵을 볼 수가 없다. 다만 과거에 간절하게 부탁하였다. 정말 좋은 중소기업 제품을 찾아달라고... 그리고 그 제품을 우리 대표장 20만 명이 팔아달라고. 20만 명이 1개 씩만 팔아도 20만 개가 아니겠냐고... 그리고 그렇게 판매되면서 검증된 제품이 있어야 하며, 이런 제품이 100개 정도 되어야 가상국가의 준비 요소가 된다.

§ 국민의 지지를 받아야 한다

 가상국가의 성공은 대한국인의 희망이다. 세계를 리더하며 자긍심을 느끼고 행복을 얻을 수 있는 유일한 길이라고 생각한다. 이 길 외에 대한민국이 발전할 수 있는 다른 길도 존재할 수 있다.

 변화를 리더하는 국가가 세계를 리더하게 되며, 그 국가의 국민은 많은 것을 얻게 된다는 사실을 우리는 역사를 통해서 알고 있다. 산업혁명이 유럽에서 발생한 후 그 과학과 기술의 힘으로 유럽의 많은 국가가 전 세계에 식민지를 건설하였다. 분명 가상국가 시대는 도래할 것이고, 그 시대를 우리 대한국인이 준비해야 한다. 필자가 이 책을 쓰는 이유는, 국민이 지금 무엇을 준비해야 하는지를 알리고 싶은 간절함 때문이다. 지금도 필자는 사기꾼이라는 오명을 쓰고 구속된 상태로 이 글을 쓴다. 필자가 구속되고 재판받는 등은 큰 문제가 아니다. 이 일을 시작할 때 이미 목숨을 걸었고, 어쩌면 죽을 수도 있다고 생각했다. 약 60년을 살만큼 살았으니 남은 생은 국민을 위해서 무엇인가를 해야겠다고 생각했다. 지금 필자가 할 수 있는 일은 가상국가 건설에 대한 글을 쓰는 일이다. 그래서 책을 쓰고 최선을 다해서 국민에게 모두함께를 알리고자 하는 것이다. 모두함께가 국민의 지지를 받아서 국민의 힘에 의해 운동이 성공하여 가상국가까지 가기를 간절히 소망한다.

  필자의 IT 기술과 능력이 없어도 국민이 뭉치면 가상국가 건설은 분명 이룰 수 있다. 그렇게 하기 위해서 정부도 정치인도 공무원도 모두함께에 대해 긍정적인 생각을 가져야 한다. 도와주진 못할지언정 사기 집단으로 몰아 발목을 잡으면 안된다. 그리고 이 책을 기반으로 더욱 발전시켜야 한다.

  모두함께의 많은 사업은 '국민 참여, 국민 수익'을 기본으로 한다. 어떤 사업을 하려고 할 때, 그 사업에 참여할 대표장들의 투자를 받는다. 일반적으로 10만 원 정도이다. 필자는 그것을 국민의 피라고 이야기한다. 그 돈이 없다고 국민이 무너지지는 않는다. 그러나 그 사업이 성공하면 투자에 대한 보답을 받는다. 모두배달과 함께라이더 사업, 드라마 사업도 모두 국민 참여, 국민 수익 제도로 만들어진 것이다.

"사업이 실패하면 모든 투자 원금이 날아갈 수도 있다."

  투자를 받을 때마다 공지한 내용이다. 3백만 원 이상을 투자하겠다고 할 경우, 고액 투자자로 분리해 조사하고, 각서까지 받고 투자를 허락하였다. 20만 명이 10만 원씩 낸다면 200억이다. (실제로는 20만 명 모두가 투자한 것은 아니다) 결코 적은 돈이 아니다. 정직한 경영을 위해 필자는 재무에 관여하지 않았으며, 모든 투자금은 그대로 사업에 쓰여겼다. 돈을 투자한 한 대표장은 이런 말을 했다.

"우리가 실패하고 투자금이 날아가도 후회도 없고 원망도 없다! 한번은 이런 일을 하고 싶었다."

지금 필자는 모두함께의 리더자 자리에서 물러났다. 그리고 차기 운영진이 모두함께를 이끌고 있다. 지금 모두함께가 돌아가는 상황을 알 수는 없으나 지금도 모두함께는 윤리적 경영을 하고 있다는 걸 의심하지 않는다. 그렇게 조직을 만들었기 때문이다.

대한민국은 서민이 뭉치고 그 안에 돈이 모이면 편견을 가지고 사기 집단으로 몰아부친다. 큰 기업이나 기득권 세력이 사람을 모으고 돈을 모으는 것은 인정한다. 즉, 서민이 뭉치는 것을 용납하지 않으려는 것이다.

모두함께는 진정으로 대한민국 국민이 행복해시기를 바라는 마음에서 탄생되었다. 이 글을 읽는 대한국인이여, 간절히 소망한다. 모두함께 사업에 동참하여 대한민국의 새로운 미래를 창조해주기를 부탁드린다. 그리고 이 책을 다 읽어보고 모두함께가 사기 집단인지, 대한민국의 미래를 위한 단체인지 판단하기를 바란다.

필자가 사기꾼으로 오인받고 평생 감옥에 있게 되도 상관없다. 차라리 나만 사기꾼으로 만들고 모두함께는 힘들게 하지 않았으면 좋겠다.

내 모든 것을 쏟아부어 시스템과 국민 연합 20만 명을 이루어냈고, 지분 관계도 정확히 국민이 주인이 되도록 만들었다. 그런 모두함께는 필자의 전부이자 생명이다. 모두함께가 성공해서 가상국가가 된다면 필자는 감옥에서 평생 산다 해도 매일 행복해할 것이다.

사기는 타인을 기망하여 금전을 본인 또는 제 3자에게 편취한 경우라고 한다. 필자는 국민을 기망하여 금전을 국민에게 편취시킨 게 되는 것인가? 또한 정말 필자가 국민을 기망하였는가? 필자는 가슴 속 깊이 대한민국 국민을 사랑한다. 그런 사랑하는 국민을 어떻게 기망할 수 있겠는가?

자랑스런 대한국인이여, 모두함께를 지지해주기를 간절히 소망한다. 다시 말하지만 필자는 이제 모두함께에 아무런 권력이 없는 사람이다. 그런 사람이 이렇게 외치는 것은 사심이 아니기 때문이다.

세상에는 여러 사람이 있고 다양한 이권을 가진 집단들이 있다. 모두함께가 성공하는 것을 원하지 않는 집단도 분명히 있을 것이다. 그리고 그 집단은 힘이 있는 기득권 집단일 것으로 생각한다. 그들은 경찰과 검찰을 이용하여 모두함께를 사기 집단으로 몰아 수사할 수도 있으며, 매스컴을 통해 마녀사냥을 할 수도 있다. 또한 다양한 인허가를 모두함께는 못 받도록 막을 수도 있다. 사실 지금까지도 그런 압박을 받으면서 10년을 버텨가며 성장하였다.

　이제는 그런 압력이 올 때 국민이 지켜주기를 호소한다. 국민의 지지만이 모두함께가 가상국가로 발전하는 힘이다.

출소하면 다시 복귀하지 않을까?

지금은 필자가 구속중이지만 혹시 출소하면 다시 모두함께의 리더자가 되려 하지 않을까? 하는 의문이 있을 수도 있다. 필자는 현재 징역 3년 형을 받았고 아직 재판 중에 있다. 3년 안에 가상국가까지 가야 한다. 그렇기에 필자가 3년 후에 사회에 나오면 그때는 본책의 내용이 어느 정도 완결되어야 한다. 그 기간 동안 다른 리더자들이 모두함께를 이끌었을 것이고, 필자가 나와도 있을 자리는 없다.

모두함께는 구성원 모두가 수인인 진정한 국민 운동이다. 만약 필자가 재판에서 이겨 일찍 나간다고 해도 필자는 리더자 자리에 올라가지 않을 것이다. 필자가 해야할 일은 이 책을 쓰는 것이다. 이 책을 국민에게 주고, 뜻있는 국민이 뭉치기를 바랄 것이다. 이곳 구치소에서 이 글을 쓰면서 나는 만족한다. 그리고 후회도 없다. 항상 마음이 답답했다. 원 없이 싸워보고 싶었고, 그러다 져도 후회가 없을 것이라고 생각했다. 이 책을 쓰고 나면 필자는 정말 원 없이 싸운 것이다. 그리고 모든 것을 국민의 선택으로 넘긴다.

§ 재외동포 : 세계의 모든 대한국인을 뭉쳐라

　세계 곳곳에 많이 퍼져 있는 민족으로 이스라엘 민족과 중국 화교를 꼽는다. 필자의 생각에 우리 대한국인 또한 세계 곳곳에 퍼져 있고 각국에서 한인 사회를 구축하여 나름대로 경제와 사회에 이바지하고 있다.

　전 세계의 대한국인을 모두 네트워크로 연결시켜야 한다. 이것은 매우 큰 힘이 된다. 나라마다 상황, 문화, 풍습이 다르다. 또한 어떤 사업은 가능하고 어떤 사업은 불가능한지에 대한 정보는 바로 그 나라에 사는 사람들이 가장 잘 안다.

　각 나라의 국민과 바로 연결하려 하면 언어와 풍습 등의 장벽으로 어려움을 겪을 수 있다. 현지의 한인 사회와 연결하면 이런 문제를 해결할 수 있다.

　콘텐츠 앱과 마이샵 앱을 15개국에 오픈하게 되면 15개국에 앱 운영 회사를 설립해야 한다. 이때 회사의 운영은 현지 한인에게 맡긴다. 그리고 점차적으로 연결 국가를 늘려가는 것이다.

　가상국가는 영토가 없는 가상의 국가이다. 다른 말로 이야기하면, 세계가 가상국가의 영토가 되는 것이다. 이 내용에 대해서는 본서의 서두에서 설명하였다.

해외 한인들이 믿을 만하지 못하다?

우리 대한국인이 해외 동포에게 사기당하고 피해를 본 사례들도 있다. 필자가 볼 때 10명 중 1명이 그럴 경우가 있다고 생각한다. 그런데 이 때문에 나머지 9명까지 모두 불신의 눈으로 바라봐야 하는지는 재고해야 할 것이다.

우리 대한민국이 불신의 사회가 된 것은, 나쁜 일에 대해서는 시끄럽게 떠들고 좋은 이야기는 별로 하지 않기 때문이다. 그래서 대한국인들은 남을 사기꾼이나 범죄자로 의심하고 불신하고 경계한다. 이 때문에 대한국인이 단합하지 못하는 것이다. 해외에서도 사기꾼은 소수일 뿐이다. 나머지는 신뢰해도 되는 좋은 사람들이다. 그리고 필자가 보기에 많은 분쟁은 정확한 업무 분담과 계약을 하지 않아 생기는 다툼이다.

가상국가를 시작하기 전에 우리가 콘텐츠 사업과 마이샵 사업을 시작할 국가의 한인 사회와 연결하고 모두함께를 홍보하여 동참할 수 있게 한다. 세계의 한인 사회가 모두함께와 연결되기 위해서는 교육이 필요하다. 필자의 생각에 6개월 정도 시간이 필요할 것이다. 적어도 모두함께의 대의와 철학, 꿈에 동의하고 업무에 동참할 수 있게 하기 위한 교육이 필요하고, 해당 국가의 한인 사회에도 지역 대표장, 중지역 대표장, 소지역 대표장 등의 직위가 부여되어야 한다.

국내에서 지역 대표장, 중지역 대표장, 소지역 대표장 체계를 구축하는 데 1년 6개월이 소요되었다. 이에 비추어 한인 사회에서 교육에 소요되는 6개월은 매우 짧은 편이다. 이렇게 짧은 시간 안에 교육이 가능한 까닭은, 이권 사업에 바로 연결되기 때문이다. 콘텐츠 사업과 마이샵 사업의 운영권을 주기에, 빠르게 단합하고 움직일 수 있을 것이다.

꼭 15개국으로 한정할 필요는 없다. 가능하면 할 수 있는 대로 많은 국가를 참여시키는 게 좋다. 다만 가상국가의 준비에서 필수요소는 세계 15개국 이상의 한인 사회를 연결시키는 것이다.

이제 AI에 의해서 자동 통역이 되는데...

지금은 스마트폰을 이용하여 실시간 통역이 가능한 시대이다. 그렇기에 세계를 연결할 때 각 나라에서 영향권을 가진 사람을 연결하고, 그 나라의 많은 국민들을 연결시키는 게 더 빠를 것이라고 제안하는 분들도 있겠다. 이 의견도 일리가 있다. 그러나 필자는 우선 먼저 한인 사회를 연결하고, 다음에 그 국가에 영향력을 가진 사람들과 연결하여 해당 국가의 국민들을 연결시키는 것이 순서라고 생각한다.

가상국가의 기본틀을 완성한다

　가상국가도 국가이다. 국가는 헌법과 행정법을 가지고 있다. 민법과 형법도 있어야 한다. 가상이라고 해도 행정기관, 입법기관, 사법기관이 있어야 한다. 완벽하지는 않아도 이 골격을 갖추고 있어야만 국민이 국가의 틀에 따르는 것이다.
　그리고 추가로 가상국가는 사업기관이 있어야 한다. 사업기관이란 기업을 운영할 수 있게 지원하고 관리하는 기관이다. 이 모든 것이 기존의 현실 국가와 분명히 차별된다. 본 장에서는 가상국가의 기본틀을 어떤 형태로 구축할지 설명한다.

§ 국민을 사랑하라 - 가상국가 헌법의 뿌리

　가상국가 헌법의 뿌리는 '사랑'이다. 인간이 행복을 느끼려면 가장 중요한 것이 '사랑'이다. 물질이 풍요로워도 사랑이 없으면 인간은 불행을 느낀다. 지금 대한민국이 이렇게 힘든 가장 큰 이유는 사랑이 사라졌기 때문이다. 사랑이 사라졌기에 결혼을 하지 않고 아이도 낳지 않는다. 사랑이 사라졌기에 자살이 늘고 폭력이 늘어난다.

　원인은 간단한데 해결이 매우 어렵다. 사랑이 사라지면 그것을 복원하기가 매우 어렵기 때문이다. 가상국가 헌법의 가장 중요한 기초를 사랑에 두어, 대한민국에서 사라진 사랑을 가상국가에서 새롭게 시작하고자 한다. 그래서 헌법의 기본 내용은 사랑에 기반해야 한다.

　인간은 피조물이다. 그리고 인간은 완벽하지 않다. 우리가 사는 기간은 기껏해야 100년 정도이다. 그런데 인간은 1000년 이상 살 것처럼 여기고 자신이 가장 옳다고 생각한다. 이것은 인간이 가지는 가장 큰 교만이다. 이 교만 때문에 분란과 투쟁, 그리고 전쟁이 발생하는 것이다. 우리 인간의 유한함을 인정해야만 겸손한 자세에서 서로를 사랑하는 마음이 탄생된다고 생각한다.

　인간은 완전하지 않기에 완전한 자를 찾는다. 완전한 분을 리더자로 받아들이면 인간의 교만이 어느 정도 사라지고 타인과 함께 하는 마음이 탄생한다. 완전한 자, 즉 창조주를 말하는 것이다. 모두함께는 이 우주를 창조한 힘이 있다고 생각한다. 그 힘은 조물주, 또는 창조주이며 많은 종교에서 말하는 하나님이다. 모두함께의 대의는 '하나님을 왕으로 모시자', '국민을 사랑하자'이다. 이 대의가 그대로 헌법의 근간이 되기를 소망한다.

- 가상국가 사회는 평등할 수가 없다

가상국가는 현실 국가와 다르게 평등권을 줄 수가 없다. 가상국가의 기본은 서비스이다. 현실 국가의 영토가 가상국가에서는 서비스인 것이다. 이 서비스는 차별성을 갖고 있다. 그래서 평등하게 할 수가 없다. 오히려 계급 사회가 될 것이다. 계급에 따라 서비스가 달라지는 그런 시스템이기 때문이다.

계급 간의 이농이 가능하게 하고 노력에 의해서 더 높은 계급을 획득할 수 있는 방법으로 평등에 가까이 가게 해야 한다. 따라서 가상국가는 계급 사회라는 것을 명명해야 한다. 평등권을 넣어두면 나중에 가상국가가 크게 커졌을 때 평등권을 이유로 헌법소원을 하게 될 때, 가상국가의 중요 시스템이 무너지고 혼란이 야기될 수 있다.

가상국가의 헌법 안에 계급 사회라는 것을 정확하게 명시해야 한다. 단, 태어나서 바로 계급이 정해지는 것이 아니라 성인이 된 이후 정해지며, 자신의 노력에 의해서 계급의 이동이 가능하다는 내용을 꼭 기록해야 한다.

- 국민의 가입과 탈퇴의 정의

가상국가는 일반 국가와 달리 가입과 탈퇴가 국민이 되는 조건이 된다. 탄생하면 자동으로 국민이 되는 현실 국가와는 그 근본이 다르다. 그래서 항시 가입할 수 있으며 탈퇴도 할 수 있다. 이 문제 때문에 평등을 보장해줄 수 없는 것이다. 최근에 가입한 국민과 10년 전에 가입한 국민이 같은 서비스를 받을 수 없기 때문이다. 어떻게 보면 가상국가는 게임 속 왕국과 같은 느낌이다. 거기에 현실의 경제가 결합된 것이다. 게임에서도 처음 시작할 때는 레벨이 낮다가 활동을 열심히 하면 레벨이 점차 올라간다. 가상국가에서도 이런 방식의 운영이 되어야 한다. 그래야 질서가 만들어지기 때문이다.

가입과 탈퇴의 절차가 필요하다. 가입을 할 때 필요한 기본 요건도 정해야 한다. 여기에 기간별 정의도 필요하다. 가상국가 초기에 들어오는 사람은 도전자에 해당한다. 가상국가가 성공할지 실패할지 모르는 상황에서 동참하기에 그만큼 리스크가 크다. 그러나 가상국가가 세워지고 난 후의 가입자는 리스크가 없다. 그 대신 거기에 합당한 지불이 필요하다. 즉, 기간별로 변하지 않는 계급을 두어야 한다. 지금 모두함께는 천하제인, 만선대인, 10만 양병인으로 분류되어 있다. 이 계급은 가상국가에서는 공훈 계급으로 절대적으로 보호되어야 한다. 그리고 그에 따르는 특혜를 주어야 한다. 탈퇴는 약간 복잡하다. 탈퇴자가 가상 공간에서 운영한 자산을 어떻게 처리할 것인가에 대해서는 전문가들의 고민이 필요하다.

가상국가의 형법 최고형은 탈퇴이다. 현실 국가에서의 최고형은 사형이다. 그러나 가상국가의 형법은 현실 국가와 달리 매우 간단하다. 탈퇴와 사용 정지 이 두 가지만 존재한다. 형법에 의해 가상국가에서 퇴출될 때에도 개인의 자산에 대해 처리를 해주어야 한다. 필자는 이 곳에 어떤 헌법이어야 하는지를 정의한다. 본서를 기반으로 하여, 운영하면서 느낀 경험을 바탕으로 가입과 탈퇴에 대하여 헌법에 정확하게 기재하여야 한다.

§ 가상국가의 행정기구

가상국가는 일반 국가와 형태가 많이 다르다. 가상국가는 입법부와 행정기관, 그리고 사법부로 나뉘어진다.

<그림1>은 가상국가의 행정기구 조직을 크게 분류하여 나타냈다. 가상국가는 3개의 기구가 독립적으로 운영된다.

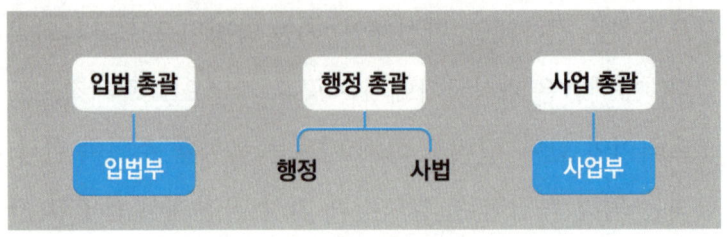

〈그림1〉 가상국가 행정기구

 입법부는 가상국가의 법을 만드는 곳이다. 이 입법 기관은 현실 국가에서는 국회와 같다. 입법 위원은 현실 국가의 국회의원에 해당한다. 입법 위원은 투표에 의해서 선출된다. 여기서 후보자는 누구나가 될 수 없다. 가상국가가 원하는 일정한 자격이 되어야 한다. 투표도 1인 1투표가 불가능하다. 가상국가의 모든 시스템은 평등한 시스템이 아니기 때문이다. 투표권자는 모두 계급별로 가중치 지수를 가지고 있다. 어떤 투표자는 2.5일 수도 있고 어떤 투표자는 0.5일 수도 있다. 계급에 의해 투표 권한 지수가 다르기 때문이다.
 행정부 안에 사법부가 포함되어 있다. 현실 국가에서는 삼권이 분립되나, 가상국가에서는 그럴 필요가 없다. 사법부의 역할이 크지 않기 때문이다. 가상국가에서는 현실 국가에서 발생하는 형사 사건에 대해서는 관여하지 않는다. 여기서 고민해야 할 것들이 있다. 현실 국가에서 아주 중대한 범죄를 저질렀을 때 가상국가에서 이 문제를 어떻게 처리하여야 하는가 이다. 필자는 여기에 대한 해답이 없다. 중요한 원칙은, 현실 국가에서 발생하는 모든 형사 사건에 가상국가는 관여하지 말아야 한다고 생각한다. 이게 연관이 되면 시간이 지나면서 현실 국가와 충돌이 일어날 수 있기 때문이다. 가상국가의 사법 처리는 오로지 가상 세계에서 발생한 사건에 제한한다.

현실 국가에서 범죄를 저지르고 가상국가로 도피하면?

필자가 가상국가를 설계하면서도 궁금한 점은, 이럴 때는 가상국가가 어떻게 처리하게 될 것인지이다.

가상국가는 SAFE ZONE으로 현실 국가 여러 곳에 국가 사유지를 보유한다. 이 곳에 가상국가 시민이 거주할 수 있다. 만약 가상국가 시민인 한국인이 범죄를 저지르고 인도네시아 SAFE ZONE으로 피신하였을 때, 가상국가는 어떤 액션을 취해야 할까?

이런 부분에 대해 세세하게 법을 제정하는 일이 바로 입법 기관이 해야 하는 일이다. 중요한 원칙은 있다. 가상국가는 현실 국가와 국민 사이의 일에 대해 간섭하지 않는 것이 원칙이다.

북한에 있는 사람이 가상국가의 시민이라고 가정하자. 그

> 런데 그 사람이 북한에서 법을 어기고 도망나와 말레이시아 SAFE ZONE에 있다. 그 시민을 SAFE ZONE에서 퇴출시켜 북한으로 보내야 하는가? 아니면 지켜줘야 하는가? 만약 지켜야 한다면 대한민국에서 범죄를 저지른 자는 어떻게 해야 하는가? 한국으로 보내야 하는가? 한쪽은 지키고 한쪽은 돌려보낸다면 여기서 불공정이 발생한다. 또한 현실 국가와 충돌하게 된다. 그래서 생각한다. 가능하면 현실 국가의 사법 처리에 관여하지 않기를 제안한다.

행정 총괄은 현실에서 보면 대통령이다. 현데 현실 국가와 다르게 큰 권한은 없다. 가상국가는 시스템으로 자동화되어 움직인다. 그리고 법은 입법 기관에서 만들고 해당 내용이 시스템화되기에, 내부 행정에서는 크게 힘쓸 것이 없다. 가상국가 행정 총괄은 대외 협력을 주도해야 한다. 현실 국가와의 상호 조약 및 가상국가에 대한 긍정적인 개념을 가지게 하기 위한 노력, 즉 쉽게 말해 외교를 더 많이 해야 한다. 필자는 이 행정 총괄을 가상 국민 1인 1투표의 권리로 선출하는 것이 옳다고 생각한다. 계급에 상관없이 가상국가 국민으로 몇 년 이상 거주한 자는 누구나 선거권과 피선거권을 가지게 할 것을 제안한다.

§ 가상국가의 핵심 기구 - 사업부

 가상국가에는 현실 국가와 다르게 사업부가 존재한다. 가상국가는 국가 안에서 새로운 사업들이 만들어지고 성장할 수 있도록 해야 한다. 어떻게 보면 가상국가 안의 큰 그룹은 국가가 운영하나, 그 그룹 안에 있는 기업들은 국민이 운영하도록 하는 방향이다. 가상국가의 기본 산업은 서비스이다. 쉽게 보면 그냥 인터넷 상에서 제공되는 서비스와 비슷하다. 다만, 그 디바이스가 PC에서 스마트폰으로 바뀌어 서비스를 이용하는 것이다.

 이 서비스의 영역은 매우 크고 다양하다. 예를 들어 메신저 사업이 있다고 가정하자. 메신저 사업 엔진은 가상국가에서 개발하고 그 플랫폼 안에서 수많은 국민들이 사업을 하게 하는 것이다. 어떻게 보면 가상국가와 가상 공간의 기업이 합쳐진 것이다.

 가상국가 국민은 사업을 하는 데 비용이 거의 필요없다. 어느 국민이 사업을 하겠다고 제안서를 내면, 사업부에서 그 사업을 하도록 만들어준다. 가상국가에서는 이것이 가능하다. 가상 공간이므로 시스템만 있으면 되기 때문이다. 다만 그 기업의 주인은 가상국가이다. 시스템의 개발자 및 소유자가 가상국가이므로, 가상국가의 모든 기업의 주인은 가상국가가 된다.

 수익은 그 기업을 운영하는 사장인 국민이 가져가며, 직원이 필요하다면 직원의 급여 또한 사장이 책임져야 한다. 그러나 기업의 오너는 될 수 없다. 만약 국민에게 오너의 권한을 주면 가상국가의 여러 시스템이 개인에게 귀속되어 사유화되고, 그렇게 되면 국가의 운영이 어렵게 된다.

대대로 기업을 운영하는 장인 정신

가상국가에서 기업을 운영하는 사장이 자식에게 기업을 물려줄 수 있을까? 필자는 기업을 물려주는 일을 가능하게 해줬으면 한다. 단, 전술했듯 기업의 주인은 가상국가이므로, 기업의 자산에 대한 권한은 없다.

가상국가의 기업 사장은 자기가 경영하는 동안 기업에서 발생하는 수익의 일부를 가져간다. 그리고 자식이 물려받으면 자식도 그 회사를 운영하고 발생하는 수익을 가져가게 한다.

한 가정이 하나의 기업을 대를 이어 운영하는 일은 기술 노하우 축적을 위해서도 좋으며, 가정의 안정을 위한 좋은 방법이라고 생각한다. 한 가정이 기업을 가업으로 쭉 가져간다면 가정이 안정화된다. 가정의 안정화는 곧 국가의 안정화이다.

사업부 총괄은 투표로 정하기가 매우 어렵다. 이 부분에 대해 필자는 결론을 내리지 못하여, 가상국가에 참여하는 분들에게 이 숙제를 넘기고자 한다.

사업부 총괄은 먼저 IT 분야에 관한 전문 지식을 가지고 있어야 한다. 그렇지 않고서는 사업부를 이끌어 나갈 수가 없다. 또한 기업 운영과 경제, 경영에 대한 지식도 필요하다. 이런 기본을 가지고 있으면서 리더십도 갖추어야 한다. 쉽게 말해, 거대한 그룹의 총수가 되어 그 그룹을 이끌어야 한다. 이런 사람을 투표로 뽑는다는 것은 매우 위험한 일이다.

반면 사업부에서 사업을 하는 사람들에 의해 평가를 받는 것도 좋은 방법 중 하나이다. 이 또한 경영을 하는 모습을 보아야만 판단이 가능하다. 즉, 사업부 총괄은 철저한 검증을 통해서 뽑아야 한다는 것이다.

필자가 생각하기에 후보자들에게 1년 이상 기회를 주어 그 능력을 확인해보는 것이 필요하다. 그렇게 하기 전에 기본적으로 소양이 있는지 검증도 해야 한다.

사업부 총괄을 맡겠다는 후보자를 지원받고, 검증 절차를 거쳐 3명 정도의 후보를 선정한다. 후보들은 자신들의 사업 구상을 공표한다. 그리고 자신이 구상한 사업을 1년 이상 되는 기간 동안 만들고 운영한다. 그 결과를 보고 사업부에서 여러 사람들의 평가를 받는 방법도 좋다고 본다.

문제는 그 사업 운영으로 완벽하게 능력이 검증되었다고 보기 힘들다는 점이다. 사업은 성공보다 실패가 더 중요하다. 실패를 하면 그 사업이 왜 성공 못했는지 원인을 알고, 위험한 것이 무엇인지도 안다. 그렇기에 다시 도전하면 더 큰 성공을 이루어낼 수도 있다. 후보들 중 사업을 성공시킨 후보가 가장 경영과 기술 능력이 뛰어나다고 판단하는 것이 100% 옳다고 볼 수는 없다. 진정한 리더자를 뽑는 것은 쉬운 일이 아니다.

또 한 가지, 사업부 총괄은 임기가 10년은 되어야 한다. 모든 사업은 1년이나 2년 이내에 완성되는 것이 아니다. 대한민국 사람들의 단점은 성급하다는 것이다. 사업을 시작하면 바로 몇 개월 이내에 성공해야 한다고 생각한다. 한번 사업을 시작하면 기본적으로 5년은 보아야 한다. 5년은 지나야 해당 사업의 성공 가능성을 느낄 수 있다. 정확한 기획을 토대로 한다면 5년이 지나면 성공할 수 있다.

그래서 가상국가의 사업 총괄은 임기가 10년 이상 되는 것이 좋다고 생각한다. 이런 장기 집권이 가상국가의 경영에 문제가 되지 않을지 의문을 가질 수도 있다. 가상국가를 이끄는 리더자는 입법부 총괄, 행정부 총괄, 사업부 총괄 셋이다. 그리고 세 파트가 독립적으로 운영된다. 그렇기에 1명의 장기 집권이 아니다. 3개의 파트는 항시 협력해야 한다. 사업부 총괄이 새로운 사업을 펴고자 할 때, 그에 따른 법과 행정이 필요하기 때문이다. 가상국가에서는 3인이 독립적인 권한을 가지고 협력하는 체제가 가능하다. 행정부 총괄이 있다고 해도, 그 힘이 크지는 않다. 현실 국가에서는 행정 당국의 권력이 크지만, 가상국가는 행정부의 힘이 크지 않기에 행정부 총괄이 독재하는 일은 일어나기 힘들다.

 문제는, 여러 사람의 협력으로 움직이는 것보다 한 사람의 리더가 움직일 때 경영이 순조롭다는 것이다.

 때로는 <그림1>의 구조에서 세 명의 총괄 위에 가상국가의 대통령을 두는 것도 좋은 방법이라고 생각한다.

- 가상국가는 1당으로 시작한다

 가상국가의 입법은 행정적인 부분이 크다. 입법부에서 서로 논쟁하고 논의하여 최상의 행정 입법을 만들어내는 것이 목적이다. 가상국가는 어떤 면에서 완전한 민주주의를 실현하는 것이 불가능하다. 그러나 인권을 보장하지 않는 것이 아니다. 가상국가는 국민에게 실리를 주기 위해 건설된다. 현실 국가와 그 운영 시스템 근본이 다르기에, 양당 또는 다당제를 이용하여 다양한 집단을 대변하는 구조가 될 수 없다.

세계인에게 아니, 우선 대한국인에게 가상 공간이 제공하는 서비스의 힘을 이용하여 경제적 이익을 주겠다는 것이 가장 큰 목적 중 하나이기 때문에, 기업형으로 움직여야 한다.

1단계 : 가상국가의 비즈니스 시작
- 세계로 나아가다

본 항목에서는 가상국가가 되기 위한 기본 준비가 끝나고 세계로 첫 발을 내딛는 방법에 대해서 설명한다. 본 내용은 기획이다. 기획은 수정과 보안이 가능하다. 아무도 가상국가를 만들겠다는 생각을 하지 않았기에 기획도 하지 않았을 것이다. 그러나 이제 가상국가의 탄생은 필연적이고 우리는 준비해야 한다. 그래서 기획 초인을 여기에 쓴다. 그리고 본 기획은 지금까지 국민운동을 하면서 구축한 기반 위에서 세운 것이다.

혹자가 모두함께 기반 없이 따로 가상국가를 건설하겠다는 포부가 있어 이 책을 읽는다면, 본 항목의 목적을 생각하기를 바란다.

1단계는 사업으로 접근한다. 그리고 그 사업에 많은 세계인들이 관여하도록 해야 한다. 그리고 그 안에서 수익이 발생될 것이라고 기대가 되거나 발생되어야 한다. 또한 1차로 전 세계 조직을 만들어야 한다. 국민운동 지역 대표장, 중지역 대표장, 소지역 대표장으로 나누듯이 국가 회장, 국가 대표장, 국가 중대표장, 국가 소대표장으로 계층형 조직을 만들어야 한다.

1단계의 성공은 수익이 아니다. 인력 조직 완성이다. 세계적인 인력 조직의 완성이 성공인 것이다. 모든 돈은 인간을 통해서 흐른다. 또한 모든 영업도 인간을 통해서 흐르게 되어 있다. 사람이 많으면 쓰지 않는 고무신일지라도 팔 수가 있다. 사람이 없으면 최첨단 하늘을 나는 신발도 팔 수 없는 것이다.

가상국가를 건설하고, 대한국인이 국가의 상위 리더자 그룹이 되는 것을 목표로 한다. 가상국가는 계급 사회이며 평등할 수 없다고 전 장에서 설명하였다. 필자가 이 가상국가를 만들고자 하는 꿈을 가진 것은 오로지 대한국인 때문이다. 분명 가상국가 시대는 온다. 그리고 그 국가들은 계급사회일 것이며, 소수의 기득권자가 권리를 가지는 시대가 될 것이다. 필자의 생각에 우리가 성공해서 가상국가를 만들었다고 해도 세계에 오로지 우리가 만든 단 한 개의 가상국가만 존재하지 않을 것이다. 10개 이상의 가상국가가 만들어질 것으로 생각된다. 그 대부분이 소수 기득권자들의 왕국일 것이다. 우리 자랑스런 대한국인만이라도 주인이 되는 가상국가를 만들어주고 싶은 것이다. 그렇게 하기 위해서 가상국가 시작 때부터 수익 모델을 방패로 인간 구조, 즉 조직 체계를 만드는 데 주력해야 한다.

§1단계 진행 전체 보기

<표1>은 가상국가 사업을 시작할 때 스타트할 사업 리스트를 보여준다. <표1>의 사업은 이미 국민운동에서 준비된 사업들이다. 앱 배포는 앱 제작 자동화 시스템과 청년 창업 시스템에 의해 만들어진 수많은 앱들의 배포를 이야기한다. 이 앱에서 수익이 나올 경우, 초기에는 각국의 화폐로 결제 받고, 중기 때는 각국 화폐와 모두코인을 혼용해서 받는다. 이 앱은 한 개로 만들이지지 않는다. 만약 우리의 목표가 15

	초기 결제	중기 결제	비고
가상국가 선포 및 홍보	전세계로 지속적 홍보		
앱 배포	각국화폐	각국화폐/모두코인	
콘텐츠 배포	각국화폐	각국화폐/모두코인	
영화/드라마 편집 용역	각국화폐	각국화폐/모두코인	가상국가 대상이 아니어도 된다
마이샵	각국화폐	각국화폐/모두코인	

<표1> 세계에서 진행될 사업 리스트

개국이라고 할 경우, 한 개의 앱이 15개의 언어로 만들어진다. 한 개의 앱에 15개국의 언어를 넣는 방법이 있고, 15개의 앱을 만드는 방법도 있다. 기본적으로 15개국에 따라 15개의 앱을 만드는 방법을 권장한다. 이유는 각국의 문화와 풍습이 다르기에 시작은 같아도 앱이 자라면서 방향이 각자 다르게 변화되기 때문이다.

나무는 똑같이 자라지 않는다

같은 나무를 각기 다른 장소에 심으면 나무가 다르게 성장한다. 거대 포털일 경우 각국마다 다른 것처럼 보여도 하나의 논리를 알고리즘으로 만든 것이다. 규약과 시스템 흐름이 같기에 환경과 각국의 풍습에 따른 형태 변화가 크지 않다.

우리가 목표로 하는 앱은 중형 앱이다. 이런 중형 앱은 대형 앱의 형태를 따라하기보다, 각국의 환경에 따라 개별 항목 변경 또는 새로운 항목을 추가시키면서 발전시키는 방법이 더 비즈니스 경쟁력이 높다고 생각한다.

하나의 앱이 탄생하면 세계 각국 전용의 앱이 만들어지고 그 앱들이 각각 관계형 링크를 가지고 있어서 다른 앱과 연동한다. 이때 앱의 숫자가 늘어남에 따라 지수함수로 증가

하는 연산이 이루어진다. 즉, 데이터 연산과 처리 내용이 매우 많아진다는 것이다.

서비스가 전 세계로 확장되어 갈 때, 기존의 서버 시스템을 이용한다면 엄청난 서버 비용과 유지 관리 비용이 든다. 필자는 이런 복잡한 부분을 스마트하게 처리할 시스템을 제안한다. 그 방법은 '포켓 서버' 방식이다. 쉽게 설명하면, 손오공이 머리털을 뽑아서 여러 명의 분신을 만드는 것처럼 작은 포켓 서버들이 탄생되어 앱 링크 시스템을 관리하게 하는 것이다.

가상국가를 기획하면서 필자는 그 비즈니스와 사업을 유지하기 위한 시스템이 어떻게 구축되어야 하는가를 고민했다. 기존의 사업 구조가 아니기에 시스템이 달라야 한다는 것을 느꼈다. 또 하나 고려할 짐은, 관리 인원의 최소화이다. 그리고 지능형 관리 시스템이어야 한다. 이런 생각을 할 때, 비용을 고려하지 않을 수가 없다. 우리는 엄청난 자본이 뒷받침되어 있는 게 아니라 소시민이 힘을 합쳐 가상국가를 이루려는 것이기에, 비용이 적게 들면서 보안이 확실하고 성능은 뛰어난 방법을 찾을 수밖에 없다. 본 알고리즘은 이 책 뒤의 기술편에서 자세히 설명한다.

콘텐츠 배포란 대한민국의 드라마/영화를 세계적으로 배포하는 것이다. 이 부분은 완결하지 못했다. 드라마 <마이

샵>은 탑재되기 힘들 것으로 본다. 필자가 구속되면서 드라마 <마이샵>은 OTT에 판매하는 걸로 결정했다고 들었다.

이 책이 출간되면 다시 힘을 모아 '국민 참여, 국민 수익'의 힘으로 드라마/영화를 제작하고 콘텐츠 배포 사업이 시행되기를 소망한다. 시간을 앞당기는 방법으로 한국 드라마/영화 중 과거에 제작된 영화와 드라마를 저가에 매입하여 콘텐츠 앱에 탑재하면 빠르게 시작할 수 있을 것으로 생각한다.

콘텐츠 배포는 두 개의 방향으로 수익 모델을 만들 수 있다. 첫째는 드라마/영화 사이에 광고를 넣어 광고비를 받는 방법과 영화/드라마를 유료 서비스로 제공하는 방법이다. 이것은 선택할 수 있게 하여야 한다. 콘텐츠에 따라 그리고 나라 별로 비즈니스 모델이 다르기 때문이다. 처음에는 각국 나라의 화폐를 받는다. 그러나 중기에서부터 각국 나라 화폐와 모두코인을 혼용하도록 한다.

영화 편집 및 CG 편집 용역은 전에 설명한 콘텐츠 편집 용역 수주 사업과 연계된다. 사실, 이 사업은 영상 공학 기술이 매우 중요하다. 필자가 지금 구속된 상태라 직접 개발할 수 없어서 안타까움이 정말 크다. 평생 구속시켜도 좋으니 컴퓨터만 주었으면 하는 간절함이 있다. 허나 대한국인 안에는 정말 뛰어난 영상 공학 전문가들이 있다. 그분들이 힘을 합친다면 영화/CG 편집 및 자동화 시스템 개발은 어렵지 않다고 생각한다. 이 사업은 가상국가를 확대할 대상 국가와 관계없다. 초기에 가상국가를 확대할 대상 국가는 개발 도상국가 또는 경제적 후진국이다. 편집 수주 용역은 선진국에서 더 많은 용역을 수주할 수 있다.

마이샵은 이 책에서 설명하는 온라인 네트워크 마케팅을 이야기한다. 이 사업은 각국의 환경에 맞게 변형시켜야 한다. 어느 국가는 네트워크 마케팅이 합법일 것이고, 어느 국가는 금지할 수도 있다. 금지된 국가에서는 다른 방법으로 마이샵을 운영해야 한다.

1단계 사업에서 마이샵이 많이 크기를 소망한다. 4개의 사업 중 가장 주력 사업에 해당된다. 이유는 이 사업은 사람이 연결되기 때문이다. 우리는 기업을 운영하고자 하는 것이 아니라 국가를 만들고자 하는 것이다. 국가는 수익보다도 연결된 사람의 수가 곧 경쟁력이다.

§ 앱 배포 비즈니스

한국도 아니고 세계에 앱을 만들었다고 해서 사용자가 바로 늘어나지는 않는다. 매일 수많은 앱들이 쏟아져 나오고 있다. 결국 앱이 만들어지면 홍보는 필수이다.

가상국가를 시작하기 이전에 준비 단계에서 전 세계의 한인 사회와 연결하기를 제안하였다. 앱을 개발하면 해당 국가의 한인 사회에 앱을 홍보한다. 그리고 해당 앱에 관심있는 사람들을 연결한다. 가상국가 공간에 새로운 앱을 홍보하면서 동시에 각국의 한인 사회에서도 해당 앱을 홍보할 수 있도록 독려한다.

아날로그 시대이든 디지털 시대이든 사람을 통한 전파라는 핵심은 같다. 모든 내용은 사람이 사람을 통해서 전파된다. 다만 도구가 발전할 뿐이다. 직접 만나서 전하던 내용이 편지로, 전화로, 스마트폰으로, 그리고 지금은 메신저로 변했을 뿐이다. 도구는 변하지만 내용을 전하는 주체는 사람이다. 사람이 전하지 않는 사회는 인간 사회가 아니지 않을까? 모든 것을 AI가 자동으로 전하는 사회가 과연 오래 갈 수 있을지 의문이다.

우리는 앱이 만들어지면 전통 방식의 영업에 도구를 결합하는 방법을 권장한다. 사람이 직접 홍보하지만 가상 사회를 이용하는 것이다. 콘텐츠 앱 중간 중간에 앱 홍보 동영상을 끼워넣기도 하고, 개인 방송을 열어 앱을 홍보하도록 해도 좋을 것이다. 성공한 앱과 관계형 연결을 맺는 것도 매우 좋은 방법이다. 등산 가이드 앱이 성공한다면, 등산용품 쇼핑 앱과 연결시키면 해당 앱도 사용자가 증폭할 수 있다.

전문인 그룹 앱을 활성화하라

필자가 제안하는 앱 제작 배포 사업에서 중요한 것은 사용자 그룹이다. 정말 좋은 방법은 전문가들만 모여 있는 앱을 만드는 것이다. 그렇게 하기 위해 전문가가 앱을 만들기를 권장한다. 예를 들어 '카메라 작가들의 모임 앱'을 세계적인 카메라 감독이 만들면, 세계의 많은 카메라 감독들이 참여할 것이다. 이런 전략으로 많은 앱을 배포하였으면 한다. 전문가들은 시간이 없어 앱을 만들고 운영하기 힘들 수 있다. 그러면 청년 사업가가 전문가와 연결되면 된다. 이런 방식으로 앱 자동화 배포 사업을 활성화시켜야 한다.
"궁하면 통한다."
많은 사람들이 "될 수 있다."보다 "그게 쉬운 게 아냐."라는 말을 많이 한다. 비관론에서는 그 어떤 새로운 창조도 나타나지 않는다. 지금 우리는 위기의 시대를 살아가고 있다. 필자는 이미 황혼을 바라보고 있으나, 지금 시대의 20대들은 더욱 큰 위기의 시대를 겪을 것이다. 그렇기에 비관보다는 긍정으로, 도전의 마음으로 임해야 한다.

§ 콘텐츠 배포 사업 육성

콘텐츠 배포에서 질이 우선인가, 양이 우선인가? 여기에 정답은 없다. 좋은 영화, 재미있는 영화가 많으면 OTT 사업이 성공한다. 어떤 영화가 재미있는가? 이 부분에도 정답이 없다. 거대 자금을 투입하여 만들어진 대작도 사람들이 많이 보지 않은 경우가 있고, 저예산 영화인데도 대박나는 경우도 있다.

결국 우리는 최선을 다해서 많은 영화/드라마를 유치하여 우리의 앱에서 방영할 수 있게 해야 한다. 처음에는 투자와 희생이 필요하다. 앱이 만들어지고 영화가 있다고 해서 이용자가 급속히 늘어나지는 않는다. 결국 홍보가 필요하고 사람들이 우리 앱을 알게 될 때까지 기다리는 시간이 필요하다. 또한 자체적으로 영화를 제작하고 그 영화를 우리 앱에서만 방영하는 방법도 적극적으로 개발해야 한다.

'국민 참여, 국민 수익' 전략이 무기가 될 수 있다. 100만 국민이 10만 원을 투자하면 1000억이 모이고, 그 돈으로 영화/드라마를 몇 편이나 만들 수 있다.

국민의 적은 돈이 모여 큰 힘을 발휘할 것으로 본다. 투자라기보다 기금에 가깝다. 그러나 기금과는 성격이 다르다. 콘텐츠 사업이 성공하면 이익이 생긴다. 그 이익은 국민에게 돌려주어야 한다. 그렇게 해야 투명한 운영을 할 수 있는 것이다.

전문인 육성은 콘텐츠 사업 성공의 큰 축이다. 영화/드라마를 제작하는 데도 전문인이 필요하다. 또한 배포에도 전문인이 필요하다. 어떤 콘텐츠를 유료로 할 것인지, 무료로 할 것인지 전략적으로 정하고 광고를 삽입하는 부분 등도 전문성이 필요하다. 또한 수익에 대한 정확한 계산도 해야 한다. 유료 고정 회원이 있고, 영화별 구독이 있을 수 있다. 무료 영화에 광고를 연결하면 광고 수익도 발생한다. 드라마/영화 안에 등장하는 특정 상품을 마이샵에 연결할 수도 있다. 가상국가에서의 핵심 성장 동력은 콘텐츠 사업이다. 가상국가가 아니더라도 대한민국의 미래 먹거리는 콘텐츠 사업이 최적이다. 그렇기에 콘텐츠 사업 분야의 전문인을 육성해야 한다. 필자는 말하고자 하는 것은 영화/드라마 제작 분야가 아니라 사업 경영 부문이다. 영화/드라마를 보는 고객의 연령과 나이, 성별, 직업 등을 분석하여 영화의 흐름을 만들거나 배치하는 등 사업의 연계 확장 경영에 대한 다양한 각도에서의 연구가 필요하고, 이에 맞는 전문인 육성이 필요하다. 가상국가의 2단계에서 교육 기관 육성 항목이 있다. 이 교육 기관의 전공에 콘텐츠 융합 경영학과 같은 전문인 육성 학과를 만들고 교육하여, 청년들을 전문인으로 육성하는 것도 좋은 방법이다.

각국의 민족의 문화와 풍습이 다르다. 그리고 그들이 좋아하는 부분들도 다르다. 문화를 바꾸기보다 그 문화에 적응 가능한 콘텐츠를 해당 국가에서 많이 볼 수 있게 시스템을 만드는 것도 정말 중요하다. 국민성이 유순하며 평화를 좋아하는 국가가 있다고 가정하자. 그런 국가의 국민에게 전쟁과 폭력이 난무하는 영화를 자꾸 보도록 하면 기존의 국민 정서와 문화적 충돌이 일어날 것이다. 전쟁과 싸움이 많은 민족에게 평화적인 내용의 영화를 자주 보게 하여 좋은 쪽으로 변화되도록 이끄는 것은 좋은 일이다. 그러나 대부분의 경우, 맞지 않는 정서의 콘텐츠를 노출시켜 문화적 충돌이 일어나게 하는 것이 과연 옳은 일일까 묻고 싶다.

콘텐츠 사업은 문화
– 감각만 자극하는 것은 분명 실패한다

인간의 원초적 감각을 자극하여 인기를 끄는 드라마/영화들도 있다. 소위 막장 드라마나 폭력적이고 잔인한 영화가 인기를 끄는 현상이 그것이다. 이런 오락 영화는 상업성이 클까? 이런 영화는 단타적인 효과가 있을 수 있으나 발전이 없다. 그리고 감각을 자극시키는 영화는 그 자극의 강도를 계속적으로 높여야만 흥행이 된다.

자동차를 부수는 장면으로 흥행했다면 다음에는 비행기를 부숴야 하고, 그 다음에는 거대한 도시를 폭파해야 한다.

오락 영화의 제작비가 점점 커지고 있는 이유가 이 때문이다. 또한 이런 오락 영화는 생명력이 짧다. 과거의 명작들이 지금 다시 재편집되어 방영되는 이유를 생각해보자.

인간의 감각을 자극하는 영화보다 인간의 문화와 감정 등, 인간이 깊이 느끼고자 하는 본연을 살려내는 영화/드라마를 육성하는 것이 콘텐츠 사업이 장기간 세계 시장에서 발전하는 길이라고 생각한다. 우리의 콘텐츠 앱은 감각 추구가 아닌 감성과 문화 창조의 역할을 한다는 것을 모토로 할 때, 그 기업은 세계인의 사랑을 받을 것이다.

디즈니는 세계인의 마음에 그 브랜드만으로 동화적인 이미지를 불러일으킨다. 그런데 그런 디즈니가 OTT를 내고 그 안에 범죄물과 폭력물 콘텐츠를 방영한다? 이게 과연 발전일까? 필자는 그 부분에 의문이 크다. OTT는 성공할 수 있으나 우리의 마음 속에 깊이 자리잡은 디즈니의 모습은 잃어버리지 않겠는가 하는 것이다.

콘텐츠 사업은 가상국가의 핵심 사업이다. 당장의 수익보다는 장기적인 포석을 두어야 한다. 그렇기에 우리의 콘텐츠의 색깔을 만들어야 한다. 그 색깔에는 인간의 본질, 사랑, 기쁨, 소망 등이 담겼으면 한다. 영화나 드라마를 보고 독자의 가슴에 잔잔한 여운이 오래 남는 그런 영화/드라마가 많이 방영되기를 소망한다.

> 필자도 드라마 대본을 만들었다. 그런데 사실 인간의 감정을 표현한 문화적인 대본은 아니다. 그냥 오락 영화이다. 사실 명작 영화나 드라마를 만드는 건 쉽지 않다. 그것을 만드는 사람들이 진정한 예술가이다. 콘텐츠 사업에 진정한 예술성을 담는 예술인들의 작품이 많이 존재하게 되기를 소망한다.

§ 콘텐츠 배포 사업 육성, 영화 편집/CG 제작 용역 수주

영화 편집과 CG 제작 기술을 축적하여 세계의 영화/콘텐츠 편집 용역을 수주하는 사업에 대해서 이견이 좀 있는 것을 안다. 영화/드라마 제작비를 아끼는 게 능사가 아니기 때문이다. 그래서 세계적인 수주에 비관적인 견해가 있다. 또한 영화 편집은 감독이 옆에서 보면서 함께 해야 하는 작업이 많은데, 외국에 있는 감독과 이런 협업이 가능하겠는가 의문이 있다.

이 문제를 해결하는 키는 기술이다. 이 분야의 기술을 육성하고 발전시켜야 한다. 매우 복잡한 최첨단의 고난이도 기술은 아니다. 해당 분야의 박사급과 석사급이 힘을 합하

면 충분히 가능하다.

필자는 영화/드라마 기술을 육성하기 위한 기술 연구소를 설립하고 연구진을 확보하는 게 최상의 방법이라고 생각한다. 본 사업은 연구소의 기술이 발전하면 그에 따른 수익이 커진다. 외국에 있는 감독과 실시간으로 소통하며 편집할 수 있는 시스템이 개발된다면 우리의 편집 시스템을 의지할 감독들이 늘어날 것이다.

과거에는 밥을 지을 때 쌀을 씻고 물을 적당량 넣고 밥 짓는 내내 불의 온도를 조절하는 모든 과정을 밥 짓는 사람에 의존해야 했다. 그러나 이제는 쌀을 씻고 물을 넣고 버튼만 클릭하고 기다리면 밥이 잘 된다. 이제 대부분 전기 밥솥이 알아서 밥을 만든다.

감독이 편집을 사람의 수작업에 맡겨 저음부터 끝까지 힘께 할 수도 있겠다. 그러나 오늘날 전기밥솥이 밥을 짓듯 편리한 편집 시스템을 사용하게 되면 어떨까? 촬영된 데이터를 넣고 원하는 옵션을 선택하고 버튼을 누르고 일정 기간을 기다리면 데이터가 편집되어 나오는 것이다. 그렇게 되면 세계의 감독들은 우리의 시스템을 의존하게 될 것이라고 기대한다. 이렇게 만들어내는 것이 기술이다. 영상공학과 컴퓨터 그래픽스는 어려운 기술이 아니다. 우리 프로그래머는 이런 기술에 대해 큰 노동력이 요구되는 기술이라고 말한다. 모든 내용을 따로 따로 모듈 프로그래밍해야 하기 때문이다. 코딩할 내용이 매우 많다는 뜻이다. 그렇기에 기술 연구소를 만들어야 한다는 것이다.

영화 CG 제작 또한 기술 사업이다. 이 부분은 다양한 CG 모듈을 프로그래밍해야 한다. 최소 1000개 이상의 모듈 시스템이 있어야 한다. 그리고 각 모듈에 해당하는 모델링을 해야 한다. 이 모든 일을 전문 기술자가 만들어야 하는 것이다. 그래서 기술 연구소를 만들고 기술을 개발해야 한다.

이미 미국 등 선진국에서 많은 기술을 가지고 있을 텐데

영상공학과 CG기술 분야에서 미국과 유럽이 앞서나가는 것은 사실이다. 다시 설명하지만 이 기술은 고난이도가 아니다. 어느 정도의 지식이 있는 자의 노가다 코딩에 좌우된다. 필자가 판단할 때 미국의 개발 방법과 필자가 제안하는 방법은 다르다. 미국은 완전한 만능 패키지를 만들어 판매한다. 필자는 영화/드라마에 특화된 전문 프로그램을 제안하는 것이다. 즉, 미국에서 생산하는 소프트웨어는 영상에 대한 모든 작업이 가능하도록 매우 많은 기능과 항목을 넣었다. 그러나 필자가 제안하는 것은 오로지 영화/드라마 제작에 타겟을 둔 것이다.

> 그리고 우리는 플랫폼이 분산되어 있는 형태이다. 이런 형태는 기존의 영상 제작 소프트웨어에서는 적용되기 힘들다. 기존의 영상 제작 소프트웨어가 일반 자동차라면, 우리는 크레인이 탑재된 자동차인 것이다. 용도와 방향이 다르다. 그렇기에 경쟁이 가능하다. 그리고 필자가 수없이 이야기하지만, 자랑스런 대한국인은 매우 똑똑하며 지혜롭다. 동기와 자긍심을 주고, 세계 시장을 석권하고자 목표한다면 분명 뛰어난 기술이 만들어지고 그로 인해 편집 용역/CG 용역 사업은 성공할 것으로 확신한다.

§ 마이샵으로 특화된 세계 시장 구축

한국 중소기업 제품이 세계 시장에 진출하기 위한 다리가 마이샵이다. 이미 마이샵에 대한 설명은 충분히 많이 했다고 생각한다. 마이샵은 기존의 쇼핑몰과 다른 차별성이 있다. 또 하나, 수출을 담보로 하는 모두코인의 가치를 만들어 낸다.

수출을 담보로 모두코인의 가치를 상승시키는 부분에 대해서 이미 앞에서 자세히 설명하였다. 중요한 것은 물물교환을 자동화에 결합하고 거기에 화폐를 연결하였다는 것이다. 돈은 물물교환을 편하게 하기 위해 탄생된 것이 원래의 목적이다. 그래서 돈은 담보성이 있어야 하는 것이다. 이자를 담보로 하여 인간이 일을 하게 하는 지금의 돈은 그렇지 않다. 따라서 이제 진정한 화폐가 탄생되어야 하는 것이다. 그것이 모두코인이라고 단정할 수는 없다. 단, 돈은 물건을 편리하게 유통하고자 탄생되었던 목적에 맞게 변화되어야 한다고 생각한다. 마이샵은 물건을 판매하면서 그 수익으로 다른 물건을 구매하는 플로우를 만들고, 거기에 모두코인을 결합시킨 형태이다.

<그림2>는 마이샵과 모두코인이 연결되면서 세계의 자원과 상품이 교환되는 예를 보여준다. A국가에서 신발 100

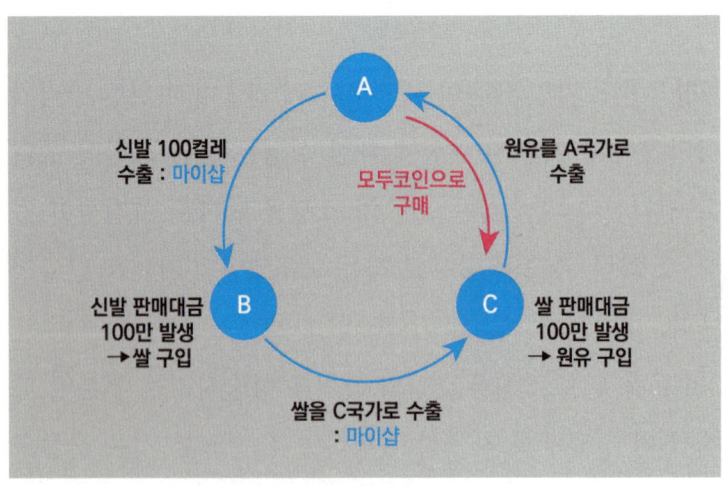

〈그림2〉 마이샵과 모두코인 연결

켤레를 B국가의 마이샵에 올린다. 그렇게 하여 B국가 화폐와 모두코인을 받고 신발을 판매한다. 이때 B국가에는 신발을 판매한 대금이 B국가 화폐와 모두코인으로 남게 된다. 이 돈으로 B국가에서 쌀을 사서 C국가 마이샵에 올려놓는다. 그리고 쌀이 팔리면 판매 대금으로 원유를 구입한다. 그리고 그 원유는 A국가에서 모두코인으로 구매하게 한다.

실제로 보면 A국가의 신발, B국가의 쌀, C국가의 원유를 물물교환한 것이다. 이런 거래의 보장을 위해 해당 국가의 화폐와 모두코인을 겸용으로 사용하게 한 것이다. 기존의 무역은 대금을 기축 통화 달러로 받는다. 여기에 달러가 이동하면서 거래와 상관없는 수수료가 발생되고, 보유한 달러가 적으면 해당 국가의 화폐 가치가 떨어진다. 이것은 모순이라고 생각한다. 그 나라의 화폐 가치는 그 나라의 자원과 상품 생산력에 기반해야 한다.

마이샵은 네트워크 마케팅이면서 세계 무역의 균형을 잡아주는 시스템이다. 이 마이샵은 글로벌 영역과 로컬 영역으로 나뉘어서 운영되어야 한다.

마이샵이 연결된 국가는 서로 필요한 자원과 제품을 교환할 수 있다. 그것도 달러 없이 가능하다. 이런 연결이 매우 복잡하게 일어나도 모두함께의 기술은 그것을 모두 커버할 수 있다. 기축 통화가 없어도 무역이 가능한 것이 더 좋은 교역 시스템이다. 그 기반을 마이샵이 만들어낼 수 있다.

앞에서 마이샵을 통해 한국의 중소기업 제품을 세계로 수출하고자 한다고 이야기했다. 그것은 1차 목적이다. 그리고 쓸 만한 좋은 제품이 있어야 쇼핑몰이 성공할 수 있다. 대한민국 강소기업의 제품으로 그 부분을 담당하게 한다. 그렇게 하여 여러 국가에 네트워크 마케팅이 활성화되면 여기 연결된 국민이 늘어난다.

1단계 사업에서 우리가 꼭 주력해야 할 사업이 마이샵이다. 우선 정말 경쟁력 있는 제품을 선택하고, 그 제품의 성능을 국내에서 검증받아야 한다. 그리고 그 제품으로 15개국에 마이샵 시스템을 런칭한다. 15개국은 가능하면 네트워크 마케팅이 허가되는 국가를 선택하기를 권장한다. 마이샵을 통해 연결된 국민들에게 수익이 돌아가게 하고 가상국가를 홍보한다. 그리고 가상국가의 시민이 되면 마이샵에 자기 제품을 올릴 수 있게 한다. 이런 방법으로 마이샵과 연결된 여러 나라가 마이샵 안에서 물물교환이 가능하게 하는 것이다.

이 방법이 세계의 여러 나라가 공평한 거래를 하는 길이라고 생각한다. 본 시스템을 가장 싫어하는 국가는 미국일 수도 있다. 달러 없이 교역이 가능한 영역이 탄생하기 때문이다. 그러나 미국인들은 싫어하지 않을 것이다. 이 방법을 이용하면 미국의 농산물이 제 값을 받기 때문이다. 그러면 미국이 싫어하는 게 맞는 것인가? 미국의 주인은 미국인이다. 미국을 움직이는 기득권자들이 아니다. 미국인들이 싫어하지 않는다는 것은 미국이 싫어하지 않는 것이다.

미국을 움직이고자 한다면 정치인들과 협상하는 게 아니라 미국인에게 진실을 알려야 한다. 지금은 수억의 미국인들에게 진실을 알릴 수 있는 통로가 충분히 존재하는 시대이다. 세상이 바뀌기에 강대국의 음모론을 걱정할 필요가 없다. 물론 가상국가를 건설한다는 건 쉬운 일이 아니다. 많은 고난과 어려움이 있는 것도 사실이다. 그런 어려움 또한 극복할 수 있다 생각한다.

§ 세계인을 위한 철학

이 부분은 필수이나 안타깝게도 필자에게는 없다. 본책을 읽고 모두함께와 함께 하고자 하는 훌륭한 리더자가 만들어내기를 소망한다.

필자는 사실 대한국인이 우선이다. 자국민을 사랑하는 마음이 크면 타국민도 중한 것을 안다. 그래서 세계인도 당연히 존중해야 한다.

그렇기에 세계인을 위한 철학이 존재하여야 한다고 생각

한다. 철학은 그냥 만들어지지 않는다. 간절함이 있어야 한다. 그 간절함에서 철학이 나오고, 그 철학을 기반으로 대의와 실천 사항이 나와야 한다. 그것이 있어야만 세계인을 이끌고 함께 할 수가 있다. 마이샵 사업이 성공하고 콘텐츠 사업으로 문화가 결합되어 세계인들이 엮어졌다 해도, 이익 관계로만 세계인을 하나의 국가로 묶기는 정말 힘들다. 강하고 진실되고 세계인이 공감할 진정한 철학이 만들어져야 한다. 그 철학이 정말 커야 한다.

세계인이 함께 할 철학은 종교에 가까울수록 좋다. 그러나! 지금 세계는 서로 다른 종교로 나뉘어 전쟁까지 일어나곤 한다. 그렇기에 특정 종교를 선택하는 것도 위험하다.

필자는 가상국가 1단계까지 이끌고 물러나려 하였다. 거기가 나의 한계이기 때문이다. 그런데 가상국가 소개도 못하고 물러나게 됐으니 아쉬움도 있다. 이 책이 나온다면 내가 할 수 있는 일은 다 했다고 생각한다.

필자가 구속되지 않았다고 해도 세계인을 위한 철학을 만들 사람은 필자가 아니다. 더 뛰어난 다른 사람이어야 한다고 생각한다. 그런데 그런 사람을 찾는 것도 쉬운 일이 아니다. 아마 가상국가 1단계에서 가장 힘든 일일 것이다.

세계인을 묶을 철학은 정말 존재하기가 힘들다. 그 이유는 언제나 창과 방패의 개념이 있기 때문이다. 그래서 나라간의 연합이 더욱 중요하다고 생각한다. 각 나라가 종교적 문제에서 민감하지 않아야 한다. 만약 15개국이 연결됐다면, 이 각국은 종교 분쟁으로 적대시하는 관계가 아니어야 한다. 서로 다른 종교를 가지고 있다고 해도 종교적 문제로 충돌이 없는 국가들을 최우선으로 선택해야 한다.

그리고 초기에는 같은 문화권이 좋다고 생각한다. 그래서 처음 가상국가의 대상 국가는 아시아권에서 선택하기를 권고한다.

그렇게 연합이 되었다 해도 그 모든 국가에 맞는 철학을 세우는 것은 필자가 생각하기에 엄청난 일이다. 어쩌면 철학을 만들 수 없을 수도 있다. 이유는 철학이 동일하게 세계인을 위한 것이어야 하는데, 특정 파트에서만 동의가 된다면 가상국가 안에서 분란이 발생하기 때문이다. 필지의 생각에 미국은 하나의 통합된 철학이 없는 국가이다. 미국은 그들이 민주주의와 자유 수호라는 철학을 가졌다고 이야기한다. 합치하는 철학이 없기에 모든 사람을 인정하고 개인의 자유를 최대한 보장하려 한 것이다. 이로써 수많은 민족을 묶을 수 있었다. 미국도 처음에는 종교를 건국 철학으로 삼았다. 그것이 개신교와 천주교이다. 그리고 그 힘으로 유럽인을 리더로 하여 미국이라는 큰 나라를 성장시켰다.

아시아는 같은 문화권이나, 여러 종교가 탄생한 지역이다.

따라서 종교로 통합하기는 힘들다. 그래서 이 부분은 숙제로 두고 싶다. 꼭 해결해야 할 숙제이다.

먼저 최초로 연결되는 15개국의 (그 이상도 상관없음) 나라를 보고, 각국의 리더자들이 힘을 모아 철학을 세우는 것도 옳은 방법이라고 생각한다.

가상국가는 왕국일 수도 있다

필자가 생각하기에 가상국가는 1국이 아니라 10국 이상 만들어지지 않을까 싶다. 모두함께에서 만드는 가상국가는 국민이 주인이 되게 하였다. 물론 국민에게 계급을 주어 평등하지 않으나, 주권은 국민에게 있다.

그러나 다른 가상국가는 왕국이 될 가능성이 크다. 이유는 가상국가를 만들고자 하는 자가 자기가 가진 모든 자본을 투자할 것이고, 그러면 바로 그 창업자가 왕이 될 수 있기 때문이다. 그런데 그 왕국은 종교에 따라 나누어질 것으로 본다. 천주교, 기독교, 이슬람교, 힌두교, 불교 등을 기반으로 왕국이 탄생될 것이다. 종교를 기반으로 하면 건국 철학 문제가 간단히 해결된다. 철학보다 높은 것이 종교이기 때문이다. 사실 생리학적으로 민주주의는 맞지 않는 개념이다. 지구상의 동물은 모두 피라미드형의 계층 구조를 이루기 때문이다. 이것은 필자의 생각이지만, 어쩌면 인간도

> 계급 구조를 가질 때 사회가 보다 더 안정적이지 않을까 생각한다. 그렇기에 왕국이 세워진다면 더 오래 유지될 수도 있다.
> 그런데 왜 모두함께 가상국가는 계급이 있되 왕은 없는가? 그 부분에 대답하자면, 모두함께 가상국가의 왕은 신이기 때문이다. 이 우주를 창조한 창조주를 왕으로 모시는 것이다. 이게 성공할지 실패할지는 필자도 모른다. 인간의 조직은 왕이 필요하고, 인간을 왕으로 두면 독재의 위험이 있으므로 그것을 막고자 하나님을 왕의 자리에 모신 것이다. 필자는 분명히 말한다. 여기서 하나님은 종교를 떠나 이 우주를 창조한 창조주를 가리키는 일반 대명사이다.

§ 가상국가의 계급 사회

필자의 소망은 대한민국이 모두함께가 추구하는 가상국가의 주인이 되는 것이다. 모두함께의 가상국가는 계급 사회이며, 계급 사회로 운영될 수밖에 없다고 설명하였다.

상위 계급은 대한국인이고, 그 아래가 외국인이 될 것이다. 이것에 대해 불평등하다고 볼 수도 있다. 현실 세계에서는 그렇게 볼 수 있으나, 가상 세계는 좀 다르다. 이유가 무엇일까? 가상 세계에서 주된 것은 서비스이다. 그 서비스가 계급에 따라 다르게 제공되는 것에 세계인은 거부감이 없다. 공항에서 비즈니스 좌석을 구입한 사람과 이코노미 좌석을 구입한 사람에게 항공사가 제공하는 서비스는 다르다. 그러나 그들의 인권은 공통적으로 존중받는다. 이와 같다. 이것을 필자는 계급 사회라고 말하는 것이다.

§ 한인 사회의 대한국인을 먼저 이끌어야 한다

15개국 정도의 연결 국가를 정했다면, 그 국가의 한인 사회를 먼저 연결해야 한다는 이야기를 이미 했다. 모두함께의 가상국가는 대한국인이 리더하는 국가로 만들고자 하는 게 필자의 소망이며 꿈이다. 그렇기에 대한국인을 먼저 뭉쳐야 한다. 그 다음에 각국의 리더자를 연결시켜야 한다.

한인 사회에서 최초 리더자 그룹을 만들고, 그분들이 해당 지역의 국가 대표장, 국가 중대표장, 국가 소대표장이 된다.

한인 사회에서 과연 모두함께의 가상국가 건설에 동참할 것인지 의문인 분들도 있을 것이다. 필자가 이 책을 쓰는 목적 중 하나가 바로 한인 사회에 우리의 뜻을 알리기 위해서이다. 본책의 내용을 허황되다고 여길 수 있으나, 자세히 보면 정확하고 체계적인 점을 확인할 수 있다. 분명 이 책을 통해 뜻을 함께 하는 한인 사회의 대한국인이 존재할 것으로 믿는다.

대한국인이 상위 계급을 차지하면 외국인들이 불만을 가지지 않을까 생각할 수도 있다. 그것은 현실 국가일 때의 생각이다. 가상국가는 서비스 기반이며, 계급마다 서비스의 차이가 있는 것 뿐이다. 만약 가상국가의 한국인과 외국인이 오프라인에서 모인다면 거기서는 불평등이 있을 수 없다. 그리고 우리가 알아야 할 것은, 불평등해서 국민이 분노하는 것이 아니다. 기득권자가 여러 혜택을 누린다고 분노하는 게 아니다. 국민은 살기 너무 힘들고 고통받기 때문에 분노하는 것이다. 가상국가의 많은 국민들이 먹고 사는 데 어려움이 없다면 상위 계급이 한국인이라는 데 아무 불만이 없다.

§ 외국인의 시민에서 국가 대표장까지

대한국인은 소지역 대표장에서 진급하여 지역 대표장까지 올라갈 수 있다. 외국인도 가상국가에서 같은 단계로 진급 가능하다.

제일 먼저 해당 국가의 한인 사회를 리더자로 만든 후에,

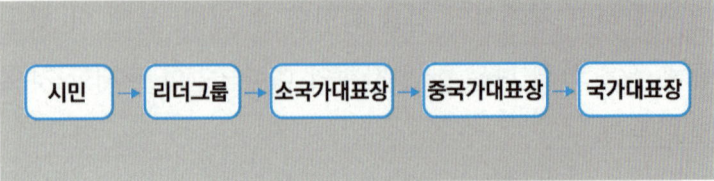

〈그림2〉 가상국가에서 외국인 인사관리

리더자 하부에 해당 국가의 국민을 시민으로 둔다. 그리고 최초 계급인 시민에서부터 교육을 통해 리더자 그룹으로 진급시키고, 리더 그룹에서 능력있는 사람들은 소국가 대표장으로 임명하여 점차 중국가 대표장, 국가 대표장으로 진급시킨다. 각국의 가상국가 운영진은 중국가 대표장과 국가 대표장이다. 이분들이 각 국가의 시민들을 인도하고 교육할 것이다.

- 리더 그룹

각국의 국민이 우리 가상국가 시민이 되고자 한다면 장벽은 높지 않다. 그러나 시민이 갖는 서비스 권한 또한 그다지 크지 않다. 마이샵의 판매자가 되는 것 외에 다른 권한이나 서비스가 없다. 누릴 수 있는 서비스는 계급이 올라가면서 확대된다. 리더 그룹은 앱 홍보 권한을 받고 앱의 수익이 커지면 해당 수익을 공유할 수 있다. 또한 마이샵의 하부 마이샵을 유치하는 권한이 부여된다.

가상국가는 탄생에 의해 결정되는 운명적 국가가 아니라 선택의 국가이다. 그렇기에 국가에 대한 마음을 심어줘야 한다. 즉, 애국심을 만들어야 한다. 애국심을 만들기 위해 교육이 필요하다. 이 교육 중 기본 교육을 이수한 자들이 리더 그룹이다.

....

리더 그룹을 포함하여 소·중·국가 대표장의 체계적인 교육이 절대적으로 필요하다. 이 교육이 준비되지 않으면 각국의 국민을 가상국가의 시민으로 둘 수가 없다. 그래서 한인 사회가 먼저 가입되어 교육 시스템을 만들어야 한다.

가장 기초적인 가상국가의 개념과 가상국가의 시민이 되면 얻는 것들을 교육받는 첫 레벨이 리더 그룹이다. 시민으로 가입한 외국인은 단순한 회원으로 보는 것이 옳다. 문턱은 낮게 하여 많은 국민이 가상국가에 들어오게 하여야 한다. 그리고 그 지원자들에게 가상국가의 기능과 향후 얻게 될 이익, 그리고 미래를 설명하면서 함께 할 사람들을 리더 그룹으로 만드는 것이다.

외국에 리더 그룹으로 가입하는 사람이 많을까요?

외국인에게 가상국가에 대해 설명하면 과연 많이 참여할

것인지에 대해서는 비관적인 견해를 가진 사람이 많다. 그러나 지금 세계의 많은 서민들이 힘들고 고통받는 가운데 있다. 민주주의와 함께 자본주의에 의해 부의 양극화 현상이 세계적으로 심화되고 있기 때문이다.

민주주의 국가의 주권은 국민에게 있으나, 실질적으로 국민들은 무력한 구성원으로서 자본주의 사회의 부작용에 시달린다. 그들에게 정확한 희망을 주면 필자는 분명 많은 사람들이 가상국가에 참여할 것이라고 생각한다. 오히려 너무 많은 사람들이 참여할까 봐 두렵기도 하다.

§ 소국가 대표장의 업무

가상국가에 일정 회원을 유치시키면 소국가 대표장이 되는 자격을 얻을 수 있다. 몇 명을 가상국가 회원으로 유치시키면 되는가는 각 국가의 상황에 따라 다르게 적용된다.

소국가 대표장이 되면 가상국가가 배포하는 앱 사업에 참여하여 이익을 공유할 수 있다. 그리고 콘텐츠 배포 사업에서 홍보 위원으로 활동하면서 조회수를 높이면 그에 해당하는 수당을 받을 수 있다. 또한 마이샵에서 자신이 루트(최상단 계정)를 가지고 하부에 여러 개의 마이샵을 둘 수 있다.

소국가 대표장이 되면 가상국가가 제공하는 사업을 통해서 수익을 창출할 수 있다. 여기서 소국가 대표장이 작은 돈이라도 수익을 얻도록 만들어야 한다. 그렇게 되면 리더 그룹들이 가상국가를 위해 열심히 일해서 소국가 대표장이 되고자 할 것이다.

초기 때 소지역 대표장은 얻는 게 없는데...

지금까지의 설명을 보면 외국 국가에서 가상국가로 들어오는 소국가 대표장은 많은 수익을 얻을 기회가 생긴다. 헌데 초기의 모두함께 국민운동 때의 국내 소지역 대표장은 이런 수익의 기회를 받지 못했다. 어쩌면 불만이 있을 수도 있겠다. 대신 소지역 대표장에게는 교육이나 사업에 참여하면 모두코인을 주었다.

대표장들과 함께 5년을 노력하여 모두함께를 키웠다. 그리고 이게 발전하여 세계로 나간다는 것은 수익을 낼 수 있는 기반을 만들었다는 것이다. 그래서 가상국가는 계급 사회가 되고, 그 계급의 상부가 대한국인이 되는 것이다.

가상국가는 건설될 것이다. 가상국가가 건설되면 가장 큰 수혜자는 누구인가? 바로 초기에서부터 모두함께를 이룩한 소지역 대표장, 중지역 대표장, 지역 대표장들이다.

소국가 대표장이 매우 많아야 한다. 소국가 대표장은 철저하게 교육과 관리를 받아야 한다. 필요하다면 소국가 대표장에게 지식 교육과 한국어 교육도 해야 한다.

AI의 발전으로 서로 다른 언어를 사용해도 실시간 자동 통역으로 대화를 나눌 수 있기에, 가상국가에서는 다국어 사용도 가능하다. 현실 국가에 그 나라의 언어가 있듯이, 가상국가에서도 국가 공용어를 정해야 할 것이다. 필자의 생각에는 한국어와 영어를 공용어로 정하면 좋겠다.

한국어나 영어를 몰라도 가상국가의 국민이 불이익을 당하지는 않는다. 실시간 번역기를 사용하여 소통하면 되기 때문이다.

언어는 문화와 사고의 습성을 포함한다. 주어 다음 동사가 오는가, 아니면 주어 다음 서술부가 오고 동사가 오는가 하는 구문의 형태에서 국민의 습성을 볼 수 있다.

한국어를 배운다는 것은 같은 사고를 하는 사람들이 된다는 것이다. 이것을 좀 더 발전시키면 하나의 문화가 될 수도 있다. 한국어 교육은 매우 중요하다고 생각한다.

다양한 기술 교육, 전문가 교육, 한국어 교육을 실시하면서 소국가 대표장을 최대한 많이 늘려야 한다. 본 항목 뒤에 각 국의 교육원 설립에 관한 항목이 있다.

소국가 대표장은 각국의 교육원에서 여러 교육을 받을 수 있게 하여야 한다.

"일할 수 있게 하려면 교육이 필수이다."

필자가 말하는 15개 국가가 국민에게 많은 교육을 해주는 나라들일까? 어떤 국가는 교육열이 높을 수도 있고, 어떤 국가는 낮을 수도 있다. 그렇다면 우리는 그 나라에 전문 교육이 없다고 생각하고 완전한 교육을 통해 전문인을 양성해야 한다.

그래서 각국에 교육원을 필수로 만들어야 하며, 그 교육원이 차후에 가상 대학이 되도록 발전시켜야 한다.

소지역 대표장은 가상국가의 교육원에서 일정 과목을 수료해야 중국가 대표장으로 진급할 수 있게 해야 한다.

IT 교육과 문화 교육, 경영 교육 등은 필수이다. 이렇게 일반 교육(IT 전문인으로 활동할 수 있게 하는 필수 교육)을 이수한 소국가 대표장이 많이 존재한다는 것이 곧 경쟁력이다. 그 힘이 그 나라를 발전시키고 연결하여 가상국가를 발전시킨다. 그렇게 되면 해당 국가는 우리 가상국가를 매우 긍정적으로 생각할 것이다.

가상국가는 수많은 나라에 SAFE ZONE을 두어야 하고, 이 SAFE ZONE에 거주한다는 증명서를 내면 최소 3년의 거주 비자를 받을 수 있게 되어야 한다.

소지역 대표장 교육으로 현실 국가의 경쟁력을 높여주면,

그 현실 국가에서 SAFE ZONE 건설 부분과 비자 부분에서 가상국가가 유리하도록 협조해줄 것이다.

　소국가 대표장 교육은 절대적으로 중요하다. 차후 2단계에서 가상 대학과 연결하여 지속적으로 교육의 기회를 제공하고, 그를 통해 소국가 대표장이 발전하도록 해야 한다. 필자는 분명 대한국인을 사랑하고 대한국인의 행복을 위해서 이 일을 한다고 설명했다. 그렇다고 세계인을 이용하여 대한국인만 이권을 얻게 하겠다는 것은 아니다. 모두함께이다. 대한국인이 가상국가의 리더자가 되어서 세계인을 이끌라는 이야기다. 그것이! 홍익인간이다.

　각국의 소국가 대표장 교육은 우리가 해야 할 책임이다. 그렇게 이끌고 지켜주는 마음과 행보를 보이면 각국의 소국가 대표장이 대한국인을 존경하고 함께 하고자 할 것이다. 소국가 대표장을 지역별로 나누는 일이 매우 중요하다. 같은 지역의 소국가 대표장을 묶어야 한다. 그리고 정기적으로 워크샵을 가져야 한다. 이런 행사를 운영하면서 소국가 대표장을 단합시킬 수 있다. 워크샵은 소지역 대표장들 사이에 리더십이 있는 사람을 찾을 수 있는 기회가 된다. 소국가 대표장 중에서 중국가 대표장이 선출되어야 한다. 누군가 중국가 대표장으로 승진했을 때, 다른 소국가 대표장들의 불만이 없어야 한다. 그래서 워크샵을 통해 대인관계도 확인할 필요가 있다.

§ 중국가 대표장의 업무와 인사

중국가 대표장은 소국가 대표장에서 승진시킨다. 이것은 승진이고, 투표에 의해 선출되는 것이 아니다. 만약 투표에 의해 선출하게 되면 중국가 대표장이 소국가 대표장들의 눈치를 보게 된다. 다만, 인기도 투표는 필요하다. "만약 누군가 중국가 대표장이 되어야 한다면, 누가 되면 좋겠는가?" 등의 인기도 투표로 리더십이 있는지를 확인할 수 있다.

교육 수준도 중요하다. 대학 교육을 받은 사람이면 유리하며 긍정적이다. 다만 그것이 전부는 아니다. 교육원에서 기본 교육을 필수로 이수하여야 한다. 그리고 교육 이수 성적도 참고해야 한다.

인사는 매우 중요하다. 중국가 대표장을 임명하는 업무는 한인 사회에서 선출된 지역 대표장에게 그 권한이 있을 것이다. 여기서 지역 대표장이 공정하고 정확하게 일을 한다면 큰 문제는 없다. 그것을 믿고 인사를 맡기는 것보다 더 좋은 방법은 자격 조건을 두는 것이다. 리더십 점수, 교육 이수 점수, 직무별 수행 점수 등의 점수와 인사 관리자의 평가 점수들을 결합하고 인사 관리 위원회에서 평가하는 방법을 이용하는 것을 권장한다.

　인사 관리 위원회는 대한민국의 지역 대표장들로 구성한다. 중국가 대표장의 발표 자료와 여러 점수들로 객관적으로 판단하고 결정한다. 현지의 지역 대표장이 아니기에 공정한 인사가 중요하다.

> **현지의 지역 대표장과 호흡이 맞아야 하는데…**
>
> 중국가 대표장을 관리하는 사람은 한인 사회의 지역 대표장이다. 그렇기에 지역 대표장과 중국가 대표장의 호흡이 맞아야 한다. 그런데 여기서 호흡이 너무 잘 맞으면 오히려 단합하여 가상국가의 힘을 이용해 자신들의 이익을 챙길 수도 있다. 사실 이런 문제는 큰 조직에서 자주 발생한다. 지역 대표장은 초기의 리더자이며, 후에 국가 대표장 자리가 채워지면 해외 지역 대표장은 인사 관리에서 물러나야 한다. 따라서 해외 지역 대표장들은 자신들이 선택할 중국가 대표장에 대해 자신과의 호흡보다는 업무 능력이 우선이라고 생각해야 한다.

　중국가 대표장의 역할이 매우 중요하다. 중국가 대표장은 마이샵, 콘텐츠 배보, 앱 배포 사업의 모든 업무를 지원한다. 그리고 중국가 대표장은 급여를 받는다. 실제로 대한민국의 인건비는 세계적으로 매우 높은 편이다. 우리가 목표하는 15개국의 인건비는 그다지 높지 않을 것을 기대하면서, 그 지역의 중상층 인건비 정도를 지급한다. 그렇게 되면 소국가 대표장은 중국가 대표장이 되기를 소망하고 노력할 것이다.

중국가 대표장이 그 국가의 핵심 근로자가 된다. 급여가 나가기 위해서는 해당 국가에서 중국가 대표장을 운영할 수 있는 수익이 나와야 한다. 그렇기에 중국가 대표장은 수익에 비례해서 뽑아야 한다.

중국가 대표장은 특히 남을 교육시킬 수 있는 사람이어야 한다. 가상국가의 정책과 방향 등을 중국가 대표장에게 알려주면, 중국가 대표장은 그 내용을 소국가 대표장들에게 교육해야 한다.

가상국가의 해외 리더자인 소국가 대표장, 중국가 대표장은 가능하면 그 지역에서 학력이 높은 사람들을 선택하는 것을 권장한다. 특히 중국가 대표장은 그 지역에서 리더급이거나 리더였던 사람들이 되기를 권장한다.

중국가 대표장 1명의 하부에 소국가 대표장이 50~100명 정도 배치되는 것으로 한다. 즉, 소국가 대표장이 100명이면 1명의 중국가 대표장을 뽑을 수 있다는 것이다. 그러나 100명이라는 인원수가 찼다고 바로 중국가 대표장을 뽑는 것은 옳지 못하다.

  한번에 중국가 대표장을 5명~10명 정도 뽑아야 한다. 권장 인원은 한번에 30명 정도이다. 그렇기에 3000명의 소국가 대표장이 모였을 때 30명의 중국가 대표장을 뽑는 것이 좋은 방안이다.

  중국가 대표장은 그룹화되어야 한다. 30명의 중국가 대표장이 계속 워크샵도 하고 토론도 하게 해야 한다.

  중국가 대표장이 해당 국가의 리더자 풀이다. 이들이 토론하고 기획하면서 그 지역 가상국가를 이끌어가게 해야 한다. 우리가 만드는 가상국가는 큰 틀에서는 규정이 있으나, 다양한 세부 규정까지 규제할 수는 없다. 특히 지역 사회와 연계되는 부분은 다양하게 자율적으로 할 수 있게 해야 한다. 중국가 대표장의 의견을 최대한 많이 받아들여야 한다. 그들이 자기 권한을 높이려 한다고 색안경을 끼지 말고, 왜 그 안건이 나왔는가를 면밀히 검토하고 해당 안건을 실행시킬 경우의 장단점을 분석하되, 현지 리더자의 뜻을 많이 받아들여야 하는 것이다.

  중국가 대표장이 리더하고 활동하는 가운데, 리더십 있고 경영 능력과 학식이 있는 사람들을 골라낼 수 있다. 그들 중에서 국가 대표장을 임명한다.

§ 지역 국가를 대표하는 국가 대표장

　중국가 대표장에서 능력있는 분을 선출하여 국가 대표장으로 임명한다. 이 분들은 최소 12명 이상이어야 한다. 국가 대표장은 임기는 4년으로, 중임이 가능하게 한다. 임기가 끝나면 다시 중국가 대표장의 직위를 받는다.

　국가 대표장도 선출이 아닌 임명으로 정한다. 가상국가에서 선출은 대한국인의 그룹에서만 시행한다. 혹자는 민주주의 개념으로 국민의 뜻에 따라 리더자를 뽑는 것이 옳다고 이야기할 수도 있다. 그렇기에 각 나라의 리더자도 투표로 뽑아야 한다고 할 것이다.

　필자는 묻고 싶다. 지금 대한민국의 투표 제도로 우리는 정말 능력 있는 리더자를 뽑았다고 생각하는가? 그렇다면 지금 대한민국이 이렇게 위기에 처하지 않았어야 했다.

　검증을 통해서 리더자를 뽑아야 하는데, 투표 제도를 통해서 우리는 리더자를 검증하지 못하고 선출하기에 지금의 대한민국이 되었다고 생각한다. 그나마 국민의 능력이 뛰어나서 바로 무너지지 않고 버티고 있는 것이다.

　가상국가의 힘은 많은 국가에서 가상국가 국민이 뭉치고 그 힘이 합쳐질 때 발휘된다. 15개국만 뭉쳐도 세계에서 큰 힘을 낼 수 있는 가상국가가 될 것이다.

그렇기에 국가 대표장이 매우 중요하다. 그들은 학식이 높고 능력이 뛰어나야 한다. 그리고 해당 국가에서 많은 사업을 할 수 있도록 큰 권한이 주어져야 한다.

12명 이상의 인원을 제안한 이유는, 현 대한민국의 장관과 같은 역할을 하게 하려는 뜻이다. 국토부 장관, 교육부 장관 등 12명 이상의 국가 대표장이 자신이 맡은 파트의 권한을 받고 일을 하게 하도록 한다.

- 권력과 권한을 막지 말아라

국가 대표장을 임명할 때 가장 중요한 것은 인성이다. 천성이 국민을 위하는 마음이 있어야 한다. 인성이 좋으면 그 사람의 움직임도 선하고, 많은 사람을 위해 일할 수 있다. 각국의 현실 세계와 연결되는 부분에 국가 대표장의 권력과 권한을 막지 말아야 한다. 사람들 저마다 직위가 올라가고 권한을 얻으면 하고자 하는 일이 생긴다. 그것이 야망일 수도 있다. 또한 그 힘으로 해당 지역에서 최고 리더자가 되려고 할 수도 있다. 이런 부분에 제한을 두면 안된다. 인성이 좋다는 전제 하에, 그 사람의 야망은 어쩌면 그 나라의 발전을 이끌 힘이 될 수도 있다.

"힘이 커지면 가상국가에 반항할 수도 있지 않을까?"

필자는 이것은 말이 안된다고 생각한다. 만약 모두함께가 꿈꾸는 가상국가가 왕국이라면 그럴 수 있으나, 모두함께 가상국가는 다수의 이익과 협력을 바탕으로 한다. 특히 일의 대가는 평등해야 한다. 이 부분에 대해서는 따로 설명을 하고자 한다.

국가 대표장이 가상국가에 반기를 든다면, 분명 무언가 불만사항이 있는 것이다. 그것은 해결해주면 된다. 중앙의 리더자들은 이 부분을 꼭 기억하기를 바란다. 국가 대표장의 요구는 그 지역에 국한되는 것들이다. 그리고 국가 대표장이 자국의 발전을 위해서 일을 하는 것을 막지 말아야 한다. 가상국가에 약간의 희생이 있다면 감내하고, 큰 부담이 된다면 대화와 타협을 통해서 좋은 협상 안건을 도출하여 국가 대표장이 자국을 위해 일할 수 있게 지원해야 한다.

・・・・・・・・・・・・

중앙은 국가 대표장 연합 관리 위원회를 둔다. 국가 연합 위원회라고 칭해도 된다. 그런데 '관리'라는 단어가 들어가는 이유는, 국가 대표장의 연합이 아니라 각국 국가 대표장의 운영을 관리하는 기구라는 것이다.

가상국가가 움직일 때 각국의 협력에 의해 일을 진행시키는 경우가 있다. 이때 각국의 협력사항을 지시하고 교육하고 토론하는 곳이 국가 연합 위원회이다. 각국의 국가 대표장 대표가 연합하여 회의하는 곳이 절대 아니다. 이 부분 또한 이견을 제시할 수 있다. "각국의 국가 대표장이 연합하여 회의하고 결정하는 기관이 있으면 좋지 않을까?" 필자의 생각에는 분란만 만들게 될 것이다.

각국의 이권이 있고 유리한 점들이 다르다. 한쪽에는 이권이 되는 일이, 다른 쪽에는 불리한 일이 될 수 있다. 이런 가운데 분란, 국가간의 싸움, 투쟁이 발생한다. 그렇기에 협의 기구를 만들면 오히려 단합을 무너뜨린다고 생각한다.

중앙에 각국의 담당자를 두고, 연합 관리 전문가를 위원으로 두어서 각국 현황을 파악하여 세계인에게 좀 더 나은 방향이 무엇인가 판단하여 운영해야 할 것이다.

- 15개국의 연합, 이건 말도 안되는 소리다!

본 항목을 읽어보면 최소 15개국에 국가 대표장을 임명하고, 그 국가 대표장이 해당 국가의 리더가 되게 하고 15개국의 연합으로 발전시킨다는 내용이다.

혹자는 허무맹랑한 소리라고 이야기할 수도 있다. 아무것도 없이 말만 떠든다면 분명 허무맹랑한 소리일 것이다. 어쩌면 이 일로 필자는 또 "수많은 사람들을 기망했다"는 누명을 쓰고 사기꾼으로 몰릴 수도 있을 것이다. 대한민국은 현명한 자를 받아들이기보다 짓밟는 일을 잘하기 때문이다. 에디슨이 한국에서 태어났다면 아무 일도 못했을 것이다.

정말 허무맹랑한가? 20만 명의 대표장이 있고, 시스템이 있고 기술이 있다. 그리고 가상국가의 방향으로 10년간 끝없이 달려왔고, 그 결과들이 눈앞에 있다. 제발, 대한국인이여, 깨어나라. 필자가 내 이익을 챙기지 않고 일을 하는데, 이게 어떻게 사기이고 기망인가? 20만 명의 지역 대표장은 분명 끝까지 함께 할 것이다. 내가 그들에게 마음을 주었기에, 그들 또한 나에게 마음을 줄 것이다. 그 힘이 있다. 부정적인 생각보다 긍정적인 생각이 절실하다.

필자는 구속 상태라 더 이상 이끌 수가 없다. 부디 이 책을 통해서 가상국가 건설에 도전하는 대한국인이 늘어나기를 소망한다.

§ 교육원 - 세계 각국에서 전문 교육을 시키사

소국가 대표장, 중국가 대표장, 국가 대표장은 기본 교육을 받게 해야 한다. 기본 교육은 경영 정보, 가상국가 시스템, 문화 콘텐츠, 유통 등에 관한 것이다. 가상국가는 서비스가 기반이 되고 서비스의 대부분은 유통이다. 그리고 콘텐츠와 경영이다. 이 부분에 대한 기본 교육이 되지 않으면, 국가 대표장들이 자신의 역할을 할 수가 없다.

교육원은 오프라인 학원과 온라인 학원 두 가지를 혼용하되 오프라인 학원에서도 강의는 온라인을 통해 이루어진다.

　모두함께는 LMS(Learning Management System)을 이미 가지고 있다. 모든 조직은 교육을 기반으로 발전하기 때문이다.

　강사는 세계적으로 유명한 사람이기를 소망한다. 언어는 각 나라의 언어로 자막을 만들거나 더빙을 하는 방향으로 한다. 현 시대의 교육은 거의 혁명적으로 변화되고 있다. 해당 분야에서 매우 저명한 전문가 또는 박사가 가르치는 교육을 세계인 누구나 받을 수 있게 되었다. 한번 강의를 촬영하면 그 콘텐츠가 계속적으로 사용되기 때문이다.

　경영 정보와 콘텐츠 문화, 유통 등은 해당 분야의 전문가를 섭외하여 강의를 구성한다. 가상국가 시스템에 관한 교육은 외부 전문가가 아니라, 가상국가 내부의 전문가가 강의하고 교육한다. 가상국가 시스템은 바로 모두함께가 만들고자 하는 가상국가가 어떤 것이며, 어떤 형태로 세계인에게 기여하고 어떻게 국민의 삶을 윤택하게 할 것인가 등에 대해 교육한다.

　교육이 중요하다는 이야기를 본책에서 수없이 했을 것이다. 가상국가 이전에 국민운동도 교육 없이는 이룰 수 없었다.

　가상국가가 만들어지면 가상국가의 정체성부터 철학, 사

회에의 기여, 그리고 가상국가 국민의 권리 등 다양한 부분에 대한 교육이 필요하다. 특히 가상국가 시민으로서의 자긍심을 고취시켜야 한다. 가상국가의 시민이 되면서 무언가 올라섰다고 느낄 수 있게 해주어야 한다. 그렇게 하기 위해 가상국가 시스템이란 교육이 우선되고, 이 교육을 지원하는 경영 정보, 콘텐츠 문화 교육이 이루어지는 것이다.

　배움은 안다는 것을 느끼게 하고, 알고 있다는 것은 행동을 할 수 있음을 말해준다. 세계는 가상 세계로 매우 빠르고 급격하게 발전하고 있다. 그런데 세계인은 그 변화를 알지 못한다. 그냥 바뀐 환경이 편하니까 시스템을 사용하면서 종속되어 가고 있다. 결국 최첨단 기술을 운영하는 소수의 기업이 가상 세계의 모든 권한을 가지게 될 수 있다. 그런 기술이 무엇이고, 가상 세계는 어떻게 돌아가는지 전체적인 것만 인지해도, 세계인은 많은 것을 생각할 것이다. 기득권자가 존재하는 것은 기득권자를 떠받치고 있는 사람들이 있기 때문이다. 많은 사람들이 떠받치지 않는다면, 기득권자는 존재할 수 없다. 어둠이 있어야 빛의 존재를 아는 것과 같은 것이다. 그렇기에 교육을 통해서 알려주어야 한다. 그렇게 하여 세계인이 장차 잃을 수 있는 것들을 얻게끔 해야 한다. 필자가 과거에 이런 이야기를 했다. 대한민국 국민 모두가 깨달음을 얻어 모두함께 쇼핑몰과 배달을 사용만 한다면, 대한민국 쇼핑과 배달 분야의 권력을 국민이 가져갈 수 있다 하였다. 그리고 그것을 계속 교육하고 2024년도에 국민운동으로 모두배달과 마이샵을 일으키려 하였다. 필자는 그것이 가능하다고 생각했다. 그 이유는 교육 때문이다. 지속적인 교육으로 국민이 사실을 알게 되고, 그러면 이길 수 있다고 생각했다.

필자가 제안하는 15개국은 선진국이 아닐 경우가 많을 것이다. 그러나 이미 스마트폰 사용이 활성화되고 다양한 분야의 시스템이 외국 기업에 의해서 점유된 나라일 것이다.

우리의 교육은 가상 세계의 주인은 사용자이며, 그 사용자 연합이 가장 큰 힘을 가지게 된다는 것을 알리는 것이다. 그리고 그 사용자 그룹이 모인 것이 가상국가임을 알려주는 것이다. 그 내용을 체계적으로 만든 것이 가상국가 시스템이다.

만약 필자에게 기회가 주어진다면, 그 교재는 필자가 만들 수 있는 기회를 주기를 소망한다. 그 책을 만들 때 수많은 분들과 협력하여 철학을 완성하면 내 인생에서 가장 큰 보람일 것이다. 그 날이 온다는 것은 가상국가 시대가 돌입되었다는 것을 의미하고, 모두함께가 많이 성장했다는 것이 된다.

가상국가 시스템을 설명하기 위해 기초 학문이 필요하다.

그것이 경영 정보이다. 너무 어렵게 설명하지 않고, 개념을 기반으로 한 경영 정보 교육이 필요하다. 인터넷과 연결되는 다양한 경영과 유통에 대한 기본 개념이 있어야 가상국가 시스템을 이해하기 때문이다. 지금 대한민국의 서점에 알기 쉽고 간단하게 설명한 경영 정보 교재들이 있다. 해당 교재와 강사를 기반으로 교육 동영상과 교재를 만드는 것도 나쁘지 않다. 경영 정보 기본 교육을 이수하고 가상국가 시스템을 배워야 한다.

두 번째로 꼭 교육해야 할 부분이 콘텐츠 분야이다. 영화/드라마 사업의 전반적인 개념을 설명해야 한다. 가상국가 사업의 두 축이 유통(마이샵)과 콘텐츠(영화/드라마)이다. 이 사업이 세계적으로 퍼져야 한다. 그러려면 사업을 활성화시킬 영업직 사원이 필요하다. 당연히 영업직 사원은 교육을 받은 전문인이어야 한다.

가상국가의 성장 동력인 콘텐츠 사업이 성공하기 위해서는 각국의 소국가 대표장, 중국가 대표장, 국가 대표장의 적극적인 활동이 있어야 한다. 이 활동은 지식으로부터 시작된다. 그러므로 지식을 쌓기 위한 콘텐츠 개론 교육이 있어야 한다. 따라서 국가 대표장들은 가상국가 시스템, 경영 정보, 콘텐츠 개론 3과목은 필수적으로 교육받아야 한다.

2단계 : 세계적인 가상 교육 기관 건설

1단계에 이어 가상국가의 기반을 만드는 2단계는 가상 교육 기관의 건설이다.

세상의 모든 일은 인간이 하게 되어 있다. AI와 로봇이 있어 자동화한다 하더라도 그 시스템은 인간이 개발한다. 이제 인간은 많은 지식을 함양해야 한다. 이 단계에서 가상국가의 시민들은 전문화 교육을 받게 하고자 한다. 그렇게 하기 위해 세계의 천재와 학자들의 다양한 학문을 강의로 담아 가상국가 시민에게 교육하고, 시민들을 전문가로 양성해야 한다.

나라가 안정적으로 발전하기 위해서는 국민의 역량이 높아야 한다. 그래서 교육이 필요하다. 초등학교, 중학교, 고등학교, 대학교, 대학원까지 모든 교육 기관이 만들어져야 한다. 또한 모든 기관이 특정 국가 또는 연합 국가에서 교육 기관으로서 인정받아야 한다. 여기에 해당 교육 기관은 온라인을 기본으로 운영되어야 한다.

쉽게 말해서 가상국가의 대학을 졸업하면 많은 나라가 학사 자격을 인정할 수 있도록, 인증된 기관이 되어야 한다.

교육은 백년지대계이다. 하루 아침에 교육 시스템을 만들자는 게 아니다. 2단계가 끝나고 다음 단계로 넘어가는 것이 아니라, 2단계를 진행하면서 병렬로 다음 단계를 같이 진행해야 한다.

필자의 제안은 새로 만들기보다 기존의 교육 기관을 인수하여 운영하는 것이다. 지금 세계적으로 많은 교육 기관이 문을 닫고 있다. 학생들의 수가 줄어드는 이유도 있으나, 사이버 대학의 숫자가 많아졌고, 현 시대는 한국에서 미국의 유명 대학 사이버 스쿨에 다닐 수 있는 시대이기에, 경쟁력 없는 기관늘이 부너시고 있기 때문이다.

기존의 교육 기관을 인수하게 되면 그 교육 기관이 가지고 있는 인가를 활용할 수 있다. 우리가 망해가는 지방 대학을 인수하여 운영하면 학사생을 많이 배출할 수 있다는 것이다.

- 교육을 관리해야 하는가, 시장 경제에 맡겨야 하는가?

지금 대학들이 학생이 없어서 문을 닫고 있다. 대한민국은 교육에서 많은 부분을 통제 관리하고 있다. 각 대학의 정원부터 학과까지 정부가 허가하지 않으면 개설할 수 없다. 지금은 정부가 허가한 인원도 채우지 못하고 문을 닫는 지방 대학이 늘어나고 있다. 관리에 의해 대학이 운영되다가 경쟁력을 잃고 무너지는 형국이다.

  대학에 모든 자율권을 주면, 우수한 교육을 하는 기관은 매우 크게 발전하고 그렇지 않은 대학은 쇠퇴할 것이다. 경쟁에서 살아남기 위해 각 대학들이 피나는 노력을 하기 때문이다. 그렇게 경쟁력이 있다면 국내 학생 수가 줄어들어도 세계적으로 많은 학생을 유치할 수 있다. 허나 특수학과들은 그렇게 시장에 맡길 수 없다. 그렇기에 교육에 관해서는 정말 심도 있게 깊이 생각하고 결정해야 한다. 나라의 근간은 교육이다.

§ 인성을 함양하고 자연과 함께 하는 세상을 배우는 초등 교육

  본 내용은 대한민국의 교육과 별개이다. 가상국가의 교육은 대한민국 교육 시스템을 그대로 받아들이지 않아야 한다. 대한민국의 어린이는 혹사당하고 있다. 교육을 받는 게 아니라 강요당하며 고통받고 있다. 이런 교육은 바뀌어야 한다고 생각한다.

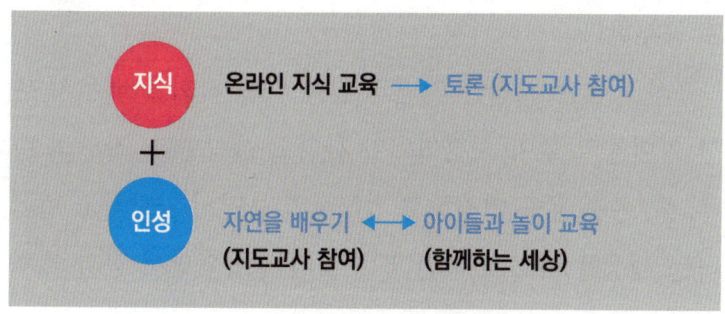

〈그림4〉 가상국가의 초등 교육

　〈그림4〉는 모두함께 가상국가의 초등 교육에 대해 보여준다. 지금 대한민국의 초등 교육도 약간 부족하지만 〈그림4〉를 기본으로 한다. 문제는 공교육 외에 사교육 부분이 너무 크다는 것이다. 그 사교육이 아이들의 인간적인 정서 교육에 어려움을 주고 있다. 안타깝게도 대한민국의 부모는 자기 아이가 영어, 수학 등을 잘하기를 소망하지, 인성이 좋은 학생이 되는 것에 큰 관심이 없다. 그러나 인성은 세상을 살아가는 데 가장 큰 무기이며, 행복한 삶을 살게 해주는 중요 요소라고 생각해야 한다.

　모두함께 가상국가의 초등 교육은 〈그림4〉와 같이 인성과 함께 하는 사회를 배우기 위한 교육을 목표로 한다. 초등학교 때 배워야 할 지식은 수많은 동영상으로 제작되어 있다. 그것을 활용하기를 추천한다. 해당 지식을 배운 후에 학생들이 팀을 짜서 배운 것을 토론하고 문제를 푸는 방식으로 공부한다.

그리고 많은 시간은 자연과 함께 하는 사회를 배우기 위한 아이들의 놀이 시간이어야 한다고 생각한다. 자연의 나무, 풀, 곤충 등을 이해하고 친구들과 놀면서 양보하고 협력하는 세상을 가르쳐야 한다. 이것이 결합되면서 충과 효의 개념을 아이들에게 심어주어야 한다.

가상국가에서 초등학교를 다닐 수 있다? 이 부분에 대해서 의아할 것이다. 대한민국에는 대안 학교의 개념이 있다. 가상국가의 시민이 자녀들의 초등 교육을 가상국가에서 시키고자 한다면 적극적으로 지원을 아끼지 말아야 한다. 10명의 학생으로도 초등 교육이 이루어질 수 있다. 필자가 말하는 것은, 아이들을 초등학교 때는 절대 혹사시키지 말아야 한다. 공부는 평생 하는 것이다. 초등학생들에게 공부를 강요하면 공부에 질리고, 나이가 들면서는 공부에서 멀어지게 된다. 제발 초등학생들에게 놀이 문화를 가르치면서 함께 하는 세상을 느끼게 하기를 소망한다.

가상국가에서 초등학교를 운영하기를 제안한다. 대한민국에서는 대안 학교로 운영하고 전 세계의 해당 국가에서는 <그림4>의 형태로 교육을 하는 것이다.

중요한 것은 충·효 교육이다. 충은 나라가 아닌 세계인에게 충을 하는 것이요, 효는 부모와 가족을 중히 여기는 생각이다.

  인간은 정신이 올바르게 정립되어야 생을 정립하고 행복을 추구할 수 있다.

  충효사상이 무너지고 물질 만능의 생각이 교육되면서 많은 사람들이 삶의 정체성을 잃어가고 있다. 모두함께에서는 이 부분을 과감하게 개혁해야 한다.

  필자가 제안하는 가상국가는 1~2년 안에 끝나지 않으며, 100년 이상 지속될 것이다. 그 가상국가에서 태어나는 아이들에게 진정한 인간됨을 가르치는 게 바로 충·효 교육이라고 생각한다.

- 초등교육을 캠프식으로 운영할 수도 있다

  가상 대학의 초등학교 교육을 받지 않아도 된다. 가상국가에서 캠프를 개설하여 인성 교육을 하는 방법도 있다. 만약 가상국가 대표장의 가족 중에 초등학생이 있다면 이 캠프에 참여하여 인성 교육을 받을 수도 있다.

  이 항목을 통해서 간절히 부탁한다. 초등학생에게 무리한 지식 교육을 강요하지 말라! 지금 보기에는 남들보다 조금 많이 아는 것 같으나, 분명히 말하건대 그것이 독이 된다. 학교에서 배우는 내용만 충실하게 하고, 친구들과 노는 시간을 많이 가지고, 가족과 함께 하는 시간을 많이 가지게 하기를 소망한다.

....

교육에 관여하겠다는 것은 어쩌면 현실 국가에서 담당하는 중요한 부분을 가상 세계가 가져가려 하는 게 아닌가 하는 의문이 들 수 있다. 현 시대의 교육은 현실 세계보다 사이버 교육의 비중이 높다. 그리고 가상국가나, 그 나라 시민들의 교육은 매우 중요하다. 그렇기에 다른 부분은 현실 국가가 맡는다 하여도 교육은 가상국가가 관여해야 한다. 대한민국은 예외로 두고, 우리가 시작하고자 하는 15개국에 가능하다면 초등학교를 운영하기를 소망한다. 그 초등학교는 뒤에 설명할 SAFE ZONE에 두었으면 한다.

§ 중·고등 교육 - 온라인 지식 캠프와 오프라인 인성 캠프

가상국가에서 중·고등 교육 기관은 운영하지 않도록 제안한다. 때로 외국의 특수한 환경에 따라 운영할 수도 있으나, 가능하면 운영하지 않았으면 한다.

그 대신 전문 지식 교육 포털을 운영하여 중·고등 지식을 교육하고 방학 동안 인성 캠프를 열어 청소년 인성 교육을 함양하면 좋겠다고 생각한다.

중·고등학교 때 배우는 모든 과목은 교육 포털로 운영하는 것을 추천한다. 이것은 또 하나의 수익이 될 수 있다. 교육은 무상으로 하지 않으며, 해당 국가의 화폐와 모두코인으로 교육비를 받을 수 있다.

어떻게 보면 교육 시장을 가상국가에 오픈하겠다는 것이다. 중앙에서 리더하는 것이 아니다. 교육을 시장 경제에 맡기겠다는 것이다. 지식 전달을 잘 하는 콘텐츠는 시장에서 살아남을 것이며, 그렇지 않을 경우 사라질 것이다.

모두함께의 LMS 평가 시스템을 지능형으로 업그레이드하여 탁월한 교육 가이드를 하게 해야 한다. 같은 내용을 배워도 사람마다 이해를 하는 정도와 단계가 다르다. 어느 사람은 스텝 바이 스텝으로 단계적으로 이해하는 사람이 있는가 하면, 한참 농안 이해하시 못하다가 어느 순간 이헤히고 배움의 단계가 높아지는 경우도 있다. 이런 개인적 특성과 다양함에 맞춘 교육이 이루어지면 많은 학생을 전문인으로 양성할 수 있다. 어느 학생은 미분방정식을 배우는데 1개월이 걸리고 어느 학생은 6개월이 걸릴 수 있다. 짧은 구간에서는 두 사람의 실력이 차이가 나지만, 장기적으로는 큰 차이가 나지 않을 수도 있다. 한 사람은 1년 안에 고등 수학을 이해하고 다른 사람은 같은 내용을 3년이 걸려 이해했다고 하더라도, 그 다음 단계에서는 이전까지 앞섰던 사람의 이해가 더 늦어질 수도 있다. 그렇기에 지능화된 교육 시스템이 필요하다. 안타깝지만 지능형 LMS는 본책에 기록하지 않는다. 이 시스템은 기술 난이도가 높지 않지만 교육 시스템 전문 기술이 있어야 한다. 대한민국의 많은 교육 전문가들이 능히 개발할 수 있다고 생각한다.

인성 캠프는 매우 중요하다. 청소년 시절의 가치관 확립은 그 학생의 미래를 좌우한다.

모두함께 가상국가는 1년에 두 번 방학 기간을 이용하여 캠프를 개설하기를 제안한다. 이 캠프에서는 도덕과 인성 교육을 주로 한다. 특히 충·효 교육을 강조했으면 좋겠다.

단순히 1회 이용하는 캠프가 아니라, 청소년 시절을 6단계로 나누어 캠프에 참여하게 하고, 모든 과정을 이수하면 수료증을 수여하는 방식을 추천한다.

기업을 운영하는 사람이 인력을 뽑을 때 가장 중요하게 보는 것이 무엇일까? 해당 업무를 수행할 능력이 있는가와 함께 무엇보다도 인성을 크게 본다.

기업의 경쟁력은 기술력과 함께 구성원의 인성이다. 그 인성은 청소년기에 대부분 형성된다. 이때, 어떤 인성 교육을 받았는가는 매우 중요한 정보일 것이다. 가상국가의 청소년들에게 인성 캠프 6단계 교육을 제공하여 사회에서 중요한 인재가 되도록 육성하기를 제안한다.

- 모두함께 가상국가의 교육은 세계인이 대상이다

모두함께 가상국가의 초등학교와 중·고등 캠프는 한국인만을 대상으로 하지 않는다. 세계 15개국의 소국가 대표장, 중국가 대표장, 국가 대표장의 자녀들도 함께 교육을 받아야 한다. 그러면 교육 시 언어는 무엇을 사용할까? 그것은 그때의 지도부가 결정할 것이다. 필자의 소망은 한국어로 교육했으면 한다. 그리고 15개국에 초등학교를 건립했다면 거기에서 한국어를 가르쳤으면 한다. 우리의 언어 문화가 세계로 나아가는 길이 될 것이다. 이것은 침략이 아니다. 함께 하고 보호하고 행복을 추구하게 하겠다는 강한 철학이 결합되면 정말 거대한 가상국가가 건설되고 그 국가의 리더자는 자랑스런 대한국인인일 것이다.

§ 실전의 메카 - 모두함께 가상 대학

가상국가의 전문인 양성은 가상국가의 대학에서 양성했으면 한다. 가상 대학은 세계의 석학을 교수로 두며, 이 중에는 실전 교육 전문 교수도 있어야 한다.

대학의 기능은 전문인 양성과 국가의 첨단 기술을 키우는 연구 집단 운영이다. 가상 대학에서는 연구 집단의 운영이 어렵다. 하지만 불가능한 것은 아니다.

전문인이란 해당 학과의 기초 지식이 있는 사람을 이야기한다. 이런 전문인을 육성하기 위해서 학과의 기초 과목을 철저하게 교육하여야 한다. 이 기초 과목을 맡는 교수는 해당 분야의 실력과 함께 알기 쉽게 설명하는 강의 능력을 갖춰야 한다. 뛰어난 석학 중에는 의외로 강의는 잘 하지 못하는 분들도 계신다. 일단 학과를 개설할 때는 교수진을 모집하기 이전에 콘텐츠를 먼저 모아야 한다. 이 말은, 타 대학 교수들의 해당 학과 기초 과목 교육 콘텐츠를 모아야 한다는 것이다. 보통은 대학을 운영할 때, 학과를 만들고자 하면 우선 교수진을 모집한다. 그러나 모두함께 가상국가의 가상 대학에서는 강의 콘텐츠를 먼저 찾아야 한다. 대학의 교수진은 정규직으로 두지 않는 것을 권고한다. 가상 대학의 교수들은 온라인에서 메신저와 같은 도구로 학생들과 통신하고 질문에 답변할 수 있다. 그렇기에 정규직보다는 부업으로 가상 대학의 파트타임 교수로 활동하게 하면 좋을 것이다. 이렇게 하면 정말 많은 교수진을 저렴한 비용으로 확보하여 대학을 운영할 수 있다.

　각 대학의 교수진들은 본래 타 대학에 겸직하는 것이 불가능하다. 허나 우리가 각 대학에 협조를 구하면 어려운 일이 아니다. 우리는 대학이 현실에 존재하지 않고, 교수진의 녹화 강의를 이용할 뿐 직접 강의는 필요하지 않다. 교수가 현재 재직중인 대학을 홍보해주고 여러 부분을 제휴한다고 하면 세계의 많은 대학들이 협조할 것이다. 어쩌면 국내 대학과의 협상이 가장 어렵지 않을까 한다. 필자의 생각에 국내 대학들은 변화하는 시대에 바르게 적응하는 능력이 부족하다.

뛰어난 교수가 있어야 대학의 학생들이 기초 과목을 확실하게 배울 수 있는 것이 아니다. 뛰어난 콘텐츠가 있어야 가능하다. 뛰어난 콘텐츠란, 해당 기초 과목을 이해하기 쉽게 잘 설명하는 강의 콘텐츠를 말한다.

전공 심화 과목은 해당 분야의 전공 교수가 강의한 콘텐츠가 효과적이다. 같은 학과의 여러 전공 심화 과목은 그 과의 교수들 모두가 잘 가르치는 것이 아니다. 같은 학과라고 해도 세부 분야는 매우 여러 가지로 나뉘기 때문이다. 따라서 해당 분야에 대해 깊이 공부한 사람이 더 이해하기 쉽게 가르친다. 보통 전공 심화 과목은 대학 3, 4학년 때 배우는 과목들이다.

이 과목의 강의를 세계 최고의 교수들이 강의하게 하고, 해당 강의를 녹화하여 가상 대학에서 교육하는 방법이 최적의 선택이라고 생각한다.

문제는 이런 교수들의 강의는 외부 유출이 절대적으로 어렵다. 그리고 세계의 석학들의 강의는 그렇게 쉽게 오픈되지 않는다. 방법은, 은퇴한 교수와 해당 교수에게서 수학한 제자 교수들의 콘텐츠를 이용하는 것이다.

　필자가 제안하는 가상 대학은 교수진보다 최강의 강의 콘텐츠와 지능형 LMS(Learning Management System)의 결합을 우선한다. 어쩌면 학과에 담당 교수가 단 한 명도 존재하지 않을 수도 있다. 필자가 말하는 대학은 연구 대학이 아니라 학사 전문인을 양성하는 대학이다. 국내 유명 대학의 학부생이 학과 교수와 많은 교감을 하며 교육을 받고 있을까? 지금 대한민국의 대학에서 교수와 교육에 대한 연계를 하고 있는 학생들은 석사, 박사 과정 학생들이다.

　모두함께에 교수가 없다 해도 전공 기초와 전공 심화의 훌륭한 콘텐츠가 있고 지능형 교육 관리 시스템이 갖춰진다면, 사이버 대학이 아닌 일반 대학과 비교해도 오히려 우리 가상 대학의 교육의 질이 높지 않을까 한다.

　필자는 17년간 교수직에 있었다. 그리고 누수되는 시간과 최적화되지 않고 운영되는 학부 교육 시스템을 보았다. 필자가 제안하는 콘텐츠 기반의 지능형 교육 시스템으로 운영되는 가상 대학은 4년제 학사를 전문인으로 양성하는 최상의 시스템이라고 생각한다.

　가상국가에서 필요한 인력은 생산에 기여하는 국민이다. 가상국가는 IT 기반 서비스이다. 이 기반에서 다양한 업무를 수행할 수 있는 그룹을 최우선적으로 양성해야 한다. 이런 업무를 수행할 수 있게 하기 위해 4년제 학사를 많이 배출하는 것이 중요하다.

가상국가의 교육은 가상국가의 존립의 문제이기에, 학생이 납부할 교육비는 최소로 책정해야 한다. 교육은 평생 받아야 한다. 현 시대는 사회적 환경이 매우 빠르게 변화되기에, 그 변화에 적응할 수 있도록 교육해야 한다. 나이는 상관없다. 특히 소국가 대표장, 중국가 대표장들은 가상 대학을 통해서 대학 학사 자격을 얻게 해야 한다.

- 교육은 국가에 대한 애국심을 높인다

가상국가의 2단계에 교육 기관을 둔 것은, 국가의 기반을 만들어야 하기 때문이다. 국가의 기반은 국민이다. 이 국민의 능력의 질과 국가에 대한 마음이 국가의 기반이다. 국민이 가진 능력의 질을 높이는 것이 바로 교육이다. 교육을 통해 국민은 자신이 성장하는 것을 느낀다. 더불어 교육을 지원하는 국가에 대한 애국심이 높아진다. 미국에서 공부를 한 사람들은 미국에 대한 선호도가 높고 미국을 사랑하는 마음이 생긴다. 교육의 힘이 바로 이것이다. 국민의 능력과 애국심을 동시에 높이는 것이다. 그러나 무상 교육은 안된다. 가상국가의 대학 등록금은 지금 대한민국의 사이버 대학의 등록금과 비슷하게 설정하도록 한다. 단, 장학금을 많이 지급한다. 최소 50%에서 80%까지 장학금을 지급하는 정책을 시행하도록 한다. 소국가 대표장과 중국가 대표장에게는 전액 장학금을 지급하는 것도 한 방법이다. 그리고 가상국가 탈퇴 시에는 받았던 장학금을 반납하는 조치도 필요할 것이다. 인성 교육과 가상국가의 정체성 교육은 중요한 교육이므로 꼭 함께 해야 한다. 가상국가의 기본 대의도 모두함께 국민운동의 기본 대의가 연결된다. "하나님을 왕으로 모시고 가상국가 국민을 사랑하자." 다만, 국민이 세계인이기에 세계인과 함께 하는 큰 철학이 필요하다. 그 철학은 가상국가가 시작될 때 만들어져야 한다.

・・・・・・・・・・・・

가상 대학에서 해결하지 못하는 부분은 실험 실습이다. 가상 대학에서는 실험 실습이 많은 학과는 운영하기 힘들다. 그렇기에 가상 대학에서 운영할 학과는 실습에 제약이 없는 학과여야 한다. 초기에는 IT 전공학과를 많이 둘 것을 추천한다. IT 분야의 실습은 가능하기 때문이다. 모든 실습이 컴퓨터로 이루어지기에, 이 분야는 실험 실습이 있다고 해도 가상 대학의 학과로 문제가 없다. 다만 의대, 약대, 간호 등 오프라인 실습이 우선되는 학과는 가상 대학에서 운영 불가능하다. 의료 분야 외에 실험 실습이 필요한 학과로서 가상 대학에서 꼭 유치해야 할 학과는 따로 1년 또는 6개월의 실습 기간을 두고 그 기간에 오프라인 교육을 하도록 한다.

가상국가에는 건설 분야의 전문 인력들이 필요하다. 가상국가인데 건설·토목 인력이 왜 필요한가 라는 의문이 있을 수 있다. 앞에서 SAFE ZONE에 대해 언급하였고, 뒤에 SAFE ZONE의 기능을 자세히 설명할 것이다. 가상국가가 보유한 세계 여러 나라의 사유지에 도시를 건설해야 한다. SAFE ZONE은 이미 있는 도시를 재개발하는 것이 아니라, 미개척 땅에 도시를 건설하는 것이다. 그리고 그 도시로 들어가는 길이 없도록 하는 것도 정책이다. 그 도시는 가능하면 바다와 연결되어 있기를 희망하고, 바다가 없다면 유일한 외부 통로는 하늘길을 기본으로 하는 도시의 건설이나. 때로 이웃 도시와 연결할 필요가 있을 경우, 도로보다는 열차를 이용하는 방법을 제안한다. 이 부분에 대한 자세한 내용은 뒤에 설명하겠다.

가상국가가 SAFE ZONE을 건설하기 위해서는 건설과 토목 분야의 전문인이 필요하다. 그렇기에 가상 대학 안에 건축·토목학과는 존재해야 한다. 이 두 학과는 실습이 필요한데, 그 실습을 하는 기간을 두어 오프라인 실습을 이수하면 학위를 주는 것으로 운영하여야 한다. 필자의 글은 기획을 서술한 것이다. 가상국가를 만드는 전체적인 over view를 서술하였다. 상세한 부분은 일일이 이야기할 수가 없다.

가상국가에서 필요한 실습을 포함한 학과가 있을 것이다. 필요한 학과를 기획하는 것은 리더자의 몫이다. 본 항목에서 설명하였듯이 가상국가를 운영하기 위한 전문인 인력을 우리는 가상 대학을 통해서 양성해야 한다.

§ 필수 연구소 육성 - 영상 공학 연구소, 인공지능 연구소, 로봇 연구소, 가상국가 연구소

가상국가를 지탱할 총 4분야의 연구소가 있어야 한다. 가상국가의 성장 동력 사업인 콘텐츠 사업의 기술을 육성할 영상 공학 연구소, 인공지능 기술을 계속적으로 축적할 인공지능 연구소, 미래의 무기인 로봇 연구소와 가상국가를 운영하기 위한 여러 사회과학을 연구하고 개발하는 가상국가 연구소가 바로 4개의 핵심 연구소이다.

이외에도 가상국가 운영에 필요한 연구소가 있다면 만들면 된다. 다만 가상국가에서 꼭 만들어야 하고 사활을 걸면서 기술을 육성해야 하는 부분이 이 4개의 연구소라는 것이다. 이 연구소의 기반 인력 확보를 위해 가상 대학에서는 위 4개의 연구소에서 고급 학문을 수학할 수 있도록 연계 학과를 만들어야 한다. 그리고 대학에서 학사 과정을 졸업하면 석사와 박사 과정을 연구소에서 이수할 수 있도록 학사를 연계한다.

- 영상 공학 연구소

가상국가에서 매우 중요한 기술이 영상 공학이다. 모두함께에서 추구하는 가상국가의 성장 동력이 콘텐츠 사업이기 때문이다. 이 사업의 핵심 기술은 영화 편집 기술과 CG 편집 기술이다. 이 기술은 계속적으로 축적하여 세계적인 기술이 되도록 해야 한다.

이외에 동영상 관리 기술도 매우 필요한 중요 기술이다. 영상에서 얼굴과 인체의 특정 사물을 찾아내는 패턴 인식 기술, 영상의 흐름을 문서로 전환하는 콘텐츠 기반 데이터 추출 기술, 대규모의 영상 데이터를 빠르게 검색하는 기술 등 영상을 활용한 필수 기술이 매우 많이 필요하다.

가상 공간에서 현실 공간과 같은 느낌을 준다면, 가상 공간에 있으면서 현실에 있는 느낌을 받을 수 있다. 본인은 방 안의 안락의자에 앉아 있는데 공간이 바닷가로 바뀌고 3D 화상 회의로 지인들과 대화를 하고 있다면, 자신이 있는 공간을 가상이 아니라 현실처럼 느낄 수 있다. 이런 기술이 가능할까? 가능한 게 아니라 이미 완결되어 있는 기술이다.

이 기술이 상업성을 확보할 때 서비스되는 것이다. 영화에 나오는 가상 공간의 현실화는 지금 많은 부분 가능하다.

이외에 가상국가는 영상 정보를 통해서 국민을 관리한다. 지금보다 더욱 현실감 있는 화상회의가 필요하며, 화상회의와 함께 다양한 정보를 컨트롤 할 수 있게 해야 한다.

이 모든 기술이 영상 공학 기술이다. 영상 공학 연구 분야는 매우 많고 넓다. 모든 부분을 다 연구하는 것이 아니라 여건을 고려하여 확장시켜야 한다. 최초로 필요한 기술은 영화 편집과 CG 제작 기술이다. 이 기술로 국가 수익을 만들 수 있고, 국가의 중요 사업을 발전시킬 수 있다. 한마디로 영상 공학 연구소의 필수 연구 분야이다. 이 분야를 발전시킨 후에 국가에서 필요한 다른 분야로 확장하면 되겠다.

연구소는 어디에 두는 게 옳은가?

연구소는 현실 국가 안에 두어야 한다. 그러면 어느 나라에 두는 게 옳은가? 초기 연구소는 대한민국에 두는 게 옳다. 그러나 모든 연구소를 대한민국에 두는 것에 대해서는 고민을 해야 한다. 가상국가는 연구소 기술에 의해 발전되고 지탱된다. 때로는 연구소에서 국가의 중요 네트워크망에 접근할 수 있다. 그렇기에 보안이 매우 중요하므로 연구소를 흩어놓는 것도 좋은 방법이다. SAFE ZONE이 만들어지면 모든 연구소가 이 SAFE ZONE에 구축되어야 한다. 초기에 연구소의 핵심 연구원들은 가상국가 시민이 아닐 수도 있다. 그분들에게 연구비를 주고 개발과 연구를 하게 하고, 가상국가 시민을 보조 연구원으로 두어야 한다. 가상국가 건설이 완성되는데 아니, 이제 국가답다 생각하게 되기까지 가는 시간이 최소 10년은 필요할 것이다. 이런 긴 시간이 필요한 이유는 기술 개발 때문이다. 연구소가 만들어지고 그 연구소의 연구원들이 모두 가상국가의 시민이 되는 때도 10년 정도 걸릴 것이다. 모든 스텝이 병렬로 동시에 진행될 때 10년 정도 지나면 세계가 점차 가상국가를 인정할 것이다. 이후부터 가상국가의 발전은 매우 빠르다. 놀라운 속도로 변하하는 가상국가를 보게 될 것이다.

§ AI 연구소

모두함께 가상국가의 행정은 AI를 이용한다. 그렇기에 AI 기술은 가상국가의 핵심 기술이라고 말할 수 있다. 이 AI 기술을 발전시킬 연구소는 가상국가에서는 필수이다. 기술을 모르는 사람들에게 AI에 대해 이야기하면 컴퓨터가 지능적으로 생각하고 분석해서 스스로 판단하는 AI를 떠올린다.

미래에는 존재할 수도 있으나, 현재의 AI는 Big data와 연동하여 판단하는 방식이 주를 이룬다. 바둑을 잘 두는 AI는 바둑만 잘 두지, 그 지능으로 경영을 하거나 관리를 하지는 못한다.

AI에는 정말 많은 부분의 연구가 필요하다. 행정 분야 지능화, 사업 분야 지능화, 로봇 연계 지능화 등 모두가 서로 다른 분야이다. AI에는 지능적 판단이 요구된다. 모델링을 이용하여 판단하는 경우도 있고, 모델링 없이 데이터 분석으로 판단하는 경우도 있다. 선형대수를 이용하는 경우도 있고 행렬을 이용하는 경우도 있다. 즉, "그때 그때 달라요"가 AI의 기술이다. 따라서 수많은 파트에서 지능화하고자 하면 그에 맞는 AI가 설계되어야 한다.

AI 연구소는 다양한 데이터를 이용하여 판단하는 여러 모델을 만드는 일을 한다. 이렇게 개발 모델이 많아지면 비슷한 판단 프로세스는 기존에 개발한 모델을 이용할 수 있다.

가상국가를 운영할 때 정말 많고 복잡한 행정과 경영이 이루어질 것이다. 인간이 결정을 내리면 모든 것이 자동화되도록 발전시켜야 한다. 이 파트는 매우 중요하기에 가상국가에서 필수적으로 발전시켜야 하는 연구소이다. 이 연구소도 석사, 박사 과정을 두고 가상국가의 시민이 그 과정을 통해 연구진이 되도록 한다.

컴퓨터는 의지가 없다

컴퓨터를 알지 못하는 사람들은 컴퓨터에게 생각하고 판단하는 기능이 있다고 생각한다. 때로는 IT 분야에 있는 사람도 컴퓨터가 마치 의지가 있는 생명체인 것처럼 이야기하기도 한다. AI는 어떤 생각과 의지로 판단하는 게 아니다. 이해를 위해 예를 들어보겠다.

어느 폐쇄된 박스에 한 사람이 앉아 있다. 그리고 그 사람은 영어를 모른다. 그 사람에게 영·영 사전을 주고, 영·영 사전을 이용해 기본형의 문장을 만드는 방법을 알려준다. 그러나 그 사람은 기본형만 알 뿐, 영·영 사전을 읽어도 전혀 이해하지 못한다. 이때 밖에서 어느 사람이 영어로 질문을 적어 박스 안에 있는 사람에게 전달한다. 안에 있는 사람은 그 내용이 무엇인지 알지 못하지만 그냥 기본형대로 영·영 사전을 참조하여 영문을 써서 답변한다. 묘하게도 답변을 받는 사람은 안에 있는 사람이 영어를 안다고 생각한다.

이런 형태가 AI이다. 기본형이 바로 모델링이다. 왜 이런 이야기를 하는가? 가끔 IT 분야의 수준이 높다는 교수들이 황당한 소리를 하는 것을 TV로 볼 때가 있다. AI의 진짜 구조도 모르고 코딩 한번 안해보고 이야기하는 황당한 내용을 국가가 정책으로 받아들여야 한다고 말할 때는 더욱

> 황당하다. AI뿐만 아니라 IT 분야에 껍데기만 전문가인 사람들이 너무 많고, 그들이 정부 정책에 관여하고 있다는 게 사실은 사실이다.

§ 로봇 연구소 - 가상국가의 차세대 성장 동력

인간의 노동력은 점차 사라지고 많은 일을 로봇이 하는 세상이 온다. 그 속도가 매우 빨라 앞으로 10년 후에는 인간의 노동 시장의 50% 이상을 로봇이 점유할 것으로 예상한다.

지금 로봇을 생산하는 기업들의 생산량이 점차 많아지고 있다. 이것은 로봇 판매 시장이 형성되고 있다는 뜻이다. 로봇 기술 중 하드웨어 기술은 정말 크게 발전했다. 이제까지 생산이 많이 되지 않은 이유는 시장이 형성되지 않았기 때문인데, 로봇 판매 시장이 점차 커지고 있다. 이것은 로봇 시대가 곧 온다는 것을 예고한다.

지금 기업은 노동법 때문에 힘들어한다. 사람을 써서 일을 시키다가 중재해를 당하면 기업 대표가 형사 처벌을 받는다. 즉, 기업은 점차 인력을 사용하지 않는 방법을 선택하게 된다. 인건비가 계속 오르는 것도 이에 한몫 한다.

로봇 산업이 발전하고 지금의 자본주의가 계속되면 많은 서민이 일자리를 잃는다. 일자리가 없다는 것은 돈을 벌 수 없다는 것이다. 결국 서민은 더욱 힘들어진다.

로봇 산업이 커지면서 지금의 경제 구조가 무너질 것이라는 이야기를 하는 학자들도 있다. 기업이 생산한 상품을 국민이 사주어야 기업이 성장하고 발전한다. 헌데 국민이 돈이 없어 기업이 생산한 상품을 구매할 수가 없게 된다. 결국 국민이 일자리를 잃으면 기업도 무너진다는 것이고, 그게 계속되면 경제가 붕괴된다는 이야기이다.

틀린 말은 아니다. 소수의 기득권자가 로봇의 주인이 되어 움직일 때 발생할 수 있는 미래의 어두운 그림자 이야기이다. 모두함께 가상국가가 로봇을 개발하면 국민에게 줄 것이다. 즉, 로봇이 일한 대가를 그 로봇의 주인인 국민에게 주는 것이다. 로봇의 주인이 수많은 국민이라면 로봇이 일한 대가를 국민이 받고 국민은 그 돈으로 상품을 살 수 있으므로 기업이 영위될 수 있다.

필자는 모두함께 가상국가의 차세대 성장 동력 사업으로 로봇을 제안했다. 그래서 많은 일을 로봇이 하는 세상에서도 인간이 대우 받게 하려는 것이다. 그렇기에 가상국가의 로봇 연구소는 필수적이다. 로봇 연구소는 단기적 연구보다 중장기적으로 연구를 해야 한다. 그리고 현재 세계에서 개발되는 로봇 기술을 많이 배우고 축적하기 위해 노력해야 한다. 즉, 지금 바로 로봇을 생산하는 일에 주력하지 말고 세계에서 개발되는 다양한 로봇 기술을 받아들이고 축적해야 한다.

10년 혹은 빠르면 5년 정도 밑 빠진 독에 물 붓기를 해야 할 곳이 로봇 연구소이다. 로봇 연구 분야는 단순히 기술에만 한정되지 않는다. 로봇 산업이 성공하여 인류의 50% 이상의 노동력을 로봇이 대체할 때가 되면 로봇 사회(Robot society)가 형성된다. 또한 사회 구조가 바뀌고 제도도 바뀌게 된다. 이런 부분에서 미리 준비되지 않으면 많은 혼란이 발생한다. 혼란과 변화를 겪으며 로봇과 인간이 함께 하는 사회가 만들어질 것이다. 그때까지 우리는 철저하게 연구하고 로봇 사회와 인간 사회의 관계도 연구해야 한다. 가상국가는 알을 깨는 고통을 하지 말아야 한다. 그리고 모든 기술적, 사회적 해결책이 나왔을 때 로봇 연구소의 기술이 사회에 퍼져야 한다고 생각한다.

§ 가상국가 연구소 - 새로운 사회과학 연구소

가상국가는 새로운 사회 구조이다. 이 사회가 인간을 위해 안정적 구조를 가지기 위해서 연구가 필요하다. 사회과학 연구는 매우 중요하다. 기술은 편리한 도구이나, 사회과학은 인간의 정서와 연결되어 있기에, 이 과학이 발전하면 인간의 삶이 풍부해진다. 사회는 그냥 만들어지는 것이 아니다. 과학적 접근이 필요하다.

필자에게는 안타깝게도 이 분야에 어떤 연구가 필요한지에 대한 정보가 없다. 오로지 이것을 연구하는 연구소가 필수적으로 있어야 한다고 생각한다. 가상국가 연구소 안에 모든 파트가 전부 들어가 있어야 한다. 가상국가의 화폐 운용과 통화량 정책 연구도 여기서 이루어져야 한다. 또한 가상국가의 화폐와 실제 국가의 화폐를 교환하는 방법에 대해서도 연구되어야 하며 권고 사항이나 지침이 있어야 한다. 가상국가에 가상 화폐는 꼭 필요하다고 생각했으나, 그 가상 화폐가 어떻게 연계되어야 하는지에 대해 필자의 시식은 부족하다. 다만 간절히 바라는 것은, 가상국가의 모두코인은 투기성 화폐가 아니라는 인식을 가지라는 것이다. 이것이 필자의 간절한 마음이다. 그래서 코인에 대한 권한을 모두코인 중앙회로 넘겼다. 이후 코인의 운영에 대한 연구를 가상국가 연구소에서 담당하기를 소망한다.

도시의 설계는 우리에게 매우 중요한 부분이다. 가상국가에 SAFE ZONE이 있다. 필자의 바람은 현재 인간이 거주하지 않는 미개발지를 개발하여 SAFE ZONE으로 만드는 것이다. 그리고 이 지역은 육로를 통해서는 접근할 수 없게 하고, 해상과 하늘길을 이용해 외부와 연결하였으면 한다. 헌데 그것은 필자의 상상일 뿐, 합리적이지 않을 수도 있다. 도시공학적으로 이것이 가능한지에 대해 연구가 필요하다.

제도에 대한 연구도 필요하다. 필자가 생각하는 제도가 가상국가에 최적이라고 볼 수는 없다. 그래서 구성원 모두가 불만을 가지기 힘든, 또는 만족해하는 제도의 연구가 필요하다. 가상국가에 필요한 연구가 있다면 우선 가상국가 연구소에 한 파트를 개설하여 연구한다. 그리고 그 연구 분야의 내용이 방대해지거나 독립 연구소로 만들 필요성이 있는 경우 별도의 연구소로 분리한다.

- 지금은 평생 배워야 하는 시대이다

가상국가의 가장 큰 서비스 중 하나를 교육이라고 생각한다. 현 시대는 매우 빠르게 변화하고 있다. 그 변화에 맞추어 각 개인의 삶이 업그레이드되어야 한다. 그 방법은 교육뿐이다.

과거의 교육은 8세부터 20세까지 정규 교육을 마치고, 대학을 졸업한 후 그때까지 배운 지식으로 평생 벌어 먹고 사는 구조였다. 지금은 그런 시대가 아니다. 필자는 근로와 교육이 교차되어야 한다고 생각한다. 고등학교를 졸업하고 바로 대학에 가는 게 아니라, 사회에서 일을 하게 해주는 게 옳다고 생각한다. 고등학교를 막 졸업한 사람이 일을 제대로 하기는 어렵다. 그렇기에 이때의 근로는 교육의 일환으로 봐서 보수를 받지 않는 것이 옳다. 다만, 기업에서는 근무 경력서를 발급하여 학생의 실무 경력을 증명해준다. 학생들은 다양한 분야에서 일을 하면서 자신이 하고 싶은 일을 찾는다. 그리고 가상 대학에서 해당 전공 분야를 공부한다. 공부를 끝내고 학사 학위를 받은 후 해당 분야의 일을 해도 되고, 해당 분야의 기업에서 일을 계속 하면서 동시에 학교를 다녀도 된다. 가상 대학은 시간과 공간을 뛰어넘기에 학생은 일을 하면서 교육을 받을 수 있다.

  이렇게 전문 교육을 받은 후 기업에 종사하면서 실무 경험을 쌓고, 본인이 더 공부하고 싶을 때 연구소에 들어가는 것이다. 이론과 실전이 결합된 학문이 최고의 교육이다. 그리고 석사와 박사를 거치면 고급 인력으로 발전된다.

  가상국가는 평생 교육 시스템으로 운영되어야 한다. 이런 교육 시스템에 관한 연구는 매우 중요하다. 그 연구가 가상국가 연구소에서 이루어져야 한다.

3단계 : 가상국가의 SAFE ZONE

SAFE ZONE은 가상국가의 사유지에 마을 또는 도시를 만들고, 그 지역의 치안과 운영을 가상국가가 담당하는 지역을 말한다.

본 항목에서 이야기하는 내용은 다소 소설 같이 느껴질 수도 있다. 그러나 불가능한 일은 아니다. 이것은 가상국가에 엄청난 큰 힘이 된다. 필자의 바람은 본 항목을 그냥 소설처럼 읽고, 그런 환경과 기회가 오면 모두함께 가상국가의 리더들이 SAFE ZONE을 건설하는 것이다.

가상국가의 SAFE ZONE은 가상국가의 영토가 아니다. 현실 국가의 영토이다. 그런데 그 영토의 사유 주인이 가상국가가 되는 것이다. 그렇기에 땅을 소유할 수 있는 국가에 만드는 것이 유리하다. 땅을 소유하지 못하더라도 몇십 년간 임대할 수 있다면 그것도 나쁘지 않다. 중국은 공산 국가라 개인이 땅을 완전히 소유할 수는 없지만 70년 간 임대해준다. 그리고 그 땅의 치안도 임대자가 할 수 있게 한다면 이런 형태도 나쁘지 않다.

가상국가의 시민이 살고 있으나 가상국가의 영토는 아니기 때문에, 외부의 공격을 받기가 매우 어렵다. 그래서 SAFE ZONE이라고 이야기한 것이다. 예를 들어, 베트남의 한 지역에 SAFE ZONE을 만들었다고 가정하자. 모두함께 가상국가에 대해 적의 조치하는 국가가 있다고 하더라도 SAFE ZONE을 공격할 수는 없다. 그 지역을 공격하면 베트남을 공격한 것이기 때문이다. 반대로 베트남을 적의 조치한 국가가 있을 경우, 그 국가가 모두함께 가상국가도 적대시하지 않는 한 SAFE ZONE을 공격하지는 않는다. 즉, SAFE ZONE이 위험해지는 것은 베트남과 가상국가 둘 다 적대시될 때이다. 그 확률은 높지 않다. 만약 그런 위험이 발생하면 베트남의 SAFE ZONE을 포기하고 그 지역 시민을 다른 SAFE ZONE으로 이동시킨다.

이것이 성공하면 가상국가의 시민은 가장 안전한 상태에서 살게 된다. 이것은 매우 큰 장점이 된다. 수많은 세계인이 가상국가의 시민이 되고자 할 것이다. SAFE ZONE에서 당장 살지 않아도 보험을 들어놓겠다는 생각을 할 것이다.

2단계를 실행시키면서 각국의 국가 대표장 조직이 구축된 후, 3단계 SAFE ZONE 사업을 진행시키면 된다.

대한민국에 SAFE ZONE 구축, 가능할까?

대한민국의 특정 지역을 SAFE ZONE으로 하는 것이 가능할까? 대한민국에서 이 일이 불가능한 이유가 두 가지 있다. 첫째, 대한민국은 현재 휴전 국가이며 전쟁의 위험이 있다. 우리 대한국인은 대한민국이 안전한 곳이라고 생각하지만, 대부분의 세계인은 그렇게 생각하지 않는다. 둘째, 비자 문제이다. SAFE ZONE으로 오는 사람들에게 해당 국가가 최소 1년 이상의 거주 비자를 주어야 한다. 그런 문제를 해결하기는 쉽지 않다.

SAFE ZONE의 대상국은 두 가지가 해결되어야 한다. 첫째, 외국이 공격할 가능성 없이 평화로운 나라여야 한다. 두 번째로 정치가 단순하여 비자 문제 해결이 쉬워야 한다. 이런 국가가 세계에는 많이 있다. 그렇기에 SAFE ZONE 건설은 가능하다.

SAFE ZONE 대상 국가와 앞서 말한 가상국가 연계 현실 국가 15개국이 같을 필요는 없다. 같으면 시너지 효과가 있어 좋을 것이나, 꼭 같을 필요는 없다는 뜻이다. 그리고 항상 따뜻한 나라일 필요도 없다. SAFE ZONE 지역은 세계 여러 곳에 위치해야 한다. 기후도 다양한 편이 좋다. 가상국가 연계 현실 국가가 아니더라도 SAFE ZONE이 다양한 지역에 있을 수 있다. 선진화 민주화된 미국, 캐나다 등에서 유럽까지 모두 대상이 될 수 있다.

처음 도전 지역은 부동산 가격과 인건비가 저렴한 곳을 선택한다. 간단하게 말해서 적은 비용으로 마을을 만들 수 있는 나라를 선택해야 한다.

이 아이템이 성공하면 수많은 세계인들, 특히 부유한 중상 계층의 참여를 이끌 수 있다. 그리고 SAFE ZONE과 최첨단 의료 요양원을 결합하면 세계 중상 계층의 지원을 받으면서 가상국가 SAFE ZONE을 확장할 수 있다.

§ 국민의 휴양지 SAFE ZONE

SAFE ZONE은 가상국가 시민의 휴양지 또는 건강 요양원으로 시작한다. 그래서 세이프존은 가능하면 자연 속에 건설되기를 소망한다. 그곳에서 영원히 살라는 것이 아니다. 가족과 함께 휴가를 보낼 때 세이프존은 장기간 숙소가 된다. 세이프존에는 모든 시설이 갖추어져야 한다. 가장 중요한 부분은 의료이다. 최첨단 의료 장치를 보유해야 한다.

- 첨단 의료 장비와 최고의 내과 의사

세이프존에는 첨단 의료 장비와 내과 의사의 원격 진료

시스템을 갖춘다. 수술이 필요한 의료는 세이프존에서 할 수 없다. 사고에 의한 골절 수술 등은 가능하나, 암수술 등 중환자의 수술은 세이프존에서는 불가능하다.

환자에게 무슨 병이 있는지 확인하기 위해서 첨단 의료 장비가 필요하다. 병명과 원인을 찾지 못하면 아무리 뛰어난 의사라도 처방을 내릴 수 없다. 내과 의사들은 첨단 의료 장비의 결과물로 치료와 처방을 하는 것이 주 업무이다. 전 세계의 세계적인 내과 의사를 연결하여 검사는 병원에서 하고 처방은 원격으로 하는 의료 지원을 한다. 이런 의료 서비스가 가능한 국가에 세이프존을 두어야 한다. 대한민국에서는 위와 같은 의료 서비스 제공이 불가능하다. 국내에서 인가받지 않은 의사가 환자를 진료할 수 없기 때문이다. 원격 의료와 치료가 가능한 지역이거나 또는 정부와 협조하여 세이프존 안에서는 이런 치료가 가능하게 해야 한다. 휴양 또는 요양을 위해서 온 가상국가 국민에게 최상의 의료 서비스를 지원하는 것이다. 치료는 약 처방과 주사 처방을 원칙으로 하고, 의료 보조원은 현지인이나 관리인이 자격을 얻는다. 따라서 가상 대학에 간호학과를 설치하고 이론 수업 이후 실습은 세이프존 병원에서 하도록 하면 의료 서비스가 가능하다. 한의원일 경우 한의사가 직접 진료하도록 한다. 그리고 약재는 전부 대한민국에서 수입해오도록 한다. 세이프존에서 휴양도 하고 진료도 하고자 하는 한의사도 있을 것으로 생각한다. 첨단화한 한의 서비스 또한 세계적으로 경쟁력이 있다고 생각한다.

- 전 세계의 생필품이 존재하는 마트

세이프존의 마트에는 다양한 생필품이 있어야 한다. 그리고 세계의 물건이 최대 5일을 넘기지 않고 배송될 수 있도록 유통 배송 경로를 확보해야 한다. 세이프존에 거주하는 국민들이 생활하는 데 전혀 불편함이 없으려면 생필품이 확실하게 지원되어야 한다. 그리고 상품이 없을 경우 인터넷에서 구매하면 최대 5일 이전에 도착되어야 한다.

문제는 농축수산물이다. 보관과 유통이 매우 까다롭기 때문이다. 이런 제품은 결국 냉동 식품으로 만들어야 한다. 또한 지역 환경이 달라서 발생하는 부분은 어쩔 수 없이 국민이 받아들여야 한다.

- 외부와의 연결은 바다, 하늘만

세이프존에서 해당 국가의 다른 도시로 넘어가는 길은 원천 봉쇄한다. 간단히 말해서 해당 지역의 국민과 연결을 차단하는 것이다. 왜 이렇게 하는가? 세이프존이란 이름이 그것을 설명한다. '안전한 지역' 이것이 세이프존이다. 가상국가 시민 중 세이프존 서비스를 받을 수 있는 사람들은 이 지역을 이용해도 사고를 발생시킬 확률이 적다.

만약 현지 국가의 국민이 세이프존에 올 수 있다면 그 때문에 치안과 보안에 많은 문제가 발생할 수 있다고 생각한다. 세이프존의 운영자도 모두 가상국가의 시민이어야 한다. 그리고 청소와 시설 수리 보수 등의 일 등은 가능한 한 로봇과 자동화 시스템을 이용한다. 소위 허드렛일을 위해 외부인을 거주하지 않게 하며 세이프존에는 가상국가 시민만 살도록 한다. 또한 가상국가 시민이라도 세이프존에서 청소, 관리 업무 등의 일을 하고자 하는 사람들이 존재할 것이다. 그들을 세이프존 관리자로 활용한다. 외부 도시와의 물류 배송 때문에 꼭 연결할 필요성이 있을 수도 있다. 주변에 바다가 없어서 배를 이용하지 못하는 지역들이 이에 해당될 것이다. 이런 지역에는 철도를 제안한다. 그리고 그 철도로 화물만 이동할 수 있게 한다. 세이프존에 반드시 있어야 할 것은 공항이다. 크지 않더라도 공항은 꼭 필요하다. 가상국가의 국민들은 공항과 배를 통하여 세이프존에 오게 한다.

- **교육을 위한 Full service**

세이프존에 초등학교 또는 대안 학교와 청소년 인성 캠프를 설치한다. 교육에 대한 이야기는 앞에서 자세히 서술한 바 있다.

자녀들의 교육을 위해 세이프존을 방문할 수 있도록 설계되어야 한다. 가상국가의 시민은 시간과 공간을 떠나서 일을 하고 돈을 벌 수 있다. 가상국가에서 수익을 얻고 생활하는 많은 국민들이 자녀들의 교육을 위해 세이프존에 와서 거주할 수 있도록 한다. 이 경우, 거주 기간은 1년 이상이 되어야 한다. 이런 시민들은 현지 국가와 협력하여 장기 거주 비자를 발급받도록 해야 한다. 세이프존에는 온라인으로 세계 석학들의 교육 콘텐츠를 유치하여 최고의 교육을 받을 수 있도록 한다. 관심 있는 학문을 함께 공부할 수 있게 스터디 그룹도 만들어주고, 인증 및 자격증을 획득할 수 있도록 다양한 실습 시설노 구축한다.

....

세이프존은 휴양, 요양, 교육과 함께 인생을 보다 윤택하게 하기 위한 곳이 되어야 한다. 인간은 혼자 있기를 싫어한다. 때로는 홀로 자연인이 되고자 하는 사람들도 있으나, 본래 인간은 많은 사람과 함께 하면서 자신의 존재감을 확인하고자 하는 욕구가 있다.

인간은 다른 사람들과 감정 교류를 하며 인생을 윤택하게 하고 행복을 얻는다. 그런데 지금의 사회는 신뢰가 없어졌다. 서로 감정 교감이 아니라 이권의 교환을 목적으로 한다. 그렇기에 세상은 냉혹하다. 수많은 사람들과 사랑하며 살아도 인생이 짧은데, 서로를 의심하고 공격하며 살아야 한다. 그래서 현대인은 고독한 것이다. 진정한 인간의 본성대로 살 수 있게 바뀌어야 한다. 서로 함께 하고 사랑하는 운동이 시작되어야 한다. 그 운동이 시작되는 곳이 바로 세이프존이다.

- 다양한 문화 예술 공간 – 레저, 스포츠

가상국가의 성장 동력은 콘텐츠 사업이다. 이와 연계하여 연극과 음악 공연 등을 자주 열어야 한다. 세계적인 유명 가수의 공연과 연극 공연 등을 세이프존에서 열도록 한다.

"세계적인 뮤지션의 공연을 유치하려면 많은 돈이 들 텐데…"

공연을 유치할 때는 해당 공연을 촬영할 수 있도록 계약해야 한다. 그리고 그 동영상을 온라인으로 방영하여 수익을 낸다. 만일 촬영을 못하게 한다면 그 팀은 유치가 불가능할 것이다. 가상국가의 콘텐츠 사업은 처음에는 영화/드라마로 시작하나 점차 연극, 오페라, 음악 등 분야를 확대하여 다양한 콘텐츠를 공급해야 한다.

앞서 가상 스튜디오를 만들고 영상 공학 기술을 육성해야 한다고 하였다. 일반적인 공연장이 아닌 가상 스튜디오에서 공연을 하게 되면 영상의 퀄리티가 높아진다. 그리고 CG와 다양한 영상 기술로 공연 영화와 같은 느낌을 만들어 세계인의 시청률을 높이고 수익을 창출하는 것이다. 따라서 세이프존의 공연은 수익을 창출하기 위하여 자주 열려야 한다. 이렇게 되면 세이프존의 국민은 다양한 문화와 예술을 관람할 수 있으므로 일거양득이다.

레저 스포츠는 인간의 삶을 윤택하게 하기 위한 필수 요소이다. 세이프존 안에는 다양한 레저와 스포츠를 즐길 수 있는 공간을 만들어야 한다. 골프장, 테니스장, 등산로, 수상 레저 등이 있어야 한다. 골프장이 있으려면 세이프존의 크기 또한 작지 않아야 할 것이다.

필자가 생각하기에 세이프존의 규모는 마을이기보다 도시에 가까워야 한다. 주거는 지역 환경에 따라 아파트, 개인 주택이 혼용될 수 있다. 좀더 쉽게 이야기하면, 미래형 도시를 생각하면 된다. 인간의 상상력에 의해 만들어진 영화 속 미래형 도시가 그대로 재현되어야 한다고 생각한다.

드론 자동차 시대가 열리지 않을까?

드론 기술이 계속적으로 발전하고 있다. 최근에는 중국에서 드론 택시도 개발되었다. 드론 자동차 시대를 열기 위해서는 배터리 기술이 발전되어야 한다. 필자의 생각에 배터리 기술은 분명 빠르게 발전할 것이다. 세이프존에 왜 육로를 두지 않을까? 육로가 필요 없는 시대가 오기 때문이다. 드론 자동차를 이용하면 도로가 필요 없게 된다. 대한민국은 휴전 국가이기 때문에 하늘을 나는 드론 자동차를 운용하기 어려울 수도 있으나, 자연 지형이 많은 나라에서는 드론이 매우 유리한 교통 수단이다.

또한 드론 기술과 배터리 기술은 우리 가상국가도 최선을 다해 연구하고 축적해야 한다. 가상국가의 로봇 연구소가 이 부분을 담당하면 될 것이다.

- 에너지 문제 자체 자급으로

세이프존을 만들고자 할 때 본 항목이 가장 중요하다고 생각한다. 세이프존을 움직이는 에너지를 공급해야 한다. 세이프존의 모든 에너지는 전기 에너지로 통일한다. 그렇기에 전기 에너지를 생산해야 한다. 화력 발전소부터 소형 원자력 발전소, 풍력, 지력, 태양광 등 다양한 방법으로 에너지를 확보해야 한다. 가능하면 친환경 에너지를 생산하는 것이 옳다. 그러나 모든 지역에서 친환경 에너지를 생산할 수 있을까? 쉬운 일이 아니다. 때로는 화력 발전소, 원자력 발전소, 가스 발전소가 필요한 경우도 있다.

 이럴 경우 해당 국가에 거대 발전소를 만들어주고 에너지를 나누어 쓰는 것도 좋은 방법이다. 가상국가의 세이프존을 어느 지역에 둘까 결정할 때 에너지 문제를 꼭 확인해야 한다. 또한 그 에너지의 운용을 세이프존에서 해야 한다. 그렇지 않으면 세이프존에 위험이 있을 수 있다. 세이프존에 공급되는 전기를 끊으면 세이프존은 죽은 도시가 되기 때문이다. 세이프존 지역에서 자급할 수 있다면 최상이다. 그렇지 않고 발전소를 지어야 한다면 가상국가의 자산으로 발전소를 짓고, 직접 운영하면서 남는 전기를 현실 국가에 나누어주는 방법을 사용할 것을 권장한다.

- 첨단 교통 물류 배송 시스템

 세이프존 안에는 두 개의 라인이 있다. 인간이 이동하는 라인과 택배가 이동하는 라인이다. 라인이라고 이야기한 것은 이 라인이 어떻게 구축되어야 하는지에 대해 필자의 생각이 없기 때문이다. 전철처럼 미니 기차가 이동해도 되고, 자동차가 이동해도 되고, 에스컬레이터가 이동해도 된다. 간단하게 설명하면, 인간이 다니는 라인에서 가고자 하는 위치를 선택하면 자동으로 해당 위치로 이동시켜 준다. 또한 물건을 보낼 위치를 입력하면 해당 위치로 자동으로 배송되도록 한다.

세이프존 안에서는 인간이 운전을 하는 자동차의 사용을 금지한다. 이동과 배송이 모두 자동화되도록 설계되어야 한다. 이 방법은 분명 미래형 도시에서 채택할 기술일 것이다. 지금도 설계만 잘 한다면 구현 가능한 방법이다.

그리고 인간 이동 라인과 배송 라인으로 자동화와 통일화를 하면 에너지를 절약할 수 있다. 필자가 이야기하는 기술은 지금도 실현 가능한 일반적인 기술이다. 기존의 도시에서 적용되지 않고 있을 뿐이다. 세이프존에는 음주운전이 존재하지 않는다.

- 자동화 건축 기술 유치

현 시대의 건축은 인간의 손으로 하는 일이 많지 않다. 땅을 파는 것은 포크레인이 하고, 큰 돌과 철근은 크레인이 옮긴다. 이런 장비들을 조작하는 것이 인간의 일이다.

장비의 조작단을 인터넷으로 이동시키면 기계가 혼자 작업을 할 수 있다. 즉, 수많은 건축 장비들의 조작단을 인터넷으로 연결하여 한국의 건축 기사들이 공사한다면 인력 없이 건설할 수 있다고 생각한다.

이것이 가능한 이유는 세이프존 부지는 인간이 살지 않는 미개척 지역에 세우는 것을 원칙으로 하기 때문이다. 자동화 건축 장비가 오류를 내도 사람에게 피해가 없다. 일반 도시에서 건축을 할 때는 안전사고 위험 때문에 불가능하다.

  이 건축 기술 또한 개발 가능하다. 첨단 기술이 아니라, 현재 있는 기술을 새롭게 응용하는 것이다. 이런 건축 기술, 토목 기술을 활용하면 빠르게 건설을 할 수 있다. 기계는 24시간 가동이 가능하며 밥을 먹고 휴식하는 시간이 필요 없기 때문이다. 부지가 선택되면 최우선으로 공급할 것이 인터넷 선과 에너지이다. 이 두 가지가 선공급되면 로봇이 건설하는 형태가 만들어질 것이다.

  - 핵심 산업 설정

  세이프존은 휴양지 또는 요양지이므로 소비 노시라고 생각할 수 있다. 그러나 도시는 언제나 소비만 하면 안된다. 가상국가가 지원하는 다양한 산업 중 하나를 도시 성장 동력 사업으로 선택하여야 한다. 또는 새로운 아이템을 창의적으로 만들어도 된다.

  식량 산업은 인류가 사라질 때까지 무너지지 않는 중요 산업이다. 지금은 식량을 생산하는 생산자들이 큰 수익을 얻지 못하고 있다. 그러나 유통, 배송 기술이 크게 발전하면 식량 산업 종사자의 힘이 커진다. 식량 산업을 자동화하는 부분도 매우 좋은 아이템이다. 세이프존의 성장 동력 사업이 만들어지면 이제 세이프존은 도시로 성장하게 된다.

§ 세이프존 건설 자금 유치 전략

　세이프존을 건설하는 데는 엄청난 비용이 든다. 세계로 진출하였다 해도 건설 자금을 마련하기란 쉬운 일이 아니다. 골프장을 건설하려고 할 때 골프 회원권을 파는 방법이나, 아파트 건설 비용을 조달하기 위해 아파트 분양권을 판매하는 것과 비슷한 방법을 사용할 수 있다.

　중요한 것은 이 비즈니스는 대한민국에서는 이루어지지 않는다. 대한민국의 모두함께 회원(소지역, 중지역, 지역 대표장)은 자동적으로 세이프존에 거주할 권한을 가지기 때문이다. 세이프존이 시작되기 전에 1단계 사업이 완료되어야 한다. 그리고 2단계 사업이 진행되고 있어야 한다. 세이프존 회원권은 가상국가의 시민이 됨과 동시에 세이프존에 주거를 확보해주는 것이다. 이 회원권의 판매 금액은 매우 고가일 것이다. 한 사람이 투자한 비용으로 10명이 거주 공간을 만들 수 있게 비용을 책정해야 하기 때문이다. 100명의 투자금이 모이면 1000명이 거주할 수 있는 세이프존이 만들어질 것이다.

- 회원권 판매가 가능한가?

 가상국가 그리고 세이프존 등의 개념은 세계인에게 이해하기 힘든 부분이다. 아마 많은 분들이 세이프존 건설이나 회원권 판매에 대해 회의적일 것이다. 또한 화폐의 문제도 있다. 세계 각국의 화폐를 받았다 해도 그 화폐를 기축 통화로 전환해야만 건축 자재 구입부터 시작해서 모든 사업을 진행시킬 수 있다. 문제는 이 사업을 하는 주체가 어느 국가에 있는가 하는 부분이다. 대한민국에 존재한다면 외환 문제부터 많은 어려움을 겪게 된다. 최상의 방법은 세이프존의 건설 지역 국가에 기업을 만들고, 그 기업에서 이 세이프존을 건설하게 하는 것이다. 세이프존에 오고자 하는 세계인은 자신의 자산을 달러로 바꾸어 지급하기 어려울 수도 있다. 많은 나라에서 외환을 관리하기에 개인이 자신의 재산을 기축 통화 달러로 바꾸어 반출하는 데 어려움이 있다. 이것이 첫 번째 장벽이다. 이 장벽을 해결할 수 있는 방법은 모두코인을 이용하는 것이다. 즉, 회원권을 구매하고자 하는 사람은 모두코인으로 지불하면 된다. 그러면 그 모두코인을 받아서 어떻게 도시 건설 사업을 할 것인가? 그 부분은 여기서 굳이 자세히 설명하지 않아도 될 것 같다. 세이프존 사업이 시작되면 모두코인의 가치가 높아질 수 있다. 이것은 수출입을 담보로 하는 것과 비슷한 형태이다. 지불이 어렵지 않으면 회원은 분명히 존재한다. 세계에는 중상위 계층의 사람들이 많다. 중국에는 대한민국 100대 기업의 오너들이 가진 재산만큼을 가진 사람들이 5천만 명이나 있다. 세계적으로 보면 1억의 인구는 본 세이프존의 회원권을 구매할 능력이 있다.

"무엇을 믿고 가상국가 세이프존 회원권을 살까?"

1단계가 진행되면서 모두함께 가상국가는 4개의 핵심 사업을 진행시키고 15개국에서 가상국가 시민을 가입시키고 소국가, 중국가, 국가 대표장을 선임하게 된다. 그것이 재산이다. 본책의 내용을 자세히 읽어보면 절차와 단계를 진행시키는 데 어려움이 없다. 책으로 쓰기에 기획 내용을 서술형으로 쓰고 있다. 이 내용을 보면 가상국가 건립이 가능하다고 느낄 수 있다. 아니, 그 물결은 이제 시작되었다. 그리고 모두함께는 그 동안 많은 준비를 했기에 가장 빨리 가상국가를 건설할 수 있을 것이다. 그 내용을 다시 체계화하여 발표 자료로 만들고, 정확한 내용을 발표한다면, 회원권을 구매할 사람은 많이 있을 것이다.

그들은 "보험 하나 들어두자"라고 생각할 수도 있다. 세계의 도처에 많은 위험이 도사리고 있다. 범죄를 저지르지 않았는데도 억울하게 재난을 당하는 경우가 발생한다. 그 확률이 크지 않더라도 여유가 있는 사람들은 그런 위험에 보험 비슷하게 대처하기 위해 돈을 쓰는 것을 아까워하지 않는다. 그리고 자국의 화폐로 모두코인을 사서 회원권을 구매한다면 회원 가입은 쉬워질 것이다.

특히 강조하는 부분은 '첨단 의료 서비스와 요양'이다. 인간은 늙고 결국 죽음을 맞이한다. 노환으로 죽는다고 해도 모두 병을 가지게 된다. 그 병을 치유할 수 있는 최첨단 의료 서비스가 있는 청정 자연 지역에서 요양하며 가족과 함께 생활하고, 경계하지 않아도 되는 사람들과 교류할 수 있다는 것은 매우 좋은 상품이 된다. 돈을 가지고 있어도 병을 못 고칠 때가 있다. 이럴 경우 요양하며 희망을 가질 수 있는 공간이 세이프존인 것이다. 다른 요양 시설과는 기본 시스템이 다르다. 그리고 인간 사회와 분리되지 않았다는 점이 중요하다. 생의 마지막 시간을 지내기에 충분히 가치 있고 좋은 공간을 만들어내면 세이프존 회원권은 분명 판매 가능하다.

- 절대 범죄자나 정치인의 보호 장소로 만들면 안된다

가상국가의 세이프존은 세계의 정치와 범죄에 연관되어서는 안된다. 그렇기에 세이프존이 범죄자가 피난할 수 있는 공간이 되면 안된다. 그렇게 되면 세계 많은 국가들의 지탄을 받아 세이프존은 바로 무너진다. 두 번째로, 정치인들의 피난처도 되어서는 안된다. 러시아의 야권 정치인들이 미국이나 유럽으로 망명하는 경우가 있다. 그 때문에 러시아와 미국, 유럽 국가들이 서로 대립하기도 한다.

가상국가의 세이프존은 정치인의 피난처가 되면 안된다. 가상국가는 세계 현실 국가의 정치와 이념 부분에서 철저하게 중립을 지켜야 한다. 가상국가는 주권이 국민에게 있는 것은 맞으나 계급 사회이다. 그렇기에 현실 국가의 민주주의나 공산주의 이념이 적용되지 않는다.

우리는 자유 민주주의 국가 대한민국에 살고 있다. 그리고 공산주의를 반대하고 북한 정부와 대립하고 있다. 그러나 가상국가는 자유 민주주의도 아니며, 공산주의를 반대하지도 않고 북한 정부를 적의 조치하지 않는다. 모두함께 가상국가는 새로운 이데올로기가 만들어지는 새로운 시대의 국가이다. 그렇기에 현실 국가의 이념 논쟁에 휘둘려서는 안된다. 그렇게 해야만 세이프존이 성공한다.

- 세이프존 영토 보유 국가와 협약은 필수이다

세계에는 돈이 필요한 국가들이 많이 있다. 국민의 생활 수준이 낮고 국민 총생산량이 저조해 나라에 돈이 많지 않은 국가들은, 발전을 하고자 해도 발전시킬 자금이 없어 어려움을 겪고 있다. 이런 국가에서 세이프존 지역을 구매하고 비자 관계의 협조를 제안한다면 협조할 국가는 많을 것이다.

세계인에게 세이프존 회원권을 팔기 이전에 이런 국가와 미팅하고 정책을 홍보하고 제휴를 먼저 해야 한다. 이 제휴가 성사되어 협정이 체결되면 세계인의 신뢰를 얻을 수 있다. 모두함께의 세이프존과 기존의 세계 여행지 회원권은 많은 차이가 있다. 기존의 여행 회원권은 단순히 여행이 목적이며 그 사업에 국한된다. 그러나 본 회원권은 주거 공간을 100% 보장하고 가상국가의 시민으로 들어와서 또 다른 세계에서 활동할 기회를 주는 것이다. 이 사업이 시작될 때 우리는 세계의 국가 대표장과 한인 사회와 연결되어 있기에 영업도 충분히 가능하며 세이프존 건설 자금을 분명 유치할 수 있을 것이라고 생각한다.

§ 치안 시스템을 구축하자

세이프존의 치안은 가상국가가 관리한다. 가상국가는 필수 치안 부대를 운영해야 한다. 세계적인 용병을 세이프존의 치안 부대 구성원으로 고용해야 한다.

그냥 평범한 남성을 치안 요원으로 활용해서는 안된다. 세계의 특공대 출신의 정예 요원을 세이프존의 치안 요원으로 두어야 가상국가의 시민들의 신뢰가 높아진다.

　세이프존 회원권을 구매할 사람들은 치안을 매우 중요하게 생각한다. 세이프존의 치안을 출중한 능력을 가진 믿을 만한 사람들에게 맡기게 되면 회원권 판매도 더 잘 될 것으로 생각한다.

　로봇 치안 시스템도 필요하다. 주변 경계는 로봇 치안 시스템을 이용한다. 로봇은 쉬는 시간이 없고 24시간 경계가 가능하다. 이상한 침입이 발생하면 바로 경계 조치를 하고 전문 치안 요원이 올 때까지 주변 경계를 하는 일을 로봇에게 맡기면 최적화된 치안 시스템이 될 것으로 생각한다.

· · · · · · · · · · · ·

　1개 국가에서 세이프존이 만들어지면 세계가 가상국가를 보는 시각이 달라질 것이다. 어쩌면 또 다른 가상국가가 생겨날 수도 있다. 세이프존이 점차 커지면 가상국가는 현실 국가와 비슷한 위치를 가지게 된다. 국가가 존재하지 않는데 국민이 있고 국민을 보호하는 영토가 있다. 그리고 행정 운영이 가능하며 세금도 걷는다.

　이것이 가능한 이유는 이제 인간이 현실 공간과 가상 공간 모두에서 살고 있기 때문이다.

세계 여러 나라와 동맹을 맺다

　본편을 마지막으로 가상국가 시스템의 이론은 마친다. 이 편은 어쩌면 더 소설처럼 느껴질 수 있다. 다시 한번 강조한다. 모두함께 국민운동부터 가상국가까지 이 기획은 정교하게 단계별로 성공 전략을 수립하였다. 그렇기에 본 장에 기술한 내용도 실현 가능한 일이다. 지금 우리는 엄청난 변화의 소용돌이 가운데 있다. 이루어지지 못할 허상이 아니다. 우리의 가까운 미래에 다가올 일들이다.

　분명 반대의 힘에 부딪힌다. 필자가 여기까지 올 때도 정말 많은 반대에 부딪혔다. 그렇다고 무너지지 않는다. 그게 인간의 역사이다. 필자가 이 길을 가다 지금은 더 나갈 수 없게 되었다. 그래서 이 책을 쓰는 것이다. 그러면 또 다른 리더자가 지금까지 온 힘을 바탕으로 전진을 할 것이다. 그렇게 반대에 쓰러지면 또다시 일어서고 새로운 리더자가 출연하면서 가상국가는 만들어질 것이다.

가상국가가 만들어지면 현실 국가의 경계가 엄청날 것이다. 또한 가상국가의 모두코인을 보면 경제를 이끄는 선진 국가에서는 매우 크게 경계하고 때로는 명분을 만들어 압력을 행사할 것이다.

이때가 가장 어렵고 힘든 때라고 생각한다. 모두코인의 가치를 억지로 폭락시켜 피해자가 발생했다는 명분으로 모두함께 가상국가를 국제적 사기 집단으로 만들어 무너뜨리려고 할 수도 있다. 충분히 가능한 일이다.

그러나 그렇게 하여 가상국가는 무너지지 않는다. 다만 리더자들이 희생당할 것이다. 그렇기에 모두함께 가상국가의 리더자는 오로지 세계인을 위해 희생할 각오를 하고 이 일을 해야 한다. 강대국들의 압박이 있을 수 있고 리더자들이 국제 재판소에서 사기죄로 판결받을 수도 있고 때로는 무력 행사를 당할 수도 있다. 그렇다고 모두함께 가상국가가 아무것도 할 수 없고 무능한 것은 아니다. 모두함께에도 분명 힘이 존재한다. 세이프존이 완결되면서 가상국가는 세계 여러 나라와 연합을 할 수 있는 기회를 얻게 된다.

§ 뛰어난 책략가여, 모두함께 가상국가와 함께 하라

필자가 국민운동을 이끌고 여기까지 왔다. 정말 다양한

일이 있었다. 거대한 혁명은 반대의 물결이 크고 다양한 고난과 고통을 받는다. 지금 필자는 구속되었고 더 이상 앞으로 나갈 수 없어 이 책을 쓴다. 그러면서 많은 부분 감사해 한다. 필자가 구속되었다 하더라도 조직은 무너지지 않았기 때문이다. 지금도 모두함께는 건재하고 새로운 리더자들이 이끌어가고 있다. 그래서 어느 정도 발전하고 나아갈 것으로 기대한다. 그러나 세계로 나아가는 것은 쉬운 일이 아니다. 거기에 모두코인을 화폐로 들고 나아가야 한다. 지금보다 더 어렵고 힘든 일들이 발생할 것이다.

- 뛰어난 책략가가 제발 나타나기를…

모두함께가 단계적으로 발전할 때 필자의 지혜가 많은 일을 이끌었다. 지금 돌이켜보면 티닝 포인드 때미다 필자가 그 일을 잘 수행했다고 생각한다. 모두함께 국민운동은 대한민국에서만의 운동이다. 대한민국 내부의 운동인데도 어떻게 하든 우리 단체를 무너뜨리려 하는 세력이 존재했고 다양한 방법으로 방해를 하고 괴롭혔다.

그러나 그 모든 것을 이겨내고 모두함께는 건재하다. 어쩌면 필자는 또 말도 안되는 사기 혐의로 기소되어 재판을 받을 지도 모른다. 그러나 그런 압박에도 불구하고 모두함께 국민운동은 건재할 것이라고 확신한다. 필자가 갖은 모략에 의해 수년 간 구치소와 교도소에 있게 되도 분명 모두함께는 건재할 것이다.

　본책이 출판되어 국민에게 전파되는 순간, 필자를 구속하고 핍박해도 모두함께는 계속 발전하게 되어 있다. 필자는 이 길을 오면서 이미 모든 것을 각오했기에 두렵지 않고 많은 부분 감사해한다. 그리고 모두함께가 가상국가로 진행될 많은 부분의 기초를 만들었다. 지역회의 조직은 일부 무너짐이 있을 수 있으나 건재할 것이고, 필자의 책에 의해서 국민은 모두코인을 다시 보게 될 것이다. 그렇게 되면서 대한민국에 가상국가에 대한 물결이 일어나기를 소망하고, 그 일을 만들기까지가 필자의 일인 것 같다. 정말 드라마틱하게 이 일을 해냈다고 생각한다. 필자가 국민운동을 하면서 발생한 모든 일을 부록에 기록하고자 한다. 문제는 가상국가를 선포하고 세계로 나아가는 단계이다. 지금까지 필자는 최선의 정책을 만들었다고 생각한다. 헌데 세계로 나아갈 때는 필자의 능력보다 몇 배 이상의 지혜와 책략을 쓸 리더자가 있어야 한다. 그 리더자가 나와서 모두함께 가상국가를 이룩하기를 소망한다. 그 길을 갈 때 필자의 책이 도움이 되기를 바란다.

　필자는 현재 3년의 징역형을 선고받았다. 그렇기에 필자가 형기를 마치고 나가서 모두함께를 이끌기에는 시간이 맞지 않는다. 3년 동안 아무 일도 안하고 필자만 기다리는 것은 무너지는 것이다.

즉, 필자는 끝났고 모두함께는 앞으로 나아가야 한다. 이런 글을 쓰는 것은 모두함께 가상국가가 필자의 생명이요 모든 것이기 때문이다. 그 길이 대한국인을 행복하게 만들기 때문이다. 필자의 책을 읽고 진심으로 대한국인을 사랑하고 희생하고자 하는 진정한 책사가 모두함께에 함께 하기를 간절하게 소망한다.

・・・・・・・・・・・・

본편에서 필자가 생각하는 정책을 기록하고자 한다. 가상국가가 성공하기 위해서는 세계의 많은 국가와 동맹을 맺어야 한다. 그리고 미국과 중국 같은 강대국이 우리 가상국가를 섣의 조치하지 못하게 해야 한다. 그리고 최후에는 세계 어느 나라라도 모두함께 가상국가를 지킬 수밖에 없는 그림을 만들어야 한다.

본편에서는 그 이야기를 하고자 한다.

§ 미국 국민에게 가상국가에 대해 알려야 한다

가상국가, 그리고 모두코인. 이 모든 것을 강대국이 좋아할 리가 없다. 특히 미국의 기득권자들은 이 부분에 많이 반대하고 커지지 못하게 강한 압력을 행사할 수 있다. 어쩌면 모두함께 가상국가가 실패한다면 그 원인의 가장 큰 요인이 미국의 반대 압력일 것이라고 생각한다. 미국의 압력을 이기는 방법은 미국 국민에게 호소하는 것이다. 미국은 미국 국민이 주인이다. 미국 국민이 가상국가에 대해서 알게 하면 많은 일들이 발생할 것이다. 세계에서 가장 큰 돈은 미국에 있다. 이유는 간단하다. 달러가 기축 통화이기 때문이다. 그리고 IT 기술의 TOP 기업은 모두 미국에 있다. 그리고 다양한 세계 운동들을 미국이 이끌고 있다.

미국인도 미연방 준비은행의 달러에 반감이 있다. 금융 기득권자들에 의해 수많은 미국 국민들이 고통당하고 희생당한다고 생각한다.

지금 대한민국 국민이 정치인을 불신하는 것보다 미국이 미국 정치인들에 불신하는 정도가 더 클 수도 있다. 또한 음모론이 큰 단체를 만들어 미국에 또 하나의 세력을 만들고 있다.

이런 미국인이 가상국가 시스템에 대해 이해한다면 정말 큰 물결이 발생할 것이다. 그래서 필자의 생각은 차후에 본 책을 영문화하여 미국 전역에 전파하는 것이다. 그렇게 되면 가상국가를 건설하고자 하는 미국의 국민운동이 여러 곳에서 발생할 수도 있다. 만약 이것이 성공하면 미국 정부가 가상국가에 대해서 반대적 압력을 행사하기 어렵다. 국민의 표에 의해 정권이 만들어지는 미국의 상황에서, 한쪽이 가상국가에 대해 적의 조치를 하면 국민이 실망할 것이고, 그 실망하는 국민의 힘을 얻기 위해 다른 쪽은 가상국가 시스템에 대해 긍정적 행동을 할 것이다.

이렇게 가상국가가 논쟁의 주제가 되면 일단 미국의 공격을 피할 수 있다.

가상국가는 결코 한 개국만 만들어지지 않는다. 그리고 여러 곳에서 여러 세력들이 가상국가를 만들려고 도전하게 되면 모두함께 가상국가는 성공적으로 발전할 것이라고 본다. 모두함께는 가상국가 건설을 위해서 2015년부터 시작하였다. 그렇기에 다른 가상국가 시작 집단보다 빠르게 노하우를 구축하였다. 그리고 단일 민족이 힘을 뭉쳐나간다! 그것이 강한 힘이 될 것이다.

미국의 압력을 피하기 위한 최적의 공격 방법은 미국 국민에게 가상국가 시스템을 알려주고 그들이 가상국가를 만들기 위해 여러 단체들을 움직이게 하는 것이다.

§ 중국 공산당이 가상국가에 관심을 가지게 하자

중국은 세계 국가 중 가장 먼저 디지털 화폐를 도입한 국가이다. 가상 공간에 대한 관심도 매우 높다. 만약 중국 정부가 가상국가의 개념을 이해하면 가상국가 시스템을 도입하고 세계의 중국인과 화교를 결합시킬 것이라고 생각한다.

중국이 가상국가를 운영하면 성공할까 실패할까의 문제보다 더 중요한 것은, 중국이 가상국가에 도전하게 되면 세계의 많은 국가와 단체가 가상국가에 관심을 갖게 된다는 것이다.

가상국가에 대한 관심이 중국도 미국도 높아지고, 또한 그런 시스템이 가동되면 우리의 모두함께 가상국가와 경쟁자가 되지 않을까 걱정할 수도 있다. 그러나 필자의 생각에 우리가 가상국가 시스템으로 세계로 나아갈 때 중국 정부와 미국의 기업과 단체가 가상국가에 관심을 갖는 것이 우리에게 유리하다고 생각한다.

필자의 경험으로 보아 국가는 기업과 다르다. 기업은 거대 자본의 투자가 기업을 크게 키울 수 있다. 허나 국가의 경우 거대 자본은 필요 조건이지 충분 조건은 아니다. 국가는 문화와 철학을 갖춰야 하고, 이를 위해 국민이 문화와 철학을 받아들일 수 있는 시간이 필요하다.

세계가 가상국가에 관심을 가지면 모두함께 가상공화국은 방해 요소 없이 앞으로 진행할 수 있다. 미국과 중국이 강대국인 것은 사실이다. 그렇다고 그들이 공격하면 우리는 힘없이 무너질 것이라는 생각은 좋은 생각이 아니다. 미국의 특성과 중국의 특성이 있기에, 그 특성을 잘 활용하면 작은 나라라 하여도 당하지만은 않을 수 있다. 또한 거대 국가는 움직임이 빠르지 못하다. 기업도 거대 기업은 재빨리 움직이지 못한다. 그리고 큰 국가와 큰 기업에게는 가상국가라는 개념 자체가 엄청난 자본을 투자해야 하는 사업이다. 모두함께는 대한민국에서 작은 규모로 조용히 시작해서 컸지만 큰 기업과 큰 국가 입장은 다르다. 따라서 가상국가가 이슈가 되어도 바로 빠르게 시작하지 못한다. 그때 모두함께는 가상국가의 이슈를 크게 퍼뜨리며 세계로 나아가야 한다.

§ 세계가 이민의 열풍에 들어섰다 - 국기의 협력이 쉽다

동남아시아 쪽에서는 은퇴하고 여유 자금이 있는 노령의 외국인들의 이주를 환영하고 있다. 대한민국은 일을 할 수 있는 젊은 노동자의 이주를 위해 법 개정까지 준비하고 있다. 유럽과 선진국은 젊은 노동자가 올 경우 주택과 초기 주거비를 지원한다고 한다.

노동력의 대 이동이 발생하고 있다. 세계적으로 공통점은 돈이 많은 사람이 이주나 이민을 오는 경우 모두 환영한다는 것이다.

지금의 세계는 무력 전쟁은 줄어들었으나 경제 전쟁은 매우 치열한 상태이다. 세상에 많은 정보가 공유되고 있다. 이제 개발 도상국, 후진국의 국민도 미개하지 않다. 스마트폰과 인터넷을 통해서 세상의 흐름을 보고 있기 때문이다. 그리고 지금 그들도 산업화에 힘쓰고 경제를 발전시키려 한다. 이 부분에 선진국들은 경계하고 있고 가능하면 개발 도상국이 발전하지 못하는 방향으로 끌고가기도 한다. 이제 후진국들이 산업화에 몰입하는 시기가 되었다.

베트남, 미얀마 등에서부터 시작되어 거대 기업의 공장을 유치하고 자국 산업을 키울 수 있게 다양한 일을 하고 있다. 기업들에게 세제부터 공장 부지 무상 대여 등 다양한 혜택을 준다. 기업은 공장이나 현지 기업을 세우면서 본사로부터 관리자와 운영자를 파견한다. 어느 개발 도상국은 외국 기업에서 파견온 관리자와 운영자에게 시민권까지 주기도 한다.

외국인들이 자국의 영토에 들어오는 것을 경계하던 시대는 사라지고, 돈과 능력이 있다면 자국의 영토에 거주하는 것을 환영하는 시대로 돌아섰다. 이것이 기회라고 생각한다. 모두함께 국민운동을 세계로 확장시키면서 세계 여러나라와 협력의 길을 만드는 데 이 부분을 활용해야 한다.

- 모두함께는 IT, AI, 콘텐츠 기술을 세계로 전파할 수 있다

국내에서 운영한 모든 기술과 드라마/영화 편집 기술 등을 무기로 후진국과 개발 도상국에 협력을 강화하는 연결을 만들어야 한다. 지금 개발 도상국은 새로운 기술을 이용하여 기업을 만드는 부분에 많은 박수를 보낸다.

가상국가의 개념을 해당 국가에 알리고 국민을 모으는 게 아니다. 처음 연결은 기업을 해야 한다. 그리고 그 국가에 무엇인가를 주어야 한다. IT 기술을 주거나, 국가 행정망을 무상으로 건설해주거나, 공장을 만들어 주거나, 발전소를 만들어 주거나 해야 한다.

그렇게 하여 해당 국가가 우리에게 매우 큰 선의의 마음을 가지게 해야 한다. 그리고 시간이 지나면서 가상국가에 대해서 설명해야 한다.

가상국가는 서비스 기반으로 세계가 연결되고, 그 안의 시민은 현실 국가의 국민이다. 가상국가에서 돈을 벌면 그 돈은 그대로 현실 국가의 돈이 되고 현실 국가의 경쟁력이 높아지고 경제가 성장한다. 또한 우리는 다양한 교육 콘텐츠로 국민의 지식 수준을 높여 국가 경쟁력을 높이는 데 이바지할 것이라는 이야기를 국가의 리더자에게 확실하게 알려주어야 한다.

　모두함께 가상국가는 그 자체로 세계인의 평화이며 세계 많은 나라의 공존이다. 현실 국가에 이익이 되지 결코 손해가 되지 않는다. 이것을 수많은 국가들이 알아야 한다. 이렇게 노력해야 하고, 그 노력으로 모두함께가 많은 국가와 동맹 관계를 맺어야 한다.

§ 선진국가에는 가상국가 시스템을 알린다

　필자의 책이 국내에 출간될 때 어쩌면 필자와 같은 생각을 가진 사람들이 선진국에 있을 수도 있다. 그리고 그런 생각을 가진 사람들이 엄청난 재력을 가지고 있을 수도 있다. 아니, 엄청난 재력을 가진 자가 이미 이 가상국가를 꿈꾸고 있을 수도 있다. 가끔 이런 의미를 생각하게 하는 뉴스가 거대 IT 기업 CEO의 발표를 통해서 우리에게 들려온다. 허나 가상국가의 개념을 가지지 못하고 들으면 그냥 기업이 크게 발전하여 인간 사회에 기여하는 모습만 보일 뿐이다. 필자의 책을 각국의 언어로 번역하여 세계로 뿌리던지, 아니면 필자의 책을 읽고 새롭게 책을 쓰던지 해서 선진국에 모두함께 가상국가의 태동을 알려야 한다.

　세계인이 알던 모르던 가상국가 시대는 분명히 오게 되어 있다. 어쩌면 가상국가라는 이름이 많은 나라와 국민에게 거부감을 줄 수 있다고 생각하고 '가상도시(metacity)'로 시작될 수도 있다. 이름이 중요한 것이 아니다. 가상 공간에 세계인을 관리하는 시스템이 있다는 것이고, 영업, 비즈니스, 생산을 하기 위해서 이 시스템에 가입해야 한다는 것이며 관리를 받아야 한다는 것이다. 그게 국가이다. 이름을 가상도시로 하든 메트로폴리스탄이라 하든 시민을 관리하고 통제한다면 국가와 같은 기능을 가지는 것이다. 이래 저래 가상 공간에 관리 시스템은 존재하게 될 것이다. 필자는 그것을 가상국가라고 말한 것이다.

선진국에는 뛰어난 사람들이 매우 많다. 또한 큰 기업들이 지금 필자가 생각한 부분을 준비하고 있을 수도 있다. 선진국의 많은 국민에게 앞으로 가상국가 시대는 온다는 것을 알려주어야 한다.

....

가상국가는 분명히 올 수밖에 없다. 가상 공간의 수많은 비즈니스가 언젠가는 통폐합된다. 거대 기업들이 M&A를 하여 하나의 초 거대 기업이 된다. 그렇게 되면 그 기업에서는 고객들이 주인이 아니라 종으로, 속박된 고객으로 바뀌게 된다. 그것이 가상국가라는 것이다. 필자는 우리의 가상국가가 세계를 다스리는 것을 원하지 않는다. 수많은 민족과 국민이 여러 크기와 다양한 형태로 국민이 주권을 가지는 가상국가를 만들기를 희망한다.

지금은 정보가 세계로 전파되는 데 큰 시간이 걸리지 않는다. 모두함께의 20만 대표장이 자신과 연결되어 있는 국가의 한인들에게 이 내용을 전파하고, 그 한인이 해당 지역의 국민에게 전파한다면 빠른 시간 안에 가상국가는 세계인의 이슈가 된다.

세계 여러 나라에 본책을 번역 출간할 때는 인세를 받지 않겠다

세계 곳곳에 한인 사회가 있다. 그리고 그 지역에서 태어난 2세대 자녀들도 있다. 만약 필자의 책을 특정 국가에 출판하고자 한다면 인세를 받지 않겠으니, 그냥 출판하고 많이 팔아서 수익을 얻기를 소망한다. 이 책을 보고 연락을 주면 각국 출판을 계약해주겠다. 선착순이다. 먼저 연락을 주시는 분에게 먼저 권한을 주겠다는 뜻이다. 단, 계약 이후 3~6개월 이내에 책을 출간해야 한다. 돈을 받고자 이 책을 쓴 것이 아니다. 세계인이 가상국가에 대한 인지가 없는 상태로 가진 자들이 몰래 이런 물결을 만들어버리면, 세계인은 어쩔 수 없이 그 시스템에 종속되어야 한다. 그것을 막고 세계인이 가상국가 시스템을 이해하고 힘을 합쳐 새로운 가상국가를 만들거나, 아니면 모두함께 가상국가와 함께 하게 하고자 하는 것이다.

세계의 여러 가상국가 단체의 연합이 이루어진다면

필자는 가상국가를 만들어 나의 부귀와 영달을 얻으려는 것이 아니다. 때로는 내가 이 일에서 물러나기를 소망할 때도 있다. 필자가 소망하는 것은 대한국인의 행복이다. 대한국인이 행복하려면 이 가상국가의 리더자가 대한국인이 되면 되는 것이다. 가상국가는 한 개국이 아니다. 문화와 인종 또는 산업에 따라 여러 개가 될 수 있고 또 되어야 한다. 그리고 그 가상국가는 다수의 국민이 주권을 가지는 형태가 되어야 한다. 자본이 큰 소수의 기득권자가 주권을 가지면 안된다.

세계로 가상국가 시스템을 홍보하여 각국에서 또는 몇 나라가 연합한 가상국가 단체가 만들어질 수 있다. 그러면 이것을 연합해야 한다. 쉽게 말해 가상국가의 유엔을 만드는 것이다.

§ 동영상을 제작하여 세계에 전파한다

본책을 기반으로 동영상을 제작하여 전 세계의 언어로 자막을 넣어 배포한다. 지금 이 단계에서는 세계의 모든 나라의 국민이 가상국가의 가능성을 이해해야 한다. 그리고 각국 시민의 힘에 의해 여러 연합이 만들어져야 한다. 가상국가를 건설하는 핵심은 IT 시스템이며, 이 기술은 많이 오픈되어 있어서 국민이 뭉치면 기술 또한 뭉칠 수 있다. 또한 필자가 쓴 기술편의 기술 내용은 저가의 시스템으로 가상국가를 운영하는 방법이기에 서민이 뭉쳐서 적은 자본으로도 만들 수 있다.

가상국가의 주인이 누가 되는가에 따라 인류의 미래가 바뀐다. 이렇게 많은 인류가 필요하지 않다는 결론이 나면 인류를 선택과 비선택으로 나누고, 비선택된 인류가 소멸되는 형태로 진행될 수도 있다. 제1차 세계 대전, 제2차 세계 대전의 발생이 바로 그 증거이다. 이제 세계는 국가를 떠나서 소수의 선택된 사람들의 천국인 세상을 만들려는 하나의 축과 모든 인류가 함께 하는 또 하나의 축으로 대립이 될 수도 있다.

"힘들고 어렵고 위험한 일을 사람이 할 필요가 없다면"
앞으로 분명 많은 힘들과 위험한 일들을 인간이 아니라 로봇이 하게 될 것이다. 지능을 이용하는 부분은 AI가 맡게 될 것이다. 그렇기에 뛰어난 인류 외에 보통의 사람은 필요성이 없어진다. 기득권자가 굳이 필요 없는 인간을 위해 함께 하려 할까? 노동부가 강한 힘을 가진 국가에서는 노동조합이 기업주와 대립하고 있다. 노동자 그룹은 항상 자신들의 임금과 권리를 얻기 위해 경영주와 대립한다. 이것이 나쁘다는 이야기가 아니다. 인간은 언제나 자신의 권리를 찾고자 노력하는 것이 당연하다. 허나 항상 노동자와 관련하여 여러 문제에 부닥치고 때로는 기업주가 법적 처벌까지 받는다면, 과연 노동자를 위한 기업을 만들 수 있을까?

지금 세계는 기업주와 노동자 그룹 간에 대립 구도를 만들고 있다. 이런 상황에서 로봇이 인간의 노동력을 대치하게 되면 자본가들은 일반 서민을 외면하게 된다. 그 결과는 사실 매우 잔혹하고 위험한 결과를 만든다. 자본가들은 계속 인력 사용을 줄이려고 하고, 국민은 일자리를 얻기 위해 투쟁을 하게 되고, 정부는 양쪽에서 혼란을 막을 대안을 만들지 못할 것이다. 기업주를 지지하는 정치 세력이 집권하면 노동자 계급이 힘들어지고, 노동자 계급을 지지하는 정치 세력이 집권하면 기업주가 힘들어진다. 이런 대립각이 계속되면 기업주는 국가를 믿지 못하고 글로벌 기업으로 전환할 것이다. 그리고 인력을 최대한 줄일 것이다. 그리고 그들이 선택하는 것이 가상국가가 된다.

노동자 그룹은 크게 두 파트로 분류된다. 노동자 시민 중 선택받은 자와 선택받지 못한 자의 그룹으로 나뉘어지고,

선택받지 못한 시민 그룹은 매우 힘든 삶을 살게 된다. 아니, 선택받지 못하면 힘든 삶을 살게 되도록 하려고 기득권자들이 노력할 것이다. 그렇게 되면 선택받은 자는 선택받지 못한 그룹으로 떨어지는 것을 두려워하게 된다. 결국 선택 그룹과 비선택 그룹 간에 싸움을 만들 수가 있다. 이렇게 하여 인류는 또 한 번 고통을 당하게 될 것이다.

국민이 뭉쳐 가상국가를 건설하게 되면 이 문제가 해결된다. 필자가 구속되지 않았다면 영화/드라마를 제작한 팀과 가상 스튜디오를 이용하여 이런 내용의 다큐멘터리 영화를 만들어 세계로 뿌리고자 했다. 지금 필자는 차세대 리더들이 이 다큐멘터리를 만들기를 소망한다.

아니, 그 큰일들을 우리가 어떻게 할 수 있는가?

필자가 전국에서 강연을 할 때 제일 먼저 외치는 것이 "자랑스런 대한국인"이다.

그리고 2500년 전 중앙 아시아를 이끌었던 강하고 세상을 사랑하는 리더 민족이 바로 우리라고 이야기하였다. 그리고 목이 터져라 "피는 못 속이는 겁니다! 대한국인의 피는 세계를 이끄는 피입니다!"라고 외쳤다.

현실의 크기가 중요한 게 아니다. 가상은 물질의 크기가 중

> 요하지 않으며 영토의 크기, 국방의 크기, 사람 수가 중요한 요소가 아니다. 가상은 지혜의 크기가 더 중요하다.
>
> 본서의 처음부터 여기까지 우리 대한국인이 가상국가를 만들 리더가 되야 한다고 수없이 설명하였다. 아직도 식민 사관에 사로잡혀 우리는 안되고 미국과 일본은 가능하고, 우리는 약하고 미국과 일본은 강하다고 외치며 아무것도 하지 않으려 하는가!
>
> 가상국가를 이끌 민족은 필자가 생각할 때 우리 대한국인이 유일하다고 생각한다. 이제 우리의 자긍심을 다시 일깨우고 세계의 평화를 위해서 나아가야 할 때이다.

§ 할 수 있다면 국기를 만들어라

본 내용은 불가능한 것이 아니다. 필자가 이 가상국가의 목표로 일을 진행하면서 가장 주력했던 부분이 사람을 모으는 것이었다. 그래서 10만 명의 필수 국민을 만들려고 했고, 지금은 20만 명이 되었다. 정말 신기한 것은, 필자가 구속된 지 3개월이 지난 지금은 25만 명이라고 한다. 국민이 가장 중요하기에 사람을 많이 모았다. 그리고 사람이 많이 모이면 자금도 만들 수 있다. 20만 명의 회비로 만 원씩만 내도 20억의 자금이 만들어진다. 10만 원씩 회비로 내면 200억이 모인다. 이런 자금들이 사람이 많이 모이면 함께 커진다. 이것을 이유 삼아 지방 경찰청 일부가 필자에 대해 수사하고 있다. 사실 필자는 지금 그런 부분이 두렵지 않다. 이곳에 구속되지 않았어도 필자가 가는 길은 매우 험난하고 위험하다고 생각했기 때문이다. 지금 이 곳에서 책을 쓸 수 있게 한 것도 매우 감사한 일이다. 필자는 대한민국에서 가장 안전하고 보호가 잘 되는 곳에서 편한 마음으로 책을 쓰고 있기 때문이다.

동남아시아, 남아메리카, 아프리카 등에 작은 땅을 사서 나라를 만들 수 있다면 국민들이 돈을 모아 나라를 만드는 것도 나쁜 것은 아니다.

국가를 만든다면 모두함께 가상국가가 현실 국가가 되면서 모든 경영은 가상 사회에서 하는 것이다. 이렇게 되면 현실 국가가 수많은 다른 국가들과 동맹을 할 수도 있다. 그러나 그 나라에는 아무것도 두어선 안 된다. 그 나라 땅도 단순히 SAFE ZONE 중 하나로 운영해야 한다.

가상국가가 커질 수 있는 큰 이유는 공격할 현실 국가가 없기 때문이다. 가상국가의 서버는 전 세계에 흩어져 있어 서버를 부술 수도 없다. 또한 정부 기관이 모두 가상 세계에 있어 정부 기관을 무너뜨릴 수가 없다. 이게 가상국가가 강한 요인 중 하나이다. 그런데 땅을 매입하여 나라를 세우면 공격할 지역이 현실에 존재하는 것이다. 다만, 현실 국가를 세워 UN에 가입하면 그 힘을 이용하여 가상국가가 많은 국가와 동맹을 맺을 수 있다. 이때 자금이 필요하면 20만 명의 국민이여, 힘을 합쳐서 돈을 만들라! 모두함께는 대한민국의 미래를 밝게 하기 위해서 태어났다. 그냥 있으면 지금 대한민국은 미래가 어둡다. 모두함께가 그 문제를 해결할 수 있을 것이라고 필자는 확신한다.

세계의 평화에 기여하는 모두함께 가상공화국

우리가 마음을 바꾸면 우리의 적이 친구가 될 수 있다. 마음이 바뀌기 위해서는 생각이 바뀌어야 하며, 이것은 교육을 통해서 가능하다. 아직까지 지구의 자원은 모든 지구인이 쓰고 남을 만큼 충분하다. 싸우지 않고 서로 협력하면 수많은 지구인이 평화롭게 살 수 있다.

국민은 전쟁을 원하지 않는다. 그러나 잘못된 생각과 이념화된 국가 철학으로 리더자들은 전쟁을 선택한다. 그리고 그 전쟁은 국민이 하고, 국민이 죽고, 국민이 희생당한다. 전쟁이 나도 리더자들은 거의 죽거나 고통받지 않는다.

기술이 발전하면 국민의 생활 수준이 높아진다. 지금 대한민국의 사회 환경은 매우 선진화되었다. 국도, 고속도로, 항만, 공항 등 사회 기반 시설이 잘 정비되어 있고 주택 또한 선진화되었고 에너지 공급 또한 안정적이다. 그런데 환경이 발전한 것과 반비례로 국민의 고통과 정신적 불행은 갈수록 심해지고 있다.

이제 세계가 변화되어야 하지 않을까? 그리고 그 물결을 내 사랑하는 자랑스런 대한국인이 이끌기를 소망한다.

본 항목에서는 모두함께 가상공화국이 세계의 백업 시스템을 운영하고 평화를 지키는 가상국가가 되기를 소망하는 내용을 설명한다. 말도 안되는 이야기라고 생각할 수도 있으나, 본편을 읽으면 일리가 있다고 생각할 것이다.

모두함께 가상공화국은 홍익인간의 사상을 추구한다. 세계인이 모두 유익해야 한다. 그리고 지구촌은 한가지가 되어야 한다고 생각한다.

§ 국가의 수많은 정보는 보호되어야 한다

전쟁은 많은 것을 폐허로 만든다. 복구가 되는 폐허는 그래도 낫다. 복구 불가능한 폐허는 국가에 매우 큰 어려움을 만든다. 만일 국가의 수많은 계좌 정보가 사라지면 국가 경제가 말 그대로 무너진다. 국가의 많은 정보가 유실되면 그 국가는 혼란을 맞이하고 잘못하면 정권이 무너지고 더 심하면 국가마저 붕괴한다.

전쟁이 발생될 때 공격자는 해당 국가의 전산망과 네트워크를 무너뜨리는 것을 최우선으로 한다. 이유는 국가 정보가 소실되고 전산망이 무너지면 국가를 운영할 수 없기 때문이다. 문제는 모든 국가와 기업 정보(국가가 운영하는 국가 기업)가 그 국가 내에 보관되어 있다는 것이다. 폭격에도 끄덕하지 않는 지하 벙커에 두었다 해도 어쨌든 그 국가 안에 있는 것이다. 전쟁이 발발하면 보병이 국가 영토에 침입하여 지하 벙커에 들어가서 모든 데이터를 파괴할 수도 있다. 건물, 공장, 연구소가 무너지는 것보다 더 위험한 부분이 바로 국가가 보유한 정보와 은행 정보의 유실이다.

은행 계좌 정보, 건물 소유주 정보, 기업 주식 정보 등이 모두 날아가게 되면 국민은 아무것도 할 수 없는 상태가 되고 통제가 불가능하게 된다. 여기에 공무원 정보가 사라지면 공무 수행을 할 수가 없다. 결국 무력 단체들이 일어나서 세력을 확장하고 그로 인해 또 다른 전쟁이 발생된다.

국가의 중요 정보는 외부의 힘에 의해서 소멸될 수 없는 안전한 장소에 보관되어야 한다. 기업 정보, 연구 기관의 기술 정보, 사회의 다양한 정보는 사회를 움직이는 근간이 된다. 이런 정보들은 더 외부에 노출되어 있다. 전쟁이나 재난에 의해 이 정보들이 소실되면 사회가 큰 타격을 받게 되어 있다.

지금 세계는 데이터 보관을 매우 위험하게 하고 있다. 대한민국의 IDC 센터는 인터넷 지도에 검색만 해봐도 쉽게 찾아낼 수 있다. 이 IDC 센터가 폭파되면 어떤 일이 일어날까? 상상 그 이상일 것이다. 전 세계의 수많은 데이터 보관 장소가 주소까지 모두 노출되어 있다. 세계를 혼란에 빠뜨리기 위해 어디를 공격하면 되는지 알려주는 것이다.

특정 국가를 무너뜨리고자 한다면 네트워크와 국가의 필수 정보가 있는 IDC 센터만 폭파하면 된다. 그렇게 되면 혼란은 자동으로 발생하고 그 혼란으로 인해 국가가 붕괴될 수 있다.

국가의 재난에서 가장 큰 재난은 데이터 붕괴이다. '그럴 일은 없다. 얼마나 철저하게 백업하고 보관하는데…'라고 할 수도 있다. 문제는 인위적으로 소멸시키겠다고 할 경우 방법이 없다는 것이다. 혹자는 이런 말을 한다. 인류의 멸망은 지진, 재난 등이 아니라 인류가 멸망을 선택할 때 일어난다고…

국가의 필수 정보와 기업의 중요 정보는 최고로 안전한 곳에 백업되어 있어야 한다.

카카오톡의 일시 정지가 엄청난 혼란을 일으키다

국가의 중요 정보만 사회에 혼란을 주는 것이 아니다. 재작년 데이터 센터 화재에 의해 카카오 서비스가 약 이틀 간

장애를 일으킨 적이 있다. 그때 정말 많은 혼란이 일어났다. 우리 함께라이더도 카카오의 네비게이션을 이용하는데 서비스가 불통이 되니 정말 힘들었다. 일반 시민들은 물론 정부 기관, 기업 등도 카카오 서비스의 장애로 큰 불편과 혼란을 겪어야 했다. 이 일로 인해 카카오의 데이터 관리 능력이 도마에 올랐다. 카카오톡, 카카오페이, 카카오뱅크, 카카오맵, 카카오택시 등 온갖 사업 분야의 데이터가 모두 한 곳에서 관리되고 있었다는 사실이 밝혀진 것이다. 이로 인해 화재 한 번에 전반적인 사회 기반 서비스가 대규모로 멈추는 사태가 일어났다. 매우 심각한 문제가 아닐 수 없다. 카카오 서비스 장애 사태는 데이터의 분산 관리가 얼마나 중요한지를 알려준다. 그런데 뉴스에서 카카오의 IDC 서버가 어디, 어디에 있다고 방송할 때 필자는 가슴이 철렁했다. 국내 1위의 메신저 데이터가 어느 곳에 있다고 다 알려주다니... 이것은 정말 위험한 일이다.

§ 모두함께 서버는 무너지지 않게 설계되었다

모두함께의 서버는 한 곳의 IDC 센터에 있지 않다. 또한 어디에 있는지도 알 수가 없을 것이다. 전국의 많은 IDC에 분포되어 있고, 전용 라인을 끌어 서버실도 운영하고 렌트 서버도 이용한다. 즉, 서버 군단이 아니라 서버 게릴라라고 할 수 있다. 이런 서버들이 필자가 개발한 클라우드 블록 체인으로 연결되어 있다. 좀 쉽게 설명하면, 가상국가의 서버들이 서버들간에 블록체인으로 연결되어 있다는 것이다. 그래서 한 개의 데이터가 만들어지면 그 데이터를 수많은 서버들이 공유한다. 암호화 화폐가 블록체인을 이용한 것이다. 그 이유는 보안 때문이다. 누군가에게 코인이 하나 생기면 그 사실을 P2P로 연결된 수많은 컴퓨터가 알게 된다. 암호를 풀어서 해킹을 하려 해도 연결된 모든 컴퓨터를 해킹할 수가 없기에 보안 수준이 매우 높다. 그래서 블록체인을 사용한 것이다.

모두함께의 모든 데이터는 수많은 서버가 함께 공유한다. 그리고 그 서버 위치 또한 다양하며 특정 지역에 몰려있지 않다. 그렇기에 해킹이 불가능하다. 아니, 해킹은 할 수 있다 해도 위치가 다른 수많은 서버들을 모두 해킹해야 한다. 그렇기에 안전하다는 것이다.

모두함께의 메인 정보 서버단은 서버가 아니다! 서버란 클라이언트가 접속할 때 일단 accept하고 접속을 허가하거나 불허가한다. 헌데 모두함께 서버는 특정 포인트 서버 외에 모든 외부 접속을 받지 않는다. 결국 메인 정보는 중간 포인트 서버를 통해 접속자에게 제공된다.

저가의 비용으로 최적의 보안을 이루고자 한 게 모두함께 서버 시스템이다. 이 정도의 보안이 있어야 가상국가를 운영할 수가 있다. 모두함께의 가상국가 시스템에 대해서는 기술편에서 자세히 설명한다.

모두함께 가상공화국의 데이터는 소멸시킬 수가 없다. 첫째, 서버가 어떻게 연결되었는지 전체 리스트를 알 수 없고, 복제 서버가 많아서 한 개의 서버를 무너뜨려도 시스템이 무너지지 않기 때문이다. 내용은 매우 복잡한 것 같으나, 컴퓨터의 전문가라면 기술편을 읽어보면 충분히 구현 가능하다. 그냥 일반 전문가가 아닌, 블록체인 모듈 정도를 코딩할 수 있는 전문가여야 한다.

이제 국가와 기업의 서버들도 보안에 신경써야 한다. 해킹에 대한 대비는 지금도 많이 한다. 필자의 말은, 누군가 인위적으로 서버를 폭파시키고자 할 때를 대비해야 한다는 것이다. 즉, 기업의 서버가 어디 있는지는 비밀이 되어야 한다는 말이다.

§ 세계의 정보를 저장하는 백업 센터

세계 국가의 중요 데이터를 백업 받아두는 세계 백업 센터가 필요하다. 그리고 이 백업 센터에 각국의 데이터를 저장한다. 이 백업 센터를 폭탄에도 무너지지 않게 지하 벙커 형태로 건설하면, 세계의 많은 국가가 비상시를 대비하여 이 백업 센터를 이용할 것이다.

- 전쟁이 나도 백업 센터는 공격 안 한다

러시아와 우크라이나 전쟁 때 우크라이나의 많은 전산망이 무너졌다. 만약, 우크라이나의 중요 정보가 세계 백업 시스템에 있다면 러시아가 세계 백업 시스템을 공격할까? 절대 공격할 수 없다. 수많은 국가의 정보가 백업 시스템 안에 있다면 이 곳을 공격하는 것은 우크라이나가 아닌 세계 여러 나라들을 공격하는 결과가 된다. 아무리 러시아가 대국이라고 해도, 수많은 나라가 연합하여 공격하면 막아내지 못하고, 잘못하면 정권이 붕괴될 수도 있다. 만약 이 백업 시스템에 러시아의 데이터도 있다면 더더욱 공격이 힘들다. 세계의 여러 나라의 데이터를 한 곳에 넣는다면 그것이 가장 안전한 백업 장소가 된다.

- 두 개의 지역에 같은 데이터를 보관한다

한 지역이 아니라 두 개의 지역에 데이터를 저장한다면 만약 한 곳의 백업 시스템에 문제가 발생하여도 빠른 복구가 가능하다. 이 지역들은 서로 멀리 떨어져 있어야 한다.

백업시스템의 장소는 미개척지 땅이어야 하며, 인간이 쉽게 접근하지 못해야 한다. 그리고 주변에서 전기에너지를 충분히 공급할 수 있는 지역이어야 한다. 다른 나라와 분쟁의 요소가 있는 국가의 땅은 안된다. 예를 들어 이스라엘과 대적하는 아랍권 국가의 땅은 안된다는 것이다. 인간이 접근하기 힘들며 에너지 공급이 가능해야 하고 그 땅은 세계인이 공유하는 공유지가 될 수 있어야 한다.

　백업 센터는 언젠가는 만들어질 것이다. 지금 세계는 백업 시스템의 중요성을 인지 못하고 있다. 그러나 가까운 미래에 그 중요성을 인식하게 될 것으로 생각한다.

　세계 곳곳에서 테러와 폭력이 늘어나고 있다. 테러의 기술도 매우 고도화되었다. 이제까지 테러리스트들이 살생을 주도해왔지만 이후에는 살생보다 더 큰 타격이 데이터 센터의 파괴라는 것을 알게 될 것이다. 아주 치명적인 바이러스에 의해 많은 데이터 센터가 해킹되고 데이터가 유실되는 상황이 벌어질 것이다. 전쟁으로 인해 국가의 데이터 저장소가 모두 파괴되어, 전쟁이 끝나도 국가의 혼란이 수습되지 못하고 정부가 무너지는 일도 일어날 수 있다. 그러면 세계인은 전 세계를 위한 중립 지역인 백업 센터, 즉 아무도 공격할 수 없고 관여하지 못하는 특수 지역으로 지정된 백업 센터를 만들고자 할 것이다.

§ 모두함께 가상공화국에서 백업 센터를 건립하라

 필자의 생각은 모두함께 가상국가에서 미개척지에 세계 백업 센터를 건립하고 세계의 중요 정보를 백업하고 관리하게 하자는 제안이다.

 "말도 안 된다. 무슨 모두함께가 세계 정보를 관리하나! 미국이면 모를까?"

 이런 말을 하실 분도 있을 것이다. 그런데 미국이 세계 백업 시스템을 운영하면 아랍권과 러시아, 중국 등 세계의 많은 국가들이 데이터를 저장하지 않을 것이다.

 이 부분은 러시아, 중국, 미국, 영국, 일본, 독일 등 선진국가가 자격을 가질 수가 없다. 전 세계의 국가들이 특정 국가에 이런 권한을 주지 않을 것이다.

 "그럼 UN이 있지 않은가?"

 유엔에게 권한이 있다고 생각하는가? 전쟁이 일어나도 막지 못하는 곳이 유엔이다. 그리고 유엔에 백업 센터를 건립하려고 하면 그 이권을 가지고 또 강대국의 싸움이 있을 것이다.

- 시작은 작으나 후에 창대하자

 세계 선진 국가를 대상으로 하지 않고 세계의 개발 도상

<그림5> 몽골의 미개척지

국가나 후진국의 데이터 백업 센터로부터 시작하면 세계의 관심을 받지 않는다.

먼저 백업 시스템을 구축할 장소가 필요하다. <그림5>는 백업시스템이 위치할 수 있는 지역의 예를 보여준다.

위 지역으로 하자는 것이 아니라 하나의 예이다. <그림5>의 지역은 몽골의 땅이며, 사람이 살지 않는 곳이다. 석탄과 가스가 매장되어 있을 것으로 추측되어 전기 공급이 가능하다. 그리고 러시아, 중국에 인접하여 있다. 러시아와 중국이 무력으로 이 지역을 장악하면 문제가 있다고 생각할 수 있으나, 필자의 생각은 다르다. 러시아와 중국의 정보를 백업시키면 안전할 수 있고, 만약 그렇지 않더라도 러시아가 중국이 이 백업 센터를 점령하는 것을 쉽게 허락하지 않을 것이요, 중국 또한 러시아가 이 백업 센터를 점령하게 두지 않을 것이다.

<그림5>의 지역과 함께 유럽과 아시아에 연결된 미개척지를 택해서 이 두 군데에 백업 센터를 지으면 데이터 백업 시스템이 안정적일 것이라고 생각한다. 설사 몽고 땅의 백업 센터에 문제가 생긴다 해도, 그 백업 센터를 폐쇄하고 다른 한 곳의 백업 센터만 가동하면 된다.

이런 시스템을 기획하여 제일 먼저 개발 도상 국가와 후진국의 데이터를 관리해준다.

이제 세상은 후진국이나 개발 도상국의 개념이 사라진다. 거대 기업 자본이 세계의 미개발 도시를 개발하기 때문이다. 분명 IT가 빠르게 전파될 것이다. 국가 또한 빠르게 IT 기술을 도입할 것이다. 그러면서 해킹도 당하고 테러도 겪으며 데이터 유실 사고를 경험하게 될 것이다. 그런 나라들의 국가 정보 데이터를 먼저 보관하기 시작해야 한다. 세계의 많은 국가와 기업들의 데이터를 보관하면서 기술도 축적하고 운영 노하우도 만들어가야 한다.

§ 모두함께 세계 백업 센터 - 세계인이 주인이다

모두함께 가상공화국은 처음에는 대한국인으로부터 시작하나, 나중에는 전 세계의 수많은 사람들이 시민이 되어야 한다. 그리고 그 모두함께 가상국가가 세계의 데이터 백업 센터를 운영하는 것은 분명 명분이 있다.

  모두함께 세계 백업 센터가 만들어지면 모두함께 가상공화국은 평화의 주체가 될 수 있다. 모두함께 가상공화국이 세계의 많은 데이터를 보관하고 있기 때문이다. 이 가상공화국을 리더하는 자가 우리 대한국인이다.

  세계의 가상 공간을 리더하는 국가가 되고, 세계의 정보를 지키는 국가가 된다. 이것이 새롭게 변화되는 시대에 우리 대한국인이 리더할 길이 아닌가 생각한다.

  시작은 대한국인이나 끝은 세계인이어야 한다. 세계를 리더하는 자가 우리 대한국인이라 하여도 교만하지 않고 세계의 평화에 기여하려는 마음을 가져야 한다. 이때부터 우리 대한국인의 역사가 다시 시작되지 않을까 한다.

  필자가 주장하는 모든 내용이 그대로 이루어지지 않을 수도 있다. 그러나 필자가 본 방향으로 세상은 흐르고 있다. 이제 우리는 앞에서 리더하자. 다른 나라가 이끄는 물결을 따라가지 말고, 우리가 이끌어야 한다고 생각한다.

  우리는 자랑스런 대한국인이다.

결어

본책에서 필자가 가상국가에 도전하기 위해 모두함께 국민운동을 이끌었던 일을 이야기했고, 그 운동이 가상국가로 연결되는 이야기와 결론적으로 대한국인이 세계 평화를 리더하는 큰 그림까지 피력하였다.

결코 불가능한 이야기가 아니다. 또한 근거 없는 황당한 소리노 아니다. 필자가 구속되기 전에 20만 명의 대표장과 모두배달, 모두코인, 콘텐츠 사업, 함께모터스, 모두함께라이프의 기반을 만들었다. 그 기반에 국민이 참여하면 발전시킬 수 있다.

기술을 축적하여 앱 생산을 자동화하는 시스템을 개발하고, 그 사업에 청년을 참여하게 하고, 영화/드라마 편집 기술을 무기로 영화 편집/CG 용역을 수주하고, 마이샵을 이용하여 세계 유통 시장에 참여하면서 우리는 세계로 나아갈 기반을 가지게 된다.

여기에 세계에 퍼져 있는 한인 사회를 연결한다. 그리고 처음에는 15개국을 모두함께 가상공화국에 연결할 대상 국가로 선정한다. 시작은 해당 국가의 한인 사회와 연결하는 것이다. 그리고 각국에 소국가 대표장, 중국가 대표장, 국가 대표장의 조직을 만든다. 그 힘으로 세계에 SAFE ZONE을 건설하고, 점차 영역을 확대하여 세계 여러 나라와 동맹을 맺는다. 그리고 세계 각국의 데이터를 보관하는 세계 데이터 백업 센터를 설립하여 세계 평화에 기여한다.

모두함께 가상공화국이 만들어지는 모든 내용을 단계적으로 설명하였고, 여기 결어에서 전체 플로우를 간략하게 요약했다. 필자가 이렇게 요약 정리할 수 있다는 것은 기획이 명확하다는 뜻이다. 기획이 명확하면 성공 가능성은 높다.

다음 기술편으로는 가상국가 시스템의 핵심 알고리즘도 소개하겠다.

본책이 가상국가로 가는 정확한 계획이 아닐 수도 있다. 그러나 지금 모두함께 국민운동으로 전체 플로우의 50% 이상은 완성되었다고 본다.

모두함께는 무조건 키우고 발전시켜야 한다. 가상국가까지 가지 못한다 하더라도 대한국인에게는 결코 손해되는 일이 아니다.

이 계획은 필자가 세웠으나, 필자가 만든 것 같지가 않다. 그냥 필자는 어떤 힘에 끌려 달려가는 한 인간인 것 같다고 느낀다. 이제 필자는 더 이상 나아가지 못할 수도 있다. 이런 큰일에는 방해자가 많기 때문이다. 때로는 필자를 죽이고 싶을 만큼 미워하는 조직도 존재할 것이다. 그리고 지금은 언제 다시 사회로 나갈지도 모른다.

　이 책을 참조하여 뜻있는 리더자들이 모두함께에 참여하여 가상국가 프로젝트를 완성하기를 소망한다.

　세상에는 수많은 사람들이 있다. 세상 모두가 돈을 많이 벌어 잘 먹고 잘 사는 것을 목표로 하지는 않는다. 어떤 사람은 높은 산을 오르는 것에 일평생을 바치기도 하고, 남들이 알아주건 말건 평생을 그림만 그리며 사는 사람도 있다. 인간이 삶에서 추구하는 목표가 모두 같지 않다는 것이다. 그 중에 대한국인이라는 자긍심을 가지고, 대한국인을 사랑하고 대한국인이 행복하게 사는 것이 자기 삶의 전부인 사람도 존재할 수 있다. 그리고 그 사람이 어쩌면 필자일 수도 있다. 필자가 구속된 것은 중요하지 않다. 중요한 것은, 지금 달리고 있는 모두함께를 계속 달리게 하는 것이다.

　자랑스런 대한국인 여러분, 이제 웅비하여 세계로 나아가기를 간절히 소망한다.

{ PART 5 }
기술편

본 장은 필자가 생각하는 가상국가 시스템의 메인 커널 기술서이다. 컴퓨터 프로그래밍을 어느 정도 아는 IT 전문가가 보고 이해할 수 있는 구조로 설명하였다. 일반인은 본 기술서를 읽지 않아도 된다.

필자는 35년 이상을 프로그래밍하고 기술을 쌓아온 사람이다. 그런 나의 경험이 가상국가 시스템을 건설하는 데 도움이 되기를 소망한다.

가상국가 서버 시스템

본편부터 기술편이다. 가상국가에 필요한 핵심 시스템을 어떻게 구축하는가를 설명한다. 가상국가 시스템을 일반 웹 서버 시스템으로 구축하는 것은 매우 위험한 발상이다. 그렇게 구축하려면 서버 앞단에 보안 시스템을 붙여야 한다. 웹과 일반 HTTP나 HTTPS로 서버를 구축하면 서버 프로그래밍이 쉬우나, 보안에 필요한 엄청난 상비늘이 붙고 때로는 전용 네트워크망을 만들어야 한다. 간단하게 말해서 엄청난 비용이 든다는 것이다.

필자는 가장 저렴한 비용으로 최적의 보안을 유지하고, 업그레이드와 관리가 원활한 가상국가 시스템에 대해 연구하고 시뮬레이션을 했고 일부 운영도 했다.

필자가 비용 부분을 중요하게 생각한 것은 모두함께는 돈이 없기 때문이다. 모두함께는 내부에 돈을 축적하지 않고 돌리는 조직이기에, 최소의 비용으로 거대 가상국가 시스템을 운영해야 하기 때문이다.

필자가 제안하는 방법이 최상이라고 단정할 수는 없다. 계속적으로 하드웨어가 발전하고 소프트웨어들이 개발되기 때문이다. 허나 가장 저렴하면서 보안에 최적화된 시스템이 본 항목에서 제안하는 시스템이 아닐까 한다.

기술편에서는 프로그래밍은 설명하지 않는다. 본편은 IT 프로그래밍이 가능하고, 시스템을 개발할 능력이 있는 개발팀장 급을 위한 내용이다. IT 개발 분야에 지식이 없다면 본편을 읽을 필요는 없다. 그러나 책임자 급은 읽어볼 필요가 있다.

시스템이 어떻게 구성되는지 최대한 쉽게 쓰려고 노력하였다. 가상국가의 핵심 시스템이기에 리더자들이 한번은 읽고 전체 구조를 이해하기를 바라기 때문이다. 제안하는 시스템은 모두함께 가상국가가 아니더라도 프로텍트 시스템으로써 매우 유용할 것이다. 그러나 이것도 과도기 시스템이라고 생각한다.

가상국가가 계속 발전되면 더 다양한 요구가 발생한다. 그때마다 새로운 시스템을 도입해야 한다. 이렇게 여러 시스템을 계속 연결시키다 보면 시스템이 매우 복잡해진다. 이럴 때 시스템을 다시 한 번 정리하고 재설계해야 한다. 소프트웨어는 서비스가 시작되는 순간의 완성률을 40%로 본다. 그리고 사용자의 요구에 따라 업그레이드하면서 완성률이 50%, 60%로 점차 높아진다. 그러나 100%가 되면 그 시스템은 포화 상태가 된 것이고, 구조 설계를 다시 해서 버전 2.0을 만들어야 한다. 그러면 완성률은 또다시 40%가 되는 것이다. 이것이 소프트웨어 생명 주기이다.

시스템을 몰라도 관리자라면 시스템을 운영하면서 느낌을 알게 된다. 지금 포화 상태가 되었는지, 아니면 업그레이드하여 쓸 수 있는지를 알게 된다는 것이다. 그래서 현재 업그레이드 상태가 80% 정도이면 새롭게 구조를 설계하고 버전 2.0의 시스템을 준비해야 한다.

§ 서버 시스템 기본 구조

<그림1>은 서버 시스템의 기본 구조를 보여준다. 사용자는 게이트 서버에 접속한다. 이 게이트 서버단에는 아무런 정보가 없다. 단순히 사용자의 요구를 받고 그 요구를 데이터베이스의 특정 테이블 또는 메모리나 파일 블록에 기록할 뿐이다. 게이트 서버는 쉽게 말해서 UI(User Interface) 서버라고 볼 수 있다. 단순히 데이터를 받아서 출력을 할 뿐이다. 사용자가 게이트 서버로 데이터를 전송할 때는 암호화 블록으로 전송한다. HTTPS이기에 기본 보안 장치를 했

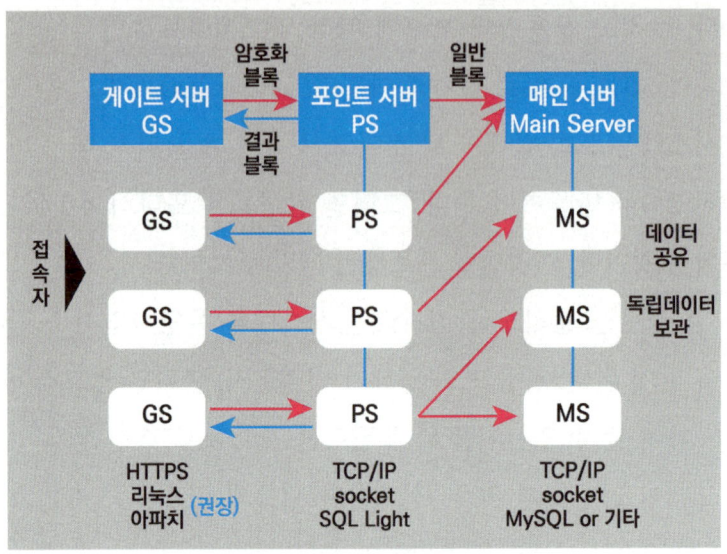

〈그림1〉 서버 시스템 기본 구조

으나 그것으로 보안이 안전하지는 않다. 그렇기에 암호화를 한다. 이 암호화를 풀기 위해서는 키(key)가 필요한데, 이 키는 계정이 생성되면서 만들어지고, 그 키는 포인트 서버와 메인 서버에 저장된다. 이후 암호화 블록과 본인의 고유 정보를 전달하면 포인트 서버에서 요구 내용을 해석하고 그 내용을 처리한다. 사용자와 게이트 서버와 포인트 서버의 연결 및 데이터 전달 방법은 블록체인의 암호화 기술과 비슷하다. 사용자와 게이트 사이, 그리고 유저와 게이트 서버 사이의 데이터 교환이 해킹의 위험이 큰 부분이기에 블록체인의 암호화 알고리즘을 사용하였다.

- 블록체인 기술 썼다고 대단한 게 아니다

서버 시스템에서 게이트 서버, 포인트 서버 연결에서 블록체인의 일부 기술을 썼다. 그것을 쓴 이유는 최적화되어 있기 때문이다. 가끔 블록체인 기술을 쓰면 엄청 대단한 기술이고, 그것을 안 쓰면 좋지 않은 기술로 평가하는 것을 본다. 심지어 유명대 컴퓨터학과 교수가 이상한 말로 블록체인이 무슨 엄청난 것처럼 이야기하는 모습도 보았다.

블록체인 기술 소스는 오픈되어 있다. 알고리즘 인터넷에서 다운받으면 된다. 즉, 오픈된 기술이기에 일반 프로그래머도 구현 가능하다.

블록체인의 특징은 수많은 포인터들이 암호화된 같은 데이터를 가지고 있으며, 암호화키가 있으면 수정, 열람이 가능하다는 것이다. 수많은 포인터들이 데이터를 가지고 있으니 해킹이 힘들고 암호화되어 있으니 일반 기술로 수정이 불가능한 특징을 가지고 있다. 그렇기에 암호화 화폐에서 사용하는 것인데, 단점은 모든 포인터의 데이터를 같이 수정해야 하기에 수정할 때 지연 시간이 큰 것이다.

도끼는 나무 찍는 데 사용하도록 만들어졌다. 잘 자른다고 도끼로 스테이크를 잘라 먹을 수는 없다. 스테이크는 작은 나이프로 썰어 먹는 것이다. 블록체인 알고리즘이 필요한 곳이 있고 그렇지 않은 곳이 있다. 또한 블록체인 알고리즘을 썼다 하여 다 암호화 화폐이고 암호화 자산인 것이 아니다. 운동화가 고무신과 다르게 생겼다고 해서 신발이 아니라고 이야기하는 사람은, IT 전문가가 절대 아니다. 말만 전문가지 빈 깡통이나 다름없다. 안타까운 것은 대한민국에 빈 깡통 IT 전문가가 너무 많고, 그들이 협회나 학회, 학교, 정부 요직에 있는 경우도 있다. 이 점이 매우 안타깝다.

. . . .

 게이트 서버에 접속하여 사용자가 어떤 요청을 하면 그것은 저장되고 끝난다. 이 말은 게이트 서버에서는 아무 일도 하지 않는다는 것이다. 포인트 서버가 접속하여 사용자가 요청한 정보를 받는다. 여기서 포인트 서버와 게이트 서버가 계속 연결되어 있는 것이 아니다. 포인트 서버는 스레드가 돌면서 일정 시간에 접속하고, 자신이 처리해야 할 일이 있는가를 확인한다. 그래서 작업이 있으면 그 작업을 처리한다.

 포인트 서버는 안드로이드 OS를 권장한다. 중고 스마트폰을 추천한다. 아니면 저렴한 안드로이드 PC는 테블릿, 셋톱박스 등을 사용하는 것을 권장한다. 이 폰 여러 개가 가동하면서 게이트 서버의 정보를 받는다. 포인트 서버 안에 작은 데이터베이스가 있는 것이 좋다. 안드로이드 시스템에 SQLLight가 내장되었기에 그것을 사용하는 것을 권장한다. 포인터 PC는 자신이 꼭 가지고 있어야할 정보와 타 포인트 서버와 메인 서버에서 가져온 데이터를 명확하게 규정시켜야 한다. 그래서 포인트 서버가 자신이 해야할 업무가 도착되어 있는지 확인하고 그 데이터를 받아와서 처리한다.

포인트 서버들은 자신의 필수 데이터를 저장한다. 1개의 포인트 서버에만 저장되어 있게 하면 안된다. 즉, 1개의 데이터는 최소 2개 이상의 포인트 서버가 저장하여야 한다. 그리고 포인트 서버의 데이터는 1개 이상의 메인 서버가 저장하고 있어야 한다.

이것은 블록체인이라고 말할 수 없다. 이유는 선택적 데이터 공유이기 때문이다. 블록체인으로 구성된 데이터는 포인트 모두가 같은 데이터를 저장한다. 그러나 <그림1>의 포인트 서버들은 선택적으로 데이터를 공유하기에, 좀 다르게 이야기하면 선택적 체인이 결합되는 블록이라고 이야기할 수 있다. 왜 이렇게 설계했는가? 그렇게 해야만 최적의 시스템이 구동되기 때문이다. 이 이야기를 하면 깡통 IT 전문가들이 가상국가 시스템은 블록체인 기술을 완벽하게 쓰지 않았기에 불안전한 시스템이라고 이야기할 수도 있다. <그림1>의 시스템에 블록체인을 그대로 적용하면 시스템이 돌지 않는다. 블록체인 기술을 쓴다고 최고가 아니라는 것을 꼭 알려주고 싶었다.

포인트 서버와 메인 서버의 연결은 연속적일 수도 있고 일시적일 수도 있다. 포인트 서버와 메인 서버는 HTTPS가 아닌 TCP/IP 소켓 통신으로 연결한다.

이때 메인 서버의 소켓 포트는 절대 비밀로 해야 한다. 그리고 이 서버의 주소도 비밀로 보안시켜야 한다. 그 정보는 포인트 서버만 알고 있다. 그리고 한번 connect하고 계속 통신하는 포인트 서버도 있고, connect와 close를 반복하여 접속과 끊기를 반복하며 통신할 수도 있다.

메인 서버는 IDC 센터, 전용 라인, 렌탈 서버 등등 다양하게 위치할 수 있다. 자금이 없을 경우에는 이렇게 해야 한다. 자금이 많다면 IDC 센터에 기가급 렌을 여러 개 결합하여 독립 공간에 시스템을 만들 수 있을 것이다. 그럴 경우는 <그림1>처럼 복잡하게 할 필요가 없다. 그러나 그렇게 구축하고자 한다면 1조 원의 예산이 필요하다. 가상국가 시스템이기 때문이다. 모두함께 국민운동 본부가 1조 원의 예산을 마련할 수 있을까? 불가능한 일이다. 그렇기에 렌탈 서버와 저렴한 네트워크 환경을 임대하거나 구입하여 여러 곳에 서버를 두는 방법을 사용하는 것이다. 여러 IDC 센터에 여러 기업 또는 개인 이름으로 서버를 렌탈하여 대한민국 전역에 메인 서버를 두는 것이다.

메인 서버가 대한민국의 여러 IDC 센터에 있고, 그 소유주가 여러 기업 그리고 개인이라면 이 메인 서버를 무너뜨릴 수 없다. 쉽게 말해, 같은 데이터를 보유한 수많은 서버들이 여러 지역에 흩어져 있는 것이다. 메인 서버끼리는 서로 연결되어 있다. 그래서 메인 서버가 가진 데이터베이스의 데이터가 서로 공유된다. 이때 공개용 MySQL을 사용해도 무난하다. 그러나 미러링 기법을 이용하여 공유하면 안된다.

MySQL은 여러 개의 서버가 같은 데이터를 저장하게 하는 기능이 있다. 이것을 사용하면 안된다. MySQL의 데이터 공유가 에러가 날 경우 공유가 끊어진다. 그렇게 되면 그 이후 서비스가 멈추게 된다. 가상국가 서버는 지속성을 가지고 있어야 한다. 그래서 자체적으로 데이터 공유 프로그램을 작성해서 메인 서버가 데이터를 공유하게 해야 한다.

- 메인 서버가 같은 데이터를 공유하니 블록체인을 쓰면 되겠다!

<그림1>과 같은 구조에서 메인 서버의 연결을 블록체인으로 쓰는 것은 무지한 것이다. 메인 서버 주소조차 알 수 없고 포트 번호도 알 수 없다. 또한 메인 서버는 웹서버 데몬도 실행되어 있지 않다. 해커가 주소를 알았다 하여도 포트 번호를 알지 못하면 접근 불가능하고, 포트 번호까지 알고 있다 하여도 프로토콜을 알지 못하면 connection이 불

가능하다.

 그런데 거기에 암호화하고 체인을 만든다는 것은 쓸데없는 일을 하는 것이다. 해킹은 오픈 시스템에서 1차 가능하다. 오픈 시스템은 HTTP, HTTPS, TELNET, SSH, FTP같이 프로토콜이 알려진 경우이다. 포인트 서버와 메인 서버 간의 프로토콜 또한 비밀이기에 암호화 체인까지 할 필요가 없다.

· · · · · · · · · · · ·

 포인트 서버는 IDC 센터에 둘 필요가 없다. 서버라는 이름을 가졌지만 네트워크에서는 클라이언트 기능을 한다. 그래서 그냥 네트워크가 가능한 사무실, 가정 등에 두어도 된다. 포인트 서버를 사무실이나 가정에 둘 수 있다는 것은 가정용, 사무실용 네트워크 기반에서 구동이 가능하다는 것이다.

 메인 서버는 전국 곳곳의 IDC에 있고 게이트 서버도 IDC에 있으며, 게이트 서버는 접속을 받을 뿐 아무 일도 하지 않고, 일반 가정과 사무실 등에 퍼져 있는 포인트 서버가 게이트와 메인 서버의 중계자가 되도록 만든 구조는 아마 이제껏 그런 사례가 없었을 것이다.

 2018년~2019년까지 마이샵을 운영할 때 이 방법을 사용하였다. 스마트폰을 포인트 서버로 두고 구동했는데, 좋은 결과를 얻었다. 이후 부분 부분 <그림1>과 같은 방법을 사용하다가 2023년 12월에 모든 시스템을 <그림1>과 같은 형태로 구성하고, 2024년에 부상시키려 하였다. 그러나 필자가 구속되어 하드웨어만 구축시키고 구현을 하지 못했다. 지금은 20만 명이 움직이나, 1000만 명 이상이 연결되면 시스템이 커져야 한다. 문제는 그 비용이 매우 커서 사용자가 늘어남에 따라 외부 투자를 받아야 한다. 투자를 받으면 권리를 줄 수밖에 없다. 결국 국민이 주인인 모두함께를 만들기 위해서는 시스템 증설을 위한 외부 투자를 받으면 안 된다. 그런 의미로 <그림1>의 구조가 만들어진 것이다.

§ 키 핀의 생성

사용자의 계정이 만들어질 때 키가 만들어진다. 이 키는 암호를 해석하는 키이다. 다시 한번 언급하는데, 암호화 블록을 만들고 이 암호를 풀 수 있는 키가 있다고 해서 블록체인이 아니다. 그냥 데이터를 암호화해서 전송하는데 수신단이 해당 암호 내용을 풀기 위해 키가 필요한 것이다. 이렇게 데이터를 암호화하고 키를 보내서 암호를 푸는 것은 블록체인 기술이 소개되기 이전에도 사용하던 방법이다. 블록체인이 아니라고 나쁜 방법인 것도 아니다. 그냥 암호화된 데이터를 전송하고 해석할 때 사용하는 일반적인 방법이다.

- 1990년부터 프로그래밍을 한 희귀한 존재

필자는 30년 이상 코딩을 한 사람이다. MS-DOS 시절에 터보C로 프로그래밍을 시작하여 데이터베이스, 영상 공학, 네트워크, 분산 처리, 인공지능 등 정말 다양한 프로그래밍을 했다. 언어는 어셈블부터 C, C++, JAVA, Swift등 다양한 언어를 사용하고, 2000년에는 간단한 운영 체제도 만들고 2006년도에는 간단한 가정용 로봇도 만들었다.

컴퓨터 시스템의 밑바닥부터 패킹된 어플리케이션 프로그래밍까지 거의 모든 부분을 경험했고 제작 가능하다. 모두함께의 서버 시스템부터 앱까지 필자 혼자 개발하였다. 그래서 가상국가에 도전한 것이다. 기술이 있기에 필자의 기술을 쓰면 개발에 큰 돈이 들어가지 않기 때문이다. 핀 코드를 만드는 방법을 설명하고 싶으나, 안타까운 게 이 곳에 프로그래밍 소스를 넣을 수 없다. 단, 조언하고 싶은 것은 코딩은 매우 간단하며 복잡하지 않다. 그렇기에 이 곳에 쓰는 로직을 아주 단순하게 코딩하겠다고 생각하기를 바란다.

. . . .

암호화 방법은 독자 여러분의 방법 그 어떤 것도 사용 가능하다. 필자는 연산부호차 암호화를 사용한다. 암호화 방법에는 최상이 없다. 간단하게 말해서 1개의 문자를 암호화할 때 그 길이가 크면 클수록 암호화가 높다. 예를 들어 'A'라는 문자를 암호화한다고 할 때 '+'가 'A'를 뜻한다고 하면 이것은 암호화가 무척 낮은 것이다. 그런데 'A'라는 문자를 암호화한 값이 'APSZOOOOAB+*1'이라면 이것은 암호화가 높은 것이다. 필자는 길이보다 함수를 사용한다. 예를 들어 '32'라고 할 때, '4×8×2÷2' 등으로 표현하는 것이다. 물론 ×, ÷, +, - 등의 연산코드를 그대로 쓰지 않고 암호화한다. 암호를 어떻게 해석하는가의 정보를 주는 것이 키 생성이다.

  이 키는 접속자의 디바이스에서 생성한다. 간단하게 말해서 스마트폰을 이용하여 계정을 만들고, 그 계정의 키를 스마트폰이 생성하는 것이다. 그리고 그 키를 서버로 전송한다. 서버 쪽의 포인트 서버와 메인 서버는 해당 키를 보관한다. 그리고 그 계정은 더 이상 키를 생성하지 않는다. 키는 모든 계정이 다 다르다. 즉, 모든 계정의 암호블럭의 암호화 방법이 다르다는 것이다.

  만약 스마트폰이 바뀌었거나 재설치를 할 경우, 키를 다시 생성해야 한다. 새로운 폰에서 계정이 등록되면서 키 값이 재생성되어 등록되면 이전 키는 무효화된다.

§ 접속자에서 게이트 서버의 전송

접속자가 서버에 접속할 때 암호화된 데이터를 게이트 서버에 전송한다. 게이트 서버는 그 데이터를 요청 테이블 레코드로 등록한다.

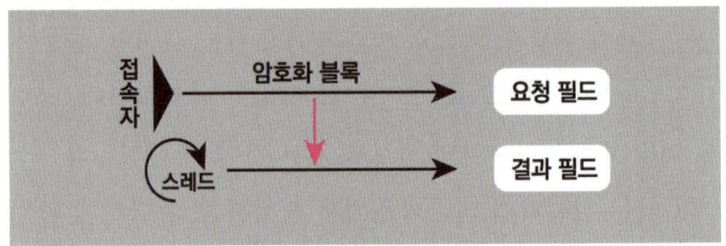

〈그림2〉 접속자와 게이트 서버 연결

<그림2>는 접속자가 서버에 접속할 때 데이터를 받는 1차 단계, 접속자와 게이트 서버의 연결을 보여준다. 접속자가 서버로부터 정보를 받고자 할 때 암호화 데이터로 게이트 서버에 데이터를 전송한다. 그리고 스레드를 돌면서 자신이 요청한 데이터의 결과값이 있는가를 확인한다. 그 결과가 있으면 해당 결과를 받아서 출력한다.

접속자가 서버에 요청을 하면 게이트 서버는 해당 결과가 저장되는 테이블의 색인 번호를 준다. 그리고 접속자는 결과 테이블의 색인 번호 레코드가 있는가를 확인한다. 그리

고 레코드를 확인하면 해당 결과를 받아와서 출력한다.

결과 데이터는 HTML 데이터이다. 그리고 서버스크립트는 존재하지 않는다. 자바스크립트로 모두함께 API 연결 함수를 사용 가능하게 하였다.

기존의 HTTP는 의뢰를 하고 그 결과를 받는 형태이나, 제안된 시스템은 요구를 전송하고 새로운 HTTPS 접속으로 결과 값을 받는 구조이다.

기존의 방식은 HTTPS를 이용하여 페이지를 호출하고 그 페이지 정보를 받는다. 서버스크립트 PHP나 JSP를 이용하여 서버의 데이터베이스 정보를 출력한다. 기존의 방식이 속도가 빠를 것이라고 이야기할 수도 있다. 이유는 기존의 방식은 한번 연결하여 데이터를 받는 것이고, 제안된 방식은 한번 연결하여 요청을 하고 여러 번 접속하여 결과 블록을 받는 것이기에 느리다고 이야기할 수 있다.

HTTPS 한번 연결하는 것보다 제안된 방식이 늦을 수 있다. 그러나 속도를 결정하는 것은 데이터베이스 검색과 처리이다. 필자가 다양한 테스트를 해보았다. 접속자가 요청 접속을 하고 암호화 블록을 접속한 후 약 0.5초 정도 sleep하고 결과 테이블 요청 접속을 하면 바로 결과가 도착되어 결과를 전송받았다. 서버 안에 데이터베이스가 있고 데이터 검색이 있을 때 사용자가 많으면 속도가 느려진다. 허나 제안된 시스템은 게이트 서버에 아무것도 없기에 데이터 요청과 결과 전송 프로세서의 속도가 느리지 않다. 여기에 포인트 서버가 매우 많고 프로세서가 폴링이 없고 데이터베이스가 다르기에 사용자가 늘어나도 처리 프로세서가 분산되어 있기 때문에 일정 속도 이하로 느려지지 않는다.

과거에는 네트워크 속도가 처리 속도를 좌우했다. 지금은 네트워크 속도보다는 데이터베이스 처리 속도이다. 보통 데이터 쿼리를 날리면 일단 큐에 들어가고 큐의 앞에서 쿼리를 빼서 처리한다. 이때 데이터 쿼리가 크면 프로세스가 늘어난다. 이렇게 늘어나면서 발생하는 지연이 <그림2>의 두 개의 connect 프로세스보다 크다.

요청 필드는 암호화하지만 결과는 암호화되지 않는다. 또 하나, 이 결과 데이터는 게이트 서버의 특정 페이지와 결합하여 결과로 보여줄 수 있다. 즉, 결과의 처리 페이지가 있으면 처리 페이지를 호출하고, 처리 페이지는 결과 데이터를 결합해서 접속자에게 보여준다. 실제로 사용자는 이런 프로세스를 모른다. 그냥 단순히 웹 서버의 특정 페이지를 접속하는 것처럼 생각한다.

§ 포인트 서버와 게이트 서버 연결

<그림3>은 게이트 서버와 포인트 서버 관계를 보여준다. 포인트 서버는 게이트 서버에 접속할 때 HTTPS 프로토콜을 사용한다. 게이트 서버가 server이고, 포인트 서버가 client이기에 게이트 서버의 프로토콜에 맞추어 HTTPS로 접속한다. 포인트 서버가 메인 서버로 접속할 때는 TCP/IP 소켓 네트워크로 접속한다.

포인트 서버는 스레드를 돌면서 자신이 해야 할 업무가 있나 체크한다. 자신이 해야 할 업무가 있다면 그 업무 데이터를 받아 암호를 해석하고, 자체적으로 결과를 처리하거나 메인 서버에 접속하여 데이터를 얻어 결과를 처리한다.

포인트 서버는 멀티 프로세싱이 가능하다. 필지가 제안하는 것은 두 개의 작업 프로세스를 다중으로 처리하는 방법이다. 필자가 코딩할 때 포인트 서버에 담당하는 회원을 할

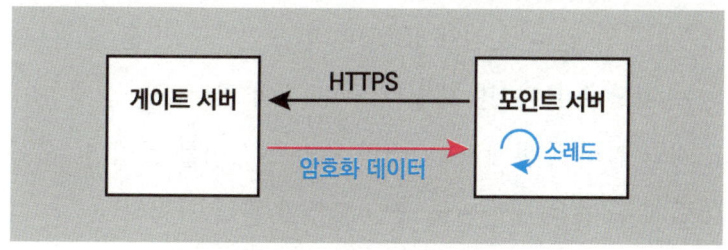

〈그림3〉 게이트 서버와 포인트 서버 관계

당하였다. 회원이 총 10000명이라고 하면, 10개의 포인트 서버에 각각 1000명씩 할당하는 형태이다. 그래서 자신에게 할당된 회원의 요청이 있으면 해당 포인트 서버가 처리를 하는 것이다.

  이때 1개가 1000명의 회원을 담당하게 하지 않고, 2개가 2000명의 회원을 담당하게도 하였다. 큰 차이는 없었으나 느낌에 2개의 포인트 서버가 2000명의 회원을 담당하는 형태가 안정적인 것 같았다. 여기서 1000명, 10000명은 예를 든 숫자이다. 이 숫자가 정확한 것이 아니다. 사용자의 업무량과 프로세스에 따라 할당되는 포인트 서버의 숫자가 변할 수 있다.

  포인트 서버는 매우 많아질 수 있다. 5000만의 회원을 처리하고자 할 때 1개의 포인트 서버가 5000명을 담당한다고 하면 만 대의 포인트 서버가 필요하다. 언뜻 생각할 때 엄청 많은 것 같으나, 실제로 공간도 많이 차지하지 않고 네트워크를 공유하고 있어도 트래픽이 크지 않다. 필자의 경험으로 한 개의 인터넷 선에 1000대의 포인트 서버를 붙일 수 있는 것으로 본다. 만 대일 경우 10개의 인터넷을 신청하여 10개의 인터넷 선에 1000대의 포인트 서버를 붙이면 된다. 이렇게 될 경우 대한민국 국민 모두를 관리 가능하다.

  포인트 서버에 스마트폰을 사용했다고 이야기했다. 저렴

한 중고 스마트폰을 사용했고, 이 스마트폰의 디스크 메모리 용량은 300기가 이상이었다. 이 정도면 보통 일반 서비스에 사용하는 웹서버가 운용하는 크기이다.

- 모든 시스템이 처리하는 데이터는 텍스트이다

서버 시스템은 멀티미디어 데이터를 처리하지 않는다. 영상, 동영상, 음성, 파일 데이터 등등의 대용량 데이터는 서버 시스템에 존재하지 않는다. 단, 해당 데이터가 위치하는 URL만 가지고 있다. 그렇기에 포인트 서버 하나가 처리할 수 있는 양이 매우 크다. 하나의 포인트 서버에 대한민국 국민 모든 정보를 저장하고도 용량이 남고, 검색을 할 때도 지연이 없다. 그만큼 스마트폰의 성능이 뛰어난 것이다. 사실 스마트폰을 고정 IP에 연결하고 HTTPS 네몬을 띄우고 웹 서버로 사용하여도 충분하다. 대규모 포털까지는 불가능하더라도 중형급 웹 서비스가 가능하다. 이런 포인트 서버가 만 대나 움직인다면 대형 시스템 못지 않게 뛰어난 성능을 보일 것이라고 생각한다.

예를 들어 데이터 10만 개가 있는데, 동시 사용자 만 명이 쿼리를 한다고 가정하자. 하나의 서버가 담당하는 경우 엄청난 대형 서버여야 할 것이다. 헌데 포인트 서버 개념을 이용하면 포인트 서버가 담당하는 프로세스가 10명이다. (1개 포인트 서버당 1000개로 가정할 경우) 즉, 포인트 서버에게 는 매우 빠르게 처리할 수 있는 작업이다.

- 고가의 서버 장비가 최상이 아니다

과거 필자는 분산 시스템과 PC급 서버 6대로 수강 신청 시스템을 만든 적이 있다. 수강 신청을 시작하면 자기가 원하는 과목을 신청하고자 학생들이 한 번에 급격하게 몰려서 서버가 다운되기 쉽다. 이 문제를 해결하기 위해 분산 방법을 사용했다. 알고리즘은 본 항목에서 설명한 포인트 서버와 비슷하다. 이 시스템은 매우 저가의 시스템이었다. 그런데 한 대학의 학생들이 동시적으로 몰려들어도 전혀 문제없이 처리되었다.

시간이 지나고 대학 통합 전산망을 구축하면서 대학 측에서는 엄청난 비용을 들여 시스템을 새로 만들었다. 그리고 수강 신청을 개시하자마자 서버가 멎고 수강 신청 자체가 불가능하게 되어 총장님이 학생들에게 사과 공지를 한 적이 있다.

제안한 시스템은 PC급 서버에 스마트폰 포인트 서버를 더한 구성이다. 깡통 IT 전문가의 눈으로 보면 우스운 시스템일 수 있다. 그들은 가상국가 시스템 정도면 최하 1000억 이상이 들어야 한다고 주장할 수도 있다. 1천 대의 스마트폰이 가진 모든 CPU와 메모리, 그리고 PC 서버의 CPU와 디스크 용량과 메모리를 1000억짜리 고가 장비의 CPU, 메모리와 비교해보고 양측의 프로세스 처리를 제발 한번 계산해보기를 바란다. 제안하는 시스템이 우스울지 몰라도, 1000억 이상의 고비용 시스템과 경쟁하여 결코 뒤지지 않는다고 생각한다. 돈을 많이 쓰면 좋은 장비를 쓸 수 있고 성능이 뛰어난 것이 사실이나, 그것이 최상은 아니다. 시스템 전문가는 돈을 많이 쓰고 고가 장비를 사용하는 것보다 저가라도 최적화하는 방향을 고민해야 할 것이다.

・・・・・・・・・・・・

포인트 서버는 계정의 암호키를 가지고 있다. 여기서 문제는 업무를 처리할 때 몰림 현상이 있으면 부분적 지연이 발생할 수 있다. 예를 들어 한 포인트 서버가 담당하는 회원들이 모두 서비스를 많이 이용하면 포인트 서버에 부하가 걸릴 수 있다. 이럴 경우 해당 포인트 서버에 연결되는 사용자는 항시 지연이 발생할 수 있다.

필자가 운영할 때 이런 지연은 발생하지 않았다. 만약 이런 지연이 발생한다면 예비 포인트 서버가 업무를 나누는 방식을 사용할 수 있다. 제안된 시스템에서 예비 포인트 서버는 항시 준비해두어야 한다. 스마트폰이라 가끔 멎기도 하고 시스템이 종료될 수 있다. 그때 워치독 시스템에서 가동되지 않는 포인트 서버를 대신하여 예비 서버가 가동되게 해야 한다.

> **스마트폰을 사용하면 화면은 검정색! 안그러면 스마트폰 옆구리 터집니다**
>
> 처음에 스마트폰을 포인트 서버로 사용할 때 진행 사항을 보기 위해 하얀 화면에 검정색 글씨로 진행 사항을 표시하고, 간단한 진행 바도 출력하였다. 1주일 동안 돌리고나자 스마트폰 옆이 뜯어지고 배터리가 부풀어올랐다. 24시간 풀로 가동하는데 열량이 크니까 배터리가 부풀고 그 힘으로 스마트폰 옆구리가 터진 것이다. 제안된 시스템을 구동할 때 스마트폰을 사용한다면, 화면은 검정색이어야 하고 아무 글자도 뜨지 않게 해야 한다.

§ 포인트 서버와 메인 서버 연결

포인트 서버와 메인 서버는 소켓으로 연결한다. 이 말은 메인 서버의 서버 프로그램은 표준화된 공용 서버가 아니라, 직접 제작한 서버라는 것이다. 그렇기에 서버 접속 구조를 알지 못하면 메인 서버 접근이 어렵다. 소켓 접속이란, 주소와 포트를 이용하여 서버에 접속하는 것이다. 포트 번호는 65535번 이하 모든 번호를 사용하기 때문에 포트 번호가 비밀번호가 된다. 포인트 서버는 자신이 접속할 메인 서버 IP 주소와 포트 번호를 가지고 있다. 포인트 서버에 저장된 정보는 해킹할 방법이 없다. 이유는 포인트 서버는 말이 서버지, 클라이언트 기능만 가지고 있기 때문이다. 포인트 서버는 게이트 서버에 접속하고 메인 서버에 접속하는 기능을 가지고 있고, 외부에서 클라이언트 서버에 접속할 수가 없다.

또한 오픈된 일정한 프로토콜이 아니다. 게이트 서버에서 들어오는 데이터는 암호화 데이터인데 해석키가 다 다르고, 메인 서버와의 접속은 자체 제작한 네트워크 모듈로 접속된다. 더욱 더 보안이 철저한 이유는 포인트 서버의 주소가 일정하지 않고 바뀌기 때문이다. 그리고 한 네트워크 주소에 허브를 붙여 여러 대가 한 개의 주소를 공유하기에 특정 포인트 서버에 직접 접속하는 것은 거의 불가능하다.

포인트 서버는 중간에 데이터를 전송하는 매개체 형태이다. 중간 연결체가 보안이 되어 있으면 보안이 최적화된다. 중간 매개체를 통하지 않으면 메인으로 들어갈 수 없는데, 이 중간 연결체가 직접 연결하지 않는 한 중간 매개체에 접근이 불가능하다.

포인트 서버와 메인 서버는 소켓으로 연결된다고 하였

다. 서버와 연결은 지속적인 연결과 일시적 연결 두 가지 모드를 사용한다. 지속적이란 포인트 서버가 메인 서버에 connect하고, 계속적으로 연결을 지속하는 것이다. 그러다가 끊어지면 다시 연결하여 메인 서버와 포인트 서버 상에 연결의 지속성을 갖게 하는 모드이다. 이 모드에서는 메인 서버가 포인트 서버에 Notification message를 전달할 수 있다. 만약 사용자에게 어떤 중요 알람 또는 이벤트가 발생하였을 경우, 메인 서버는 포인트 서버에게 알리고, 포인트 서버는 그 내용을 게이트 서버의 알람 데이터베이스에 기록한다.

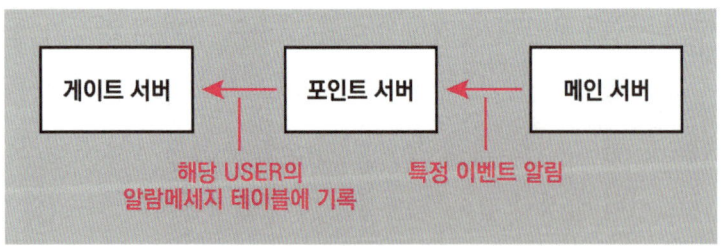

〈그림4〉 메인 서버에서 이벤트 메시지 전송

사용자 시스템은 항시 스레드를 돌면서 자신에게 오는 메시지가 있는가 확인한다. 그래서 메시지가 있으면 그 메시지를 사용자에게 전달한다. 알람 메시지 테이블에 기록하고 푸시 메시지를 이용해서 알려주어도 된다. 이 방법은 국가

마다 다르다. 푸시 메시지 서비스가 가능한 국가에서는 알람 테이블에 기록도 하면서 푸시 메시지를 이용하여 바로 전송한다. 그런데 그것이 불가능한 국가에서는 백프로세스로 스레드를 돌려 자신의 알람 메시지를 체크해야 한다. 포인트 서버는 메인 서버와 두 개의 포트를 사용하여 접속하는데, 첫 번째 포트는 지속형이고 두 번째 포트는 일시적 연결이다. 지속형은 사용자와 핵심 데이터 변경의 결과 처리를 담당한다. 즉, 메인 서버에서 체크하면서 꼭 사용자에게 알리고자 할 때 지속형 라인을 통해서 메시지를 보낸다. 지속형 연결 모드는 서버에서 고객에게 데이터를 전송할 때 사용된다.

  일시적 모드는 사용자가 어떤 요청을 했을 때 사용하는 모드이다. 간단하게 보면 사용자의 데이터 성보 요구에 응답을 하는 모드이다. 필자가 실제 구동시켰을 때 메인 서버로 간 적이 없었다. 이유는 포인트 서버의 용량으로 저장하기 충분하였기 때문이다. 단, 데이터 수정과 데이터 생성 시에는 포인트 서버에서 메인 서버로 데이터가 이동된다.

§ 메인 서버의 데이터 공유

  메인 서버는 소켓 서버 2개가 실행된다. 이 2개의 포트 또

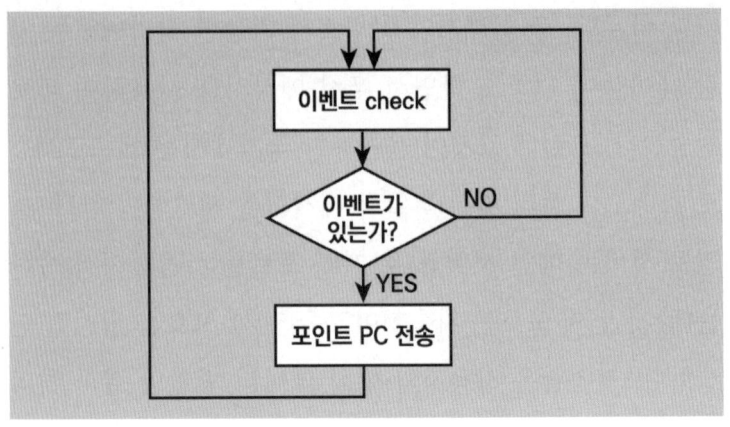

〈그림5〉 메인 서버의 지속형 서버 스레드

한 다르다. 하나는 지속형 모드이고 하나는 일시적 모드이다. 두 개 다 데몬 형식으로 띄워야 한다. 지속형 모드는 단순히 소켓을 열고 스레드를 돌면서 이벤트가 발생하면 포인트 서버에 알려주는 기능을 한다. 하나는 일시적 모드로, 클라이언트가 접속하여 요청한 데이터를 다시 보내고 작업이 종료되면 소켓을 close한다. 그리고 내부로 연결되는 TCP/IP가 있다. 이것은 모든 메인 서버의 데이터를 공유하기 위한 것이다.

　<그림5>는 지속형 서버의 내부 스레드를 보여준다. 서버 소켓에서 스레드를 돌면서 이벤트가 있는가를 확인한다. 그래서 이벤트가 있으면 해당 이벤트를 연결된 포인트 서버에 전송한다. 지속형 서버는 받고 보내는 데이터가 크지 않

기에 일정한 메모리 블록을 만들어 그 블록을 계속 사용하기에, 서버 모듈에 에러나 멈춤 현상 발생이 그렇게 크지 않다. 그러나 일시적 모드 서버는 메모리 관리가 필요하다. 사용자가 요청하는 데이터가 매우 클 수도 있다. 예를 들어 '최근 10년 간 낸 세금 현황'이라는 요청을 받아 메인 서버가 그 데이터를 전송해야 할 때는 큰 크기의 메모리 블록이 필요하다. 이때 고정된 메모리 블록의 크기가 작으면 fault가 발생한다. 그리고 서버가 멎게 된다.

아주 작은 메모리 에러가 발생해도 서버는 멎게 되어 있다. 운영 체제를 유닉스, 리눅스, 윈도우즈 어떤 것을 사용하던 분명 서버는 멎는다. 만약 메모리를 동적 할당 – C언어에서 malloc 함수 사용 – 하여 필요한 메모리를 생성하고 쓰고 해제하는 방법을 사용하면, 윈도우즈에서는 6시간 이내에 멎을 것이며 리눅스에서는 3일 이내에 멎게 된다. 컴퓨터는 만능이 아니다. 프로세스가 계속 반복되면서 메모리 주소가 바뀌면 에러가 발생할 수밖에 없다. 방법은 최대한 큰 메모리를 static 메모리로 잡고, 그 메모리를 사용하는 것이다. 그리고 요청이 들어왔을 때 필요한 메모리 크기를 먼저 확인하고 해당 크기가 준비된 메모리보다 작으면 넣어서 처리하고, 크면 에러를 보내거나 분할하여 전송한다.

소켓에서 데이터를 전송할 때 데이터 전송 블록을 가변적으로 만들어 전송하는 것은 무지한 행동이다. 시스템에서 제공하는 함수를 너무 신뢰하는 것이다. 데이터 전송 패킷은 고정이어야 한다. 그리고 소켓 시스템과 데이터 블록이 정배수이거나 같으면 좋다. 어떨 때는 512byte 어떨 때는 2048byte 이렇게 가변적으로 send하는 게 아니라, 기본을 512byte로 두고 보낼 용량이 1024byte일 경우에는 512byte를 2번 반복해서 보내는 식으로 해야 한다는 것이다. 서버 시스템은 변화가 최소화되어야 한다. 메모리도 처음 로드된 메모리만 사용하고 그 메모리 안에서 변화 없이 처리해야 하는 것이다.

- 하드웨어를 알지 못하면 프로그램이 자주 멎는다

네트워크 카드 또는 네트워크 칩은 시스템과 I/O포트로 연결되어 있다. 그리고 이 네트워크 칩이 사용할 기본 메모리를 메인 메모리에서 할당한다. 이것을 DMA(Direct Memory Access)라고 한다. 좋은 네트워크 카드는 자체 메모리를 이용하고 전송받은 데이터를 메인 메모리에 전송하거나 메인 CPU가 네트워크 카드의 메모리에 접근하는 경우도 있다(역 DMA). 이때 데이터가 들어왔다, 소켓이 끊어졌다 등의 이벤트 (보통 이때는 인터럽트라고 이야기한다)를 메인 CPU에 전송하고, 메인 CPU는 인터럽트 채널로부터 받은 메시지에 따라 네트워크 데이터를 처리한다. 이때 소켓을 connect하거나 close할 때 I/O포트에 명령을 내리는 것이다. 이것을 어셈블리 언어로 만들고 그것을 C언어 함수로 만드는 데 DMA가 발생할 때, I/O포트 명령을 내릴 때, 인터럽트가 발생될 때 모두 에러가 발생될 요소가 있는 경우이다. 그렇기에 스레드를 돌릴 때 이 모든 것을 체크해야 하고 체크 시 에러 처리를 해야 한다. 이런 체크 함수는 시스템에서 라이브러리로 다 제공한다.

간단하게 send, rev 함수로 데이터를 보내고 받는 걸 만드는 게 서버 프로그램이 아니다. 그렇게 만들면 1주일에 한 번씩 서버가 다운된다. 웹 데몬의 대표적 프로그램 아파치의 서버 커널을 확인해보라. (아파치는 소스가 공개되어 있다) 필자의 말이 무슨 뜻인지 이해가 될 것이다.

프로그래머가 단순히 함수를 호출해서 코딩하는 사람이 아니다. 하드웨어도 알아야 하고 알고리즘도 알아야 한다. 단순히 함수만 알게 되면 자주 멎는 프로그램을 수없이 반복해서 실행시키면서 딜레마에 빠지는 경험을 하게 된다.

시스템이 멎을 때 가장 큰 요인은 메모리 부분이다. 메모리에 변화가 없는 형태의 코딩을 하면 스레드 모듈의 멎음을 어느 정도 막을 수 있다.

§ 메인 서버의 자체 OS 탑재

　메인 서버의 운영체제를 자체 OS로 탑재하는 것을 권고한다. "아니, 운영체제가 얼마나 어려운 프로그램인데..!"라고 생각하는 경우가 있을 것이다. 필자의 답변은 "결코 어렵지 않다!"이다. 그리고 운영체제를 다 만들라는 게 아니고, 리눅스 커널 소스를 변형해서 탑재하라는 것이다. 운영체제의 코딩 방법에 대해서 대략적으로 설명을 하겠다.

　1) PC는 전원을 켜면 ROM BIOS의 프로그램을 로딩한다. 그리고 부팅 디스크의 512byte 기계어를 로드한다. 이 기계어는 몇 가지 외부 I/O포트에 연결된 디바이스를 체크하고 간단한 인터럽트를 처리한 후 메인 운영체제 커널을 디스크에서 찾아서 메모리 실행 블록에 올려놓고 실행 start 포인트 메모리를 실행시킨다.

　2) 보통 리얼모드와 프로텍트 모드의 셋팅이 있는데 이것은 CPU에 따라 다르다. 지금은 64bit 모드로 가동하기에, 이 모드 셋팅은 CPU 도큐먼트에 기록되어 있으므로 참조해서 프로텍트 64bit 모드를 설정하고 여기에 메모리 관리자를 만들어 모듈 커널이 메모리를 관리하게 한다.

　3) 파일 관리를 위한 파일 관리자 시스템을 개발한다. 이것은 디스크 형태의 분할 방식에 따라 FAT, FAT32, NTFC

등이 있다. 이것을 링크드리스트와 트리를 이용하여 만들어야 하는데, 이 부분에 노가다 작업이 매우 많다. 리눅스 커널의 파일 매니저 모듈을 사용하면 된다.

4) 화면은 텍스트 모드와 그래픽 모드 두 가지로 가동되는데, 그래픽 카드에 텍스트 모드에서 그래픽 모드로 전환시키는 셋팅 방법이 있다. 이것 또한 그래픽 카드마다 다르기에 해당 그래픽 카드 도큐먼트를 참조하면 된다.

5) 네트워크 카드, 사운드 카드 등 외부 디바이스의 연결을 한다. I/O포트 컨트롤과 DMA 등은 어셈블로 작성하고, 그 위에 C언어 함수를 덮어서 C언어 라이브러리를 만든다.

6) 프로텍트 모드에서는 커널이 폴링을 돌면서 쉘에서 요청하는 서비스를 커널이 처리한다. 이렇게 하면서 여러 프로그램을 밀티테스킹할 수 있게 한다.

위의 내용은 운영체제를 만드는 대략적인 방법이다. 리눅스 소스 커널을 분석하면 위의 내용대로 기록되어 있을 것이다. C언어 안에 인라인 어셈블이 들어간 것은 대부분 외부 디바이스 연결 부분이다.

리눅스 커널을 로드하고, 맨 마지막에 두 가지 모드의 서버가 가동되는 메인 서버 프로그램과 내부 스레드 프로그램만 로드하면 자체 OS가 만들어진 것과 같다.

실제 리눅스를 설치하면 리눅스 커널이 뜨고 그 다음 여러 서비스로 SSH, TEL net, FTP 등이 구동된다. 이들이 외부의 접속을 허용한다. 해킹은 이런 네트워크 서버 모듈에 의해서 뚫리게 되어 있다.

리눅스 커널을 로드하고 메인 서버 모듈과 내부 스레드 모듈만 탑재시키면 외부에서 본 메인 서버에 해킹으로 접속하는 것은 불가능에 가깝다.

리눅스 커널을 이용하면 운영체제를 만드는 것은 어려운 게 아니다. 보통 OS로더 512byte 개념과 I/O포트, DMA 방법에 대해 경험이 없기 때문에 어렵게 생각할 것이다. 이 부분은 운영체제 코딩 시 안에서 사용하기에, 일반 프로그래머가 한번도 사용해보지 못한 이유일 것이다.

서버 보안에 최적의 방법은 자체 OS로 구동하는 것이다. 그것을 만드는 방법은 리눅스 커널을 분석해서 수정하는 방법이다.

§ 메인 서버의 데이터베이스 관리

메인 서버는 데이터베이스 엔진을 탑재하고 데이터베이스 관리가 대부분이다. 자체 데이터베이스를 ISAM 방식으로 만들어서 사용해도 된다. 과거 필자가 ISAM 방식으로 데이터베이스 엔진을 만들 당시는 시스템의 메모리 용량이 작아 가상메모리를 이용하는 등 어려움이 있었으나, 지금은 메모리 용량이 커서 데이터베이스 엔진을 만드는 데 어려움이 없다고 생각한다. 또한 가상국가에서 사용하는 중요 테이블을 정하고 이것을 static하면 성능 빠른 메인 서버를 구축할 수 있다.

만약 데이터베이스 만드는 게 어렵다면 MySQL을 사용하기를 권장한다. 그리고 VER4.0 이전 버전으로 커널 소스만 탑재하고 네트워크 서버 기능을 삭제하기를 권고한다. 일반적으로 MySQL은 소켓을 통해 SQL 데이터를 접속받는다. 이 소켓을 로컬만 가능하게 하고 외부에서 네트워크로 접속하는 것은 아예 소스 자체에서 막아버린 후 재컴파일하여 데몬으로 띄우면, 외부에서 MySQL 접속이 불가능하다.

VER4.0 이전 것을 권장하는 이유는 버전이 높아지면서 데이터베이스에 고급 기능들이 결합되어 조금 복잡해지기 때문이다. 트랜잭션 처리, 조인 연산 등의 고급 기법과 스크립트의 고급 기법이 추가되면서 버전이 높아진다. 메인 서버의 데이터베이스 모듈에는 이런 복잡한 기능이 필요없다. 데이터베이스 공유도 데이터베이스를 엔진에서 제공하는 서비스를 이용하지 않고 자체로 제작하기를 권고한다. 그렇기에 불필요한 부분이 없는 간단한 MySQL만 사용하는 것을 제안한다.

　많은 메인 서버는 데이터를 공유한다. 대략적으로 20대 이상이 모든 데이터를 공유한다. 데이터가 수정되거나 생성될 때 수정할 내용을 내부 스레드 네트워크로 전달하고, 전달받은 데이터로 데이터를 생성하거나 수정한다. 한 개의 데이터가 생성될 때 최소 20대 이상 서버의 데이터가 수정되어야 한다. 20대의 메인 서버는 모두 네트워크로 연결되어 있어 실시간으로 수정이 된다.

　필자가 시뮬레이션으로 데이터베이스 공유 시간을 측정해보았는데, 색인된 10만 레코드가 있고 1개의 색인으로 입력 쿼리를 날렸을 때, 100대의 서버에 입력이 완료되는 시간은 0.5초 미만이었다. 모든 서버들이 IDC에 있다고 가정할 때이다.

　실제로는 10대가 구동되었고 10대가 모두 같은 데이터를 갖게 하는 데 시간이 너무 빨라 1개의 서버에 입력되는 시간과 큰 차이가 없었다. 이것은 미러링 기법이 아니다.

　메인 서버는 데이터 생성이 필요하면 먼저 자신의 데이터베이스에 입력을 한다. 그리고 내부 소켓으로 연결된 9개의 서버에 자체 프로토콜을 전달하고, 그 프로토콜을 해석하여 데이터를 생성한다. 이때 에러가 발생하면 발생된 에러를 기록하고 에러 처리 모듈이 후속 처리를 하도록 하였다.

§ 서버 시스템 정리

 필자의 기술서는 IT 분야의 어느 정도 전문가인 경우 이해가 가능할 것으로 본다. 그리고 시스템 프로그래밍을 C언어로 해본 경험과 IT 분야의 석사 정도 이상 학식이 있어야 할 것으로 생각한다. 필자가 수록한 내용을 제대로 이해하지 못하면서 IT 전문가라고 한다면, 필자의 생각에 깡통 IT 전문가가 아닐까 한다. 설사 그분이 유명 대학의 교수라고 할지라도...

 어느 정도 전문가에게는 본 항목이 새로운 서버 시스템의 비법서일 수도 있다. 제안된 방법은 저가의 비용으로 고가의 대형 시스템보다 더 최적화된 시스템을 만드는 방법이 아닌가 생각한다. 본책에 기록한 방법은 대부분 필지가 다 코딩하여 구현된 시스템이다. 스마트폰의 옆구리가 터진 사진을 모두함께 회원들에게 보여준 적도 있다.

 가끔 보면, 미국 어느 대학 또는 어느 기업에서 개발한 것은 대단한 시스템으로 인정하면서 한국인이 개발한 시스템은 무시하는 일을 당한다. 필자가 가장 많이 당한 것이 바로 이런 일이다. 필자가 한국인이기에, 필자가 개발한 것은 신뢰성이 없다고 판단하는 경우들이 있었다.

 세계에 자체 워드 프로세서를 가지고 있는 나라는 흔치

않다. 대한민국은 아래 한글을 가지고 있다. 마이크로소프트사의 워드가 대한민국의 아래 한글을 이기지 못했다. 소프트웨어는 선진국의 기술이 최고라고 하기 어렵다. 필자는 작은 나라라고 해도 얼마나 노력하고 컴퓨터와 씨름하느냐에 따라 세계 최고의 소프트웨어를 개발할 수 있다고 생각한다. 또한 모든 기술이 공개되어 있어 누구나 노력하면 많은 노하우를 축적할 수 있다. 그래서 대한국인은 이 쪽을 공략해야 한다고 생각한 것이다.

  제안된 시스템은 가상국가가 아니더라도 매우 큰 시스템을 가장 저렴한 비용으로 구축할 수 있는 방법이다. 또한 관리자 프로그램 구축도 거대 시스템보다 편리하다.

모두코인 시스템

 필자가 만든 코인 시스템은 기존의 가상 자산으로 활용되는 블록체인 기반 암호화 화폐와 그 구조가 다르다. 안타까운 부분은 "블록체인 기법이 사용되지 않으면 가상 화폐가 아니다."라고 외치는 깡통 IT 전문가들의 논지이다. 그 말은 고무신만 있는 시대에 운동화를 만들었는데 "고무신이 아니면 신발이 아니다. 그러므로 운동화는 신발이 아니다."라고 외치는 것과 똑같다.

 기술을 정확하게 판독할 수 없는 사람들이 IT 전문가 마크를 달고 심의하고 판단하기 때문에, 발전할 수 있는 진실된 기술들을 사장시키고 있는 실정에 안타까움이 크다. 건축, 기계, 화학 등의 다른 분야는 명확히 눈에 보이는 기술이라 정확하게 판단할 수 있으나, IT 기술은 잘 모르는 사람들이 정확히 판단하기 힘들다. 내가 전문가라고 주장하는 사람들이 자기가 잘 모르는 기술은 배제하는 이상한 논리가 대한민국에 난무하고 있다는 것이 안타깝다.

블록체인 기술은 오픈 소스이다. 오픈 소스이기에 누구나 그 소스를 가지고 수정해서 가동시키면 된다. 그렇기에 그것을 사용하는 것이 큰 기술이 아니라는 것이다. 오히려 필자의 클라우드 블록체인 기술은 오픈되지 않았기에 고급 기술로 볼 수 있다.

§ 가상국가의 화폐 기능을 해야 한다

우리가 만드는 모두코인은 단순히 가상 자산이 아니라 화폐의 기능을 해야 한다. 그렇기에 기존의 블록체인 기법으로는 화폐의 기능을 하기엔 부족하다. 최근에 개발되는 코인들은 화폐의 기능을 활성화시키기 위해 블록체인 기술을 쓰지 않고 자체 기술을 쓰는 화폐들이다. 최근 개발되는 가상 화폐는 블록체인을 탈피한 형태가 많이 나타난다.

- 실시간 송수신이 가능해야 한다

블록체인 기술의 화폐들이 가진 가장 크리티컬한 부분이 실시간 송수신이 불가능하다는 것이다. 모든 화폐는 지불 기능이 있어야 한다. 그리고 지불을 선택한 순간 바로 화폐가 수신자에게 넘어가야 한다. 여기서 지연이 발생한다는 것은 지불 기능이 이루어지지 않는다는 것이다.

　이런 문제를 해결하기 위해서 P2P 방식을 쓰지 않으려는 세계적인 흐름이 있다. 안타까운 것은 P2P와 블록체인이 있어야 가상 화폐라고 주장하는 깡통 IT 전문가들의 논지이다. P2P는 어쩔 수 없는 수단이었다. 가능하면 P2P 방식을 쓰지 말아야 화폐의 기능이 되는 것이다.

　때로는 핀코드가 없으면 가상 화폐가 아니라고 이야기하는 경우도 있다. 이것은 "신발끈이 없으면 신발이 아니다."라는 논지이다. 핀모드를 키로 하여 암호블록을 사용하는 방법도 있고, 전송 블록 내부에 사전식 코드로 암호화 블록을 전달하는 방법도 있다. 실시간 송수신에서 핀코드 방식은 때로는 불편한 방식이 될 수가 있다.

- 화폐의 추적과 제어가 가능해야 한다

　인간 사회가 돈을 제어하지 못하면 엄청난 경제적 재난이 발생한다. 예를 들어 1000원이면 살 수 있는 물건을 하루가 지나자마자 10만 원에 사야 한다면 그 사회의 경제는 무너진다. 그런데 비트코인은 가격이 급격하게 오르고 급격하게 떨어진다. 비트코인은 화폐라기보다 가상 자산이기에 이것이 용납되나, 만약 비트코인이 한 나라의 화폐라면 그 나라의 경제는 요동을 치게 되고 그 나라의 사회와 경제는 붕괴하게 된다.

따라서 투기의 힘에 의해 화폐의 가치가 폭등하거나 폭락하는 것을 막아야 한다. 일반 블록체인 가상 화폐는 이것을 막을 수 없다. 그렇다면 해당 가상 화폐를 사용하는 국가는 경제적 풍전등화 속에 있게 될 것이다.

국가의 화폐가 되기 위해서는 흐름의 추적과 제어가 가능해야 한다.

- 통화량 조절이 가능해야 한다

어느 국가 안에 쌀이 5가마만 있다고 가정하자. 그리고 한 가마에 10만 원이라고 가정하자. 그러면 그 국가의 총 통화량은 50만 원이어야 한다. 통화량은 그 국가의 생산량과 밀접하게 연결되어 있다. 그렇기에 국가의 생산량에 따라 통화량이 조절되어야 하는 것이다. 지금의 블록체인 코인들은 채굴의 과정에 의해 코인이 생성된다. 국가의 생산량과 연계가 되지 않는다. 이것은 경제적 관리와 운영이 불가능하다는 뜻이다. 즉, 가상 화폐로는 한 나라의 화폐 기능을 할 수가 없다는 말이다.

· · · · · · · · · · · ·

모두코인은 실시간 송수신이 가능하고, 추적과 제어가 가능하고, 통화량 조절이 가능한 형태로 설계되었다. 그렇기에 기존의 가상 화폐와 그 구조가 다른 것이다. 본책에서 수없이 설명한 내용이 바로 모두코인은 투기를 담보로 하지 않고 서비스를 담보로 하며, 가상국가의 화폐 기능을 해야 한다는 것이었다.

사람을 많이 운송하려면 버스를 만들어야 하고, 물건을 많이 실으려면 트럭을 만들어야 한다. 초기에는 일단 자동차를 만들겠지만, 시간이 지날수록 목적형 자동차를 만들게 되어 있다. 1세대 가상 화폐는 가상 자산의 가능성과 함께, 비트코인을 통해서 신뢰를 담보로 화폐가 탄생할 수 있다는 것을 보여주었다. 2세대 가상 화폐는 기존의 화폐를 대치하려는 노력이 담겼다. 그런 형태의 가상 화폐가 모두코인이다. 모두코인은 가상국가의 화폐가 되기 위해 탄생하였다.

§ 클라우드 블록체인 (Cloud Block Chain)

필자도 처음에는 블록체인으로 모두코인을 만들었다. 이때 많은 문제가 발생하였다. 코인을 하나 만드는 데 전기가 많이 필요하였다. 필자의 블록체인은 스마트폰에서 가동되었는데, 코인이 생성되고 키가 만들어진 다음 그것을 모든 포인터에 전송하니까 네트워크 사용량이 매우 컸다. 모두함께의 한 리더자는 코인을 받으려고 모두함께 앱을 많이 사용했는데, 네트워크 사용량이 커서 통신비를 평상시보다 2배나 냈으며 배터리가 많이 소모되어 스마트폰 충전을 자주 해야 한다고 고충을 호소했다.

그리고 채팅으로 코인을 전송하게 했는데, 코인을 전송한 후 바로 상대방의 지갑에 도착하지 않으니까 본사로 컴플레인 전화가 왔다. 5분 정도 기다리면 도착한다고 안내했지만, 사람들은 5분을 기다리는 것을 매우 불편해했다.

블록체인 가상 화폐는 자산으로는 가능하지만, 실생활에 사용되는 화폐로는 많은 문제점을 보였다. 그래서 블록체인 방법을 변형했다.

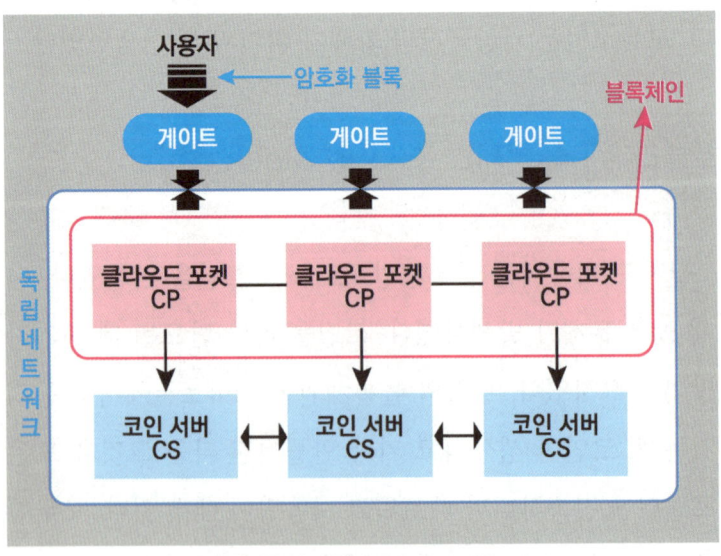

〈그림6〉 클라우드 블록체인 구조도

<그림6>은 클라우드 블록체인의 구조를 보여준다. 간단하게 설명하면 각 사용자의 지갑은 자신의 PC에 있는 것이 아니라 클라우드에 있다. 즉, 클라우드 포켓에 자신의 지갑이 있는 것이다. 전체의 구조는 가상국가 시스템과 비슷하다. 클라우드 포켓으로는 안드로이드 중고 스마트폰이나 저가용 안드로이드 셋톱을 사용하면 된다.

하나의 클라우드 포켓에 많은 사용자의 지갑을 보유할 수 있다. 필자는 1대의 스마트폰에 5000명의 지갑을 만들었다. 5000명의 지갑을 운영했는데도 지연은 없었다.

CP들의 연결이 블록체인이다. 이게 IDC 네트워크망 또는 기간망에 연결되어 있어 P2P보다 매우 빠르게 정보가 수정된다. 또한 선택적으로 정보를 전달하기에, 지연 현상을 느낄 수 없다. 예를 들어 A는 CP 1번에, B는 CP 15번에 있다고 가정하고, 모든 CP의 수는 20개라고 가정하겠다. A가 1M을 B에게 전송한다고 가정할 때, 1번과 15번은 동시에 수정하고, 나머지는 백 스레드 프로세스로 돌려서 전송 내용을 전달한다. 그렇기에 실시간으로 코인이 전송되는 것처럼 보인다. 그리고 CP들은 자신의 코인 작업 데이터를 그대로 코인 서버 CS에 전송하는 것이다. CS는 가상국가 시스템의 메인 서버와 비슷하게 구동된다.

왜 <그림6>과 같은 시스템으로 바꾸었을까? 일단 코인

생성과 사용자 디바이스와는 아무런 관계가 없다. 코인이 생성되고 처리되는 부분이 네트워크 상에서 이루어지기에, 각각의 사용자 디바이스가 작업을 할 필요가 없다. 즉, 실시간으로 송신과 수신이 가능하다는 것이다. 두 번째로 CP들끼리는 블록체인이나, 모든 데이터는 이력과 함께 CS에 저장된다. 즉, 코인이 생성되어 전송되는 일련의 내용들을 추적 제어 가능하다.

코인은 블록체인 네트워크 안에서만 생성이 가능하다. 그리고 발행된 총량과 발행할 양을 제어할 수 있다. 그래서 통화량 조절이 가능하다.

가상국가의 화폐 기능을 하면서 보안이 보장되어야 한다. 그래서 CP들을 블록체인으로 연결시킨 것이다.

§ 게이트와 CP의 연결

사용자는 자신의 코인을 관리하기 위해 코인 게이트에 접속한다. CP는 자신이 보유하고 있는 지갑의 사용자가 접속하면, CP가 게이트에 접속하여 요청을 받는다.

이때 통신은 암호화 블록으로 한다. 이것은 블록체인 암호화가 아니다. 본 암호화 방법은 가상국가 시스템 구조에서 설명했다. 그리고 그 키도 분명히 존재한다. 이 키와 암호화는 사용자가 게이트에 접속하는 부분의 암호 처리이다. 여기서 게이트는 HTTPS가 아니다. 게이트와 사용자 간의 통신은 TCP/IP 소켓 통신으로 한다. 코인 정보에는 코인의 전송, 수신 등 밖에 없다. 여기에는 특별한 UI가 존재하지 않는다. 이것이 가상국가 시스템의 게이트 서버와 코인 시스템의 게이트가 다른 점이다.

이때 암호 키와 개인 계정 확인을 위해서 코인 시스템의 CP와 가상국가 시스템의 포인트 서버와 연결을 할 수도 있다. 이때 포인트 서버에 직접 접속하지 않고 게이트 서버로 접속할 수도 있다. 필자는 여기까지는 구현해보지 않았다.

§ CP들의 연결과 코인 서버

<그림6>의 연결에서 정규적으로 사용하는 모든 프로토콜은 사용하지 않는다. 즉, HTTPS나 HTTP 같은 오픈 네트워크를 사용하지 않는다는 것이다. 이 말은 자체 프로토콜을 사용하여야 한다는 말이다. 블록체인을 쓰는 가장 큰 이유는 보안이다. 보안이 뛰어나면 블록체인이 필요없기도 하다. 블록체인을 쓰더라도 상장 서버(코인을 거래하는 서버)와 연결할 때 해킹을 당한다. 이유는 HTTPS와 같은 공용 프로토콜은 그 구조가 오픈되어 있어 해킹이 가능하기 때문이

다. 최근 코인 거래 사이트에서 해킹을 당해 엄청난 피해를 입은 사례들이 있었다. 이것이 공용 프로토콜을 사용하기 때문에 발생한 문제이다. 모두코인 시스템은 공용 프로토콜을 사용하지 않고 자체 프로토콜을 사용하여 외부의 해킹을 철저하게 차단한다. CP들의 블록체인도 소켓으로 작성해야 한다. 그렇게 하면 포트까지 비밀번호화 되기에 보안이 완벽하다고 볼 수 있다.

§ 전용 라인 안에 CP와 CS 구축

　가상국가 시스템과 다르게 코인은 한 개의 전용 라인에 같이 연결시키는 것이 보안에 좋다. CP와 CS가 하나의 네트워크 안에 허브로 연결되어 CP와 CS가 내부 사설망 통신을 하게끔 설계하기를 권고한다. 그렇게 되면 외부에서 CP/CS 접속이 불가능하다. 필자는 2023년 10월에 코인 서버를 가동하기 위해서 1기가 전용 라인을 끌어와 소형 IDC 센터를 2곳에 구축하였다. 그리고 <그림6>의 시스템을 구현하려 하였다.

　안타까운 것은 필자가 구속되어 <그림6>의 시스템을 완성하지 못했다. 과거의 시스템은 <그림6>과 비슷하나, 6개의 서버 라인에 블록체인을 구축하였다.

따라서 <그림6>의 시스템이 빨리 구현되어야 한다.

- 안되면 일반 블록체인으로 돌린다

   필자가 이 글을 쓰면서 모두코인을 코인 거래소에 상장한다는 이야기를 들었다. 사실 필자는 상장을 원하지 않는다. 필자의 구속으로 당황해하는 대표장들을 단합하기 위한 어쩔 수 없는 포석이라고 생각된다. 2024년에는 어쩔 수 없이 일반 블록체인을 사용하여 모두코인을 구동하게 될 것이다. 그러나 가상국가로 들어서기 전에 <그림6>과 같은 구조로 모두코인 시스템을 구성시켜야 한다. 필자는 <그림6>의 구조를 보고 모두코인 시스템을 구축할 전문가가 나오기를 소망한다. 모두함께에는 돈이 없다. 그렇기에 저렴한 비용으로 <그림6>의 구소가 빨리 완결되어야 한다고 생각한다.

              . . . .

   <그림6>의 시스템의 기술 수준은 중급이다. 어렵지 않다는 뜻이다. 실제로 블록체인 기술은 중급의 기술이다. 알고리즘이 복잡하지 않으며, 수학도 많이 사용되지 않는다. 그렇기에 조금만 노력하면 구축이 가능하다. <그림6>의 시스템은 비용이 매우 적게 드는 반면 보안은 최상급이라고 생각한다.

AI 시스템

지금은 시스템을 만들면 AI를 결합시킨다. 2018년 필자가 디나를 만들 때도 이 정도로 AI 물결이 일어나지는 않았다. 이렇게 AI의 물결이 일어나는 이유는 하드웨어 성능이 좋아졌기 때문이다. AI 기술은 이미 20년 전에 많은 부분 완결되어 있었다. 그러나 그 시스템을 구현하였을 때 하드웨어가 감당을 못해 빠른 처리가 불가능했다. 최근에는 하드웨어의 발전으로 대용량 메모리와 빠른 CPU 그리고 빠른 네트워크가 AI 시스템이 구동될 수 있도록 충분히 뒷받침한다.

AI는 하나의 기술이 아니다. 음성을 인식한다고 할 경우, 주파수 분석으로 음소를 만들고 해당 문장을 문법 구조로 해석하여 그 결과를 처리한다. 즉, AI는 여러 기술이 복합된 형태이다. 챗GPT 같은 AI는 문자를 인식하여 Big data에서 필요한 데이터를 추출하는 형태이다. 이 경우 문자를 분석하는 기술과 Big data 처리 기술이 필요하다. Big data 처리 기술은 소프트웨어보다 하드웨어가 받쳐주어야 한다.

지금은 가전제품부터 모든 분야에 AI를 적용한다. 그 이유는 작은 컴퓨터도 용량이 커서 많은 정보를 축적할 수 있고, 인건비의 상승으로 인해 인력을 줄이려는 시대로 돌입했기 때문이다.

본 항목에서 필자는 필자가 쓰는 AI 기법에 대해서 설명한다. 그러나 인류 사회에 AI는 매우 필요하면서도 위협적인 존재이다. AI가 통용되면 인력에 대한 필요는 매우 빠르게 엄청난 속도로 줄어들 것이다. 결국 인간이 하는 많은 부분을 AI가 담당하게 될 것이다. 한국에는 중재해 처벌법이 있다. 작업 중에 사고가 나면 그 회사의 대표가 처벌을 받는 것이다. 이 법으로 노동자를 보호한다고 얘기한다. 장기적으로 보면 인간의 일자리가 없어지는 부작용을 만든다. AI가 판단하고 실행하는 것은 위험하다. 사람들은 AI가 정확하게 판단을 한다고 생각하나, 필자의 생각으로는 절대 그렇지 않다. AI는 다각적 판단을 하지 못한다. 쉽게 보면 편협성이 있다는 것이다. 편협한 판단은 위험을 낳을 수 있다.

필자가 사용하는 AI 기법은 결과만 알려줄 뿐, 판단을 하지 않는다.

필자가 사용하는 엔진은 WBM(Weighted Bipartite Max flow matching)이다. 이것은 비교한 값을 최대 흐름 결과로 알려준다. 흐름을 알려준다는 것은 확률을 알려준다는 뜻이다. 즉, 정확하지 않고 대략적 추측을 하는 것이다.

이 방법이 정확하지 않다는 의미가 아니다. 가지고 있는 데이터에서 가장 흐름이 큰 것을 찾아내기에, 저장된 정보에 정확한 데이터가 있다면 정확한 결과가 나온다.

다른 알고리즘은 모델링을 하고 여러 판단 트리를 거쳐 결론이 나온다. 흐름이 아니라 선택이다. 이런 선택에는 정확한 선택을 할 수 있도록 엄청나게 많은 데이터가 제공되어야 한다. 그래서 AI와 Big data가 필수적으로 연결되는 것이다.

필자가 WBM을 사용하는 이유는 Big data가 없기 때문이다. 그렇기에 정확한 판단이 불가능하다. 다만, 데이터가 점차 증가하면서 판단이 정확해진다. 학습을 하면서 판단 능력이 커진다는 말이 된다. 학습이라는 표현을 했으나 사실 정보가 많이 축적되는 것이다.

또한 필자의 방법은 간단하면서도 최적화된 것이고, AI가 습득하는 정보가 늘어나면서 좋은 판단을 하도록 하는 알고리즘이다. 그러나 판단이 아닌 결과를 알려주는 형태이다.

필자가 언제까지 알고리즘을 AI로 개발할지 모르나, 필자는 절대 AI가 판단하여 실행하는 기술은 만들지 않을 것이다. 그것은 인류에게 정말 어두운 미래를 가져온다.

§두 갈래 그래프 정합

우리가 비교를 통해 어떤 판단을 하려면 최소한 두 개의 그룹을 비교해야 한다. 그것을 두 갈래 그래프로 나타낼 수 있다.

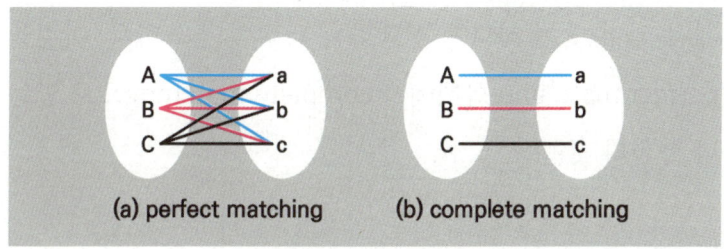

〈그림7〉 두 갈래 그래프

〈그림7〉은 두 갈래 그래프(Bipartite Graph)의 예를 보여준다. AI는 어떤 상태에서 판단을 해야 한다. 그 판단에는 비교 대상이 있어야 한다. 이 비교 대상을 계속적으로 변화시키면서 두 개의 그룹을 비교한다. 이것이 반복되면서 여러 흐름을 만드는데, 모델을 통해서 흐름의 결과를 유추할 수 있다.

필자의 방법은 두 개의 그룹의 비교에서 흐름을 체크하는 것이다.

〈그림7〉에서 (a)는 perfect matching을 보여준다. 가능

한 연결 모두를 연결시킨 상황이다. <그림7>에서 (a)는 3개의 요소를 연결했을 때 연결할 수 있는 모든 개수가 9개라는 것을 나타낸다. 여기서 우리가 원하는 것은 3개의 요소가 각각 자기와 맞는 딱 한 개와 연결되는 것이다. 이것이 (b) complete matching이다.

첫 번째 과정으로 비교할 그룹을 두 개 만들고, 그 그룹에서 짝이 맞는 하나를 선택하는 과정이 필요하다. 이것을 perfect matching 상태에서 complete matching으로 만든다고 한다.

§ 가중치 그래프

<그림7>의 상태에서 complete matching을 만들었을 때, 전체 비교값이 어떤 결과로 나와야 한다. 컴퓨터에서는 이 결과가 수치로 나와야 한다. 이렇게 수치로 나오기 위해서 각각의 요소에 값 또는 수치를 정하고, 그 수치의 차 또는 수치의 유사도를 정한다.

<그림7>에서 A, B, C, a, b, c 등을 엣지(edge)라고 하고, A-a가 연결되는 선을 노드(node)라고 한다.

<그림8>은 엣지와 노드를 보여준다. 두 개의 엣지는 한 개의 모드로 연결된다. 이때 두 개의 비교값을 정할 수 있

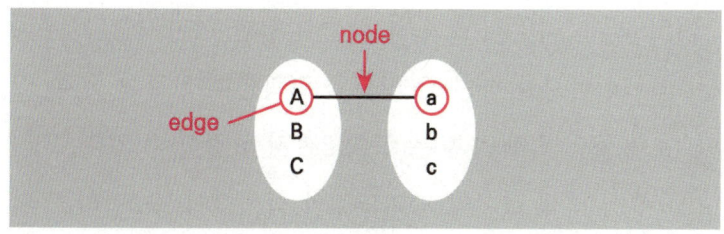

〈그림8〉 edge와 node

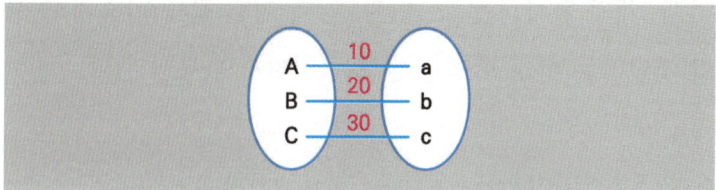

〈그림9〉 가중치(weighted value)가 있는 두 갈래 그래프

다. 이것을 유사도로 할 수도 있고 비교차로 할 수 있다. 그 비교의 값을 수치로 표현한다.

<그림9>는 두 개의 엣지의 비교값을 생성했고, 그 값을 노드 위에 기록하였다. 이 값을 두 갈래 그래프의 두 개의 엣지 사이의 가중치라고 이야기한다. <그림9>가 이것을 나타낸다. A, a간의 가중치는 10으로 B, b 사이는 20으로 C, c 사이는 30으로 가중치 값이 정해졌다. 그리고 <그림9>에서 총 가중치의 합은 30+20+10=60이 된다. 이것을 수식으로 표현하면 다음과 같다.

$$F = \sum_{n=1}^{n} Wi$$

F(Flow)는 각각의 노드의 가중치 합을 이야기한다. 우리는 하나의 비교를 하면 그 비교의 결과를 수치로 만들 수 있다. 예를 들어 적색의 값은 0~255까지 설정할 수 있다. 그리고 A 쪽에 적색 값은 200이고 a의 적색값이 100이라고 가정하자. 그러면 두 개의 차는 100이고, 두 개의 합은 300이며 두 개의 유사도는 0.5이다. 이때 어떤 값을 가중치로 정할 것인가는 비교 모델을 만드는 개발자의 몫이 된다.

§ 최대흐름 값(Max Flow Value)

<그림9>의 매칭 후 우리는 전체 가중치 값을 얻을 수 있다. 이 가중치 값을 모두 더한 것을 흐름값(Flow value)라고 한다. 우리는 하나의 그룹과 데이터베이스에 있는 수많은 그룹을 비교하면서 최대 흐름 값을 구할 수 있다.

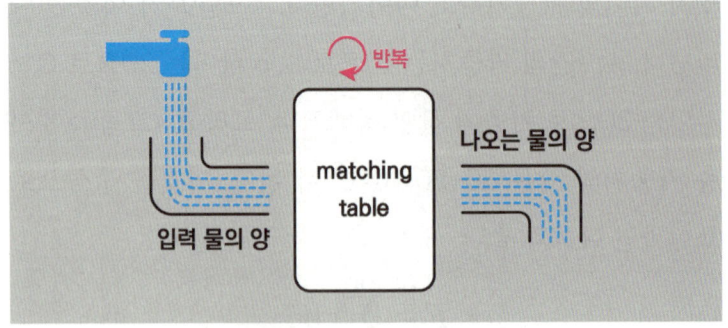

〈그림10〉 Max flow matching

<그림10>은 최대 흐름 정합(Max flow matching)을 보여준다. matching table이란 우리가 비교할 원 그룹과 데이터베이스에 있는 비교 그룹의 반복적 매칭을 하고 그에 의해 Flow value가 급수로 나오게 하는 부분이다. 이 급수에서 우리가 선택하는 최대 값을 Max flow value라고 한다.

예를 든 것이 <그림10>이다. 한쪽에서 물을 보낸다. 그리고 matching table 결과값이 흐름이다. 100L의 물을 보냈을 때 100L의 물이 흘러나오면 이것을 최대 흐름이라고 한다.

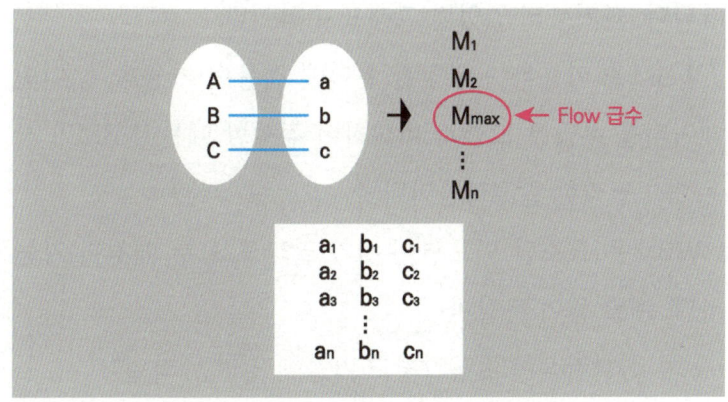

〈그림11〉 Weighted Bipartite Max Flow Matching

<그림11>은 WBM의 전체 구조를 보여준다. 우리가 판독하고자 하는 그룹은 (A, B, C)이다. 그리고 데이터베이스에는 수많은 $(a_1, b_1, c_1), (a_2, b_2, c_2), \cdots, (a_n, b_n, c_n)$이 있고, 이 데이터와 반복해서 비교를 한다. 이때 비교 결과가 수치로 나오는데 이것이 matching series이다. 이 급수로 방정식을 만들면 급수 방정식이 되는데, 이 급수 방정식으로 흐름을 판독할 수 있고, 그 중에 가장 큰 값을 가지고 있는 부분이 최대 흐름 정합(Max Flow matching)이 되는 것이다.

우리가 여러 데이터 그룹을 받고 그 그룹의 WBM을 구하여 최대 값을 찾는다면 이것은 최대 흐름을 얻어내는 것이다. 만약 최대 흐름을 찾지 않고 급수를 보고자 하면 그 급수 방정식을 만들 수 있다. 이 급수 방정식으로 우리는 다양한 판단을 할 수 있다. WBM은 인공지능 전용 알고리즘이 아니다. 과거부터 있었던 그래프 수학이다.

WBM을 이용하여 다양한 분야에 적용이 가능하다. 어떤 데이터를 수많은 그룹과 비교하여 검색할 때는 WBM이 사용하기 편리한 알고리즘이다.

WBM은 요소만 있으면 순서가 달라도 모두 매칭이 가능하다. 예를 들어 문장이

"빨간색이고 동그랗고 가을에 열리는 과일"

이라고 했을 때 우리는 '사과'를 찾아낼 수 있다. 다음은

사과를 예측할 수 있는 문장들이다.

"빨간색이고 동그랗고 가을에 열리는 과일"
"가을에 열리는 빨간색 동그란 과일"
"동그랗고 빨간색인데 가을에 열린다"

위의 문장에서 우리는 중요 단어로 '빨간색', '동그랗다', '가을'을 추출할 수 있는데, 순서는 바꿔나 WBM은 모두 정확하게 매칭하고 최대 흐름값(Max Flow Matching value)을 찾아낸다.

<그림12>는 순서가 다른 문장을 비교해도 결과는 같게 나오는 WBM의 특징을 보여준다. 채팅을 통해서 사용자가 글을 쓸 때 그 글 내용의 요지를 파악하려고 할 경우 WBM을 사용하면 빠르게 문장을 분석할 수 있다. 이렇게 되기 위해서는 정말 많은 요소와 단어의 묶음이 데이터베이스에 있어

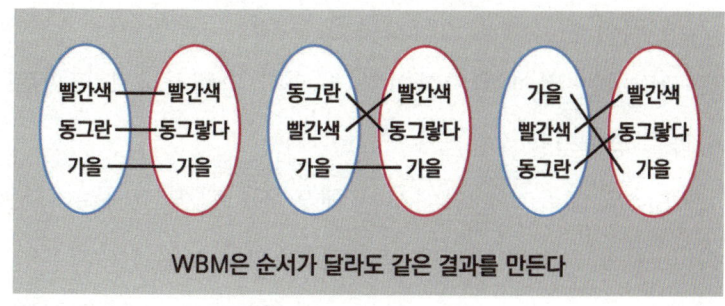

〈그림12〉 WBM의 특징

야 한다. AI는 기술보다 데이터의 양이다. 어떤 방법으로 매칭을 하는가보다 분석할 수 있는 요소, 즉 데이터가 매우 많아야 한다.

- WBM이 무조건 최고다? 절대 그렇지 않다

필자가 기술 이야기를 할 때 이런 질문을 받는다. "WBM이 세계 최고예요?" 이럴 때는 정말 답변하기가 힘들다. 무슨 기술이든 그 기술을 알맞게 사용하는 분야에서 최적의 효능을 발생시킨다. 모든 기술을 만병통치약처럼 생각하면 안 된다.

최근 무슨 시스템이 나오면 "이것은 블록체인 기술을 접목시켜..."라고 하는 경우가 많다. 그때 필자는 "아니, 저 시스템에 왜 블록체인을 쓰지?"라고 의아해한다. 블록체인을 쓰면 오히려 성능이 떨어지거나 아예 구현할 수 없는 곳에 블록체인을 썼다니 의아할 수밖에 없다.

언론에서 최고라고 이야기하면 무조건 그것을 써야 한다고 생각하는 것이 무지함이다. 도끼가 강력하다고 도끼로 사과를 깎아먹을 수는 없는 노릇이다.

WBM은 대략적 판단에서는 매우 뛰어난 알고리즘이다. 허나, 정말 정확한 판단을 필요로 할 때는 WBM을 사용하면 안된다. 이때는 모델링을 해야 한다. 필자는 이때는 히든

마르코프 모델을 주로 사용한다. 이런 이야기를 하면 다음과 같은 질문이 들어올 때가 있다.

"WBM이 더 뛰어나요, 아니면 히든 마르코프 모델이 더 뛰어나요?"

이런 질문을 하는 사람들이 IT 전문가라고 불리는 사람들인 경우도 있다. 그래서 필자는 그들을 깡통 IT 전문가라고 얘기한다. 알고리즘은 만병통치약이 아니고, 특정 부분에서 효과를 나타내는 것이다. 결국 IT 전문가는 수많은 알고리즘의 특성과 적용 부분을 이해해야 한다. 블록체인이 절대 사용되지 말아야 할 파트의 국가 프로젝트를 유명 대학의 깡통 IT 전문가에 의해 블록체인으로 만든다고 하니 참으로 안타까움을 느낀다.

§ 매칭 급수의 변화량 분석

<그림11>에서 보듯이 비교 그룹과 데이터베이스의 매칭 그룹을 WBM하면 급수가 나온다. 이 급수에서 최대값을 찾아내는 방법은 가장 유사한 내용을 찾는 것이다.

헌데 이 방법 말고 변화량을 찾아서 대응하는 경우가 있다. 인간도 감정에 따라 변화된다. 그 변화에 따라 우리는 지금의 상태에서 진행을 알 수 있다.

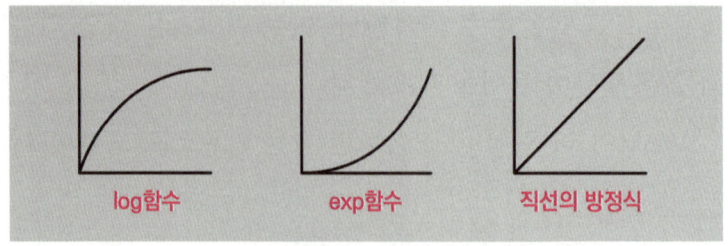

〈그림13〉 여러 개의 함수

<그림13>은 여러 함수의 선형 그래프를 보여준다. log함수 또는 ln 함수는 처음에는 급격하게 증가하다가 일정 시간이 지나면 더 이상 변화가 없는 함수이다. 우리가 배가 고플 때 밥을 먹는 상황이 이 함수와 비슷하다. 처음에는 허기짐 때문에 급하게 많이 먹지만, 점점 배가 부르면서 더 이상 먹지 않게 된다. 자연 현상 중에 이런 현상이 많다. 이런 흐름이 있다는 것은 우리가 언젠가 더 이상 변화되지 않을 것이라는 예측을 할 수 있다. 반면 exp 함수는 처음에는 변화가 작으나, 나중에는 급격하게 변하는 함수이다. 보통 낙하물을 높은 곳에서 떨어뜨릴 때 가속도가 붙어 exp 함수와 비슷한 현상을 만든다. 직선의 방정식은 균일하게 진행에 따라 변화가 일어나는 경우이다.

　방정식을 만들면 흐름을 예측할 수 있다. WBM을 사용하면 매칭 급수가 나온다. 이 매칭 급수를 분석하여 급수 방정식을 만들 수 있다.

$$F = \int Wi$$

위의 함수는 급수방정식을 선형으로 만든 일반형이다. 이 함수의 변화량을 만들면 다음과 같다.

$$dF = \frac{d}{dx} \int Wi$$

위의 함수는 매칭 급수의 변화량의 일반형이다. 우리가 어떤 내용을 가지고 이 내용의 흐름을 보고 싶어할 경우가 있다. "방금 점심 먹었어요."라고 하면 이때 포만감은 처음에는 매우 높고 점차 내려가게 된다. 다음 그림과 같은 그래프가 될 것이다.

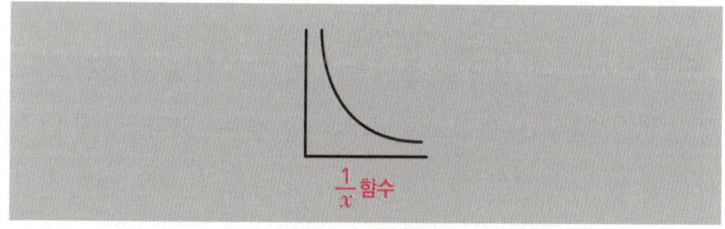

〈그림14〉 감속 함수

인공지능은 단순히 판단뿐만 아니라 진행의 변화를 판단해야 한다. 일반 판단과 AI 판단이 다른 이유는 변화를 보는가 보지 않는가 이다. "오늘 기분이 나빠.", "정말 기분이 나빠.", "아, 지옥이야."의 말이 진행되었을 때, 이것을 테이블화하여 WBM 급수를 보면 점차 기분이 나빠지고 있음을 판단할 수 있다.

상황의 변화는 모두 미분으로 풀 수 있다. 문제는 상황이 변화하는 값을 만들어야 한다. 그리고 그 값의 모델링이 되어야 한다. 이것은 단순히 데이터베이스에 많은 데이터를 넣는다고 되는 게 아니다. 모든 상황을 샘플로 만들어서 모델링을 해야 한다.

필자는 직접 개발한 AI 디나의 감정의 변화에 이 로직을 만들었다. 그리고 어느 정도 변화를 예측하는 것을 확인했다. 다만 많은 샘플을 이용해야 하는데, 그것이 부족했다.

- 세상의 모든 것은 흐름이다

인류는 자연의 현상을 분석하기 위해 수학을 사용하였다. 정말 많은 현상을 수학으로 정리하고 풀 수 있다. 실제 인간 사회의 많은 부분은 흐름이다. 이 흐름을 인간은 본능적으로 느낀다. 감정의 변화, 신체의 변화 모두 선형 방정식으로 표현할 수 있다.

인공지능이 감정을 가진다? 그것은 불가능하다. 단, 감정을 가진 것처럼 표현할 수 있다. 감정을 가진 것처럼 표현하는 방법에 WBM 의 급수를 이용하는 것도 나쁘지 않다고 생각한다.

§ 대표그룹 만들기

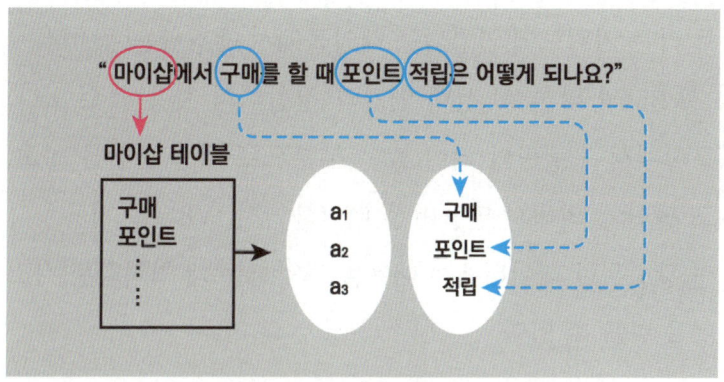

〈그림15〉 대표 색인 이용 WBM 사용

　문장 요소 하나하나를 방대한 데이터와 매칭한다면 엄청난 연산이 필요하다. 따라서 매칭 테이블을 나누고 핵심 단어에 따라 테이블을 변화시키면 빠르게 분석할 수 있다.
　<그림15>는 Big data에서 핵심 주제어를 추출하고 주제 테이블에서 WBM을 하는 예이다.
　사용자가 제시하는 문장에는 중요 주제어가 존재한다. 그런 중요 주제어를 먼저 찾는다. 주제어를 찾으면 그 주제어에 관련된 데이터에서 WBM을 사용하여 매칭한다. 이렇게 하면 하나의 문장을 해석할 때 연산을 크게 줄일 수 있다.
　<그림15>는 1단계만 보여주었다. 이것을 다단계로 만들고 뒤의 단계에서 WBM을 사용할 수도 있다. 예를 들어 '마

이샵', '포인트' 2차 그룹으로 테이블을 찾고 해당 데이터만 매칭할 수도 있다. 즉, '마이샵'이라는 키워드 하부의 '포인트'라는 키워드에 연결되는 테이블에서 매칭하는 것이다.

WBM과 다른 AI 선택 엔진과 결합해서 사용할 수 있다. 문장에서 모델링이 되어 있는 부분으로 어떤 판단을 하고, 그 판단에 의해서 만들어진 테이블에서 WBM을 사용한다면 광범위한 데이터에서 내용을 파악하는 데 최적화된 시스템을 만들 수 있다.

- AI는 계층적 구조, 또는 트리 구조가 필수이다

판단 비교 분기로 최적화된 시스템을 구축하고자 할 때 가장 많이 사용하는 것이 트리 구조이다. 대표 그룹을 만들 때, 그리고 모델링을 하고 모델링에 의해 판단할 때, 그리고 WBM을 사용할 때 모두 Tree 연산을 사용한다.

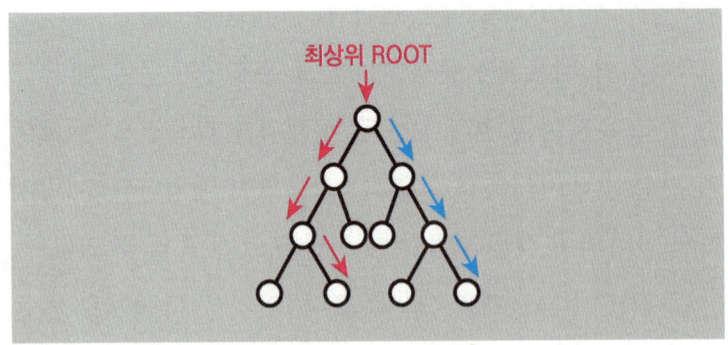

〈그림16〉 기본 트리 구조

WBM도 헝가리안 트리 알고리즘을 사용해야만 한다.

트리 구조에서는 결국 2진 선택이 발생한다. 그래서 루트, 즉 최상단에서의 분기가 매우 중요하다. <그림16>에서 적색 방향과 흑색 방향 선택의 갈림길-최상위 루트에서 갈림길이 가장 큰 선택 격차를 만들어낸다.

트리를 이용한 연산은 최적화 모델링을 요구한다. 즉, Root의 값을 무엇으로 잡는가이다. 이때 이 Root는 통계에 의해서 결정해야 한다. 일반 자연데이터는 보통 통계를 만들면 가우시안 분포 형태가 된다. 이때 가우시안 분포의 최중앙 값을 Root로 사용하면 제대로 된 트리 모델링이 된다.

AI의 선택 엔진을 구축하기 위해서는 정말 많은 데이터의 통계를 만들어야 한다.

· · · · · · · · · · · ·

인간처럼 AI가 움직이려면 정말 방대한 Big data가 있어야 하는데, 그 모든 데이터를 통계에 의해 분포도로 나타내야 하고, 그 분포가 트리 구조로 모델링되어야 한다. 챗GPT를 만드는 데는 뛰어난 기술보다 거대 자본이 더 필요하다. 거대 자본으로 방대한 데이터를 수집하고, 그 모든 것을 통계화하여 트리 구조 같은 형태로 모델링해야 한다. 프로그래머의 말로 표현하자면, 엄청난 노가다를 해야 하는 것이다. 즉, 인건비가 매우 많이 든다는 의미이다.

왜 필자가 대한국인이 IT 분야로 가기를 원할까? AI가 발전되면 수많은 분야에서 인력 수요가 줄어든다. 그러나 통계로 모델링을 하고 AI의 판단 기반이 되는 데이터를 공급하는 소프트웨어 개발 및 지원 인력에 대한 수요는 늘어난다. 본 AI 시스템을 이해했다면 대한국인의 청년들을 어느 쪽으로 인도할 것인가? 답을 찾을 수 있다.

처음 개발되는 AI는 통일성이 있다. 정규화되어 언제나 똑같은 결과를 만들어낸다. 그러나 시간이 가면서 AI가 각자 개성을 가지게 될 것이다. 개성을 가진다고 하면 인공지능이 생각을 한다고 받아들일 수 있는데, 그런 의미가 아니다. 판단 테이블의 Tree 모델이 다양해진다는 것이다. 왜 그럴까? 인간이 그것을 원하기 때문이다. 이런 형태가 진행되면서 인간과 AI가 함께 하는 사회가 만들어지는데, 사실 필자는 그런 사회가 올 것을 분명 알고 있으나 이해할 수 없는 사회라고 생각한다.

§ WBM 매칭 연산

WBM 매칭 방법은 매우 쉽다. 본책에서는 테이블로 설명한다. 이것을 코딩하려면 헝가리안 트리 알고리즘을 사용한다. 헝가리안 트리 알고리즘은 인터넷에서 찾아보면 많이

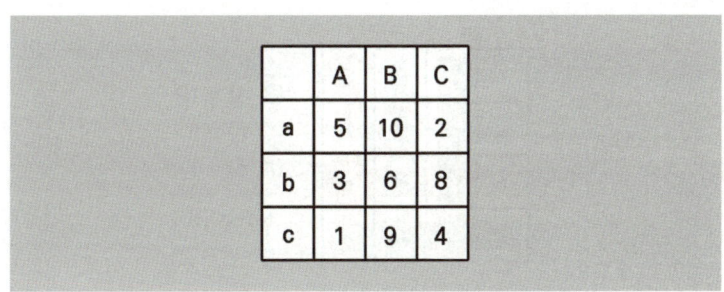

〈그림17〉 Perfect Matching Table

있으니 참조하기 바란다. <그림17>은 (A, B, C)와 (a, b, c)가 Perfect Matching 될 때 노드에 걸리는 가중치 테이블이다. 여기서 우리는 Complete Matching을 만들어야 하는데, 해당 쌍이 연결될 때 모든 노드의 값이 최대값이 되게 해야 한다.

그렇게 하기 위해 <그림17>에서 노드의 값이 가장 큰 값을 선택한다. (B, a)가 10으로 가장 큰 값을 가진다. 이 쌍을 제일 먼저 연결시킨다.

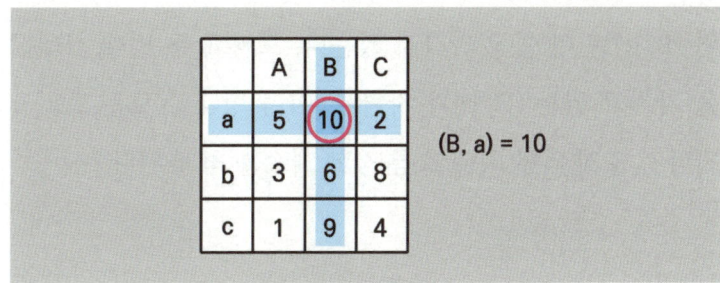

〈그림18〉 첫 번째 최대값 선택

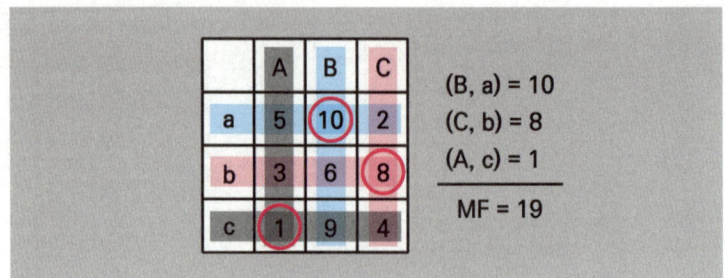

〈그림19〉 최대 흐름 정합 쌍 만들기

B와 연결된 모든 부분과 a와 연결된 모든 부분은 비활성화된다. B와 a는 연결되었기에 B와 a의 모든 연결을 빼고 나머지에서 최대값을 찾는다.

(B, a)를 빼고 그 다음 쌍에서 최대값은 (C, b)의 8이다. 그리고 이것을 쌍으로 만들면 C와 연결되는 모든 부분과 b와 연결되는 모든 부분이 비활성화된다. 그러면 유일하게 남는 쌍은 (A, c)이다. 이렇게 하여 얻은 가중치의 총합은 19이며, 이것이 최대 흐름 정합 계수가 된다.

이 방법을 구현하려면 Tree를 사용한다. (B, a)가 연결되면 (B, a)는 더 이상 자라지 않는다. 그리고 두 번째 최대값을 가지고 있는 (C, b)가 자란다. 이런 형태로 모든 트리가 자라지 않게 되면 최대 흐름 정합 계수를 얻게 된다.

어쩔 수 없이 가상국가를 위한 AI

컴퓨터를 이용하는 인간의 노동력을 늘려야 한다고 생각한다. 그렇지 않으면 인간의 일자리는 점차 줄어들게 되어 있다. 그래서 필자는 인력 수요가 줄어들게 하는 코딩은 하지 않으려 했다. 필자가 초창기 운동을 할 때 외친 것이 "IT 권력을 국민에게 주자."이다. 자동화로 인해 일자리가 없어진다면, 차라리 국민을 그 자동화 시스템의 주인이 되게 하자는 것이다.

가상국가의 시스템을 저가로 만들어내야 했다. 그렇기에 많은 부분이 자동화가 되어야 했고, 결국 인력이 적게 드는 행정망을 만들어야 했다. 그래서 AI 시스템을 만든 것이다. 그리고 그 가상국가의 주인을 대한국인으로 하고자 한다. 그리고 때로는 판단 권한을 인간에게 주어, 인간이 할 수 있는 일을 주었으면 하는 생각이다.

§ 가상국가 시스템과 결합

AI시스템은 가상국가 서버 시스템과 결합되어야 한다.
<그림20>은 가상국가 시스템에 AI를 탑재한 형태를 나타냈다. AI가 포인트 서버에 탑재된다. 즉, AI의 거대 연산이 특정 서버에 몰리지 않고 분산된 형태가 된다. 그리고 AI는

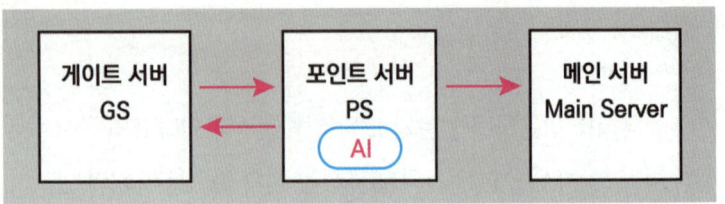

〈그림20〉 가상국가 시스템에 AI 탑재

고객과 대화를 하면서 고객의 흐름을 관리해야 한다. AI는 고객 흐름 정보를 저장하고, 변화되는 방정식을 도출하면서 고객을 리더한다.

  필자가 제안한 AI 연산은 복잡하지 않다. 그래서 중급 프로그래머라면 누구나 할 수 있다. 문제는 여기에 연결되는 Big data이다. 이것은 돈을 지불하고 사오던지, 아니면 자체적으로 만들어야 한다. 어떤 부분부터 축적해야 할지는 지금 데이터가 없다. 가상국가를 운영하면서 최우선으로 만들 것이 바로 모델링이다. 그리고 그 모델링에 필요한 통계 데이터이다. 이것은 가상국가를 운영하면서 수시로 만들어야 한다. 만약 이 데이터를 가상국가에 참여한 국민이 힘을 합쳐 만들어낸다면 비용을 크게 들이지 않고 AI 시스템을 구축할 수 있다.

- 뭉쳐야 산다

  AI가 전문가가 되어야 한다. 모든 분야에서 최고가 되어야 한다. 그렇게 되는 방법은 전문가의 데이터가 적립되는 것이다. 이것이 정말 어렵다. 일반 정보는 수많은 국민의 공동 작업으로 얻을 수 있다. 그러나 의학, 과학, 기술 등은 해당 분야의 전문가가 팀장이 되어 IT 전문가와 팀을 구성해서 축적해야 하는 것이다.

이것이 무기이며 자산이다. MS사와 구글은 전문가들에게 고액의 돈을 지불하여 이러한 거대 데이터를 축적하였다. 전문가의 도움이 없다면 MS사와 구글의 AI를 능가하기 힘들다. AI가 점차 커지면 인간은 무기력해지고, 최고의 지식은 AI가 가지고 있게 된다. 많은 사람이 각자 고급 기술을 가지고 있는 것과 AI가 수많은 분야의 고급 기술을 가지는 것은 큰 차이가 있다. 모두함께 가상국가가 시작될 때 자랑스런 대한국인의 각 분야 전문가들이 힘을 모아 AI 시스템을 구축하기를 소망한다.

AI 시스템의 힘은 전문가가 알려주는 지식이다. 만약 각 분야의 전문가인 대한국인이 뭉치기만 한다면, 1년 안에 정말 뛰어난 지식 데이터를 구축할 수 있을 것으로 믿는다.

우리는 자랑스런 대한국인이기 때문이다.

콘텐츠 관리 시스템

인간은 집단을 이루어 사회 생활을 한다. 즉, 서로 소통을 한다는 것이다. 이 소통 방법이 발전되어 지금의 메신저가 탄생했다. 페이스북 같은 것이 바로 메신저이다. 과거에는 문자만 이용하였으나 지금은 문자, 음성, 음악, 동영상, 사진 등 다양한 데이터를 함께 묶어 전송한다. 이렇게 여러 미디어 데이터가 묶여 있는 것을 필자는 콘텐츠라 이야기한다. 이 콘텐츠와 영화/드라마 제작의 콘텐츠 사업과는 그 의미가 다르다.

메시지를 보내려고 할 때 과거에는 텍스트만 보냈는데, 지금은 각종 미디어를 결합하기에 데이터의 크기가 매우 크다. 가상국가에는 이것을 관리하는 시스템이 필요하다. 필자는 국민들의 소통 공간을 '광장'이라고 칭한다. 현재 제작된 모두함께 앱에는 광장이 있다. 한 광장 테마 안에 현재 20만 명이 묶여져 있다. 모두함께 광장은 그 광장에 참여인수의 제한이 없다. 그렇다 해도 속도가 느리지 않다. 모두함께 광장은 전 세계 사람들이 한 광장에 참여해도 되게끔 설계되어 있다.

사진·동영상 등은 정말 큰 데이터다. 이런 데이터가 한 서버 안에 같이 올라가면 해당 서버는 얼마 지나지 않아 용량이 꽉 찰 것이다. 대용량 데이터는 별도의 서버에 두어야 한다. 그리고 저장 용량이 커지면 커질 때마다 동적으로 서버가 늘어나야 한다.

어떻게 보면 과거 웹페이지의 게시판 기능이다. 웹의 홈페이지를 만들 때 빈번하게 만들었던 부분이 게시판이다. 그래서 게시판 제작 기술은 매우 쉽다고들 생각한다. 그러나 사용자가 엄청나게 많은 게시판을 만들 수 있으려면 정교한 데이터베이스 설계기술이 필요하다. 데이터베이스의 설계가 제대로 되어 있지 않은 상태에서 주먹구구식으로 게시판을 만들면 처음에는 가동이 가능하나, 나중에는 사용자를 모두 담지 못해 서비스가 불가능한 결과가 발생된다.

본 항목에서는 1억 이상의 인구가 접속해도, 아니, 지구촌 전 인구가 접속해도 무너지지 않는 메신저 시스템을 소개하고자 한다. 그것이 모두함께 광장이다. 모두함께 광장은 광장 글쓰기 기능에 스크립트 언어를 탑재해서 동적 프로그래밍도 가능하게 하였다.

〈그림21〉 모두함께 광장 화면

그리고 동영상과 문제 은행을 결합하여 LMS(Learning Management System)이 가능하게도 하였다. 필자의 모두함께 국민운동 강연은 이 광장에서 진행되었고, 강의를 듣고 문제를 풀어 60점이 넘으면 코인이 지급되며 이수되었다는 증명도 받을 수 있도록 했다. 단순한 메신저가 아니라 프로그래밍이 가능한 메신저이다. 상업화로 발전시키지 않았지만 메신저 기능으로도 뛰어나다. 가상국가로 도약하기 이전에 이 메신저를 정리하여 독립앱으로 만들려고 했다. 지금은 필자가 제작한 모두함께 광장의 전체 구조를 설명하고, 다른 전문인이 본 시스템을 이어받아 업그레이드 해주기를 소망한다.

§ 스퀘어 → 광장 구조

스퀘어(square)는 광장이라는 뜻이다. 여기서는 큰 영역을 스퀘어라 하였고, 그 큰 영역 하부의 작은 영역들을 광장이라고 하였다.

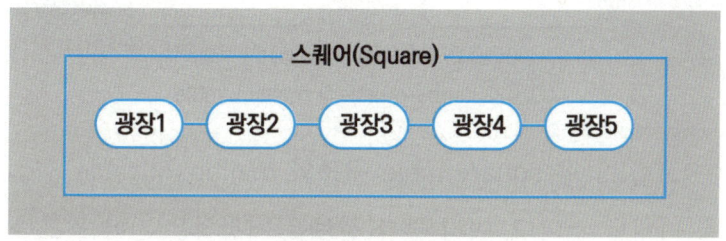

〈그림22〉 모두함께 광장의 구조

모두함께의 회원은 1개의 스퀘어를 가질 수 있다. 서비스 계급이 높으면 2개 이상의 스퀘어를 만들게 해준다. 그 스퀘어 안에 사용자들이 들어가서 실질적으로 서로 의견을 나누며 활동하는 곳이 광장이다. <그림22>는 이 내용을 보여준다.

스퀘어의 데이터베이스 테이블명은 square이다. 광장의 테이블명은 mailbox이다. 광장의 테이블 이름이 mailbox인 이유는, 필자가 과거에 만든 통신 메신저가 mailbox였기 때문이다. 그래서 광장 정보를 가지고 있는 테이블은 mailbox로 표현했다.

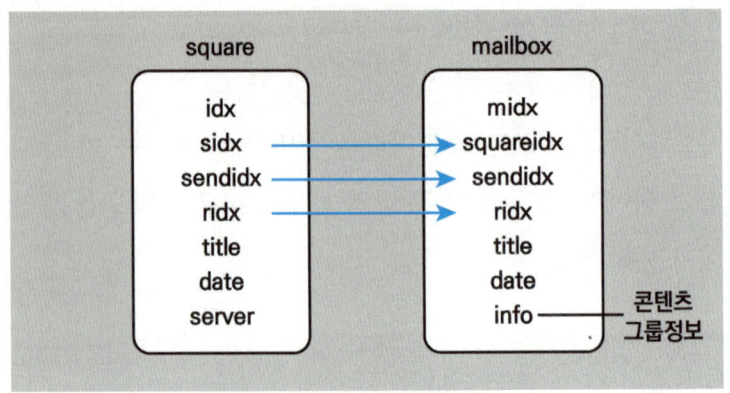

〈그림23〉 square table과 mailbox table

<그림23>은 square table 구조와 mailbox의 table 구조를 나타낸 것이다. 여러 부가 정보를 저장하는 기타 필드들이 있으나, 본 항목에서는 핵심 필드만 보여준다.

square의 sidx는 고유 번호이다. 보안이 필요한 것이 아니기에, auto_increment 기능을 사용하여 번호가 증가하면서 고유 번호를 갖게 한다.

square의 sidx 값을 가지고 mailbox table의 레코드가 생성된다. 예를 들어 '모두함께'라는 square를 만들었고, 그 sidx가 100번이라고 가정하자. 그리고 '모두함께' 광장 안에 '모두함께 지역 대표장'이라는 하위 광장을 만들고자 한다면, 이때 mailbox의 squareidx는 square 테이블의 sidx 값 100번으로 설정되어야 한다. sendidx는 본 광장을 개설한 사용자 번호이다. 그리고 ridx는 해당 광장에 참여한 참

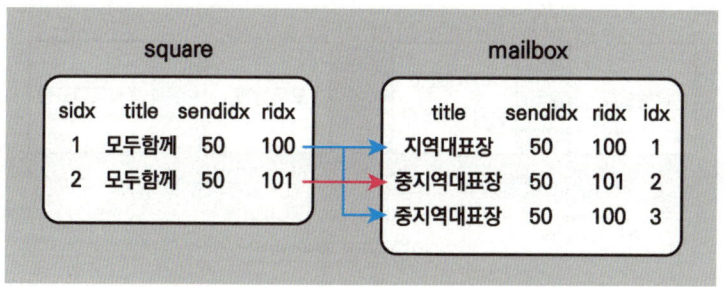

〈그림24〉 square와 mailbox의 실제 데이터 관계

여자의 회원 번호이다.

<그림24>는 square와 mailbox에 실제 데이터가 저장된 예를 보여준다.

사용자가 특정 광장에 참여하고자 할 때 그 광장의 square가 생성된다. 만약 그 광장의 square가 존재하면, square의 sidx를 이용하여 mailbox를 생성한다. <그림24>에서 생성 유저, 즉 광장에 침여하는 유저는 ridx에 기록된다. 만약 특정 스퀘어에 회원이 10000명 있다면, square에는 10000개의 레코드가 기록되게 된다. 스퀘어 안에는 여러 개의 광장이 있다. <그림24>에서 보면 모두함께 광장에 지역 대표장 광장과 중지역 대표장 광장이 존재한다. 사용자 번호가 100번인 경우, 이 두 개의 광장에 참여하기에 2개의 광장이 존재한다. 반면 사용자 번호 101번은 중지역 대표장 한 개만 보이게 된다.

<그림25>는 광장에 접근하는 UI를 보여준다. 처음에는

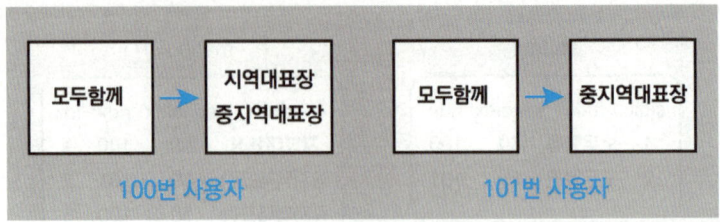

〈그림25〉 광장 접근 방법

자신이 가입한 광장의 상위 스퀘어 리스트가 나온다. 그리고 그 스퀘어를 클릭하면 자신이 가입한 광장 리스트가 나온다.

  수많은 광장들이 만들어지면 관리가 매우 어렵다. 이럴 때 그룹핑 UI 방식을 사용하여 그룹핑한다. 이 경우 데이터베이스에 링크 필드를 또 하나 더 두어야 한다. 이게 자꾸 증가하면 매우 복잡한 구조가 된다. <그림25>의 UI는 우리가 실제 들어가려고 하는 광장의 상위 스퀘어에서 시작하기에, 접근 과정이 2 step으로 이루어진다. 사용자가 접근하기에 약간의 불편함이 있는 것이다. 그러나 그 작은 불편함으로 데이터베이스 계층화를 만들어내었다.

   - UI는 시스템 구조를 정확하게 알고 만들어야 한다

  필자가 때로 놀랄 때가 있다. 데이터베이스 설계가 완성되지 않았는데 화면 디자인이 먼저 완성되는 것이다. 그리고 "우리는 사용자 편리성을 우선시하기 때문에, 그것을 먼저 생각하고 거기에 시스템을 맞춘다."고 이야기하는 것을 듣는다. 아뿔사, 이 시스템은 머지 않아 사장되겠구나 라고 생각한다.

  자동차 디자인을 하기 전에 제일 먼저 자동차 엔진 성능과 차체 구조를 설계해야 한다. 그 이후 그 차의 외곽 디자인을 해야 하는 것이다. 그렇지 않으면 안전한 자동차가 만들어지지 않기 때문이다. 소프트웨어도 마찬가지다. 데이터베이스 설계가 먼저 이루어지고, 그 다음 시스템에 맞춰 UI가 디자인되어야 한다. 그제서야 사용자의 편의에 따라 변형할 수 있다.

  기본형은 큰 광장 리스트가 나오고 클릭하면 하위 광장 리스트가 나오는 것으로 2 step을 만든 후, UI 과정에서 2 step이 불편하나면 '즐거찾기'라는 항목을 만들어 1 step으로 들어가게 하는 UI로 설계해야 한다.

  UI 전문가는 사실 모든 기본 시스템에 대한 지식을 이해해야 한다. 그러므로 UI 전문가가 되려면 많은 개발에 참여하여 경험을 쌓아야 한다. 어떻게 보면 컴퓨터 프로그래머로서 많은 경험을 하고 난 후 최후에 UI 전문가가 되는 것이 맞다.

....

  스퀘어의 필드에 server라는 항목이 있다. 이것은 해당 스

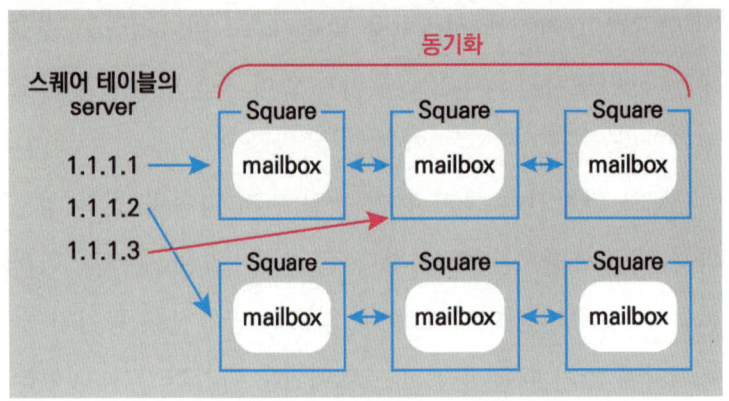

〈그림26〉 서버 주소별 데이터 공유

퀘어의 광장을 관리하는 서버 주소를 등록하는 곳이다. 1억 이상의 사용자가 수많은 광장을 만들 때는 한 개의 서버로 감당이 되지 않는다. 또한 가상국가 시스템은 여러 개의 서버가 공유되는 형태이다. 모두함께의 모든 서버는 1개 단일로 구성되지 않는다. 데이터의 보안을 철저하게 해야 하기 때문이다.

<그림26>은 모두함께 광장의 분산 처리 시스템을 보여준다. 스퀘어는 모든 데이터가 하나의 서버에서 관리된다. 물론 스퀘어 서버도 다중화시켜 데이터가 공유되기에, 특정 서버의 데이터가 소멸되어도 공유된 다른 서버가 존재하므로 데이터 손실이 발생하지 않는다. 하부의 광장 리스트는 여러 개의 서버에 분리되어 처리된다.

<그림26>에서 1.1.1.1 주소의 서버의 데이터베이스에 있

는 mailbox가 해당 서버에 등록된 모든 광장을 관리한다. 1.1.1.1과 연결된 2개의 서버를 <그림26>에서 보여주고 있는데, 데이터 공유에는 미러링이 아닌 자체 프로토콜을 사용한다. 가상국가의 서버는 한 개의 IDC에 있지 않다. 여러 개의 IDC 센터에 분산되어 있다. 그렇기에 보안에 최적화되어 있다.

  <그림26>에서 1.1.1.3은 1.1.1.1과 연결된 서버이다. 이것은 1.1.1.1의 서버의 광장 데이터와 1.1.1.3의 광장 데이터가 같다는 뜻이다. 즉, 같은 데이터가 3개의 서버로 나뉘어져 있고, 각 스퀘어에 따라 다른 서버로 연결된다. 즉, 여러 개의 스퀘어의 광장을 한 개의 서버에서 관리하는데, 그 한 개의 서버가 3개로 공유 분산되기에 3개의 서버로 연결시킨 것이다.

§ 콘텐츠 그룹 정보 - info

  스퀘어에서 광장을 선택하면 그 광장에 기록된 콘텐츠 블록을 규정하기 위한 색인 값이 필요하다. 이 값이 info이다.
  <그림27>은 콘텐츠 그룹 정보 info의 연결을 보여준다. 스퀘어에서 광장을 선택했을 때 이 광장에 등록되어 있는 콘텐츠들의 색인이 info이다. 이 색인 값이 100일 경우 콘

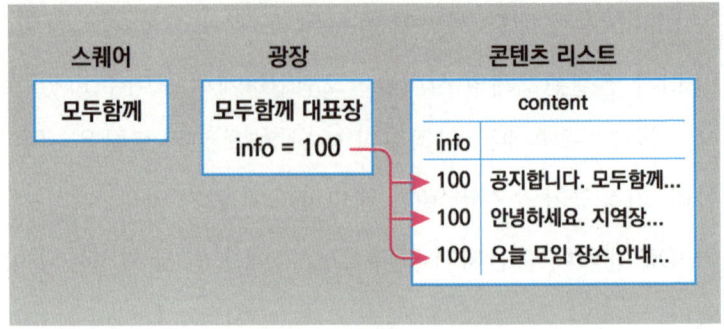

〈그림27〉 콘텐츠 그룹 정보

텐츠 리스트에서 색인이 100번인 모든 리스트를 출력해서 화면에 보인다.

　이때 콘텐츠는 문자, 영상, 동영상, 음성이 결합된 데이터이다.

　<그림27>에서 보면 콘텐츠 리스트에는 광장에 등록된 수많은 데이터가 기록되어 있다. 한 개의 광장 데이터만 있는 게 아니라, 해당 서버에 연결된 수많은 광장 데이터가 한 테이블에 기록되어 있는 것이다. 그리고 그 데이터는 info라는 색인에 의해서 각 광장에 분리되어 보여진다. 이것은 선형데이터로 입력된 것을 2차원으로 분리하는 것이다. 많은 데이터베이스 구조가 2차원 형식이다. 2차원 형식이란 <그림27>과 같은 구조이다. content 테이블에 광장 데이터가 1차원 레코드로 등록되었는데, 이것을 info로 여러 개의 블록, 즉 2차원으로 보여주는 구조이다. 데이터가 저장되면

그 저장 방식을 결정할 때 검색의 용이성을 생각해야 한다는 것이다. 광장 전체에서 '모두함께 지역 대표장'이라는 낱말이 기록된 내용을 검색하려 한다고 가정하자. 필자가 제안한 방법일 경우 매우 간단하게 검색할 수 있다.

다음은 본 검색의 SQL 문이다.

> select * from content where content like
> '%모두함께 지역 대표장%';

위와 같이 하면 광장에 상관없이 전체 광장에 기록된 내용을 한번에 검색할 수 있다.

<그림28>을 보면, 광장 전체에서 '모두함께'라는 단어가 기록되어 있는 콘텐츠를 찾고, 그 데이터의 info를 통해 해당 문자가 들어있는 광장을 검색할 수 있음을 알 수 있다.

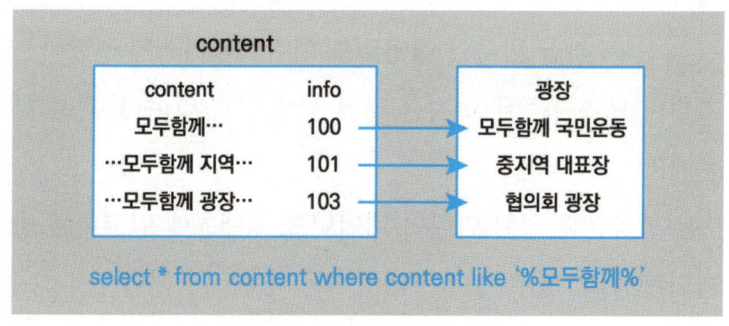

〈그림28〉 검색으로 광장 추적

위와 같이 한 개의 데이터베이스의 테이블에 모든 레코드가 다 등록되어 있을 때 매우 빠르게 한 줄의 SQL문으로 처리할 수 있다.

보통 포털 검색에서 검색어를 치면 빠르게 전체 리스트를 만들어주고, 그 전체 리스트가 연결된 사이트가 링크되는데, 필자가 제안한 방법과 매우 유사하다. 콘텐츠 등록 시에 중요 키워드를 새로운 색인 테이블에 기록하여 해당 문자열을 색인한다. 그리고 검색 시에는 먼저 색인 테이블을 검색하여 결과를 보여주고, 자세히 검색할 때는 콘텐츠 전체에서 검색하는 방법을 사용할 수 있다.

§ 콘텐츠 데이터와 미디어 데이터

콘텐츠 데이터 안에 미디어 데이터가 결합되어 있다. 그러나 콘텐츠 리스트에 미디어 데이터를 필드로 넣고 입력하지 않는다. 가끔 미디어 데이터를 데이터베이스에 결합하는 기법이 보여지는데, 이것은 영상 검색 및 관리 수정 전용 부분이다.

본 항목은 완성된 미디어 데이터를 콘텐츠에 연결하는 방법이다. 이럴 경우 미디어 데이터는 따로 저장해야 한다.

<그림29>는 모두함께 광장에 기록되는 콘텐츠의 예를 보

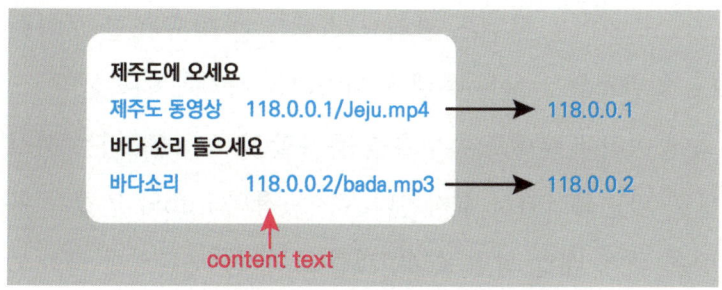

〈그림29〉 콘텐츠 데이터와 미디어 데이터 연결

여준다. 콘텐츠 안에는 모두 text만 기록되어 있다. 이 콘텐츠와 연결될 jeju.mp4와 bada.mp3는 118.0.0.1, 118.0.0.2 등 다른 미디어 서버에 등록된다.

콘텐츠는 모두 '콘텐츠 에디터'라는 프로그램에 의해 등록된다. 콘텐츠 에디터는 입력된 text를 광장 서버의 콘텐츠 리스트에 저장하고, 미디어 파일은 별도 미디어 파일 서버에 저장하며, 그 URL을 콘텐츠 정보 데이터에 링크시킨다.

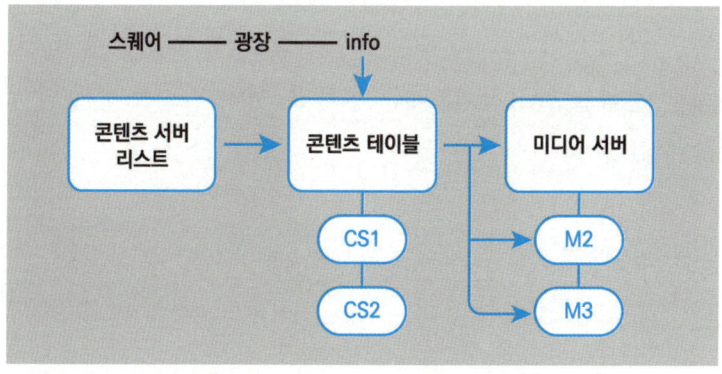

〈그림30〉 콘텐츠 관리 시스템 전체 구조

<그림30>은 콘텐츠 관리 시스템의 전체 구조를 보여준다. 일반적으로 모든 콘텐츠 데이터는 광장에 기록한다. 그 외에 여러 부분에도 콘텐츠를 등록할 수 있는데, 이는 시스템이 다변화되면서 확장된다. 즉, 광장의 info와 연결된 콘텐츠 외에 배달 상점 소개, 개인 소개 등이 다양한 형태로 제작되어 콘텐츠 테이블에 기록되고, style과 info를 특정 색인하면서 사용할 수 있다.

모두함께에 사용자가 등록하는 모든 데이터는 콘텐츠라는 테이블에 기록된다. 앞에서 설명하였듯이, 콘텐츠 테이블이 있는 서버는 한 개가 아니고 여러 개다. 그 여러 개가 분리되어 있기도 하고 그룹화되어 있기도 하다.

많은 양의 데이터를 입력하기 위해 분리하고, 데이터의 유실을 막기 위해 여러 서버를 공유한다.

콘텐츠 테이블이 있는 서버 리스트를 보관하는 서버를 따로 둔다. 이 서버는 콘텐츠 데이터를 총괄 관리하게 된다. 총괄 검색을 하고자 할 때는 콘텐츠 서버 리스트에서 담당하게 한다.

§ 콘텐츠와 동적 프로그래밍 연결

콘텐츠 데이터는 2개의 형태로 저장된다. 하나는 HTML

규약에 의해 만들어지고, 하나는 자체 포맷으로 만들어진다. 생성될 때도 2개가 동시에 생성되고, 수정할 때도 2개가 동시에 수정된다.

```
function Loadweb(data)
{
  //앱으로 새로운 모듈을 호출한다
}
아래를 클릭하세요.
<input type="button" value="click" onclick="Loadweb(URL)">
```

위의 소스는 콘텐츠 안에서 새로운 모듈을 실행시키는 예를 보여준다. 콘텐츠는 HTML로 만들어질 때 자바스크립트로 내부 프로그램을 호출한다. 즉, 스크립트를 이용한 동적 프로그램 결합이다. 앱에 필요한 모든 모듈을 만들고 그 모듈을 스크립트로 연결하면 동적 프로그램이 구동될 수 있다.

<표1>은 앱에서 제공하는 프로그래밍 모듈 예를 보여준다. 이것을 스크립트 함수로 만들고, 자바스크립트로 연결한다.

함수명	기능
Load Web	새로운 웹 윈도우를 실행한다
Upload Photo	사진을 업로드한다
Upload Video	동영상을 업로드한다
Record	음성을 녹음한다
Get GPS	현재 위치를 얻는다

〈표1〉 앱에서 제공하는 함수 예

　지금까지 콘텐츠를 제작할 때 실행 프로그램을 연동하고 미디어를 연동하는 방법을 제안 및 설명했다. 필자가 제안한 방법이 완벽하거나 최고라고 할 수는 없지만, 무한대로 늘어나는 콘텐츠를 관리할 수 있다. 15억의 인구가 광장을 사용하여도 관리가 가능하다. 또한 거대한 IDC 센터가 필요하지 않다. 필요한 만큼의 서버만 늘릴 수도 있으며, 세계 곳곳에 위치한 IDC 센터에서 렌탈 서버를 이용하는 것도 가능하다.

　필자가 언제나 생각하는 것은 저가의 시스템으로 최적의 성능을 만들어내는 것이다. 거대 IT 기업의 개발자는 필자와 같은 생각을 하지 않을 것이다. 고가의 장비를 사용하면 힘들지 않게 최적화 시스템을 구축할 수 있고, 거대 IT 기업은 자본이 충분하기 때문이다. 필자가 제안하는 방법이 잘 알려지지 않은 이유는, 15억 명의 사용자를 컨트롤하고자 하는 기업이나 국가는 필자와 같은 저가 시스템을 사용하지 않기 때문이다.

　최고의 비용이 최고의 시스템을 만드는 것은 아니다. 특히 IT 분야에서는 더더욱 그렇다.

앱 자동화 시스템

모두함께 가상공화국의 핵심 사업에 필요한 부분이 앱 자동화 시스템이다. AI가 프로그래밍을 한다는 것은 매우 고난이도라고 생각할 수 있다. 그러나 일련의 프로세스를 연결시키는 것이기에 난이도가 높은 것은 아니다. 중요한 것은 학습이다. 어떤 프로그램을 만드는지, 그리고 그런 프로그램을 만들 때 어떤 단계로 프로그래밍을 하는지의 경험만 축적된다면 가능한 시스템이다.

코딩의 80%는 copy & paste이다.

프로그래밍 코딩을 많이 한 사람은 이 말의 뜻을 안다. 필자도 어느 정도 해당 분야의 코딩을 해놓으면 기존에 작성했던 프로그램 일부를 가져다가 재사용하는 경우가 많다. 필자는 이런 코딩을 '노가다'라고 표현한다. 머리 속에서는 딴 생각을 하면서 손은 다른 소스의 모듈을 복사해서 붙여넣기 하곤 했다. 그때 필자는 AI가 프로그래밍 하는 것도 가능하다고 생각했다.

　인간은 객체지향 방식의 프로그래밍을 선호한다. 상속, 생성, 오버라이딩 등등이 인간의 사고로 코딩하기 편리하게 만들었기 때문이다. 컴퓨터는 0과 1로 판단하고 저장하는 매우 간단한 비트의 대규모 조합이다. 즉, 매우 무식하다고 표현할 수 있다. 인간은 반대로 고차원의 생각을 한다. 기계 쪽에 가까운 프로그래밍 언어는 어셈블이며, 인간의 사고에 가까운 언어는 객체지향 언어이다. AI는 단순 기계도 아니고 인간도 아니다. 그렇기에 기계어도 안되고 객체지향 언어도 안된다. AI가 운영할 수 있는 프로그래밍 언어는 무엇이어야 할까? 중요한 것은, AI가 사용하는 언어를 인간도 사용 가능해야 한다는 것이다. 어셈블(기계어) 언어는 인간이 이해하기 정말 어려운 언어라서 AI가 이해할 수 있다고 해도 인간이 사용하기는 어렵다. 반대로 객체 지향 방식은 AI가 처리하기에 매우 어렵다. 어떤 방식을 사용해야 하는지는 연구가 필요하다. 아직까지 이런 연구는 없었기 때문이다. 그래서 시작할 때 적당한(approximately) 선택을 해야 한다.

　필자가 선택한 것은 선형 스크립트이다. 즉, 라인 프로그래밍이라고 이야기할 수 있다. 좀 더 자세히 설명하면, 여러 개의 시스템을 선형으로 연결시키는 것이다. 필자가 제안하는 방식이 최상의 방법일 수는 없다. 일단 필자의 경험으로 볼 때 지금은 이 방법이 최상이지 않을까 한다.

지속적인 개발을 통해 인간과 AI가 공유할 수 있는 최적화 언어가 개발될 것이다.

- AI와 인간의 협업은 운명이다

앞으로는 많은 일들이 인간과 AI의 협업으로 이루어질 것이다. 먼 미래가 아니라 앞으로 다가올 10년 이내에 이런 일들이 발생한다. 결국 인간과 AI가 서로 통신을 해야 한다. 이때 처음에는 AI가 유리한 쪽에서 시작하나, 후에는 인간이 유리한 쪽에서 통신하게 된다. 제안하는 시스템은 처음에는 라인 스크립트 함수로 시작하나, 나중에는 인간의 언어를 라인 함수로 바꾸어 코딩하는 단계가 만들어질 것이다.

· · · · · · · · · · · · ·

처음부터 AI가 프로그램을 만들 수는 없다. 우선 라인 스크립트를 만든 다음, 그것을 이용하여 인간이 많은 프로그래밍을 해야 한다. 그리고 데이터를 축적한 후에 AI가 프로그래밍하는 방법을 만들어야 한다.

본 항목에서 설명하는 라인 스크립트는 이미 구현되었고 가동되는 로직이다. 그러나 그 후 AI와 연결되는 방법은 필자의 제안이며, 아직 구현되지 않았다. 필자가 제안하는 방법이 실패할 수도 있다. 그러나 실패한다 해도, 그 경험으로 우리는 새로운 방법을 찾아낼 수 있을 것이다.

AI가 프로그래밍하는 기술은 정말 경쟁력 있는 필수 엔진이다. 대한민국이 이 기술에서 세계 1위가 된다면, 대한민국은 세계를 리더하는 국가가 될 것이다.

필자가 제안하는 방법이 최상이라고 보기는 힘들다. 연구와 개발은 탑을 쌓아올리는 것이다. 필자가 쌓아올린 부분부터 쌓아 올라가는 것이 밑바닥부터 시작하는 것보다는 훨씬 빠르다. 필자가 만든 라인 스크립트 방식이 매우 간단할지 모르나, 그 방법을 만드는 데까지 많은 시간이 걸렸다. 만일 맨바닥에서 시작하면 우리는 또 많은 시간을 소비하게 될 것이다.

§ 하드웨어 컨트롤 독립 함수

현재 가상사회의 연결은 대부분 스마트폰과 PC로 이루어진다. 그 중 80%는 스마트폰이며 20% 정도가 PC이다. 스마트폰은 크게 2가지로 나누어진다. 안드로이드폰과 애플의 아이폰이다. 우리가 구축하고자 하는 것은 앱 자동화이다. 앱을 자동화하는 방법으로 HTTP 프로토콜을 사용하였다. 자동화 프로그램이 생성하는 프로그램은 HTML과 자바스크립트의 결합문이다. 자바스크립트 안에는 라인 스크립트를 앱 프로그램에 연결하도록 되어 있다.

<소스1>은 HTML 페이지에서 접속 기기가 아이폰일 경

```
<?
    $iphone = $_REQUEST['iphone'];
    //iphone=1이면 아이폰, iphone=0이면 안드로이드
    if($iphone == 0){
?>
function commandApp(data){
    window.commandapp.command(data);
}
```
→ 안드로이드 폰에서 실행되는 함수

```
<?
}else{
?>
function commandApp(data){
    try{
        webkit.messageHandlers.callcommand.
        postMessage(data);
    }catch(err){
        //에러 처리
    }
}
```
→ 안드로이드 폰에서 실행되는 함수

```
<?
}
?>
```

〈소스1〉 HTML 페이지에서 스마트폰 연결

우와 안드로이드일 경우 앱과 통신을 하기 위한 자바스크립트의 commandApp(data)의 함수가 다르게 나타나는 예를 보여준다. commandApp(data) 안의 함수가 안드로이드냐 아이폰이냐에 따라 달라지지만, 중요한 것은 넘겨주는 data가 같다는 것이다. 이 data는 문자열이며, 라인스크립트 프로그램이 된다.

<소스2>는 안드로이드 폰에서 웹의 commandApp 함수가 앱프로그램과 연결되는 형태를 보여준다. 이때 앱을 개발하는 언어는 JAVA로 하여 예를 보여준다. 웹을 화면에 띄우는 클래스가 Webview 이다. 이 클래스의 변수 webview를 레이아웃을 설정하여 화면에 윈도우로 붙인다. 그리고 addJavascriptInterface에 "commandapp"으로 연결시킨다. 이렇게 되면 <소스1>의 window.commandapp.command(data);의 호출이 가능하다. "commandapp"으로 설정하였기에 window.commandapp이 되는 것이다. 이 하부의 command는 클래스의 내부 인터페이스로 설정한다. <소스2>의 AndriodBridge 클래스를 참조하면 웹의 commandApp(data) 호출에서 넘겨온 data 값이 AndroidBridge 클래스의 멤버 함수 command에 넘겨진다. 여기서 연결받은 data 문자열로 앱 내부에서 프로그래밍한다.

```
Webview webview;
    ⋮
    Webview.addJavaScriptInterface
    (new AndroidBridge, "commandapp");
    //자바스크립트와 앱을 연결한다
    ⋮
private class AndroidBridge{
    @javascriptinferface
    public void command (final String data){
        handler.post(new Runable(){
            @overide
            public void run(){
            //여기서 data 값을 받아 프로그래밍한다.
            }
        });
    }
}
```

〈소스2〉 안드로이드에서 commandApp(data)의 연결

〈소스3〉은 HTML의 자바스크립트와 iphone의 앱을 연동하는 소스를 보여준다. 언어는 swift로 사용하였다. userContentController 함수 이전의 내용은 웹 윈도우와 스크립트를 셋팅하는 부분이다. 크게 스텝을 보면, contentController를 만들어놓고, 이 컨트롤러에 userScript를 설정하고, 이것을 webConfiguration의 userContentController의 값으로 설정한다. 그리고

```
let contentController = WKUserContentController();
        //컨트롤러 생성
let userScript = WKUserScript(source:"readHeader()",
injectionTime.WKUserScriptInjectionTime.atDocumentEnd,
    forMainFrameOnly:true)
    contentController.addUserScript(userScript)
    //컨트롤러에 웹의 스크립트를 받을 사용자 스크립트를
    만들어 설정
    contentController.add(self,name:"callcommand")
let webConfiguration = WKWebViewConfiguration()
    webConfiguration.userContentController
    =contentController
    webview = WKWebView(frame:frame,
    configuration:webConfiguration)

//아래 함수로 자바스크립트 함수의 data가 넘겨진다.
func userContentController(_userContentControllor:
    WKUserContentController,didReceivemessage:
        WKScriptMessage){
    let body:String = message.bodyas!String
    //body에 data가 들어온다.
}
```

〈소스3〉 아이폰에서 HTML의 자바스크립트와 연결

웹페이지를 로드하면 내부 함수 호출 시에 <소스3>의 userContentController로 연결된다.

앞으로 프로그래밍 언어로 소스를 설명하지는 않는다. 본 항목에서 소스를 설명한 이유는 매우 간단한 부분을 많은 프로그래머들이 모르고 있는 것 같기 때문이다.

일반적으로 안드로이드 프로그램은 자바로 작성하고, 아이폰 앱 프로그램은 스위프트(swift)로 작성한다. 이 언어로 사용하지 않는다 해도 함수명과 로직 흐름은 비슷하다. 본 내용을 참조하여 자신이 사용하는 프로그래밍 언어 소스를 찾아보기 바란다.

<소스1>, <소스2>, <소스3>에 의해서 웹의 자바스크립트 함수에 라인 스크립트 데이터를 전송하고, 그 데이터를 앱의 프로그램 내부에 들여오는 방법을 설명하였다. 이후는 프로그래머들이 프로그래밍 문서를 참조하여 스크립트 언어를 실행하는 모듈을 개발한다.

§ 라인 스크립트

라인스크립트란 한 개의 문장으로 모듈을 실행시키는 것을 말한다. 다음은 스크립트의 예이다.

upload photo 118.69.52.27/image/test.jpg

사진을 118.69.52.27주소의 /image/폴더에 test.jpg에 올려라

위의 문장으로 스마트폰에서 사진을 선택하여 서버에 올릴 수 있다. 실제로 복잡하지만 패키지가 된 프로그램은 라인 스크립트로 가능하다. 위의 시스템이 돌려면, 일단 갤러리 앱이 돌아야 한다. 그리고 거기서 사진을 클릭하면 해당 사진을 test.jpg로 변경하고, ICP/IP를 이용하여 서버에 업로드한다. 스크립트 문장은 1개이나, 실행되는 내용은 여러 모듈의 연결이다. 이것이 패키지를 실행시키는 스크립트이다. 이런 라인 스크립트는 하나의 패키지 시스템을 실행시키고 이런 패키지를 연결시킬 수 있다.

<그림31>은 라인스크립트를 3개 연결하여 하나의 프로그램을 만든 예이다. 사진을 118.69.52.27에 올리고, 해당 사진을 보여주면서 자신의 메일 박스에 저장하는 것이다. 이런 식으로 라인 스크립트를 계속직으로 연결하는 스크립트를 만들어야 한다.

AI는 공간 스텝이 아닌 선형 스텝으로 움직인다. 선형 스

〈그림31〉 라인 스크립트 연결

텝이란 ① → ② → ③ → ④ 이런 식으로 순차적으로 움직인다는 것이다. 트리도 될 수 있으며, 방향의 변화를 가지면서 흐름을 제어한다. AI가 프로그래밍을 하고자 한다면, 라인스크립트의 연결 데이터 정보가 매우 많아야 한다. 매우 방대한 양의 라인스크립트 연결 데이터가 만들어지면, 그것을 이용하여 AI가 프로그래밍하는 것이 가능하다. 사실 매우 간단하고 명료하다. 그런데 사람들은 인공지능이 프로그램을 개발한다는 것은 매우 복잡한 루틴일 것이라고 생각한다. 누군가는 필자에게 "AI가 코딩하도록 해보았는가?" 이렇게 질문할 수도 있다. 필자는 테스트 시뮬레이션을 해보았다. 라인스크립트의 블록으로 AI가 코딩 가능한 것을 확인했다. 또한 제안한 스크립트 방식이라면 인간도 코딩할 수 있다. 그렇다면 인간과 AI가 협업 코딩을 할 수 있다는 것이다. 알고 보면 매우 간단하다. 프로그래밍은 복잡하게 생각하면 안된다. 단순하게 생각해야 한다.

§ 스마트폰 장치 이용하기

AI 정도는 아니더라도 자동 홈페이지 제작 툴은 정말 많이 사용된다. 여기에 데이터베이스를 연결시킨다. 앱이 아닌 웹은 HTML과 자바스크립트 함수를 몰라도 툴을 가지고 만들 수 있다. 앱도 자동 홈페이지 제작 툴을 이용하면 어느 정도 화면은 만들 수 있으나, 스마트폰 장치를 이용하는 것은 어렵다.

사진 선택하기, 동영상 선택하기, GPS 값 얻기, 자이로 센서 값 얻기, 마이크 사용하기 등은 스마트폰의 장치이기에, 앱에서 직접 코딩을 해야 한다. 앞에서 이것을 자바스크립트와 연결하여 스마트폰 장치들을 연결하는 방법을 설명하였다.

앱 자동화의 핵심은 자동 홈페이지 제작기와 스마트폰 장치를 연결하는 것이다.

§ 데이터베이스 스크립트

모든 시스템은 데이터베이스와 연동된다. 필자는 데이터베이스에 연동할 때 SQL문이 아닌 자체 라인 스크립트를 쓰기를 권고한다. 다음은 그 예이다.

```
make table mylist          //테이블 만들기
add field mylist idx int   //필드 추가
del field mylist idx       //필드 제거
```

SQL문을 사용한다 하여도 그것을 그대로 데이터베이스에 쿼리하지 않는다면 큰 문제는 아니다. 필자가 이야기하려는 요점은, 데이터베이스 스크립트를 1차 해석하고 접근 권한과 사용 가능 여부를 체크하고, 자체 내에서 데이터베이스에 연결하여 실행하는 것이 보안에 최적화된 방법이라는 것이다.

데이터베이스의 생성, 필드 관리는 라인스크립트를 이용하고 검색과 입력은 앱 자동화 틀에서 내부로 돌아가게 한다. 검색은 검색 이후 데이터가 출력되어야 한다. 이것은 화면에 출력해야 하기에 UI와 연결되어야 한다. 입력 또한 화면에서 사용자가 입력하거나 선택된 데이터가 입력되는 것이기에 UI가 필요하다.

데이터베이스의 처리에 UI가 필요한 부분은 앱 자동화 툴에서 연동하여 복잡한 코딩을 하지 않게 하는 것을 권고한다.

§ 앱 자동화 - 앱 페이지 툴

앞에서 가상국가가 되기 위한 필수 조건이 앱 자동화라고 이야기했다. 이 앱 자동화에 필요한 부분이 앱 페이지 툴이다. 최근에 제공되는 모든 개발툴은 UI툴을 제공한다. 안드로이드 스튜디오와 Xcode 모두 UI 인터페이스 툴을 제공한다. 그것은 점차적으로 프로그램이 자동으로 만들어지는 방향을 추구하기 때문이다. 결국 프로그래밍은 점차 코딩 부분이 사라지고, 화면에서 버튼만 클릭하면 되는 형태가 될 것이다. 그렇기에 필자가 말하는 앱 자동화는 당연한 흐름이다.

왜 거대 IT 기업들이 앱 자동화 시스템을 만들지 않을까? 바로 모든 환경이 동적인가 정적인가의 차이 때문이다. 구글이나 애플사가 제공하는 개발 툴은 환경이 동적이다. 어느 서버 환경에서 어떤 형태의 프로그램을 만들 것인지를 정해놓지 않았다.

그러나 모두함께는 서버도 고정되어 있고 모든 환경이 정적으로 셋팅되어 있다. 그렇기에 그 안에서 별도의 선택 없이 앱 자동화가 가능하다.

처음에는 다양한 기능을 제공하지 못할 것이다. 어떤 기능이 필요한지 정보가 없기 때문이다. 사용자와 개발자의 요구를 기반으로 기능을 확장시킨다. 그렇게 많은 데이터를 구축하면 AI가 개발하는 것이 가능하다.

<그림32>는 앱 자동화 툴의 예를 보여준다. 본 프로그램은 PC에서 가동하도록 설계하였다. 안타까운 것은 필자가 개발을 완료하지 못하여 예의 그림만 보여줄 수 있다는 것

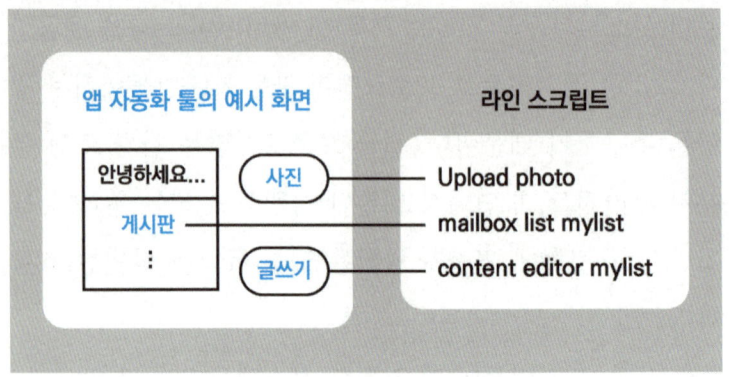

〈그림32〉 앱 자동화 툴 예시

이다. 개발자가 게시판을 하나 만들고자 할 때, 게시판 아이콘을 선택하고 화면 위에 게시판을 보여줄 위치를 설정하고 연결 라인스크립트를 입력하는 방식이다.

개발자라면 <그림31>의 화면을 보고 무엇을 개발하고자 하는지 이해가 될 것이다. <그림31>과 같은 형태를 form 이라 표현했다. 이 form들을 많이 모으면 공용 부분이 나타난다. 공용 부분이란, 많은 개발자가 개발하는 공통 부분, 그리고 일반 사용자들이 공통적으로 사용하는 UI부분들이다. 여러 form을 분석하면 공용 form을 만들어낼 수 있다.

처음에는 PC에서 앱 자동화 툴을 제공한다. PC에서는 좀 더 세분화된 작업을 할 수 있기 때문이다. 추가적으로 모두 함께의 공용 패키지 중 하나인 콘텐츠 에디터에도 라인스크립트를 가능하게 한다. 텍스트를 클릭하거나 그림을 클릭하면 라인스크립트가 실행되고, 간단한 앱의 프로그램이 실행되게 한다. 현재의 모두함께 앱에도 라인스크립트가 가능하다. 다만, 일반인은 사용하지 못하고 개발자들이 사용 가능하게 하였다.

§ 공용 거대 컨트롤 - 광장과 채팅, 쇼핑

앞에서 설명한 광장은 앱 개발자가 사용할 수 있는 거대 컨트롤의 하나이다. 많은 부분은 그냥 광장 컨트롤을 이용해도 가능하기 때문이다. 광장 안에는 게시판과 메신저 기능이 탭재되어 있고 또 다른 form 프로그램을 로드한다. 앱 자동화의 핵심 엔진일 것이다.

광장은 링크된 데이터베이스와 서버 위치에 따라 전혀 다른 형태로 나타난다. 라인 스크립트를 잘 사용하면 새로운 앱을 만드는 데 강력한 공용 컨트롤이라 생각한다. 모두함께에는 채팅 컨트롤이 있다. 채팅은 이미 많은 기술이 오픈되어 있고 기능 또한 누구나 쉽게 사용할 수 있다. 사용자가 앱을 개발할 때 쉽게 채팅을 연결할 수 있다.

채팅 기술에 대해서는 본 기술편에서 언급하지 않았다. 수많은 다른 책에서 채팅에 대한 것은 많이 나와 있으며, 일반적인 기술이기 때문이다.

채팅 또한 데이터베이스와 서버 주소에 따라 다르게 표현된다.

모두함께에는 쇼핑 컨트롤이 있다. 일반인들이 앱 자동화를 할 때 가장 많이 사용하는 컨트롤이 쇼핑 컨트롤일 것이다. 모두함께의 쇼핑 컨트롤은 추가로 마이샵 기능이 연결되게 되어 있다.

§ AI가 프로그래밍 하는 게 가능한가?

지금까지 앱 자동화에 대해서 설명하였다. 어떤 독자는 "이 내용이 어떻게 AI가 앱을 작성하는 기술편인가?"라고 의아해 할 수 있다. 일반적인 사람들은 AI 프로그래밍이라면 어떤 지능적 장치를 만들고, AI가 스스로 많은 생각과 분석을 하고 프로그래밍하는 것을 상상할 것이다. 필자는 AI가 그렇게 스스로 생각하는 시스템이 아니라는 것을 이미 설명하였다.

공용 컨트롤, 공용 대형 컨트롤, 라인 스크립터 등을 많이 사용하면 어떤 흐름이 보인다. 쇼핑몰 앱 제작의 흐름, 교육을 위한 앱 제작에서의 흐름 등이 나타난다.

이렇게 나타나는 흐름을 모델링한다. 그리고 그 모델이 많을수록 지능화되는 것이다. AI의 기본은 모델링이 많은 것이다. 그리고 그 모델링을 할 수 있는 방법을 찾으면 AI 설계가 가능한 것이다. 처음에는 개발자와 앱 개발 요청자의 협력에 의해서 인간이 직접 앱을 만드나, 흐름의 데이터가 쌓이면 AI가 앱을 만드는 것이 가능하다. 이것이 가상국가로 들어가는 핵심 기술이 될 것이다.

필자는 AI가 완전히 자동화하는 것을 원하지 않는다. 가능하면 사람이 결합되는 자동화를 만들어야 한다고 생각한다. 그렇지 않으면 인간의 존재 가치가 사라진다. 존재 가치가 없으면 결국 소멸하게 된다.

우리가 기술을 만들고 과학을 발전시키는 이유는 인간이 좀 더 행복해지게 하고자 하는 것이다. 결코 인류를 멸망시키기 위함이 아니다. 목적을 정확하게 알아야 한다. 모두함께의 기술 복표는 인간을 위한, 인간에 의한, 인간이 주도하는 세상을 만드는 것이다.

로봇 셋탑 박스

본 항목에서는 가상국가뿐만 아니라 대한민국의 신성장 동력으로 로봇 셋탑 박스를 만드는 것을 제안하고 싶다. 본 항목의 내용은 로봇 핵심 OS를 개발하고 포트를 연결하여 로봇 다리, 팔, 머리 등을 붙여 하나의 로봇으로 만들 때 중앙 컨트롤러를 셋탑으로 만들자는 것이다.

이 셋탑에서 팔, 다리, 머리 등을 연결시키는 드라이버 프로토콜을 만들어 문서로 배포한다. 즉, 셋탑이 메인이고 로봇의 팔과 다리, 머리 등을 만드는 수많은 회사가 우리 셋탑 드라이버를 만들도록 해서 로봇 사업을 활성화시키겠다는 이야기이다.

필자가 어떤 기술 얘기를 하면, "그건 대한민국에서 되지 않아요. 미국에서 개발해야지."라는 말들을 많이 한다. 이런 분들은 "아니, 대한민국에서 만든 셋탑 박스용 드라이버를 누가 만들겠나! 미국도 아니고"라고 이야기할 수도 있다.

그렇게 미국 회사가 필요하다면 국내 회사를 만든 후 미국에 미국 회사를 만들면 될 것 아닌가? 제발 식민 사관을 버리기를 바란다. 미국이 최고고 우리는 미국에 복종해야 한다는 등의 식민 사관에서 벗어나기를 간절하게 소망한다. 그것이 대한민국을 지금 위기로 만들었다. 우리의 기술이 세계를 이끌 수 있다는 자긍심을 가져야 한다. 그리고 그 길에 도전하면 된다. 우리가 로봇 셋탑 박스를 만들었는데, 로봇의 머리, 팔, 다리 만드는 곳에서 우리 셋탑 박스용 드라이버를 만들어주지 않으면 우리가 만들면 된다. 처음에는 우리가 시작하면서 시장을 넓히면 된다.

아직 로봇 셋탑의 대표 기업은 존재하지 않는다. 각각의 로봇 연구소도 시각 처리, 지능 처리, 발과 걷기, 손 구동 등 하나하나의 파트로 나누어 연구되고 있다. 통합되지 못한 이유는, 각 파트의 연구가 아직 완성되지 않았기 때문이다.

그러나 지금 로봇 팔, 구동, 다리, 눈 등 많은 부분의 연구가 완성되어 가고 있다. 지금 이 파트를 묶을 수 있는 로봇 셋탑 박스가 개발되면 세계 로봇 시장을 대한국인이 이끌 수 있다고 생각한다.

가상국가의 또 하나의 성장 동력이 로봇이다. 이때 로봇 다리, 팔 등은 메카트로닉스의 전문가 여러 사람이 힘을 합쳐서 개발해야 될 매우 정교한 부분이다.

이 부분은 세계의 여러 연구소와 기업이 할 수 있게 하면 된다. 그들이 연결할 수 있는 로봇의 생명 박스를 우리가 만들자는 것이다.

§ 로봇 셋탑 박스 전체 구조

<그림33>은 로봇 셋탑 박스의 전체적인 구조를 보여준다. 로봇 셋탑 박스에는 핀들이 있고, 이 핀에 눈, 팔, 구동 장치, 다리 등을 꽂을 수 있다. 이 핀은 C pin도 되고 USB3.0도 된다. 표준 연결 장치를 이용한다. 로봇 셋탑 박스는 인간으로 보면 두뇌에 해당된다. 눈은 시각 센서로 만

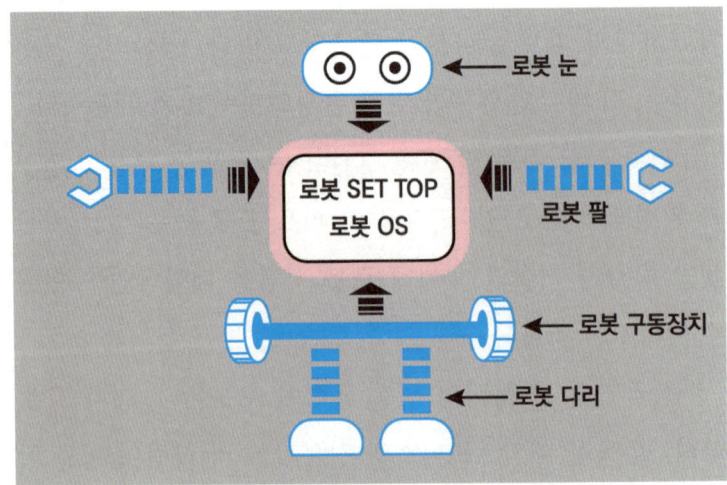

<그림33> 로봇 셋탑 박스 전체 구조

들어져 있고, 눈으로부터 들어오는 영상을 객체로 나누어 사람이나 물체를 인식한 정보를 셋탑에 전달한다. 우리가 로봇 눈에서 얻고자 하는 것은 물체와 배경 분리, 객체의 형태 분석, 객체 인식 등이다. 그리고 그 객체까지의 거리와 크기 정보이다. 이것은 로봇 눈에서 모두 처리하고 그 결과만 셋탑 박스에 전달한다. 셋탑 박스에서는 시각에서 전달된 정보를 이용하여 말을 할 것인지, 손을 흔들 것인지, 걸어갈 것인지를 결정할 수 있다. 이 결정을 하면 결정의 내용을 각 디바이스에 전달한다. 예를 들어 손을 흔들고자 할 경우, 로봇 팔에게 신호를 보내 손을 흔들게 하는 것이다.

앞으로의 로봇 산업은 <그림33>과 같이 나뉘어져 발전될 것이다. 여기에 로봇 OS는 또다른 영역이다. 그 영역은 대한국인이 충분히 도진 가능히다.

§ 로봇 운영체제

OS를 만든다고 하면 매우 어렵고 고난이도 프로그래밍을 한다고 생각하는 사람들이 있다. 전에도 이야기했다시피 OS를 만드는 게 본 항목에서 가장 쉬운 부분이다.

OS를 만든다고 처음부터 새로 만들 필요는 없다. 리눅스 커널을 참조해서 만들면 된다. 아니, 어쩌면 리눅스 커널을 참조해서 새로 만드는 것이 더 빠를 수도 있을 것이다. 로봇 운영체제 위에 구동되는 여러 API가 오히려 개발하기 어려울 것이다.

영상 인식과 분석, 음소 인식과 분석, 속도 제어, GPS 연동, 자이로 센서와의 연동, 중심 잡기 등 로봇에 필요한 필수 API가 더 개발하기 어렵다.

가장 어렵다고 보는 것은 개발 툴이다. 어렵다기보다는 정말 많은 시간과 노력이 드는 부분이다. 로봇 셋탑을 이용하여 프로그래밍을 하는 개발 툴을 의미한다. 사실 이 개발에는 막대한 자금 투자가 필요하다. 이유는 엄청난 컴퓨터 전문가와 수학, 물리학 박사들이 뭉쳐서 개발해야 하므로 인력비가 많이 들기 때문이다. 로봇의 눈, 팔, 다리가 하는 일반적인 기술도 내장되어야 한다. 그래서 이 셋탑을 완성하기 위한 테스트용 눈과 팔과 다리와 구동 장치가 필요하다. 그 말은 로봇 전체를 만들어야 한다는 의미다. 그렇기에 개발자급 인력이 많이 필요하다.

§ 로봇 사회와 인간 사회 연결

로봇 운영체제의 한 부분이 로봇 사회 연결이다. 인간사회는 HTTP/HTTPS 프로토콜로 가상 세계에서 인간 사회가 형성된다. 이와 같이 로봇도 네트워크를 통한 로봇 사회가 구성되어야 한다. 예를 들어서 로봇이 협업을 할 때, 자신의 업무 결과를 다른 로봇에게 전달한다면 이런 전달이 원활하게 해야 한다. 필자는 이것을 로봇 사회라고 이야기한다. HTTP/HTTPS를 써도 되고, 새로운 프로토콜을 사용해도 된다.

로봇은 문자열 기반이며 화면 모드가 없다. 로봇의 사회에서는 메시지 전달만 있기 때문이다. 로봇이 인간 사회에 결합되면 인간의 통신에 로봇이 결합되게 해야 한다. 이런 모든 부분들이 로봇 운영체제에 결합되어야 한다. 현재 웹 기반 데이터를 분석할 수 있는 능력도 탑재되어야 한다.

§ 로봇 오픈 시스템

로봇이 산업, 사회, 생활 전반에 빠르게 출현하려면 오픈 시스템이 개발되어야 한다. <그림33>과 같이 로봇 셋탑이 개발되고 로봇 셋탑과 연결하여 개발할 수 있는 개발 툴이 공급되면 개발자들이 로봇 시스템을 개발할 수가 있다. 이런 형태에서 수많은 로봇 개발자가 탄생하고 수많은 기업들이 로봇의 부품을 개발하면서 로봇 생산이 크게 폭주하게 될 것이다. 그렇지 않고 특정 목적형 로봇을 한 회사가 모두 개발하는 것은 사회 파급이 크지 않다.

  간단하게 이야기해서, 스마트폰의 OS 안드로이드와 같은 로봇용 OS를 대한국인이 개발하기를 소망한다. 그래서 우리가 만든 로봇 OS가 세계에 퍼지면 우리는 로봇 분야의 세계 1위 국가가 되는 것이다.

맺음말

"봐, 내가 예전에 사람들이 스마트폰으로 동영상 보는 시대가 온다고 했지!"

필자가 한 말이다. 필자는 스마트폰 시대를 예상했고, 그 시대가 왔다. 그때마다 또 하나의 나는 나에게 묻는다.

"그래서? 그런 시대가 오는 것을 예상하고 넌 뭐 했는데? 그런 시대가 온다는 것을 알았으면 미리 준비해야 하는 것 아닌가?"

우리는 가끔 우리가 미래를 맞추었다고 자랑한다. 헌데 그 미래를 맞춘 사람은 그 미래를 이용해 얻은 것도 준비한 것도 없다. 친구들은 필자에게 이렇게 말한다.

"너는 너무 빨라. 조금만 늦추면 대박이 났을 거야."

2014년도에 스마트폰으로 결제하는 사업을 시작했다. 너무 일찍 시작했다. 국내에서 최초였으니까... 그 사업을 위해 지사장과 총판을 모집하였다. 시기가 너무 빨랐기에 지사장도 사업 내용을 이해하지 못했고, 상점들도 이해하지 못했다. 그리고 사기죄로 고소를 당했다. 경찰서 조사관도 "이런 말도 안 되는 사업이 있는가?"라고 하였다.

세월이 지나 5년 후 사람들은 내가 하고자 하는 것을 이해하였다. 왜? 수많은 대기업이 내가 하려고 했던 사업을 하니까... 그리고 이 사업 부분에 대해 재판에서는 무죄를 선고받았다.

내가 너무 빨라 세상 사람들이 이해를 못했고, 그 때문에 나의 첫 사업은 실패하였다. 다가올 미래를 알고 있어도 대기업이 아닌 듣보잡(듣도 보도 못한 잡것)은 그 미래를 준비하고자 하면 알을 깨는 고통과 더불어 사회의 지탄을 받는다.

"가상국가 시대는 분명히 오는데..."

스마트폰으로 결제하는 시대가 온다고 아무리 얘기해도, 눈 앞에 보이지 않으니 그렇게 말하는 나를 사기꾼이라고 했다. 가상국가 시대는 분명히 오는데 지금은 아무것도 보이지 않는다. 내가 만약 이제 곧 가상국가 시대가 오니 그것을 준비하자고 했다면 또다시 사람들은 나를 사기꾼이라고 할 것이다.

그래서 가상국가 이야기를 뺐다. 가상국가에 필요한 요소를 만들면서 국민운동을 발전시켰다. 어느 정도 국민운동이 성공하면 그때 가상국가 이야기를 하고자 했다. 가상국가가 안된다고 해도 국민운동으로 국민이 얻을 게 있었다. "IT 권력을 국민에게"라는 슬로건대로, 메신저부터 유통까지 모든 IT 플랫폼을 국민이 운영한다면 국민이 힘들지 않을 것이라고 생각했다. 가상국가까지 가지 않더라도 국민운동으로 국민이 힘을 합치면 대한민국이 바뀔 것이라고 생각했다. 이 일을 시작하면서 많은 것을 각오했다. 이제 나는 황혼이다. 내가 세상에서 얻고자 하는 것보다 주고 가야 할 시간이다. 그래서 쉽지 않은 길이지만 두려움 없이 전진했다. 많은 오해가 있었고 자신의 이익을 위해 나를 사기꾼으로 몰았던 악한 이들도 있었고, 평생을 돈만 찾아 인생을 허비하는 사람들도 보았다. 그들에게 많은 방해와 모략을 당했으나 그래도 내가 가는 길에서 다른 곳을 보지 않고 계속 진진했다.

내가 말한 것은 개인의 부가 아니라 국민을 단합하게 하여 국민이 부유하게 하고자 하는 것인데, 이것을 오해하고 자신을 엄청 큰 부자로 만들어줄 것이라고 생각하는 사람들도 있었다. 시간이 갈수록 국민운동은 발전하나 자신에게 돌아오는 것이 없자 원망하는 소리도 들었다. 그러나 필자의 마음을 알고, 이것은 나라를 구하는 길이라고 생각하고 봉사의 생각으로 열심히 참여하는 사람들이 더 많았다.

10% 정도는 불만이 있으나 90%는 이 모두함께 국민운동에 찬성하고 열심히 해 주셨다. 그래서 지금의 모두함께 국민운동이 만들어진 것이다.

필자는 2024년을 국민운동을 국민에게 알리는 해로 생각했고, 준비한 모든 사업을 국민과 함께 발전시키려 하였다. 그런데 2023년 11월 22일 필자는 법정구속되었고, 마지막 상고의 재판 싸움을 하고 있다. 그리고 대표회장과 당대표에서 물러나고 차기 운영진이 모두함께 국민운동 본부를 이끌고 있다.

내가 깨닫지 못한 것이 있었다. 이 일은 필자 한 명이 이끌어서는 이룰 수 없다는 사실이다. 필자가 구속되어 국민운동 본부는 많은 혼란을 겪었다. 이 글을 쓰고 있는 지금은 많이 안정되었다고 하나, 필자의 구속이 큰 어려움을 만든 것이다.

알려야 했다. 가상국가 시대의 돌입을 알리고, 어떻게 가상국가 시대에 준비를 해야 하는지 알려야 했다. 지금 20만의 대표장이 있고 많은 시스템이 준비되어 있다. 여기에 가상국가의 전체 내용을 책으로 쓰면, 그리고 국민이 그것을 보고 깨달으면 내가 없어도 대한국인이 힘을 합쳐 가상국가로 나아갈 수 있을 것이라고 생각했다.

구치소에서 나의 재판보다 더 중요한 것은 책을 쓰는 일이었다. 이 책은 분야로 보면 다소 복합적이다. 경영, 정치, 기술, 사회가 모두 혼합되어 있다. 내가 그동안 기획했고 생각했던 모든 것을 체계적으로 정리해야만 했다. 이곳은 참고 문헌이 없으니 오롯이 내 머리 속에 있는 것을 정리하는 게 전부였다. 그럼에도 불구하고 알려야 한다 생각했다. 내가 무슨 생각을 했고 국민은 어떻게 모았고 기술은 어떻게 구축하고 세계로 어떻게 나아가려 했는지, 모든 것을 기록하는 게 지금 내가 할 수 있는 전부이다. 2024년 1월부터 3월 초까지 눈만 뜨면 집필 작업을 한 끝에 지금 이 맺음말을 쓰고 있다. 형이 확정되더라도 내가 징역 사는 시간이 길지는 않다. 허나 그 시간이 지나면 국민은 흩어지고, 이런 국민운동을 재건할 수가 없다. 결국 쌓아올린 탑이 무너지는 것이다. 나는 지금 나의 재판보다 이것이 더욱 중요하다. 밖에서 많은 사람들이 나의 무죄를 주장하고 싸우나, 나의 머리 속에는 온통 국민운동이 가상국가로 연결되기를 소망하는 마음뿐이다.

   내가 생각하는 국민운동에 심히 반대하고 짓밟으려는 조직이 분명 존재한다. 음모론이 아니라, 국민이 IT 경제의 주인이 된다는 것을 환영하는 사람들만 있는 게 아니다. 또한 필자가 말하는 '자랑스런 대한국인'과 '식민 사관 탈피', '전통 보수주의로 국민 통합'에 반대하는 단체들도 있다. 이런 단체들은 모두함께를 무너뜨리고 싶은 마음일 것이다. 많은 공격을 받았지만, 필자는 그런 단체들의 공격에 맞대응하여 싸우지 말라고 이야기했다. 왜냐면 싸울 시간이 없기 때문이다. 헌데 필자가 구치소에 있으며 정말 걱정하는 것은 바로 이런 악한 세력들이 모두함께 국민운동 본부를 무너뜨리려고 하는 것이다. 국민운동 본부는 절대 무너지면 안된다. 국민운동이 성공하면 자살율이 줄어들고 출산율이 늘어난다. 위기의 대한민국이 바뀔 수 있다.

  책상도 없고 있는 것이라곤 펜과 노트가 전부인 상황에서 이 책을 집필했다. 마음은 하나다. 제발, 대한국인이여! 가상국가를 리더하여 이 위기를 탈피하라! 내 사랑하는 자랑스런 대한국인이여!

  나는 모든 것을 바라지 않는다. 국민운동 본부의 사업처 법인의 모든 지분을 운동에 참여한 국민이 가지고 있다. 지금 나는 모든 직위에서 내려왔기에, 모두함께에 아무 권한도 힘도 없으며 새로운 리더자가 와서 내가 사람들의 기억 속에서 사라져도 상관이 없다. 오로지 모두함께 국민운동이 성공하기를 소망한다. 진심으로 간절히 소망한다.

  그래서 내가 할 수 있는 모든 것을 하였다. 구치소에서 이 책을 쓴 것은 내가 처한 상황에서 할 수 있는 최선이기 때문이다. "내가 살아있는 동안 내가 할 수 있는 모든 것을 다해서 나의 대한국인을 살릴 것이다." 지금도 이 마음은 변함이 없다.

이 책은 참고 문헌 없이 체계화되지 못하고 집필되었다. 이 책을 기반으로 좀 더 발전적인 책들이 나왔으면 한다. 국민에게 알려야 한다. 유튜버들은 본책을 참고하여 가상국가의 돌입을 국민에게 홍보해주기를 바란다.

대한민국의 IT 전문가와 지식인들이여, 필자가 이야기하는 부분을 논지로 논쟁하고 토론해보기를 바란다. 협회도 만들고 학회도 만들어서 발전시키기를 정말 간절하게 소망한다.

"걸림돌이 디딤돌이다."

필자가 자주 생각하는 말이다. 위기가 기회이고, 문제는 딛고 일어설 기회가 된다고 생각한다.

지금 대한민국은 자살율 1위의 불행한 국가가 되었다. 출산율은 0.6대로 떨어지고 이것이 0.5로 떨어지는 순간도 머지 않았다. 그간 우리의 먹거리가 되었던 산업은 점차 세계 경쟁에서 뒤처지고 있다. 지금의 상황은 분명 대한국인의 위기이다. 그러나 그 위기를 느끼고 자각하고 새롭게 노력한다면 위기가 곧 기회가 될 수 있다.

"모두함께의 주인은 대한민국 국민이다!"

이제 국민이 뭉쳐야 한다. 많은 지식인, 학자, 경영인이 모두함께 국민운동에 참여해야 한다. 또한 많은 국민이 모두 함께 국민운동에 박수를 보내야 한다.

"재산도 안 모으고 자식들도 어린데 어떻게 하려고 그러느냐?"

라는 지인들의 말에, 나는 다음과 같이 대답했다.

"내 자식들에게 행복한 대한민국을 유산으로 물려줄 겁니다."

자랑스런 대한국인이여! 힘을 합쳐 우리 후손에게 행복한 대한민국과 세계를 이끄는 가상국가를 유산으로 물려주기를 간절히 소망한다.

2024년 3월 7일
엘라이

부록1 : 엘라이의 주저리 주저리

필자가 모두함께 국민운동과 20만 명의 대표장 조직을 만들어내면서 정말 많은 일을 당했고, 많은 일들이 있었다. 본책 안에 그 내용을 모두 기록할 수는 없었다. 이 부록에 필자가 기탄 없이 하고 싶은 이야기를 쓰고자 한다.

본 부록에 쓰는 내용은 객관적이지 않고 필자의 주관적 생각과 감성이 들어간 것이다. 그렇기에 옳은 내용이라기보다, 필자의 주장이라고 생각해주시기 바란다. 또한 엘라이의 부록 에세이 정도로 읽어주었으면 한다.

모두함께 국민운동 본부를 만들었고 보람을 느꼈다

2020년부터 시작하여 2022년까지 3년 만에 20만 대군의 조직을 만들었다. 가끔 그렇게 큰 조직을 만들었다는 데 놀랍고 기쁘기도 했다. 그런데 우리에게 쏟아지는 외부의 시선은 '다단계 사기 집단'이었다. 모두함께 국민운동 단체가 무슨 일을 하고자 하는지 볼 생각도 없다. 무조건 사람이 많이 모이면 '사기 집단'으로 몰아붙이는 게 지금 대한민국의 현실이다.

왜일까? IMF 이후 진정으로 국민을 위한 운동은 없었고, 수많은 사람들이 사람을 많이 모아 돈을 뜯어내는 일만 했고, 단 한 번도 국민을 위한 단체가 만들어지지 않았기 때문이다. 거기에 대한민국을 리더하는 정치인도 국민을 위한 정치보다는 국민을 이용해 자신의 부귀와 영달만 추구하고 진실로 국민을 생각하지 않으니, 국민들이 그 어떤 모임이나 단체도 색안경을 끼고 보게 되는 것은 당연하다.

여기에 문제가 발생하면 책임론을 앞세워 공무원들의 목을 조르는 일들이 발생한다. 무슨 사건 사고가 터지면 그 모든 책임을 해당 공무의 최고 책임자에게 돌리고, 그 사람을 징계해야만 국민의 분노가 사그라진다. 그러니 사고가 터지거나 사건이 터지면 경찰이나 공무원은 책임에서 빠져나가려는 일만 하게 되어 있다.

공무원들은 법에서 정한 일 외에 그 어떤 일도 긍정적으로 볼 수 없다. 부정적 대응을 해야만 본인의 밥그릇을 유지할 수 있기 때문이다. 지역을 위해서 또는 국가를 위해서 좋은 일이라고 해도 공무원들은 절대 도와주어선 안 된다. 잘못되면 그 책임은 일을 도와준 공무원에게 고스란히 돌아가기 때문이다.

매스미디어와 뉴스에 나오는 이야기는 세상에 모두 나쁜 놈만 있다는 내용이다. 먹고 살기 힘든 서민에게 기득권자는 어떤 혜택을 누리고 있다는 이야기가 수없이 뉴스로 나오면서, 국민은 분노하기 시작했고 그로 인해 모든 국민이 색안경을 끼고 세상을 보고 있다.

"대한민국에는 자기의 사리사욕을 위해 국민을 이용하고 이익을 챙기는 사기 집단만 있을 뿐, 국민을 위한 조직은 절대 존재하지 않는다."

이것이 국민의 마음이다. 이런 상태에서는 국민의 단합을 결코 이룰 수 없다.

투기와 대박을 미끼로 급조하여 많은 사람들을 모을 수는 있으나, 그런 집단은 1년도 넘기지 못하고 사기 혐의로 처벌받는다.

필자가 만든 모두함께 국민운동은 무엇일까? 다른 수많은 단체처럼 필자의 이기와 수익을 위해 만들어졌을까? 그런데 모두함께는 3년을 버텼고 대의원들은 필자와 10년을 함께 했다. 그리고 필자가 구속되어 있는 지금도 모두함께는 무너지지 않는다.

2020년 모두함께 국민운동을 시작할 때 필자는 이미 국민들에게 이야기했다.

"저는 지금 사기죄로 고소를 당해 재판을 받고 있습니다."

그 사실을 알면서도 사람들이 모였고 20만 명의 조직이 결성되었다. 그리고 필자는 구속되면서 대표회장직에서 물러났고 새로운 지도부와 리더자들이 모두함께를 이끌고 있다. 그리고 업무에 혼란은 없었다. 이것은 모두함께를 필자가 혼자 독재하여 움직이지 않았다는 증거이다. 필자는 필자의 자리에서 그리고 각 운영진은 자신의 위치에서 책임을 다하고 있었기에 필자가 사라져도 행정에는 전혀 문제없이 운영되었다.

이렇게 된 큰 이유는 "모두함께의 주인은 대한민국 국민이다"라는 대제가 있기에, 대표는 있으나 모두가 주인인 형태의 경영을 했기 때문이다.

"국민은 정말 외로웠다."

처음에는 많은 국민들이 우리를 의심했다. 모두코인을 가지고 있었기에 '코인 사기 집단'이 아닌가 의심을 받기도 했다. 그 때문에 필자가 재임하던 기간 중에 모두코인을 상용화하지 않았고 상장도 하지 않았다. 그리고 외쳤다. "모두코인은 서비스를 담보로 하는 진정한 코인으로 발전하는 것입니다. 투기를 담보로 하는 코인이 아닙니다." 그렇게 하면서 'IT 권력을 국민에게'라는 모토로 국민에게 다가갔다.

국민들이 마음을 열었다. 수많은 사람들이 모두함께는 진정한 국민운동이라고 인정하기 시작했다. 국민은 고달프고 외로웠던 것이다. 평생직장이 무너지면서 국민은 홀로 버려졌다. 외로운 국민들에게 모두함께가 희망이 된 것이다.

아직도 우리를 미워하는 많은 단체와 집단은 우리를 비난한다. 그러나 결코 모두함께는 그런 압박에 무너지지 않을 것이다. 이제 그런 확신이 든다.

필자를 사기꾼으로 몰고 고발을 통해 또다시 재판에 서고 유죄 판결을 받는다 해도 모두함께는 무너지지 않는다는 것이다.

한 알의 밀알이 땅에 떨어져 죽지 아니하면 열매를 맺지 못한다. 필자가 어떤 일을 당하던 그것은 중요하지 않다. 이제 모두함께는 필자가 없어도 발전할 것이다. 특히 본책이 나왔으니 국민이 방향을 잡고 뭉치기를 진심으로 간절히 소망한다.

국민의 신뢰가 함께 하는 모두함께가 되었다.

수없는 불신이 대한민국을 덮을 때 국민의 신뢰를 모은 거대 조직이 만들어졌다. 그에 필자는 보람을 느낀다. 그리고 간절히 소망한다. 눈앞의 작은 이익 때문에 서로 다투지 말라. 그리고 자신의 이익을 위해 모두함께를 무너뜨리지 말라. 포기하지 말고 끝까지 함께 하기를 바란다. 모두함께 국민운동이 성장하여 국민의 신뢰를 받으면 대한민국이 바뀌게 되어 있다. 세상의 모든 단체가 '나쁜 놈'이라는 비관적 사고에서, 그래도 대한민국 국민을 위한 조직도 있다는 신뢰가 만들어지면, 국민들이 이제 서로 함께 하려는 작은 불씨를 만든 것이다. 지금 대한민국에 간절히 필요한 것이 이것이다.

철학과 대의가 모두함께의 방향을 잡을 것이다

필자의 바람은 모두함께가 100년 이상 대한민국에 존재하는 단체가 되는 것이다. 그렇게 되기 위해서는 철학과 대의가 있어야 한다.

모두함께의 철학은 이름에 있다. '모두함께'가 바로 모두함께의 철학이다. 우리가 좋은 곳에 가기 위해 한 배를 탄 사람들이라고 가정하자. 그리고 그 배가 도착하는 곳이 낙원이라고 생각해보자. 그러면 배 안에서 좋은 자리에 있는 사람이나, 조금 안 좋은 자리에 있는 사람이나 모두 하나의 소망을 가지게 된다. 이 배가 도착하는 곳은 새로운 세상이고 낙원이라고… 그렇기에 안 좋은 자리에 있는 사람도 현실에 불만이 크지 않고, 좋은 자리에 있는 사람은 그만큼 미안함을 가지게 된다.

이런 마음이다! 새로운 세상을 향해 한 배를 탄 우리들의 마음! 그 마음이 모두함께인 것이다.

그 철학을 기반으로 "하나님을 왕으로 모시고 대한민국 국민을 사랑하자!"라는 대의가 만들어진 것이다. 이 대의가 모두함께에 뿌리 깊게 박히도록 정말 노력하였다. 강연을 할 때마다, 모임이 있을 때마다 끝없이 대의를 외치게 하였다. 뿌리가 깊으면 모진 바람에도 나무는 쓰러지지 않는다.

모두함께가 존재하는 이유는 대의이다. 즉, 뿌리가 대의인 것이다.

모두함께가 성공하여 모두코인 가치가 올라가고 많은 사업의 수익이 국민에게 돌아가는 것은 실천이다. 이 실천은 실패할 수도 있다. 그러나 실패한다 해도 다시 일어설 수 있는 것은 대의가 있기 때문이다.

모두함께에서 대의와 철학을 버리면 뿌리가 사라져 소멸할 것이다. 모두함께를 실리 추구 집단으로 수익만 생각하게 하면 그 끝은 소멸이 된다.

실리가 생기더라도 국민은 만족하지 않는다. 더 큰 실리를 위해서 서로 싸울 것이다. 그때 그 싸움을 막을 수 있는 것이 바로 대의와 철학인 것이다. 그 대의와 철학을 무너뜨리지 말아야 한다.

대표회장 임기는 4년이다 – 리더자를 축으로 단합하라

모두함께의 주인은 대한민국 국민이다. 이 내용에 국민이 모든 것을 좌우할 수 있다는 사실이 포함된다. 모두함께의 최상위 리더자는 대표회장이다. 그리고 대표회장의 임기는 4년이고 2회 연임이 가능하다. 즉, 국민투표에 의해서 지지를 받으면 12년까지 대표회장직을 할 수 있다.

"대표회장의 리더에 적극 협조해야 한다"

사공이 많으면 배가 산으로 간다. 리더자의 결정에 따라 이익을 보는 부류도 있고 손해를 보는 부류도 있다. 그러나 리더자가 이끄는 대로 제발 따라가주기를 바란다. 그리고 4년간 지켜보기를 소망한다. 그렇지 않으면 리더자가 제대로 이끌 수가 없으며, 목표 지점까지 갈 수도 없다. 그리고 4년 후에 그 리더십을 평가해주기를 소망한다.

"대통령을 뽑아놓고 대통령의 발목을 잡아 대한민국을 망하게 하는 그 풍토가 모두함께에는 절대 있어서는 안된다!"

이것은 필자가 강연에서 수없이 이야기한 것이다. 등산을 하는 사람은 산을 올라갈 때는 위를 본다. 그런데 정상에 올라서면 아래를 보게 된다.

대통령이 되면 그 누구라도 분명히 국민을 볼 것이다. 더 올라갈 곳이 없기에 국민을 보게 되어 있다. 그래서 국민이 행복해지는 방향을 찾을 것이고, 그것을 정책으로 이끌 것이다. 헌데 지금 대한민국은 대통령이 무엇을 하고자 하면 발목 잡는 데 혈안이 되어 있다. 그래서 대통령이 아무것도 하지 못하게 난리를 친다. 기자들도, 정치인도 국민의 발전이나 행복과 상관없이 자신의 영달을 위해 이런 일을 한다. 이게! 대한민국을 무너지게 하는 것이다.

  필자가 이야기하는 것은 현 대통령을 지지해서 하는 말이 아니다! 과거의 대통령들도 발목을 잡는 수많은 악한 정치인들의 야망 때문에 국민을 위한 일을 하지 못하고 임기가 끝났다! 대통령은 국민이 투표하여 국민이 선택한 사람이다!

  5년간 박수 쳐 주고 대통령이 하고자 하는 일에 지지하고 5년 후에 투표로 결과를 평가하면 된다. 대통령 주위에는 수많은 전문가들이 있고, 그 전문가들의 도움으로 정책이 만들어진다. 그런 정책을 전문가가 아닌 다수의 반대 세력이 막으면 되겠는가? 복잡한 미분방정식을 초등학생에게 풀게 하고 다수결로 선택된 답이 정답이라고 하면, 그게 정말 정답인가? 리더십을 가지고 전문가의 힘을 얻어 나라의 복잡한 문제를 풀라고 우리는 대통령을 뽑은 것이다. 그렇기에 우리보다는 더 합당한 정답을 낼 것이라고 신뢰하고 믿어주어야만 대한민국이 발전한다.

"모두함께 국민운동 본부의 대표회장을 지지해야 한다."
  모두함께의 모든 지분은 대한민국 국민 중 대표장인 분들이 가지고 있다. 즉, 대표회장은 모두함께의 지분이 없다.

그리고 4년의 임기가 끝나면 물러난다. 대표회장이 되고자 하는 사람은 분명 모두함께를 발전시키고자 할 것이다.

리더자는 어쩔 수 없이 방향을 선택해야 한다. 또한 자신이 가고자 하는 방향에 함께 할 참모진도 필요하다.

간절히 소망하건대, 대표회장이 가고자 하는 길에 지지하고 협조해주기를 간절히 바란다. 그것이 모두함께를 성공시키는 것이다.

고무신 공장을 지키려고 운동화 개발자를 짓밟지 말라

어느 나라의 국민이 모두 고무신을 제작하는 공장에서 일한다고 가정하자. 나라에서 고무신 사업을 발전시키기 위해 "고무신 외에 다른 신발은 신발로 사용할 수 없다."는 법까지 만들었다. 그런데 한 사람이 운동화를 개발했다. 이제 세상은 운동화의 시대가 열렸다. 대통령은 운동화 사업을 발전시키려 하였다. 국민이 고무신 시대에 그대로 있으면 나라가 망하기 때문이다.

고무신 사업에 종사하는 국민들이 반대하고 난리가 났다. "우리의 생계를 무너뜨리려 한다. 대통령을 몰아내야 한다!" 데모하고 투쟁한다. 국회에서는 고무신만 신발이라는 법을 절대 개정하지 않으려 한다. 법 개정에 찬성했다가 표가 날아갈까 두려워한다. 수많은 전문가들은 고무신이 운

> 동화보다 낫다는 논리로 연일 토론을 한다. 그리고 대통령이 운동화 개발자와 결탁하여 큰 돈을 편취하려 한다는 가짜 뉴스가 돌아 국민은 분노한다. 그리고 국회에서 대통령 탄핵 이야기까지 나온다. 정말 대통령의 결단이 잘못된 것일까?
> 결국 그 나라는 변화하는 세상에 적응하지 못하고 소멸하게 된다.

    최고 리더자가 되면 많은 것을 생각하고 보게 된다. 주위에 여러 이야기를 하는 사람들이 많기 때문이다. 필자도 대표회장이었을 때 어떤 결정도 함부로 마구 하지 않았다. 필자의 결정에 모두함께의 20만 대군이 움직이기 때문이다. 모두함께가 성공하기 위해 우리는 대표회장에게 힘을 실어주어야 한다.

    대한민국의 주권은 국민에게 있다. 그러나 국가는 한 명의 리더자가 이끌어야 제대로 발전한다. 그래서 주권이 있는 국민에게 리더자를 선택하는 권한을 준 것이다. 그것이 투표이다. 그리고 선택된 대통령을 5년간 지지하는 것이 국민의 책임이다. 모두함께도 같다. 4년의 기간 동안은 대표회장을 지지하고 그 이후 선택을 국민이 하면 된다. 이것이 진정한 민주주의이다.

비난이 아닌 논쟁의 문화가 필요하다

사람들은 저마다 가치관과 생각이 있다. 그리고 살아온 길이 다르기에 모든 사람의 생각이 일치할 수 없다. 이런 다양한 생각을 가진 사람들이 하나의 문제를 결정해야 할 때가 있다. 원자력 발전을 키워야 하는가? 태양열을 이용해야 하는가? 노동 인력을 어떻게 확장시켜야 하는가? 북한에 대해 어떻게 대처해야 하는가? 등등의 많은 부분에 상호간 생각의 충돌이 발생한다. 이런 충돌은 당연하고, 충돌을 잘 이용하면 발전할 수 있다. 그러나 계속 방치하거나 격심한 대립으로 만든다면 쇠퇴하게 되어 있다.

충돌이 있을 때 그 문제를 두고 논쟁을 하면 해답을 얻을 수 있다. 논쟁이란 서로의 생각을 논리적인 말로 언론 싸움을 하는 것이다. 그리고 그 논쟁을 많은 사람이 지켜본다면 우리가 선택해야 할 것이 무엇인지 결정이 나게 된다. 사실 어떤 문제는 양단으로 나뉘어져 팽팽한 대립이 있을 수 있다. 이런 경우 국민이 보는 앞에서 전문가 패널들이 나와 토론을 하면, 그것을 보고 국민이 각자 판단한다. 그리고 투표나 여론 조사를 통해 국민의 뜻에 맞추어 간다면 분명 발전할 수 있다. 헌데 대화나 논쟁 없이 무조건 상대를 비난하고 나쁜 놈으로 몰아붙이는 것은 비상식적이고 비문화적인 후진국적 행동이 아닌가 한다.

무식한 사람들이 싸울 때 목소리가 크고 우격다짐이 심하다. 그런 사람들과는 대화가 되지 않는다. 그들의 뜻을 받아주지 않으면 결코 타협하지 않고 투쟁한다. 이것은 집단 이기주의이며 나라를 망하게 하는 행동이다. 지금 이런 대립으로 대한민국이 어두워졌다. 노동자와 경영자의 대립으로 청년의 일자리가 없어졌고 평생직장이 사라졌다.

이제 우리는 비난보다는 논쟁을 통해서 문제를 해결해야 한다.

모두함께 국민운동 본부에서 갑자기 필자가 구속되고 새로운 지도부가 나타나자 대립 구도가 생겼다. 그리고 처음에는 비난의 구도가 만들어졌다. 아무것도 할 수 없었던 필자의 마음은 답답했다. 지금 이 글을 쓰는 상황에서 어떻게 문제가 해결되고 있는지 정확하게 모르나, 서로의 대립을 멈추고 논쟁하는 문화로 들어섰다 한다. 그 내용을 듣고 매우 기뻤다. 그래도 모두함께 안에서는 비난이 아닌 논쟁의 문화가 살아있다는 데 감사했다. 서로 대립하고 싸우는 것에서는 아무것도 얻을 수 없다. 지금 대한민국의 양당은 대화가 없다. 오로지 비난만 존재한다. 그것은 나라를 힘들게 할 뿐이다. 서로 고소, 고발하고 죽이려 하는 마음 속에서 진실로 국민을 바라볼 수 있을까? 오로지 싸움만 있는데 국민의 안위를 볼 수 있을까? 필자는 그게 가장 크게 걱정이 된다.

모두함께도 같다. 서로 싸우고 고소, 고발하면 여러분이 무엇을 얻을 수 있을 것 같은가? 다소 자기에게 손해가 있더라도 힘을 합치고 발전시켜야 한다. 그렇게 발전시키면 누가 이익을 얻는가? 모두함께의 모든 지분은 국민이 가지고 있다. 모두함께가 커지고 잘 되면 특정인이 아니라 여러분 모두가 잘 되는 것이다. 배를 타고 행복의 땅으로 가고자 한다. 배 안에서 내가 어느 자리에 있다는 게 중요한 게 아니다. 행복의 땅에 가는 것이 중요한 것이다. 그렇게 하기 위해 우리는 비난보다 논쟁을 해야 한다.

모든 사람들이 돈만 찾는 것은 아니다

모두함께 국민운동을 하면서 필자가 가장 관심을 두지 않고 관여를 하지 않으려 했던 부분이 바로 재무이다. 필자는 재무 자체를 보지 않고 재무 위원의 자체적 운영에 맡겼다.

이렇게 하는 이유는 사람들의 오해를 받기 때문이다. "20만 명의 대표장에게 회비를 만 원씩만 걷어도 20억 원이다. 대표회장이라면 적어도 얼마 정도는 해먹지 않겠는가?"하는 이야기들이다. 때로는 근거도 없으면서 필자가 얼마의 돈을 횡령했다는 유언비어가 올라온다.

  그런 생각을 가진 사람은 세상 모든 사람이 돈만 밝힌다고 생각한다. 그렇기에 필자에 대해서도 분명 뒤에서 돈을 챙길 거라고 생각하는 것이다. 그러나 필자는 뒤에서 돈을 챙긴 적도 없고 관심도 없다. 세상의 모든 사람들이 돈을 목표로 사는 것은 아니다. 어떤 사람은 평생 높은 산을 오르는 것을 목표로 하다 죽기도 한다. 평생 그림만 그리다가 생을 마감하는 사람도 있다. 그런 사람들은 자기가 꼭 하고자 하는 일을 하는 데 평생을 바치는 것이다. 이런 사람들이 세상에 돈이 전부가 아님을 증명한다. 필자는 대한국인이 가상국가를 만들고 세계를 이끄는 리더가 되는 것이 바라는 전부이다. 나에게 1000억이 생기는 것보다 훨씬 더 가치 있는 것이 바로 가상국가 건설이다. 그런 사람이 돈을 챙기려 하겠는가? 머리 속에 온통 대한국인의 가상국가가 가득 차 있는데…

  필자는 프로그래머이면서 전자 공학 박사라 시스템 개발을 혼자 할 수 있는 기술을 가졌다. 블록체인 오픈 소스로 코팅하는 데만도 몇 억을 버는 세상인데, 필자는 그냥 스스로 블록체인을 코딩할 수 있다. 돈을 뒤로 챙길 필요 없이, 모두함께 국민운동을 안하면 돈을 벌 수 있다. 그런데 그 일을 하지 않는 것은, 필자의 목표가 돈이 아니기 때문이다.

돈은 모으려 해도 모여지지 않고, 안 모으려 해도 모여지는 것이다. 돈을 쫓으면 아무것도 얻을 수 없는 것이 돈의 속성이다. 물론 돈은 필요하다. 그러나 돈이 인생의 전부가 되면 삶이 불행해진다. 자식에게 많은 돈을 유산으로 물려준다고 그 자식의 평생이 평탄한 것은 아니다.

우리가 생의 행복을 추구하려면 돈과 관계없이 자신이 하고자 하는 일을 하면 된다. 내가 무엇을 해야 할지 모른다면, 남들이 볼 때 좋은 일을 하면 된다. 그것도 없다면 성실하게 살면 된다. 성실하게 살면 큰 돈이 모이지는 않으나, 그렇다고 부족하지는 않다. 필자가 돈을 목표로 이 국민운동을 만들었다고 생각하는 것은 무지에서 비롯된 생각이다. 한 사람이 돈을 목표로 한다면 20만 명의 조직이 결성되지 못한다. 사람에게는 향기가 난다. 만일 필자가 돈을 밝힌다면 돈을 밝히는 냄새가 날 것이다. 반대로 필자가 진심으로 대한국인을 사랑하고 국민을 위한 일을 하고자 하면 그 향기가 날 것이다. 국민은 그런 향기를 분명히 느낀다.

돈은 행복을 위해 작은 필요 조건이지만, 충분 조건은 아니다.

하나님이 함께 하시나, 하나님의 사업이 아니다

필자는 신앙인이다. 성경을 믿고 하나님과 예수님을 믿는 기독교인이다. 그리고 하나님이 살아계심을 믿고 언제나 하나님께 영광을 돌리는 삶을 살고 싶다. 그래서 모두함께 열린 예배도 만들었다. 예배로 하나님께 영광을 돌리고 싶었기 때문이다. 필자가 가장 두려워하는 것은, 하나님의 이름을 방패 삼아 인간의 사업을 하나님의 사업으로 둔갑시켜 자신의 이익을 얻고자 하는 악한 죄를 범할까 하는 것이다.

모두함께 안에 정말 많은 목사님들이 계시고 신앙인들도 많이 계시다. 가끔 어떤 분들은 "모두함께는 하나님이 이끄시는 일입니다."라고 하시는데, 필자는 그 말에 동의하지만 그 말 때문에 혹시 모두함께가 하나님의 이름을 방패 삼을까 두렵다.

필자는 많은 사람들이 자신의 이권을 얻고자 하나님의 이름을 파는 모습을 보았다. 또한 악한 자들이 입만 열면 하나님의 이름을 망령되게 말하며 사람들을 현혹시켜 자신의 이익을 챙기는 것을 보았다.

어떻게 피조물이 짧은 인생에서 부귀와 영달을 얻기 위해 창조주 하나님을 팔고 방패로 삼을까? 그것이 가장 두려웠다. 그래서 공식 석상에서 강연을 할 때는 하나님의 이름이나 성경 이야기를 가급적 하지 않으려 했다.

"모두함께는 하나님이 우리에게 주신 선물이다." 필자는 이렇게 생각한다.

하나님이 우리에게 선물을 주셨는데, 그 선물을 잘 사용하느냐 아니면 못 사용하느냐는 우리의 몫인 것이다. 모두함께가 부패하고 소수 기득권자의 점유물이 된다면, 그것은 하나님이 하신 게 아니라 받은 선물을 잘못 사용한 우리 인간의 잘못인 것이다.

제발 인간 세상의 문제를 풀기 위해 하나님의 이름을 방패 삼지 않았으면 한다. 하나님이 살아계심을 느끼는 자라면 결코 그 일을 하지 않을 것이다. 하나님의 사람들이 항상 잘 되는 것은 아니다. 인간의 눈으로 보기에는 하나님의 사람이라는 자가 고난을 겪는 것처럼 보일 수 있다. 중요한 것은 그 사람의 내면의 기쁨이다. 고난 속에 있어도 내면에 감사와 기쁨이 넘쳐나는 자, 그런 사람이 진정한 하나님의 사람이라고 생각한다.

모두함께는 하나님이 우리에게 주신 선물이다. 그렇기에 우리는 주신 선물에 감사해야 한다. 그리고 그 선물의 운영은 오로지 인간의 책임이다.

슬픈 돈, 기쁜 돈

현재의 돈은 '빚을 담보로' 한다. 즉, 누군가가 빚을 졌고, 그 빚을 갚겠다는 신용에 대한 담보로 돈이 만들어졌다. 문제는 '이자'이다. 빚만 갚으면 되는 게 아니고, '이자'도 갚아야 한다. 여기에서 더 큰 문제는, 빚을 담보로 돈이 발행될 때 이자는 발행되지 않는다는 것이다. 이것은 빚을 갚지 못하는 사람이 나올 수밖에 없는 구조이다. 10명이 빚을 졌다면, 그 중 1명은 빚을 절대 갚지 못하는 구조라는 것이다.

그래서 지금의 돈은 '슬픈 돈'이다. 우리가 쓰고 있는 돈은 누군가의 쓰러짐을 예고하는 돈이다. 그것은 슬픔을 말해준다. 살아남는 사람은 10명에서 9명으로, 9명에서 8명으로 점점 줄어들고, 결국 소수만이 살아남는 구조가 된다.

"빈익빈 부익부 양극화는 당연한 결과이다."

빚을 담보로 하고 이자를 발행하지 않는 화폐의 구조는 결국 돈이 한쪽으로 몰리는 현상을 만든다. 그래서 시간이 가면 갈수록 서민은 계속 무너질 수밖에 없는 것이다. 누구의 잘못이 아니다. 서출산, 고령화, 자살율 증가, 폭력 증가, 범죄 증가 이 모든 것은 지금의 화폐 운용 구조가 그 원인이다. 그래서 슬픈 돈이다. 미국과 유럽의 여러 나라는 이런 문제를 확인하고, 해결하고자 했다. 미국은 아직 해결을 못했고, 유럽의 몇 나라는 사회 보장 제도를 확대하여 이 문제를 해결하고 있다.

대한민국은?

안타깝지만 해결할 생각을 하지 못하고 있다. 그 누구도 책임지지 않는 사회가 되어서, 나만 잘살면 된다고 생각하기 때문이다. 대통령조차도 5년만 버티면 된다고 생각하기에... 아니, 개혁을 하려고 해도 대통령이 개혁할 수 있는 사회가 아니기에, 대한민국은 이 문제를 해결하지 못했다. 필자의 생각에 이 문제를 해결하지 않으면 15년 이후의 대한민국은 암흑의 나라가 될 것이라고 생각한다. 그 답답함에 모두함께 국민운동을 일으켰고 지금 여기에서 가상국가로 돌파구를 찾을 것을 외치고 있다.

모두코인은 '서비스를 담보로' 한다. 즉, 그 돈을 가지고 있으면 누군가가 또는 가상시스템이 여러분의 생을 윤택하게 하기 위해 제공하는 서비스를 받을 수 있다는 것이다. 그래서 모두코인은 '기쁜 돈'이다.

필자의 생각에 머지 않은 미래에 많은 돈들이 종이 화폐를 버리고 디지털 화폐로 전환될 것이다. 이것은 '빚'을 담보로 하는 화폐의 시대가 종결된다는 것이다.

수많은 가상 화폐가 세상에 나오고 있다. 정말 엄청나게 생성되고 소멸된다. 이렇게 큰 물결이 발생하면서 변화하고 발전하고 있다. 즉, 세계가 변화되고 있다.

불행하게도,

"대한민국은 철저한 금융 쇄국 정책을 하고 있다."

특금법 통과로 가상 자산을 합법화하면서도 어떻게 하든지 새로운 화폐와 금융의 변화를 막으려 하고 있다. 코인만 만들면 무조건 사기로 몰아붙이고 어떻게 하든 잡아 넣어 무너뜨리려고 한다. 쉽게 말해, 과거 흥선대원군의 쇄국 정책을 지금 대한민국 정부가 하고 있다. 필자가 모두코인을 만들고 당한 것은 '사기꾼'이라는 누명이다. 모두코인을 팔지도 않았고, 모두코인이 큰 돈이 된다고 확정한 것도 아닌데 무조건 그렇게 했을 것이라고 단정하고 모두코인을 무너뜨리려고 한다.

모두코인은 '기쁜 돈'이다. 이 코인이 활성화되면 서민이 무너지지 않는다. 다만, 기득권자들에게는 반가운 일이 아닐 것이다. 그렇다고 정부와 경찰이 기득권자를 대신하여 서민의 희망이 될 수 있는 모두코인을 짓밟아야 하는가?

필자는 모두코인을 만들었으나 보유하고 있지 않다. 모두코인의 공성성을 지키기 위해 모두코인을 가지지 않았다. 무슨 마음에서일까? 대한민국이 위기에서 벗어나기를 바라는 마음이다. 이제 그만 모두코인에 대한 편협한 생각을 멈추었으면 한다. 필자를 교도소에서 평생 살게 하는 한이 있더라도 제발 모두코인은 살려야 한다.

모두코인은 기쁜 돈이다.

모두함께는 사랑이다

1997년 IMF가 터졌다. 그리고 국민들이 뭉쳤다. 장롱 안에 있는 금반지, 금목걸이를 가지고 나왔다. 국민이 금모으기 운동을 했고 희생을 하고 구조 조정을 받아들이면서 어려움을 이겨냈다. 그때는 사랑이 있었다.

국민이 나라를 사랑했다. 그래서 나라를 구하려 했다. 나라를 구해내면 나라도 국민을 사랑해줄 것이다! 라는 믿음이 있었다. 그러나... 나라는 국민을 사랑하지 않았다. 평생 직장이 없어졌고 그 책임은 고스란히 국민에게 돌려졌다. 청년 취업이 무너져 청년들의 삶은 팍팍하고 고되어졌다.

대한민국은 세계 20위 안에 드는 경제대국이 되었다.

하지만 과연 누구를 위한 경제대국인가? 국민은 지금 돈 때문에 삶의 진정성을 잃어가고 있는데... 돈보다, 경제보다 더 중요한 것은 사랑이 무너졌다는 것이다.

"지금 IMF가 또다시 터진다면, 국민 여러분! 다시 금모으기 하면서 대한민국 살리시겠습니까?"

이 질문에 안한다는 대답이 90% 이상일 것이다.

사랑이 사라지게 되면 돈이 많아도 행복하지 않다. 우리는 물질적 풍요 때문에 행복한 것이 아니라 정신적 풍요로 행복할 수 있다. 문제는 물질적 문제도 생존의 위협을 주기 때문에, 살기 위해서 국민은 사랑을 버리고 서로 싸우고, 속이고, 짓밟는 것이다. 오로지 살기 위해서, 가족을 위해서...

사랑이 사라지니 정치인들이 이용하는 것은 하나이다. 분노, 투쟁, 마녀사냥 등의 정신적 분노와 불행한 감정이다. 이것을 무기로 정치인들은 자신의 부귀와 영달을 꿈꾼다.

이런 사회의 미래가 무엇일까? 대한민국의 무너짐이다.

사랑이 부활하기를 간절히 소망한다.

그래서 모두함께의 대의는 "대한민국 국민을 사랑하라"이다.

가상국가 시대! 분명히 우리에게 다가올 시대이다. 이 시대를 대한민국 국민이 리더하고 가질 수 있다는 희망의 불이 붙기를 간절히 소망한다. 그 불이 붙으면 '사랑'으로 함께 해야 한다. 그것이 모두함께이다.

이미 국민에게 '사랑'은 사라진 것일까? 다시 한번만 금모으기 운동과 같은 뜨거움이 모두함께에 담길 수 없을까?

필자는 모든 것을 나 던졌다. 그러니 여기까지가 필자가 할 수 있는 한계인 것 같다.

모든 선택은 국민에게 달렸다.

모두함께는 사랑이다.

부록2 : 가상국가 시스템을 널리 알리자!

정말 가까운 미래에 가상국가가 나타나는 것은 기정 사실일 것이다. 또한 인류의 새로운 사회 구조가 만들어지기 시작할 것이다. 가상국가에 누가 먼저 빨리 접근하느냐가 차세대 지구의 주역자들을 결정지을 수도 있다.

필자가 바라는 것은 이 가상국가 시스템에 대해 널리 알려달라는 것이다.

필자의 부족한 책에 모든 것을 담지 못했다. 또한 가상국가 시스템이 구축될 때 필요한 핵심 골격만 설명하였다. 그 골격과 연결되는 다양한 기능에 대해서 쓰지 못했다. 모든 분야를 망라한 가상국가 시스템의 개론서 형식으로 썼기에, 내용 자체가 어렵고 난해할 수도 있다.

"본책을 기반으로 가상국가 시스템에 대해 쉽게 설명하는 다양한 콘텐츠가 나오기를 소망한다."

이 책을 이해할 수 있는 사람은 어느 정도 IT 분야와 경영,

경제 분야를 알고 있는 사람들일 것이라고 생각한다. 그분들이 더 많은 사람들에게 '가상국가 시스템'에 대한 설명을 해주기를 바란다.

책을 따로 출간해도 되고, 유튜브를 통해 설명해도 된다. 가능하면 정말 많은 대한민국 국민이 '가상국가'의 개념에 대해 이해하도록 해야 한다.

지금 대한민국은 총체적 위기에 직면해 있다. 단순히 몇 개의 법을 바꾼다 하여 대한민국의 문제를 해결할 수 없다.

만약 대한민국 국민이 가상국가에 대해 이해하고 세계에서 가장 먼저 도전한다면, 지금 대한민국의 총체적 위기에서 탈출할 수 있다고 생각한다.

가상국가가 건설되기 위해 다양한 파트가 만들어지고, 그것이 연합되어야 한다.

국민들이 가상국가에 도전하기 위해 저마다 자신의 특징을 살린 가상국가 시스템을 만들고 그 시스템이 연합하여 거대 가상국가 시스템을 이루는 것도 한 방법이다.

모두가 돈을 바란다! 그러나 진정한 목표를 세우고 도전하면 돈 문제는 저절로 해결된다. 가상국가에 대한 이슈를 최대한 많이 전파해주기를 간절히 소망한다. 그러면 대한국인이 행복을 찾을 수 있는 새로운 길을 만들어낼 수 있다.

우리 대한국인이 가상국가 시대를 리더하는 자가 된다면

우리의 후손들은 삶의 고통을 받지 않고 행복을 추구하며 인간다운 삶을 누리게 될 것이다.

그러나 가상국가 시대를 거대 자본을 가진 소수가 이끌게 된다면, 대한민국 국민의 미래는 어두울 것이며 세계 서민들의 미래 또한 어두워진다!

가상국가 시스템을 대한국인에게 최선을 다해 알려주기를 소망한다.

"우리는 자랑스러운 대한국인이다!"

가상국가 시스템

초판 1쇄 발행 2024년 07월 31일
지은이 엘라이

펴낸곳 도서출판 물결
출판등록 2024년 3월 8일 제2024-000017호
팩스 02-2076-8201
이메일 wave_book@naver.com

제작 한영미디어

ISBN 979-11-987628-0-1 (03300)

• 책값은 뒤표지에 있습니다.
• 파본은 구입처에서 교환하여 드립니다.
• 이 책은 저작권법에 의하여 보호를 받는 저작물이므로 무단 전재와 복제를 금합니다.